民法典继承编
条文理解与司法适用

MINFADIAN JICHENGBIAN
TIAOWEN LIJIE YU SIFA SHIYONG

中国审判理论研究会民事审判理论专业委员会 编著

法律出版社
LAW PRESS·CHINA

“民法典条文理解与司法适用”系列
编 写 人 员

曹守晔　申惠文　何　建　孙　莹　丁　慧
杨　帆　周　杲

（以下按姓氏笔画为序）
王　凡　王　康　王　琪　王晓利　王黎明
邓建中　龙云丽　冯建生　朱攀峰　任容庆
刘玉妹　刘史丹　刘安宁　刘茜倩　刘福春
刘耀东　汤　敏　孙东雅　杜爱霞　李　蓓
李　璐　李林启　李春斌　李遵礼　杨　波
杨俊芳　肖明明　吴晓倩　宋建宝　张　钱
张　焱　张祎慧　张建银　张玲玲　陈　丹
陈延忠　金　励　赵莎莎　荣振华　胡　恒
侯国跃　顾利军　徐海勇　高晓丹　唐晶晶
黄文旭　曹文召　曹夏梦　常亚楠　崔　丹
梁静姮　覃　丹　廖　钰　潘　俊　潘　静
魏　岚

体现中国时代特色的民事百科全书

编纂民法典是我国社会主义法治建设的一座里程碑，是我国国家治理体系和治理能力现代化进程中的一件大事。这部具有中国特色、中国风格、中国气派的民法典，将为人类法治文明进步贡献中国智慧、提供中国方案。

科学立法、民主立法、依法立法的生动实践

以习近平同志为核心的党中央高度重视民法典编纂工作，作出了一系列重要指示、提出了一系列重要要求，为民法典编纂指明了方向。2014年10月，党的十八届四中全会决定提出了编纂民法典的任务。在民法典编纂过程中，习近平总书记多次主持召开会议、听取汇报，就做好民法典编纂、审议和修改工作作出重要指示。民法典编纂工作在以习近平同志为核心的党中央坚强领导下和习近平新时代中国特色社会主义思想的科学指引下扎实推进。比如，习近平总书记在党的十九大报告中强调"保护人民人身权、财产权、人格权"，把人格权与人身权、财产权并列，强调了人格权的重要地位，这为民法典草案确立人格权单独成编的体例结构等提供了基本遵循。

遵循立法规律，充分体现科学立法。民法典编纂采取"提取公因式"的立法技术，从同类规范和制度中提出一般规则，形成民法典总则编；将相关民事法律按其内容的同一性编纂成六个分编，然后整合为民法典草案。编纂工作注重规则的逻辑性、体系性和法律本身的规律，既协调好总则与分则的关系，又协调好民法典与其他法律的关系，从而形成逻辑缜密的有机整体。尊重立法的历史延续性，以民法通则和现行民事单行法为基础，设计民法典草案的结构和具体法律制度。既立足本国国情，又吸收世界各国民法

典编纂的成功经验，同时将社会主义核心价值观融入其中。

人民广泛参与，充分体现民主立法。在民法典编纂过程中，广大专家学者、人民群众广泛参与、建言献策。参与面之广，举办的各类座谈会、研讨会、论坛之多，收到的修改建议内容之丰富，为我国立法史上所罕见。在审议过程中，立法机关通过召开不同形式的座谈会、论证会，在互联网上公开征询意见等多种方式，多次听取收集方方面面的意见和建议，反复斟酌和修改草案，充分反映广大人民群众的要求，努力使民法典成为中国智慧的集中体现。

依法推进编纂，充分体现依法立法。宪法和立法法都规定，全国人民代表大会制定和修改刑事、民事、国家机构的和其他的基本法律。在编纂过程中，先行制定的民法总则提交十二届全国人大五次会议审议表决通过。2018 年 8 月，十三届全国人大常委会第五次会议对民法典各分编草案进行初次审议。之后，全国人大常委会对各分编草案进行拆分审议，各编历次草案都依法进行论证、向社会公开征求意见。民法典编纂体现了党的领导、人民当家作主、依法治国的有机统一，是科学立法、民主立法、依法立法的生动实践。

立足中国实际、回应时代需求

民法典对经济社会生活影响广泛，彰显一个民族的精神特质。民法典是时代精神的体现，具有鲜明时代特征。我国民法典的编纂，体现了我国对实际问题和时代需求的有效回应。

体现以人民为中心的发展思想。注重保障民生是民法典编纂的一个鲜明特点。比如，民法典编纂注重有效调整平等民事主体之间的法律关系，促进社会公平正义。又如，民法典草案中人格权独立成编，落实“公民的人格尊严不受侵犯”的宪法要求，体现了我国对公民人格权的庄严确认与严格保护。人格权编不仅规定并保护公民的生命权、健康权、名誉权、肖像权、姓名权、名称权等人格权，还重点规定了隐私权和个人信息保护等，要求机关、企业、学校等单位采取合理措施，防止和制止利用职权、从属关系等侵犯人格权。

反映网络时代特点。人类社会已经进入互联网时代,互联网的普及应用催生出多项前所未有的权利类型,如网络虚拟财产权、信息财产权等。在网络环境下,信息传播、权利保护具有特殊性。对此,民法典总则编作出积极回应,明确自然人的个人信息受法律保护,规定任何组织和个人应当依法取得他人信息并确保信息安全,不得非法收集、使用、加工、传输个人信息,不得非法买卖、提供或者公开个人信息。

回应技术发展需求。生物技术、人工器官制造技术、干细胞研究、克隆技术和组织工程学等的发展,在给人类造福的同时,也对生命权、健康权等人格权提出新的挑战。基于此,民法典人格权编规定,为研制新药、医疗器械或者发展新的预防和治疗方法,需要进行临床试验的,应当依法经相关主管部门批准并经伦理委员会审查同意,向受试者或者受试者的监护人告知试验目的、用途和可能产生的风险等详细情况,并经其书面同意;从事与人体基因、人体胚胎等有关的医学和科研活动,应当遵守法律、行政法规和国家有关规定,不得危害人体健康,不得违背伦理道德,不得损害公共利益。

融入生态文明理念。民法典围绕统筹推进"五位一体"总体布局,顺应人民在生态方面日益增长的需要,确立了绿色原则。比如,物权编对物权的客体、权能、属性、用益物权、相邻关系以及征收征用等制度进行完善,在保护民事主体财产权利的同时,对不动产的权利人设置必要的维护环境、保护生态的义务。合同编规定,当事人在合同履行中根据交易习惯负有节约资源、减少污染的义务,在合同终止后负有旧物回收义务。在侵权责任编规定违法损害生态环境的惩罚性赔偿。

健全风险治理机制。现代社会是风险社会。民法典针对如何应对各种可能的自然风险和人为风险,在原有制度基础上作出新安排。比如,为防控风险,规定"物业服务企业或者其他管理人应当执行政府依法实施的应急处置措施和其他管理措施,积极配合开展相关工作",并要求业主依法予以配合。对于自然风险,民法典延续不可抗力规则,规定因不可抗力不能履行民事义务的,不承担民事责任,法律另有规定的,依照其规定。对于人为风险,民法典强调安全保障义务,强化合同附随义务,通过停止侵害、排除妨害等制度发挥事前预防功能,通过侵权责任与社会保险、社会救济相衔接形成对受害人的综合补偿机制。

编纂民法典意义重大而深远

编纂一部我们自己的民法典,是几代中国人的夙愿。如今,体现中国特色、时代特色的民法典终于迎来问世时刻。我国民法典的编纂,具有重大而深远的历史意义。

充分体现我们党全心全意为人民服务的根本宗旨。保障人民根本权益,是社会主义法治建设的出发点和落脚点,也是我们党坚守初心使命、坚持执政为民的内在要求。民法典保证人民依法享有广泛的权利和自由、承担应尽的义务。比如,总则编以专章形式,尽可能对民事主体享有的各种权利进行详细列举,并留有发展空间;物权编加强对建筑物业主权利的保护,增加规定居住权;合同编强化对债权实现的保护力度;人格权独立成编;等等,这些制度安排充分体现了以人民为中心的发展思想,有助于满足人民日益增长的美好生活需要。

为坚持和完善中国特色社会主义制度提供法治保障。民法典被称为"社会生活的百科全书",是市场经济的基本法、人民生活的基本行为准则,是民事司法的基本依据,因此被视为法治现代化的重要标志,是国家治理现代化的重要保障。一方面,民法典全面规范民事关系,涉及经济和社会生活的方方面面,是民事领域的基础性、综合性法律,在国家治理体系中居于重要位置。另一方面,民法典实现了民事法律关系领域国家治理的制度化、规范化、程序化。民法典的颁行是国家治理现代化的重要步骤,为坚持和完善中国特色社会主义制度奠定更加坚实的法治基础。

促进社会主义市场经济健康发展。完善市场经济法律制度,是保障社会主义市场经济持续健康发展的现实需要。民法典的颁布,将进一步完善我国民商事活动的基本规则,为民商事活动提供基本遵循,有效健全经济秩序、维护交易安全。民法典的编纂坚持立足我国国情,适应中国特色社会主义进入新时代和我国社会主要矛盾发生转化的实际,必将发挥促进社会主义市场经济健康发展的积极作用。

推进法治国家、法治政府、法治社会一体建设。民法典调整作为民事主体的自然人、法人和非法人组织之间的人身关系和财产关系,有利于增强全民法治观念，加快建设法治社会。民法典规定："民事主体按照自己的意愿依法行使民事权利，不受干涉。"民法典各分编通过具体规范来确认和保障民事主体的各项具体民事权利，要求公权力依法行使，尊重和保护民事主体的合法权益。这就能够间接发挥规范权力行使的重要功能，有效推进法治国家、法治政府、法治社会一体建设。

促进德治与法治相得益彰。民法典把社会主义核心价值观融入法律条文中，弘扬中华民族传统美德，强化法律规则的道德约束和道德规范的法律支撑。比如，总则编确立的平等、自愿、公平、诚实信用、公序良俗和绿色原则，就是社会主义核心价值观在民法基本原则层面的转化和表达。又如，婚姻家庭编和继承编适当扩大扶养人范围，将"树立优良家风"作为处理夫妻关系和家庭关系的基本原则等，都为我国民事法律制度注入强大的道德力量。

中国法学会党组成员、专职副会长兼秘书长
中国法学会民法典编纂项目领导小组组长　张鸣起

2020 年 5 月 20 日

学好民法典　用好民法典

2020年5月28日，在庄严的人民大会堂，十三届全国人大三次会议审议通过了《中华人民共和国民法典》，习近平主席当日签发第四十五号令，公布自2021年1月1日起施行。这是继19世纪《法国民法典》和20世纪《德国民法典》之后能够引领21世纪新潮流的中国人民自己的民法典！

编纂民法典，是以习近平同志为核心的党中央顺应实践发展要求和人民群众期待，在十八届四中全会作出的重大决策部署，是坚持和完善中国特色社会主义法治体系、实现国家治理体系和治理能力现代化的重大举措，是为统筹推进“五位一体”总体布局和协调推进“四个全面”战略布局，实现中华民族伟大复兴提供坚强法治保障的重要法治基础工程。民法的发达程度是一个国家文明进步的重要标志。民法典在广泛借鉴境外民法典立法例的基础上，凝聚全党全国各族人民的智慧和心血，体现人民意志，尊重人民意愿，坚持人民立场，融会人民感情；把握时代脉搏，顺应时代大势，紧扣时代主题，引领时代潮流。民法典凝聚了几代法学家和法律实务界的集体智慧，进一步完善了中国特色社会主义法律体系，在中国法治建设进程中具有里程碑的意义。

中国审判理论研究会民事审判理论专业委员会以全国法院10多万民事审判法官为依托，深入挖掘占全国法院一审审结案件总数90%的一审民事案件所蕴含的立法需求，充分发挥最先感知民事审判反映出来的民生民情民意的独特优势，全面总结2015年以来全国民事法律实施情况并提出民法典编纂的书面报告。中国审判理论研究会民事审判理论专业委员会自2015年以来每年年会主题确定为民法典编纂与民事审判，深入研究民事法律制度理论，积极参与民法典编纂工作，牵头论证人格权独立成编的可行性、必要性并拟出人格权编条文建议，为科学编纂民法典作出了一定贡献。

民法典在中国特色社会主义法律体系中具有重要地位，是一部固根本、稳预期、利长远的基础性法律。习近平总书记在主持中共中央政治局5月29日就“切实实施民法典”举行第二十次集体学习时强调，民法典系统整合了中华人民共和国成立70多年来长期实践形成的民事法律规范，汲取了中华民族5000多年来的优秀法律文化，借鉴了人类法治文明建设有益成果，是一部体现我国社会主义性质、符合人民利益和愿望、顺应时代发展要求的民法典，是一部体现对生命健康、财产安全、交易便利、生活幸福、人格尊严等各方面权利平等保护的民法典，是一部具有鲜明中国特色、实践特色、时代特色的民法典。各级党和国家机关要带头宣传、推进、保障民法典实施，加强检查和监督，确保民法典得到全面有效执行。各级领导干部要做学习、遵守、维护民法典的表率，提高运用民法典维护人民权益、化解矛盾纠纷、促进社会和谐稳定能力和水平。

编纂出民法典是中华人民共和国成立70余年来几代人的梦想。然而，立法本身并不是我们的目的，立法的目的在于应用，在于实施。切实实施好民法典是坚持以人民为中心、保障人民权益实现和发展的必然要求，是发展社会主义市场经济、巩固社会主义基本经济制度的必然要求，是提高我们党治国理政水平的必然要求。民法典要实施好，就必须让民法典走到群众身边、走进群众心里，走到法官、检察官、公务员、律师、仲裁员、公证员手里。民法典要实施好，就要广泛开展民法典普法工作，把民法典纳入国民教育体系，加强对青少年的民法典教育。民法典要实施好，必须认真学习民法典，准确理解民法典，准确理解民法典的精神实质和微言大义，准确理解民法典的每一个条文，融会贯通，学以致用，正确适用具体制度和每一个条款。民法典要实施好，各级司法机关要秉持公正司法，提高民事审判水平和效率。

最高人民法院院长周强指出：“贯彻实施好民法典，必须吃透民法典精神，正确理解民法典的核心要义和重要制度，正确适用民法典的规定，保障人民权益。民法典立足中国国情，在实现好、维护好、发展好人民权益方面有许多创新。其中，人格权独立成编，全面加强对包括自然人隐私权和个人信息在内的人格权保护，彰显了民法典的人民立场和人文关怀；物权编创设了居住权制度；合同编新增了保理合同、物业服务合同、合伙合同等典型合同；婚姻家庭编确立了夫妻共债共签原则，限缩了无效婚姻范围，对协议离婚规定了一个月的冷静期;继承编增加了打印遗嘱、录像遗嘱等新形式遗嘱类型,并取消了公证遗嘱的优先效力,等等。这些新的内容反映着新时代人民权益的特点,体现着新时代社会生活的实践和发展。要引导广大法官深入学习领会民法典的创新之处,将民法典新理念、新原则、新概念、新条款贯彻到审判执行工作的各个环节,提高运用民法典维护人民权益、化解矛盾纠纷、促进社会和谐稳定的能力和水平。”

天下之事不难于立法,而难于法之必行。民法典颁布施行,开启了法治中国建设的新里程。民法典共7编1260条、10万多字,是我国法律体系中条文最多、体量最大、编章结构最复杂、法律适用难度最大的一部法律。中国法学会及其所属各个研究会肩负着民法典宣传普及职责,全国各级人民法院肩负着民法典贯彻实施的历史使命和法定职责,应当成为民法实施体系的中流砥柱。为此,必须吃透立法精神、领会规则实质、把握条文主旨,正确理解民法典立法宗旨、条文含义,释疑解惑,明确司法适用,认真做好贯彻实施民法典、解释民法典、适用民法典的知识储备和理论准备。

工欲善其事,必先利其器。遵照习近平总书记“要加强解读”“要发挥法律解释的作用,及时明确法律规定含义和适用法律依据,保持民法典稳定性和适应性相统一”的要求,中国法学会审判理论研究会民事审判理论专业委员会精心编写的“民法典条文理解与司法适用”丛书(总则编、物权编、合同编、人格权编、婚姻家庭编、继承编、侵权责任编七个分册),就是贯彻落实最高人民法院和中国法学会关于认真学习宣传贯彻实施民法典要求的理论利器和应用工具。这个利器和工具,是由我牵头,有申惠文、何建、孙莹、丁慧、杨帆、周杲等一批民法理论基础扎实、民事实践经验丰富的专家参加,认真把脉民法典的关节点、创新点,精心打造的。毋庸置疑,其中凝聚着民法研究的理论成果和全国法院法官的经验智慧。

“民法典条文理解与司法适用”丛书认真贯彻习近平总书记关于切实实施民法典的重要讲话精神,始终坚持以习近平新时代中国特色社会主义思想为指导,全面贯彻党的十九大和十九届二中、三中、四中全会精神,增强“四个意识”、坚定“四个自信”、做到“两个维护”,坚持以人民为中心的政治立场,大力弘扬社会主义核心价值观,坚持新发展理念。该书聚焦民法典的核心要义和重点问题,重点阐释民法典关于民事活动平等、自愿、公平、诚信等基本原则，重点阐释民法典关于坚持主体平等、保护财产权利、便利交易流转、维护人格尊严、促进家庭和谐、追究侵权责任等基本要求，从条文主旨、条文理解、司法适用、司法案例等方面进行逐条解读，全方位阐释民法典新规定、新概念、新精神，重点关注民事审判实践中的问题，具有较强的现实指导意义。

民法典的基本精神在于平等自愿、自由自治、公平诚信、绿色文明，核心要义在于维护基本制度、保护民事权益、限制国家公权、弘扬核心价值。当前，各级立法机关、行政机关和司法机关，都在按照中央安排部署认真学习民法典、宣传民法典，提高适用民法典的能力和水平。唯有学好民法典、用好民法典，才能够充分发挥民法典在完善中国特色社会主义法律体系、推进国家治理体系和治理能力现代化中的重要作用。让我们同心协力，将民法典学习好、理解好、适用好、落实好，确保民法典落地有声，全面施行，让民法的阳光普照神州大地。

期望本丛书的出版发行，为民法典的正确理解和准确适用提供指引。

中国法学会审判理论研究会常务理事
民事审判理论专业委员会常务副主任　曹守晔

2020 年 6 月 19 日

法律、司法解释缩略语表

全　　称	简　　称
《中华人民共和国宪法》	《宪法》
《中华人民共和国立法法》	《立法法》
《中华人民共和国民法典》	《民法典》
《中华人民共和国民法典》第一编“总则”	《民法典》“总则编”
《中华人民共和国民法典》第二编“物权”	《民法典》“物权编”
《中华人民共和国民法典》第三编“合同”	《民法典》“合同编”
《中华人民共和国民法典》第四编“人格权”	《民法典》“人格权编”
《中华人民共和国民法典》第五编“婚姻家庭”	《民法典》“婚姻家庭编”
《中华人民共和国民法典》第六编“继承”	《民法典》“继承编”
《中华人民共和国民法典》第七编“侵权责任”	《民法典》“侵权责任编”
《中华人民共和国民法总则》	《民法总则》
《中华人民共和国民法通则》	《民法通则》
《中华人民共和国继承法》	《继承法》
《中华人民共和国物权法》	《物权法》
《中华人民共和国合同法》	《合同法》
《中华人民共和国婚姻法》	《婚姻法》
《中华人民共和国妇女权益保障法》	《妇女权益保障法》
《中华人民共和国收养法》	《收养法》
《中华人民共和国公证法》	《公证法》
《中华人民共和国民办教育促进法》	《民办教育促进法》
《中华人民共和国民办教育促进法实施条例》	《民办教育促进法实施条例》

续表

全　　称	简　　称
《中华人民共和国合伙企业法》	《合伙企业法》
《中华人民共和国律师法》	《律师法》
《中华人民共和国信托法》	《信托法》
《中华人民共和国民事诉讼法》	《民事诉讼法》
《中华人民共和国涉外民事关系法律适用法》	《涉外民事关系法律适用法》
《中华人民共和国刑事诉讼法》	《刑事诉讼法》
最高人民法院《关于贯彻执行〈中华人民共和国民法通则〉若干问题的意见(试行)》	《民通意见》
最高人民法院《关于贯彻执行〈中华人民共和国继承法〉若干问题的意见》	《继承法意见》
最高人民法院《关于适用〈中华人民共和国民事诉讼法〉的解释》	《民事诉讼法司法解释》

目 录

第六编 继 承

第六编　继承

本编是关于自然人死亡后财富传承的基本制度，共分为 4 章，第 1 章是一般规定，第 2 章是法定继承，第 3 章是遗嘱继承和遗赠，第 4 章是遗产的处理。其基本内容来自《继承法》。《继承法》由第六届全国人民代表大会第三次会议通过，共分为 5 章，自 1985 年 10 月 1 日起施行。本编将原第 1 章总则改为第 1 章一般规定，为避免与《民法典》“总则编”重复，删除原第 1 条立法根据和立法目的；第 2 ~4 章名称未变，第 5 章附则关于民族自治地方民族财产继承立法、涉外继承法律适用和法律施行等三条内容被删除。本编在吸收《继承法意见》等司法解释的基础上，完善了从遗产范围到遗产管理人等继承制度。[①]

继承权是与人身关系密切、具有财产内容的民事权利，继承制度涉及老百姓切身的利益。自 1985 年《继承法》施行以来，由于其立法质量比较高，法律实施效果比较好，继承法律秩序比较稳定，因而一直未作修改，直至本次民法典编纂。

在立法过程中，本编的部分条文几经易稿，存在一些争议。在博采各观点合理部分的基础上，立法机关坚持以下几项原则：(1) 坚持以人民为中心，以保护民事权利为出发点和落脚点，切实回应人民的法治需求，更好地满足人民日益增长的美好生活需要，努力让民法典成为新时代保护人民民事权利的权利法典；(2) 坚持立足国情和实际，坚持问题导向，适应中国特色社会主义步入新时代和我国社会主要矛盾变化的需要，总结 40 年来民事立法和实践经验，以法典化方式巩固、确认和发展民事法治建设成果，提高民事法律制度的针对性、有效性、适应性，努力发挥引领、推动、保障改革的积极作用；(3) 坚持依法治国和以德治国相结合，将社会主义核心价值观融入民事法律规范，大力弘扬社会公德、家庭美德，贯彻和体现新发展理念；(4) 增强民事法律规范的系统性，既保持民事法律制度的连续性，

---

① 参见王晨：《关于〈中华人民共和国民法典（草案）〉的说明——2020 年 5 月 22 日在第十三届全国人民代表大会第三次会议上》，载新华网：http://www.xinhuanet.com/politics/2020 - 05/22/c_1126021017.htm，2020 年 5 月 27 日最后访问；罗沙、白阳、王子铭、高蕾：《从亲子关系诉讼到遗产管理人制度，民法典草案完善这些婚姻继承重要规定！》，载新华网客户端：http://www.xinhuanet.com/legal/2019 - 06/25/c_1124670178.htm，2020 年 4 月 27 日最后访问。

又保持适度的前瞻性、开放性，同时处理好、衔接好法典化民事法律制度体系下各类规范之间的关系。在此基础上，立法机关对《继承法》进行修订从而形成了本编的内容。

2018 年 8 月 27 日，民法典继承编草案与其他各分编草案合体由全国人大常委会第一次审议。从我国"五四宪法"到现行宪法，继承权在根本大法里均有明确规定。与《继承法》比较，为确保遗产得到妥善管理、顺利分割，更好地维护继承人、债权人利益，避免和减少纠纷，草案一审稿增加了遗产管理人制度。这是民法典继承编的最大亮点。考虑改革开放以来人民群众私有财产大幅度增加，为妥善管理、顺利分割遗产，更好保护相关当事人利益，民法典继承编草案一审稿借鉴破产管理人制度，增设遗产管理人制度。犹如企业法人破产是企业法人市场活动的终止一样，自然人的死亡则是自然人生命的终结。二者事殊理同，皆需料理后事、清理遗产。民法典继承编草案一审稿同时完善了遗赠扶养制度以及税款和债务清偿规则，还增加了打印、录像等遗嘱形式。

2019 年 6 月 25 日，民法典继承编草案二审稿提交十三届全国人大常委会第十一次会议审议，全国人大宪法和法律委员会做关于民法典继承编草案修改情况的汇报。草案二审稿进一步完善了继承人宽恕制度、亲属的定义、危急情况下口头遗嘱、遗产管理人制度等规定。这些规定有利于保护自然人的继承权，对满足人民群众处理遗产的现实需要，促进家庭和睦，在我国进入老年人社会的情况下推进老龄事业和产业发展，具有积极的意义。

具体来说，继承编草案二审稿，主要完善了如下内容：

一是规定村委会可担任特定遗产管理人。草案二审稿规定，没有继承人或者继承人均放弃继承的，由被继承人生前住所地的民政部门或者村民委员会担任遗产管理人。

二是对遗产管理人的职责予以完善，增加了遗产管理人应当向继承人报告遗产情况、采取必要措施防止遗产毁损，以及实施与管理遗产有关的其他必要行为等规定。

村委会作为基层群众性自治组织，根据《民法总则》具有特别法人资格，因此可以担任遗产管理人，发挥应有的作用。遗产管理人必须履行义务、受到监督，其因故意或者重大过失造成继承人、受遗赠人、债权人损失的，应当承担民事责任。

草案一审稿规定，对继承人遗弃被继承人、伪造或者篡改遗嘱等行为，被继承人表示宽恕或者事后在遗嘱中明确将其列为继承人的，该继承人不丧失继承权。立法过程中有的方面提出，应当进一步严格限定条件，与最高人民法院有关遗嘱继承司法解释相衔接，强调对确有悔改表现的继承人，才能予以宽恕。宪法和法律委员会采纳了这一建议，将草案二审稿修改为：继承人有遗弃被继承人、伪造或者篡改遗嘱等行为，确有悔改表现的，才能予以宽恕，不丧失继承权。

为了明确界定属于法定继承人范围的父母、子女和兄弟姐妹的概念，民法典继承编草案二审稿对《继承法》中的相关规定予以保留，对相关概念进行了明确界定，相比一审稿增加了三款规定："本编所称子女，包括婚生子女、非婚生子女、养子女和有扶养关系的继子女。""本编所称父母，包括生父母、养父母和有扶养关系的继父母。""本编所称兄弟姐妹，包括同父母的兄弟姐妹、同父异母或者同母异父的兄弟姐妹、养兄弟姐妹、有扶养关系的继兄弟姐妹。"将原来法律的规定吸收进来，体现了立法的整体性、稳定性和连续性。无论婚生子女、非婚生子女、养子女、继子女，法律都一视同仁，其享有的权利与承担的义务相一致。

在口头遗嘱方面，民法典继承编草案二审稿规定，遗嘱人危急情况下可以立口头遗嘱。危急情况解除后，遗嘱人能够用书面或者录音录像形式立遗嘱的，所立的口头遗嘱无效。相比一审稿，二审稿删除了"所立的口头遗嘱经过三个月无效"的期限规定。一审稿中关于3个月期限的起算点不明确，且口头遗嘱仅在危急情况下才适用。危急情况消除后，遗嘱人已能够用其他形式立遗嘱，所立口头遗嘱即应无效，不必规定3个月的期限。①

立法过程中，还有人建议扩大法定继承人的范围、调整法定继承人顺序等，因其理由不足未被采纳。立法机关在这些方面维持了《继承法》的规定，有利于维持法律的连续性和司法的统一性，稳定继承法秩序，提升继承法治的公信力。

随着我国经济社会的迅速发展和人口平均寿命的不断提高，个人财产和可继承遗产显著增加。这不仅体现在财产数量和价值的增加，还表现为财产形式的多样化、民事主体诉求的多元化。人民法院受理的继承纠纷案件数量和标的额大幅度上升，《继承法》的有些规定已不能完全满足社会现实需要和司法实践需要。民法典继承编的修改坚持解放思想、与时俱进，坚持科学立法、问题导向，以宪法为根据，充分尊重个人合法财产权益，保护自然人的继承权，在《继承法》的基础上，总结司法实践经验，建立起了与中国特色社会主义市场经济和社会发展相匹配的、更加细致完备的继承法律制度，必将为相关民事主体的继承权提供更全面有力的法律保护，为各级人民法院审理继承纠纷案件提供更明确充分的法律依据。

---

① 徐隽：《民法典继承编草案提请二审，村委会可以担任遗产管理人》，载中国人大网：http://www.npc.gov.cn/npc/c30834/201906/7be7078761314484b0cf68c26a0db0cb.shtml，2020年4月27日最后访问。

第一章　一般规定

本章是《民法典》“继承编”的一般规定。我国《继承法》设有“总则”，考虑我国的立法习惯及本编的逻辑结构，故在本编中设“一般规定”作为第1章，对继承的一些一般性问题作出规定。本章规定的是关于继承的一般性、原则性问题，包括继承开始的时间、遗产的定义、继承权的丧失与恢复等。本章参考了《继承法》《继承法意见》的相关规定，在借鉴其他国家和地区立法例和总结既往经验的基础上，对《继承法》“总则”部分进行了一些增加，如继承接受和放弃的规定；也作了一些改动，如丧失继承权和恢复继承权的条件；还有一些保留，如关于法定继承、遗嘱继承、遗赠和遗赠扶养协议间的效力；并进行了一些删除，如无民事行为能力和限制行为能力人继承权行使的代理。

本章开宗明义指出《民法典》“继承编”调整的是因继承产生的民事关系，并阐明国家保护自然人继承权的基本态度。

继承开始的时间是引起继承法律关系产生的事实出现的时间，其对继承法律关系中的一系列法律制度意义重大，是继承法律制度的基本概念，故在一般规定中率先予以明确。

遗产的定义和范围亦是继承法律的基础概念。《继承法》采取概括加列举的方式规定遗产的范围，概因《继承法》诞生于计划经济时代，彼时我国私人财产范围有限，简单列举基本可以囊括私人可所有的财产。但随着我国经济快速发展、科技不断进步，当下私人可享有的财产利益远不是法条所能列举，且新的财产形式还在不断涌现，故本次修法对于遗产的范围和形式作了开放式的处理，不再列举遗产范围，以适应现在和将来的时代发展需要。

关于法定继承、遗嘱继承、遗赠和遗赠扶养协议间效力以及继承的接受和放弃，均是私法意思自治原则在继承法上的具体体现，属于继承法的一般性规定。

将继承权的丧失和恢复置于一般规定中，体现的是国家对于公民遗嘱自由的保护以及国家介入和私人意思自治之间的一种平衡。

至于本章没有保留《继承法》“总则”部分中关于无民事行为能力人、限制行为能力人继承权行使的代理以及诉讼时效的规定，则是因为此二问题已被提取公因式而入《民法典》“总则编”，故均可适用《民法典》“总则编”关于代理和诉讼时效的一般规定，没有必要在“继承编”中重复规定。

第一千一百一十九条　本编调整因继承产生的民事关系。

【条文主旨】

本条是关于继承编调整范围的规定。

【条文理解】

本条开宗明义指出《民法典》“继承编”调整的对象是因继承产生的民事关系。《继承法》没有直接规定调整范围的条文。

本条明确调整对象，是从民法体系化的角度出发新增加的内容，其立法意义，一是与《民法典》“总则编”第2条关于平等主体之间的人身关系和财产关系的规定构成对应衔接关系，即因继承产生的遗产分配关系一般发生在与被继承人有人身关系的亲属之间。二是与其他分编相区分，譬如“物权编”调整因物的归属和利用而产生的民事关系，“婚姻家庭编”调整因婚姻家庭产生的民事关系。三是有利于构建继承法学科体系、教材体系、理论体系和话语体系。

【司法适用】

本条不是人民法院的裁判规范，虽然不可直接用于裁判案件，但也为法官找法适用法律提供了指引，即法官在处理涉及继承纠纷的案件时可到本编来找可资引用的裁判规则，同时也为作为原告的一方当事人寻找继承请求权基础提供了指引。

【司法案例】

李某、郭某阳诉郭某和、童某某继承纠纷案①

诉讼结论：涉案的306室房屋归原告李某所有；李某于本判决生效之日起30日内，给付原告郭某阳33,442.4元，该款由郭某阳的法定代理人李某保管；李某

① 最高人民法院指导案例50号。

于本判决生效之日起30日内,给付被告郭某和33,442.4元,给付被告童某某41,942.4元。

基本案情:原告李某诉称,位于江苏省南京市某住宅小区的306室房屋,是其与被继承人郭某顺的夫妻共同财产。郭某顺因病死亡后,其儿子郭某阳出生。郭某顺的遗产,应当由妻子李某、儿子郭某阳与郭某顺的父母即被告郭某和、童某某等法定继承人共同继承。请求法院在析产继承时,考虑郭某和、童某某有自己房产和退休工资,而李某无固定收入还要抚养幼子的情况,对李某和郭某阳给予照顾。被告郭某和、童某某辩称,儿子郭某顺生前留下遗嘱,明确将306室赠与二被告,故对该房产不适用法定继承。李某所生的孩子与郭某顺不存在血缘关系,郭某顺在遗嘱中声明他不要这个人工授精生下的孩子,他在得知自己患癌症后,已向李某表示过不要这个孩子,是李某自己坚持要生下孩子。因此,应该由李某对孩子负责,不能将孩子列为郭某顺的继承人。法院经审理查明:1998年3月3日,原告李某与郭某顺登记结婚。2002年,郭某顺以自己的名义购买了涉案建筑面积为45.08平方米的306室房屋,并办理了房屋产权登记。2004年1月30日,李某和郭某顺共同与南京军区南京总医院生殖遗传中心签订了人工授精协议书,对李某实施了人工授精,后李某怀孕。2004年4月,郭某顺因病住院,其在得知自己患了癌症后,向李某表示不要这个孩子,但李某不同意人工流产,坚持要生下孩子。5月20日,郭某顺在医院立下自书遗嘱,在遗嘱中声明他不要这个人工授精生下的孩子,并将306室房屋赠与其父母郭某和、童某某。郭某顺于5月23日病故。李某于当年10月22日产下一子,取名郭某阳。原告李某无业,每月领取最低生活保障金,另有不固定的打工收入,并持有夫妻关系存续期间的共同存款18,705.4元。被告郭某和、童某某系郭某顺的父母,居住在同一个住宅小区的305室,均有退休工资。2001年3月,郭某顺为开店,曾向童某某借款8500元。南京某房地产估价师事务所有限责任公司受法院委托,于2006年3月对涉案306室房屋进行了评估,经评估房产价值为19.3万元。

法院认为:本案争议焦点主要有两方面:一是郭某阳是否为郭某顺和李某的婚生子女?二是在郭某顺留有遗嘱的情况下,对306室房屋应如何析产继承?

关于争议焦点一。最高人民法院《关于夫妻离婚后人工授精所生子女的法律地位如何确定的复函》中指出:“在夫妻关系存续期间,双方一致同意进行人工授精,所生子女应视为夫妻双方的婚生子女,父母子女之间权利义务关系适用《婚姻法》的有关规定。”郭某顺因无生育能力,签字同意医院为其妻子即原告李某施行人工授精手术,该行为表明郭某顺具有通过人工授精方法获得其与李某共同子女的意思表示。只要在夫妻关系存续期间,夫妻双方同意通过人工授精生育子女,所生子女均应视为夫妻双方的婚生子女。《民法通则》第 57 条规定:“民事法律行为从成立时起具有法律约束力。行为人非依法律规定或者取得对方同意,不得擅自变更或者解除。”因此,郭某顺在遗嘱中否认其与李某所怀胎儿的亲子关系,是无效民事行为,应当认定郭某阳是郭某顺和李某的婚生子女。

关于争议焦点二。《继承法》第 5 条规定:“继承开始后,按照法定继承办理;有遗嘱的,按照遗嘱继承或者遗赠办理;有遗赠扶养协议的,按照协议办理。”被继承人郭某顺死亡后,继承开始。鉴于郭某顺留有遗嘱,本案应当按照遗嘱继承办理。《继承法》第 26 条规定:“夫妻在婚姻关系存续期间所得的共同所有的财产,除有约定的以外,如果分割遗产,应当先将共同所有的财产的一半分出为配偶所有,其余的为被继承人的遗产。”《继承法意见》第 38 条规定:“遗嘱人以遗嘱处分了属于国家、集体或他人所有的财产,遗嘱的这部分,应认定无效。”登记在被继承人郭某顺名下的 306 室房屋,已查明是郭某顺与原告李某夫妻关系存续期间取得的夫妻共同财产。郭某顺死亡后,该房屋的一半应归李某所有,另一半才能作为郭某顺的遗产。郭某顺在遗嘱中,将 306 室全部房产处分归其父母,侵害了李某的房产权,遗嘱的这部分应属无效。此外,《继承法》第 19 条规定:“遗嘱应当对缺乏劳动能力又没有生活来源的继承人保留必要的遗产份额。”郭某顺在立遗嘱时,明知其妻子腹中的胎儿而没有在遗嘱中为胎儿保留必要的遗产份额,该部分遗嘱内容无效。《继承法》第 28 条规定:“遗产分割时,应当保留胎儿的继承份额。”因此,在分割遗产时,应当为该胎儿保留继承份额。综上,在扣除应当归李某所有的财产和应当为胎儿保留的继承份额之后,郭某顺遗产的剩余部分才可以按遗嘱确定的分配原则处理。

第一千一百二十条　国家保护自然人的继承权。

【条文主旨】

本条是关于自然人的继承权受国家保护的规定。

【条文理解】

所谓继承权,是指继承遗产的民事权利。遗产是自然人死亡时遗留的个人合法财产,但是依照法律规定或者根据其性质不得继承的除外。

继承权保护的宪法依据。我国自“五四宪法”以来,自然人的继承权始终是受宪法保护的。《继承法》第 1 条规定:“根据《中华人民共和国宪法》规定,为保护公民的私有财产的继承权,制定本法。”本编虽然仍然是根据《宪法》制定的,但为避免与《民法典》"总则编"重复,故删除立法依据这一条。我国现行《宪法》(2018 年修正)第 13 条第 2 款规定:"国家依照法律规定保护公民的私有财产权和继承权。"《继承法》、《民法典》"继承编"就是《宪法》该款指的可资依照的法律。

【司法适用】

法不溯及既往。继承权的法律渊源,在《民法典》施行前,人民法院处理继承纠纷案件主要依据的是 1985 年公布施行的《继承法》和最高人民法院发布的《继承法意见》。在《民法典》施行后,一是根据法不溯及既往原则,人民法院处理继承纠纷案件的主要依据是《民法典》"继承编"和最高人民法院随后发布的关于适用《民法典》若干问题的解释中有关继承的条款。具体来说,继承在《民法典》"继承编"施行前开始的,除民法典及其立法解释、司法解释有特别规定外,一般不适用《民法典》"继承编"的规定;但遗产较多、数额巨大有必要设立遗产管理人的,我们认为可以适用遗产管理人的有关规定。二是继承在《民法总则》2017 年 10 月 1 日施行前开始者,一般不适用《民法典》"继承编"的规定。但诉讼时效截至 2017 年 10 月 1 日未满两年的,适用最高人民法院《关于适用〈中华人民共和国民法总则〉诉讼时效制度若干问题的解释》。三是涉及遗产税收问题,根据《立法法》的规定,以有利于继承人的原则考虑《民法典》"继承编"的不溯及既往原则例外适用。

《继承法》第 5 章附则关于民族自治地方民族财产继承立法、涉外继承法律适用和法律施行等(第 35 ~37 条)内容被删除以后,相关问题应如何适用法律?

第一,《继承法》第 35 条规定:"民族自治地方的人民代表大会可以根据本法的原则,结合当地民族财产继承的具体情况,制定变通的或者补充的规定。自治区的规定,报全国人民代表大会常务委员会备案。自治州、自治县的规定,报省或者自治区的人民代表大会常务委员会批准后生效,并报全国人民代表大会常务委员会备案。"本条删除以后,民族自治地方的人民代表大会可以根据《宪法》授权,根据《民法典》"总则编"和本编的原则,制定变通的或者补充的规定。

第二,《继承法》第 36 条规定:"中国公民继承在中华人民共和国境外的遗产或者继承在中华人民共和国境内的外国人的遗产,动产适用被继承人住所地法律,不动产适用不动产所在地法律。外国人继承在中华人民共和国境内的遗产或者继承在中华人民共和国境外的中国公民的遗产,动产适用被继承人住所地法律,不动产适用不动产所在地法律。中华人民共和国与外国订有条约、协定的,按照条约、协定办理。"鉴于《涉外民事关系法律适用法》已经从《民法通则》《民法总则》中独立出来,故本条删除以后,可直接适用《涉外民事关系法律适用法》和《民事诉讼法》的有关规定。

第三,《继承法》第37条规定:“本法自1985年10月1日起施行。”本条同样属于《继承法》的范畴,已经被《民法典》“附则”第1260条所取代。

第四,关于继承法的司法原则。继承权,是指公民依照法律规定或合法有效的遗嘱承受被继承人遗产的权利,受国家保护。在司法实践中,人民法院应当注意贯彻的法律原则,一是继承权男女平等原则。《宪法》第48条第1款规定:“中华人民共和国妇女在政治的、经济的、文化的、社会的和家庭的生活等各方面享有同男子平等的权利。”本编第1126条规定“继承权男女平等”,《民法典》“总则编”第4条也有民事主体在民事活动中的法律地位一律平等的规定,平等也是社会主义核心价值观的要求。因此,继承权的享有不应当因为男女性别而有所区别。二是公平原则。人民法院处理继承权纠纷,应当遵循公平原则,考虑权利义务一致,依照本编第1129条、第1130条、第1131条的规定,公平合理确定继承各方的权利义务。三是诚信原则。当事人参与继承,无论是被继承人立遗嘱,还是继承人参与遗产分配,都应当遵循诚信原则,秉持诚实,恪守承诺,将社会主义核心价值观融入继承纠纷审理执行的全过程。四是公序良俗原则。人民法院处理继承权纠纷,应当依照继承法及其司法解释,在法律没有规定适用习惯时,不得适用违背公序良俗的习惯,当事人立遗嘱也不得违背公序良俗。

【司法案例】

案例一

赵某甲、赵某乙、赵某丙等与赵某丁法定继承纠纷案①

诉讼结论:超过诉讼时效的再审理由不成立,驳回赵某丁的再审申请。

法院认为:本案中,赵某戊于1966年9月死亡,继承开始。赵某戊各继承人均未明确表示放弃继承,《平安帖》作为赵某戊的遗产应属于各继承人共同共有,各继承人对《平安帖》共同享有所有权。根据一审、二审查明的事实,因赵某丁之父赵某乙一直隐匿《平安帖》,其他法定继承人均不知该《平安帖》的下落,应属于“权利人由于客观的障碍在法定诉讼时效期间不能行使请求权”的情况,该诉讼时效期间应予延长。故一审、二审判决认定赵某甲等人的诉讼请求未超过诉讼时效期间,保护其继承权并无不当。

---

① 最高人民法院(2015)民申字第150号民事裁定书。

案例二

杨某、刘某乙等与刘某甲继承纠纷案[①]

诉讼结论：驳回刘某甲的再审申请，保护法定继承人的继承权。

基本案情：杨某、刘某乙、刘某丙以刘某甲（被继承人刘某丁之子）与杨某（被继承人刘某丁妻子）、刘某乙（被继承人刘某丁之女）、刘某丙（被继承人刘某丁之女）之间至今没有对被继承人刘某丁生前投资等遗产进行分割为由，诉至某中级人民法院，请求法院判令：继承刘某丁生前投资某学院所形成的财产权益。依照《民法通则》第5条，《婚姻法》第17条，《继承法》第3条、第5条、第9条、第10条、第13条、第26条，《民办教育促进法》第51条之规定，法院判决：一、杨某享有被继承人刘某丁生前投资某学院所形成的财产权益的5/8的份额；刘某乙继承被继承人刘某丁生前投资某学院所形成的财产权益的1/8的份额；刘某丙继承被继承人刘某丁生前投资某学院所形成的财产权益的1/8的份额；刘某甲继承被继承人刘某丁生前投资某学院所形成的财产权益的1/8的份额。二、驳回杨某、刘某乙、刘某丙其他诉讼请求。再审申请人刘某甲因与被申请人杨某、刘某乙、刘某丙及第三人某学院继承纠纷一案，不服判决，向最高法院申请再审。

法院认为：结合案件事实，本案应认定刘某丁作为某学院的出资人享有从学院办学结余中取得合理回报的权益。刘某丁于2002年1月13日病逝，此前调整民办教育的行政法规为自1997年10月1日起施行的《社会力量办学条例》。该条例第6条规定："社会力量举办教育机构，不得以盈利为目的。"第37条规定："教育机构应当确定各类人员的工资福利开支占经常办学费用的比例，报审批机关备案。教育机构的积累只能用于增加教育投入和改善办学条件，不得用于分配，不得用于校外投资。"第43条规定："教育机构解散，应当依法进行清算。教育进行清算时，应当首先支付所欠教职员工个人工资以及社会保险费用；教育机构清算后的剩余财产，返还或者折价返还举办者的投入后，其余部分由审批机关统筹安排，用于发展社会力量办学事业。"上述规定中并未涉及民办学校出资人从办学结余中取得合理回报的权益问题。因此，并不能根据上述规定而否定民办学校出资人享有从办学结余中取得合理回报的权益。另外，根据《民办教育促进法》第51条的规定，"民办学校在扣除办学成本，预留发展基金以及按照国家有关规定提取其他必需的费用后，出资人可以从办学结余中取得合理回报"。该条赋予了民办学校出资人从办学结余中取得合理回报的权利，属于实质性权利。另根据吉林

① 最高人民法院（2014）民申字第1666号申请再审民事裁定书。

某党与吉林省某学院于1993年1月5日签订的合同书中“院长个人投入归个人所有”的约定，本案中刘某丁作为某学院的投资人可以从办学结余中取得合理回报。此外，该学校1998年章程的第24条规定，“本院的收入和固定资产归学院所有，任何人不得侵占、挪用或转让”。该条并未禁止学校的出资人享有取得合理回报的权益，而本案中杨某、刘某乙、刘某丙三人诉求继承的并不是分割学校的实物，只是请求继承被继承人刘某丁生前投资某学院所形成的财产权益，因此不属于对学校资产的侵占、挪用或转让。同时，《民办教育促进法实施条例》第38条、第49条等虽对民办学校出资人取得合理回报的问题规定了具体的形式要件，但由于该条例于2004年起施行，在刘某丁2002年1月13日去世之时还未有此规定，因此1998年学校的章程中虽然并未提及投资人从办学结余中取得合理回报，并不能就此否定刘某丁作为学校投资人取得合理回报的权益，亦不能就此推知刘某丁不具有要求取得合理回报的意思。且根据该条例的规定，不要求合理回报的学校可以享受相应的税收优惠政策，但就此认为由于学院自成立至今未有过关于投资人取得回报的行为以及所享受的税收优惠政策，因而投资人不可以取得合理回报，则属于对法条的错误理解，于法无据。故再审申请人刘某甲关于“某学院属于不要求合理回报的民办学校”的主张及其理由不应被采信。原一审、二审法院认定“刘某丁作为学校的出资人，享有从办学结余中取得合理回报的权益”并无不当。在认定刘某丁对某学院享有财产权益的基础上，根据《婚姻法》及《继承法》的相关规定，原审法院判决杨某、刘某乙、刘某丙、刘某甲作为刘某丁的法定继承人享有相应份额的继承权并无不当。

第一千一百二十一条　继承从被继承人死亡时开始。

相互有继承关系的数人在同一事件中死亡，难以确定死亡时间的，推定没有其他继承人的人先死亡。都有其他继承人，辈份不同的，推定长辈先死亡；辈份相同的，推定同时死亡，相互不发生继承。

【条文主旨】

本条是关于继承开始时间及死亡后推定的规定。

【条文理解】

本条是综合《继承法》第2条和《继承法意见》第1条、第2条所形成。继承开始的时间是引起继承法律关系产生的事实出现的时间。继承开始时间的确定意义重大，在确定继承人的范围、遗产范围、继承人的继承能力、遗产的所有权转移、遗嘱效力、遗产分割的溯及力等方面，继承开始时间都是重要参照系。引起继承法律关系产生的事实是自然人的死亡，故继承开始时间即自然人死亡时间。死亡包括自然死亡与宣告死亡。宣告死亡之情况，以判决确定的死亡日期为继承开始时间。

两个以上互有继承关系的人在同一事件中死亡，若死亡时间难以确定，在法律上如何推定死亡时间，对继承人利益有着重要影响。本条推定死亡先后顺序的原则主要是平等保护继承人利益。之所以规定“相互有继承关系的数人在同一事件中死亡，难以确定死亡时间的，推定没有其他继承人的人先死亡”，是因为如果推定有继承人的人先死亡，则没有继承人的死者继承了有继承人的死者的财产后，因其在事故中死亡且没有继承人，其遗产将成为无主财产，该规定体现了保护继承人的利益。规定“都有其他继承人，辈份不同的，推定长辈先死亡；辈份相同的，推定同时死亡，相互不发生继承”体现的是平等保护继承人利益。当两个以上互有继承关系的人在同一事件中死亡，且都有其他继承人，在此情况下，若推定一部分人先死亡，被推定为后死亡的人就会继承先死亡人的财产，后死亡人的继承人将比先死亡人的继承人继承更多的遗产。因此，立法规定辈份不同的情况下，推定长辈先死亡；辈份相同的，推定同时死亡，相互不发生继承。此处体现了立法活动平等保护继承人利益的统一标准。

【司法适用】

《继承法意见》第 1 条规定：“继承从被继承人生理死亡或被宣告死亡时开始。失踪人被宣告死亡的，以法院判决中确定的失踪人的死亡日期，为继承开始的时间。”在司法实践中，关于生理死亡时间，可以是户籍登记簿上登记的死亡时间，也可以是医院的死亡证明记载的时间，二者不一致时，以医院的死亡证明为准，除非有相反证据证明死亡证明记载的时间有误。因为在有死亡证明的情况下，死亡证明是原始证据，户籍登记簿是依据死亡证明进行登记的。而宣告死亡之情况，是以判决确定的死亡日期为继承开始时间。

《继承法意见》第 2 条规定：“相互有继承关系的几个人在同一事件中死亡，如不能确定死亡先后时间的，推定没有继承人的人先死亡。死亡人各自都有继承人的，如几个死亡人辈份不同，推定长辈先死亡；几个死亡人辈份相同，推定同时死亡，彼此不发生继承，由他们各自的继承人分别继承。”这一规定与本条第 2 款内容基本一致。在立法过程中，“都有其他继承人，辈份不同的，推定长辈先死亡”的规定存在争议。有观点认为这一规定不合理，如果年老长辈与壮年晚辈同时遇难，推定长辈先死亡是符合自然规律的。但如果壮年长辈与幼年晚辈同时死亡，同样推定长辈先死亡，就不符合自然规律。因此，有学者建议将这一规定更改为"若几个死亡人辈份不同，则推定成年晚辈后于长辈死亡，未成年晚辈先于长辈死亡"。但最终民法典未采纳上述所谓符合自然规律意见，还是吸纳了《继承法意见》的规定，有利于保持司法实践的统一性，此点需要在实务中予以注意。

【司法案例】

吴某意、洪某恋诉黄某平法定继承案[①]

诉讼结论：相互有继承关系的几个人在同一事件中死亡，如几个死亡人辈份不同，推定长辈先死亡。由于本案被继承人吴某丽及其儿子黄某飞系在同一坠机事故中死亡，而其死亡先后时间不足以确认，故应推定吴某丽先于黄某飞死亡。

基本案情：吴某意、洪某恋系本案被继承人吴某丽之父、母，黄某飞系吴某丽与被告黄某平的婚生子。吴某丽与黄某飞于2015年2月4日上午一同搭乘甲航空公司航班时遭遇事故同时罹难。事故发生后，被继承人吴某丽获得航空公司和保险公司等理赔机构给予的赔偿款及保险金等暂计1,049,243.05元、新台币16,900,000元，以及乙电力有限公司丙供电公司及其工会给予的丧葬费、补助款等暂计65,950元。同时，被继承人吴某丽的遗产有：厦门市思明区房产的1/2产权份额；银行存款、住房公积金、医疗保险账户余额、基本养老一次性待遇、企业年金等。吴某意、洪某恋依据《台湾士林地方法院检察署相验尸体证明书》主张吴某丽与其子黄某飞同时死亡，相互间不发生继承，故请求依法继承和分割吴某丽的事故赔偿款和保险金，并与黄某平各按1/3继承和分割吴某丽的遗产。黄某平主张吴某丽及其子黄某飞在同一事件中死亡，应推定长辈先死，故吴某丽的财产分割应当由吴某意、洪某恋、黄某平、黄某飞四人共同继承，黄某飞继承的份额转由其父黄某平继承。

法院认为：关于吴某丽与黄某飞的死亡时间。《台湾士林地方法院检察署相验尸体证明书》上所记载的死亡原因乃法医之鉴定、死亡时间乃法医之推定。死亡时间在法医学中又称死后间隔时间，依据目前之科学手段，死亡时间的准确有效推断不足以精确至"分钟"，与此同时，通过该证明书可知吴某丽的直接死因是"神经性休克"，先行原因是"多重创伤致外伤颅底骨折"，而黄某飞的直接死因是"呼吸性休克"，先行原因是"溺水"，结合该架民航客机在2015年2月4日系先撞击台湾南湖大桥后再迫降基隆河的坠机过程，法院认为原告主张以证明书中统一填写的"十一时整"作为死亡时间，有违常识，不予采信。根据《继承法意见》之相

---

① 福建省厦门市思明区人民法院(2016)闽0203民初字8035号民事判决书。

关规定，由于本案被继承人吴某丽及其儿子黄某飞系在同一坠机事故中死亡，而其死亡先后时间不足以确认，故应推定吴某丽先于黄某飞死亡，黄某丽的遗产应先分割成4份，由其父吴某意、其母洪某恋、其夫黄某平、其子黄某飞各1/4，而后其子黄某飞所继承之份额转由黄某平继承。关于本案的共有物分割，由于理赔款、保险金、丧葬费、补助款、抚恤金给付的对象为死者直系亲属、配偶或生前主要或部分供养的人，其含有一定的精神抚慰作用，故可参与分配的人员应以实际发放时为准，由于黄某飞与吴某丽系在同一天死亡，其不应再作为该部分共有物的分配对象，而应由吴某意、洪某恋、黄某平按各1/3的份额分割。

第一千一百二十二条　遗产是自然人死亡时遗留的个人合法财产。
依照法律规定或者根据其性质不得继承的遗产，不得继承。

【条文主旨】

本条是关于遗产定义的规定。

【条文理解】

遗产是继承法律关系的客体，是继承人享有的继承权的标的。遗产具有以下特性：

1. 性质上的合法性。根据《民法典》“总则编”第124条的规定，自然人合法的私有财产，可以依法继承。这里的“依法”，即依《民法典》“继承编”。遗产只能是被继承人的个人合法财产，被继承人没有合法根据取得的财产，不能作为遗产。

2. 内容上的财产性。即包括被继承人死亡时遗留的全部财产权利和财产义务。人身性的客体不能作为遗产，如个人荣誉。随着时代发展，财产权和人身权有融合的趋势，财产权中包含人身权内容，人身权中也含有财产权内容。因此，一些通过财产取得的身份属于可继承的客体，如通过金钱购买获得的会员资格，通过投资获得的股东地位。对这类客体，需要分辨其中的财产性而作为遗产继承，不能简单因其表象的身份性否定其遗产的属性。

3. 时间上的特定性。遗产是自然人死亡时遗留的个人财产。被继承人死亡的时间是界定遗产的特定时间点。被继承人死亡前，该自然人享有民事权利能力，其财产不是遗产，不能发生继承。但需要注意的是，遗产并不是只限于被继承人死亡时的现存财产，被继承人死亡时尚不存在，但在其死亡后，基于其生前行为而获得的利益亦应作为遗产，如因被继承人死亡而获得的保险赔偿金等。

4. 范围上的限定性。限定性体现在两个方面：一方面是说遗产是被继承人生前个人所有的财产,被继承人生前租赁、借用而死亡时尚未返还的财产不属于遗产,被继承人与他人共有的不属于被继承人的部分也不是遗产。对于共有财产,在继承时应将属于被继承人的部分析产确认后方可继承。另一方面是说遗产是不具有人身专属性的财产。本条规定的“依照法律规定或者根据其性质不得继承的除外”即为此意。

【司法适用】

本条对遗产作出法律界定,对《继承法》第3条所作列举加以删除,立法上避免与“总则编”第5章关于民事权利的规定和“物权编”第266条的规定重复,司法上增强了本条的应用张力和适用性。凡合法的私有财产,都可以依法继承。《继承法》第3条规定:“遗产是公民死亡时遗留的个人合法财产,包括:(一)公民的收入;(二)公民的房屋、储蓄和生活用品;(三)公民的林木、牲畜和家禽;(四)公民的文物、图书资料;(五)法律允许公民所有的生产资料;(六)公民的著作权、专利权中的财产权利;(七)公民的其他合法财产。”第4条规定:“个人承包应得的个人收益,依照本法规定继承。个人承包,依照法律允许由继承人继续承包的,按照承包合同办理。”此两条为《继承法》关于遗产范围的规定,采取的是概括列举的立法模式。此种规定与我国当时的社会经济发展水平是相适应的,但随着我国经济不断发展,新的财产类型不断出现,原有的遗产列举方式已无法适应社会发展需求。事实上,最高人民法院根据实践需要在遗产范围上也做了一定解释。《继承法意见》第3条规定:“公民可继承的其他合法财产包括有价证券和履行标的为财物的债权等。”第4条规定:“承包人死亡时尚未取得承包收益的,可把死者生前对承包所投入的资金和所付出的劳动及其增值和孳息,由发包单位或者接续承包合同的人合理折价、补偿,其价额作为遗产。”这就将一部分债权、有价证券和承包收益纳入了遗产范围。但实践中的问题依然层出不穷,比如股权和合伙权益中的财产利益,理应可以作为遗产继承,但股东及合伙人又具有身份属性,在处理股权或合伙权益继承时,同时需要有相应的程序规定使之满足有限责任公司或合伙企业人合性质的要求。

实践中,关于股权或合伙权益的继承应坚持以下几点:第一,股权或合伙权益既有财产属性也有人身属性,只有将这两个属性结合在一起才能成为一个完整的股东权或合伙权益。这也是股东权和知识产权继承的不同之处。知识产权中的人身性质权益比如著作权的署名权,随着作者的死亡而消失不可再生,知识产权的继承只能限于其财产性权益。而股东权的财产属性和人身属性是难以分割来处理的。第二,要充分尊重公司章程或合伙协议的约定。若章程或协议明确规定了股东或合伙人的继承人可以成为股东或合伙人,则继承人继承股东权益或合伙权益当然没有问题。若章程或协议没有明确规定，则可能需要人民法院结合章程或协议，去确定当事人的真实意思，进而判断继承人是否有权继承股东权益或合伙权益。第三，应当注意到股权（合伙权益）的继承与取得股东（合伙人）地位是有区别的。股权或合伙权益是当然可以继承的，但股东或合伙人地位的取得需要满足程序规定。比如，《合伙企业法》第 50 条规定："合伙人死亡或者被依法宣告死亡的，对该合伙人在合伙企业中的财产份额享有合法继承权的继承人，按照合伙协议的约定或者经全体合伙人一致同意，从继承开始之日起，取得该合伙企业的合伙人资格。有下列情形之一的，合伙企业应当向合伙人的继承人退还被继承合伙人的财产份额：（一）继承人不愿意成为合伙人；（二）法律规定或者合伙协议约定合伙人必须具有相关资格，而该继承人未取得该资格；（三）合伙协议约定不能成为合伙人的其他情形。合伙人的继承人为无民事行为能力人或者限制民事行为能力人的，经全体合伙人一致同意，可以依法成为有限合伙人，普通合伙企业依法转为有限合伙企业。全体合伙人未能一致同意的，合伙企业应当将被继承合伙人的财产份额退还该继承人。"

此外，司法实践中还在不断出现一些有争议的遗产的项目，比如：(1)经济适用房、限价商品房、共有产权房和承租房等政策性住房。此类政策性住房从性质上讲应属自然人所享有全部或部分所有权和使用权的不动产，只是在所有权移转上受到国家政策的一定限制。因此，此类遗产的继承在司法适用中应当把握好法律和政策的平衡。(2)数据、网络虚拟财产。随着科技的快速发展，越来越多的网络虚拟财产出现在公众视野中，这些财产同样具备价值，因此司法实践应适应时代发展需要，根据个案情况和当时社会环境，认定数据、网络虚拟财产可作为遗产继承。根据"总则编"第 127 条的规定，法律对这种形式的财产保护有规定的，应当依照其规定。(3)居住权不得继承。

遗产管理人制度是新设立的，司法实践中应当注意适用，除了本编以外，"合同编"第 935 条和第 936 条对其也作了衔接性规定。

【司法案例】

蔡某、杨乙诉冯某、杨丙继承案①

诉讼结论：公民可继承的其他合法财产包括履行标的为财物的债权。

基本案情：杨甲系蔡某的三子，其父亲杨丁已于 1996 年 3 月死亡。杨甲与前妻顾某生育一女杨乙，杨甲与前妻离婚后未再婚，但与冯某同居并生育一女杨丙。

① 江苏省无锡市惠山区人民法院（2017）苏 0206 民初 943 号民事判决书。

杨甲曾于2015年2月10日住院治疗，于2月17日出院，于2015年3月10日死亡。2015年2月15日，杨甲在医院留下代书遗嘱一份，载明："大女儿杨乙得现金伍拾万元整，母亲蔡某养老费壹拾万元整，其他均由冯某安排，遗留下的债务债权和抚养小女儿杨丙成长，另外前妻顾某有权在杨甲老宅居住到终老，另外对杨甲在外的所有应收款均由孙某催讨，由贾某配合，催讨回来的现金和承兑均由冯某保管和对杨甲的以上支配。"代书人及见证人在遗嘱上签字。在场的还有杨甲的前妻、杨乙、冯某及杨甲的多名其他亲属、贾某等。杨甲死亡后，由冯某出资39,330元购买墓穴，支付丧葬费3158元。杨甲生前经营石子加工，其与彭某曾于2015年2月7日签订《调解协议》一份，约定对双方合作多年经营的资产进行处理，作价1100万元。其中杨甲有550万元应收款作为其全部所得。另外彭某再支付杨甲5万元补偿。双方签字确认，证明人两人，其中一人为孙某。同时双方列有一份应收款清单，载明由杨甲收，与彭某无关，金额共计545万元左右。贾某到庭陈述除了杨甲已经要回的应收款，还有300多万元未要回；贾某陈述其将所有的应收款凭证交给了杨甲和冯某，其中冯某签收156.6万元，但冯某否认收到。杨甲生前曾于2014年6月向魏某借款100万元。2015年2月21日，魏某至杨甲家中看望杨甲时，杨甲归还了魏某本金100万元（承兑汇票）及利息8万元（现金）。冯某自2015年7月至2016年6月为杨丙投保了多份人身保险合同，已支付保费81,689元。杨甲去世后，蔡某、杨乙一直未分得遗嘱约定的遗产份额，故诉至法院，请求判决：(1)判令冯某、杨丙按照遗嘱内容将遗产10万元分割给蔡某、遗产50万元分割给杨乙；(2)本案诉讼费由被告承担。

法院认为：本案争议焦点一为杨甲的遗产范围。公民可继承的其他合法财产包括履行标的为财物的债权，但本案中被继承人杨甲的债权并无相应的债权凭证以确定债务人及债权金额，故债权范围无法确认分割。对于按照遗嘱由孙某和贾某催讨回交由冯某保管的金额，由冯某签字的共计156.6万元的事实，本院予以确认，但上述款项催讨回的时间均在杨甲生前，虽均由冯某签字确认，但部分款项标注系给杨甲，且部分款项已经由杨甲于生前归还债务，故应当在其中扣除由杨甲归还债务的金额。本案中，冯某抗辩应当扣除杨丙的保险费及抚养费，但该支出项目不属于清偿被继承人依法应当承担的债务，故不应从遗产中扣除；对于殡葬费用共计3158元从遗产中扣除，双方均无异议；但对于购买墓地及用于殡葬的其他费用，也因不属于清偿被继承人依法应当承担的债务，故不予从遗产中扣除。综上，遗产范围应当为48.2842万元，根据现有证据，该遗产在冯某处，应当作为遗产予以分割。本案争议焦点二为杨甲遗产的分割方式。按照遗嘱由蔡某继承其中的10万元，但剩余金额不足以支付杨乙应得的份额，且遗嘱虽明确需留有杨丙的份额却并未明确杨丙应得金额或比例，如果全部由杨乙一人继承有违被继承人的本意，故本院认为由杨乙和杨丙两人平均分得19.1421万元更符合公平原则及符合遗嘱本意。且本判决并不妨碍蔡某与杨乙在冯某取得其他被继承人的债务人偿还债务后要求继续分割的诉权，也不妨碍被继承人的合法债权人要求各继承人在遗产实际价值为限的范围内偿还被继承人依法应当缴纳的税款和债务。

第一千一百二十三条　继承开始后，按照法定继承办理；有遗嘱的，按照遗嘱继承或者遗赠办理；有遗赠扶养协议的，按照协议办理。

【条文主旨】

本条是关于法定继承、遗嘱继承或者遗赠和遗赠扶养协议间效力的规定。

【条文理解】

继承开始后如何确定各项继承制度的优先效力是立法进行政策衡量的结果。在被继承人生前未对其财产处分作出安排的情况下，法律推定被继承人希望按照法定继承的方式处分其遗产，法定继承是继承法的兜底制度，它可以避免出现无主财产。法定继承制度充分考虑各近亲属的利益，发挥遗产扶养近亲属、维护家庭关系稳定的作用。但在被继承人有遗嘱、遗赠或遗赠扶养协议的情况下，则应尊重被继承人的自由意思表示，这也是民法意思自治原则在继承法上的充分体现。遗嘱继承是被继承人将个人财产指定由法定继承人中的一人或数人继承。遗赠是被继承人将个人财产赠与国家、集体或者法定继承人以外的人。遗嘱继承和遗赠都属于遗嘱处分，有遗嘱的，应按照遗嘱继承或者遗赠办理。遗赠扶养协议是被继承人生前与继承人以外的个人或组织达成协议，由扶养人尽生养死葬义务，而被扶养人死后遗产全部或部分归扶养人所有。遗赠扶养协议本质上是一种双务有偿合同，是基于双方当事人的真实意愿，所以其效力最优。继承开始后，有遗赠扶养协议的，则按照协议办理。

【司法适用】

该条款与《继承法》第5条内容基本一致，系沿用原规定。《继承法意见》第5条规定："被继承人生前与他人订有遗赠扶养协议，同时又立有遗嘱的，继承开始后，如果遗赠扶养协议与遗嘱没有抵触，遗产分别按协议和遗嘱处理；如果有抵触，按协议处理，与协议抵触的遗嘱全部或部分无效。"此规定在民法典生效后，在司法实践中仍具有适用价值。关于法定继承、遗嘱继承、遗赠和遗赠扶养协议间的效力，法律规定比较明确，自不必多论。但实践中的问题主要在于遗嘱、遗赠和遗赠扶养协议本身的效力经常存在争议。法律对于遗赠扶养协议的规定比较原则,在遗赠扶养协议的形式、内容和效力等方面缺乏具体详尽规定,使得遗赠扶养协议的效力经常会受到质疑。对此,可援引“总则编”第六章的相关规定。

【司法案例】

忻甲等诉忻丙等继承纠纷案①

诉讼结论:继承开始后,按照法定继承办理;有遗嘱的,按照遗嘱继承或者遗赠办理。

基本案情:忻某与史某系夫妻,育有长子忻丙,次子忻己,长女忻丁,次女忻戊。次子忻己于2004年11月6日死亡,忻己生育一女忻乙,生育一子忻甲。史某于2011年11月27日死亡,忻某于2015年1月24日死亡。诉争的某村楼房一间、平房两间系忻某与史某共同购买及建设,系夫妻共同财产。2010年11月3日,忻某立分书一份,载明:楼房分给忻丁、忻戊和忻乙,平房一间分给忻丙,另一间平房自住。同年12月26日,楼房拆迁,忻丁和忻戊签订协议,并领取补偿款。2012年12月21日,忻某立自书遗嘱一份,载明:自住一间平房由忻丁、忻戊各半继承。2013年4月5日,忻某在法律服务所立代书遗嘱一份,载明:两间平房由忻丁和忻戊各半继承。工作人员张某和忻戊的丈夫孙某在场见证。

法院认为:忻某的分书将房屋赠与忻丙等,分书本身有效,但上述财产并未转移且忻某后来又另立遗嘱处分该房产,故分书因被继承人自己的行为撤销。立有数份遗嘱的,且内容相抵触的,以最后的遗嘱为准。忻某所立的前一份遗嘱系自书遗嘱,后一份遗嘱为代书遗嘱,其中对一间平房的处分意见相抵触。代书遗嘱因孙某系利害关系人,不能作为见证人,缺少一个见证人而不能成立。自书遗嘱本身有效,但一间平房系夫妻共同财产,忻某只能对自己权利部分进行处分,对史某所属部分无权处分。综上,上述房屋中,楼房一间因没有遗嘱应按法定继承,忻丙、忻丁、忻戊各得1/4,忻甲、忻乙各得1/8;平房一间因忻某立有遗嘱,其所属部分按照遗嘱继承,史某所属部分应按照法定继承,故忻丁、忻戊各得2/5,忻丙得1/10,忻甲、忻乙各得1/20;另一间平房因代书遗嘱不能成立应按照法定继承,故忻丁、忻戊、忻丙各得1/4,忻甲、忻乙各得1/8。

---

① 浙江省宁波市鄞州区人民法院(2015)甬鄞民初字第366号民事判决书。

第一千一百二十四条　继承开始后，继承人放弃继承的，应当在遗产处理前，以书面形式作出放弃继承的表示；没有表示的，视为接受继承。

受遗赠人应当在知道受遗赠后六十日内，作出接受或者放弃受遗赠的表示；到期没有表示的，视为放弃受遗赠。

【条文主旨】

本条是关于继承、受遗赠的接受和放弃的规定。

【条文理解】

本条对《继承法》第25条予以调整，并将其列入《民法典》"继承编"的一般规定部分。基于当然继承主义和概括继承主义，继承人从被继承人死亡时起承受被继承人的遗产，遗产是权利义务综合体，继承人可能负担较重义务，因此应当允许继承人有接受或放弃继承的权利。继承的接受和放弃属于单方法律行为，具备形成权的性质。相对于放弃继承，接受继承是常态，且我国继承制度以有限继承为原则，继承人只需以所继承的遗产为限对外承担责任，所以继承人只要没有作出放弃继承的意思表示，就可以推定为接受继承。但对于放弃继承，必须在继承开始后，遗产处理前，作出意思表示。本条除了上述体例位置上的调整外，文字上增加了"以书面形式作出"。形式上要求书面，一是为了防患于未然，预防继承纠纷发生；二是由于放弃继承既事关其本人的切身利益，也与全体继承人有很大的利害关系，慎重考虑，也为举证方便，法律规定放弃继承是要式行为，即放弃继承必须以书面形式表示。

受遗赠人当然也有权对于是否接受遗赠作出选择。但与继承的接受与放弃有两点不同。一是受遗赠人应在知道受遗赠后两个月作出是否接受的意思表示，两个月的期间是除斥期间，只是一般来说，除斥期间是从权利产生之时起计算，而此处是从应当知道受遗赠时起算。二是在规定时间内，受遗赠人不作出是否受遗赠的意思表示，就推定为受遗赠人是放弃受遗赠。这一规定表明，法定继承是继承的常态和原则，遗赠则是继承中的例外。

【司法适用】

关于继承的接受与放弃，有以下几个共同要件：(1)继承的接受和拒绝均须在继承开始后进行，继承开始前所作之意思表示无效；(2)继承的接受与放弃不得附条件和期限；(3)继承的接受与放弃须概括为之；(4)继承的接受和放弃须在法定期间内为之；(5)继承的接受与放弃不得撤销。

关于继承接受的方式，应注意，继承接受不允许部分接受和附加条件接受，接受继承的意思表示应是对遗产的全面接受，不能表示只接受遗产中的财产权利，而不接受遗产中的财产义务。关于接受继承的时间，在立法中，有一种观点认为，继承开始后至遗产分割前都可以放弃继承，这既影响了遗产债权人的利益，又影响了继承人的利益，因此应当对继承人接受或放弃继承规定一个期限。但我国有父母一方健在，子女不分遗产的传统，实践中可能存在继承开始后数年仍未分遗产的情况。基于对历史文化传统的尊重，《民法典》沿袭了之前《继承法》的规定，对接受或放弃继承未做具体时间限定。

关于放弃继承的方式，有观点认为可以允许部分放弃继承，这种情形在现实生活中也时有发生，但从现有立法的规定来看，并未采纳此种意见。放弃继承应是全面的放弃，而不能是部分放弃。原则上讲，放弃继承也是不能附加条件的，但立法过程中也有一种意见认为，如果被继承人的债务是因为放弃继承权的继承人对被继承人不尽赡养或扶养义务而形成的，那么不应该允许其放弃继承。当然，此为非常极端的个例情况，实践中仍应以放弃继承不得附加条件为基本原则。放弃继承的效力应追溯至继承开始时，放弃继承的继承人，自继承开始就不为继承，不仅不承受被继承人的财产，也不承受被继承人的债务，但是，放弃继承的继承人并不因其放弃继承免除其责任。放弃继承的继承人占有遗产的，在遗产未处理之前，该继承人仍负有保管占有遗产的义务。对于放弃继承的意思表示能否撤销，在立法过程中亦有过争论。比如被欺诈和胁迫情形之下，继承人作出的放弃继承权之意思表示，应允许其撤销，但举证责任在放弃继承权一方，由法院依据证据结合个案具体情况作出裁判。另一个问题是被继承人的债权人是否有权撤销继承人放弃继承权的行为，因为继承人放弃继承权的行为有可能损害到债权人利益。本书认为，应坚持不允许撤销放弃继承的基本原则，亦不能允许债权人有权撤销继承人放弃继承权的行为。同样，本书也认为，当放弃继承权的继承人先于父母死亡时，该继承人的子女直系晚辈血亲不得代位继承。

【司法案例】

李某甲等诉李某乙继承案[①]

诉讼结论：原告李某丙出具的证明可以证实其与被告李某乙之间存在利益交换，该确认行为对其应具有约束力，视为其排除了自身继承权。

基本案情：李某丙、李某丁、李某乙、李某甲是按长幼顺序排列的四兄弟，父母是李某戊、王某，李某戊、王某无其他子女。李某茂、王某先后于 1982 年、2008 年

---

① 江苏省盐城市中级人民法院（2015）盐民终字第 03648 号民事判决书。

死亡。经李某戊申请和滨海县东坎镇坎西居委会报告,滨海县革命委员会于1979年10月23日向滨海县东坎镇坎西居委会作出滨革计建(79)第129号复函,同意东坎镇坎西居委会意见,在孙姓东边第二幢新建坐北朝南住房三间。东西长10米(东山墙与坎西小学东山墙一线),南北宽5米(前后沿墙西边孙姓住房前后沿墙一线,面前作场5米)。李某戊、王某夫妇即在批复的宅基地上建设了坐北朝南三间两层主房和坐西朝东厨房一间,建成房屋位于滨海县东坎镇西小巷×号。在李某戊死亡之前,坐西朝东一间厨房被扩建为二层。在王某死亡之前,厨房二层屋顶又由人字头结构被改建为平房结构,厨房南山墙向东、主房东山墙向南分别被扩建成南围墙、东转墙至交会处,院内还增建卫生间、储藏间各一间,院落形成后小院正门开在东围墙,房屋被内外粉刷、改善,地坪被重做,增设了下水道。李某丙因位于上海虹口区安汾路×号底层的一间店铺与李某丁、李某甲、李某乙发生继承纠纷,李某丙为了促成纠纷的调解,于2010年12月27日向李某乙出具《证明》一份,《证明》主要载明:滨海县东坎镇西小巷×号房产在王某在世时已将此房给予李某乙,给李某丙在上海买房补贴,将人民路×号房产变卖所得房款作为李某丁补贴,给李某甲9万元购买纬中路一处房产,王某去世后由舅父、姨父在家庭会议中确认并签字。位于滨海县东坎镇西小巷×号的房屋目前由李某乙居住使用。原告李某甲等人认为,位于滨海县东坎镇西小巷×号坐北朝南三间二层主房、三间附房以及围墙和储藏间属于原、被告父母遗产,要求判准由原、被告按法律规定共同继承。被告李某乙认为,主房由原、被告母亲于2003年将所有权确认给被告,其他房屋均属被告在2004年之后改扩建形成,被告为改扩建支出了劳务费58,000元。三原告均取得了价值相当的财产:在2003年处置该房时,母亲给付原告李某甲90,000元在纬中路购买了房屋;原告李某丁处置了新民巷×号房产,母亲变卖了人民路36号×室房产,给付原告李某丁70,000余元;原告李某丙处置了上海市虹口区安汾路×房产,该房属于遗产,被告在处置该遗产过程中放弃了继承权。且被告占有使用的财产的所有权从2004年发生变更,属于被告所有;三原告均取得了其他相应价值的财产,诉争财产不应作为遗产处理。

法院认为:原告李某丙出具的证明可以证实其与被告李某乙之间存在利益交换,该确认行为对其应具有约束力,视为其排除了自身继承权。继承人排除自己继承的,排除继承的效力溯及两次继承发生时,李某丙对位于滨海县东坎镇西小巷×号的房屋不再享有继承权,应继承份额应由利益交换相对的继承人承受。但该确认行为损害了原告李某丁、李某甲的法定继承权,亦未经原告李某丁、李某甲认可或追认,不影响李某丁、李某甲在该确认行为发生前依法定继承应当享有的继承份额。

第一千一百二十五条　继承人有下列行为之一的，丧失继承权：

（一）故意杀害被继承人；

（二）为争夺遗产而杀害其他继承人；

（三）遗弃被继承人，或者虐待被继承人情节严重；

（四）伪造、篡改、隐匿或者销毁遗嘱，情节严重；

（五）以欺诈、胁迫手段迫使或者妨碍被继承人设立、变更或者撤回遗嘱，情节严重。

继承人有前款第三项至第五项行为，确有悔改表现，被继承人表示宽恕或者事后在遗嘱中将其列为继承人的，该继承人不丧失继承权。

受遗赠人有本条第一款规定行为的，丧失受遗赠权。

【条文主旨】

本条是关于继承权、受遗赠权丧失和恢复的规定。

【条文理解】

继承权丧失制度是当事人不能因违法行为而获得利益的法律原则的体现，其宗旨是维护社会伦理和家庭秩序，维护遗产继承秩序，维护被继承人的遗嘱自由。继承权丧失是指依照法律的规定在发生法定事由时取消继承人继承被继承人遗产的资格。因此，继承权的丧失需依法律规定和出现法定事由，非因法定事由和法定程序，继承权不得被剥夺。《民法典》规定的继承权丧失有五种情况：

第一，故意杀害被继承人。若继承人故意杀害被继承人，无论既遂还是未遂，都绝对地丧失继承权；若是过失致被继承人死亡或构成正当防卫等事由，则不必然丧失继承权。

第二，为争夺遗产而杀害其他继承人。此情况有两个要件，一是杀害的对象是其他继承人，二是杀害的目的是争夺遗产。

第三，遗弃被继承人，或者虐待被继承人情节严重。此项包括遗弃被继承人和虐待被继承人两种情况，均是违反公序良俗的违法行为。遗弃被继承人是指，对于没有劳动能力又没有生活来源和独立生活能力的被继承人，继承人有能力尽扶养义务而拒不尽扶养义务。虐待被继承人是指，继承人在被继承人生前对其以各种手段进行身体上或精神上的折磨和摧残，但只有虐待情节严重的，才构成丧失继承权。判断虐待情节是否严重，可从实施虐待行为的时间、手段、后果和社会影响等方面认定。上述两种情况中，继承人置被继承人安危于不顾，给被继承人造成肉体和精神创伤，继承人丧失继承权理所应当。

第四，伪造、篡改、隐匿或者销毁遗嘱，情节严重。伪造遗嘱是指继承人以被继承人的名义制作假遗嘱；篡改遗嘱是指继承人改变被继承人所立遗嘱的内容；隐匿遗嘱是指继承人将被继承人所立的遗嘱隐藏起来；销毁遗嘱是指继承人将被继承人所立的遗嘱完全毁灭、破坏。伪造、篡改、隐匿或者销毁遗嘱情节严重的，丧失继承权，情节是否严重，可从侵害其他继承人的利益，给其他继承人造成的损害严重程度等方面予以考量。此种情况，多是继承人出于利己目的，为使自己多得遗产，侵害其他继承人合法权益，故对于情节严重的，理应丧失继承权。

第五，以欺诈、胁迫手段迫使或者妨碍被继承人设立、变更或者撤回遗嘱，情节严重。欺诈，是指继承人故意告知被继承人虚假情况，或故意隐瞒真实情况，诱使被继承人作出违背真实意愿的设立、变更或者撤回遗嘱的行为。胁迫，是指继承人以给被继承人或其亲友的生命、健康、荣誉、名誉、财产等造成损失为要挟，迫使或妨碍被继承人作出违背真实意思的设立、变更或撤回遗嘱的行为。此种情况，属于继承人侵犯了被继承人的遗嘱自由权，使其违背真实意愿，对情节严重的，应当丧失继承权。

上述五种情形中，前两项是继承权的绝对丧失，即发生使继承人丧失继承权的法定事由时，该继承人的继承权便终局消灭。后三项是继承权的相对丧失，即虽然发生法定事由使继承人的继承权丧失，但当继承人有悔改表现，且被继承人表示宽恕或者事后在遗嘱中将其列为继承人的，该继承人的继承权最终不丧失。这既体现了对被继承人意愿的尊重，又有利于促使继承人改恶从善。

本条第 3 款规定的是受遗赠权的丧失，即若发生受遗赠人故意杀害被继承人的情形，受遗赠人彻底丧失受遗赠权。

在继承权丧失方面，本条完善了继承"宽恕制度"以便附条件"确有悔改表现"恢复继承权。继承人做出了遗弃老人、虐待老人、胁迫遗嘱、伪造篡改遗嘱、隐匿或者销毁遗嘱、强按手印、乘人昏睡按印等违背公序良俗的行为后，还能恢复享有继承权吗？民法典继承编草案一审稿中就此规定了对继承人的"宽恕制度"：对继承人遗弃被继承人、伪造或者篡改遗嘱等行为，被继承人表示宽恕或者事后在遗嘱中明确将其列为继承人的，该继承人不丧失继承权。如此规定是必要的，但如果没有严格限定条件，不利于社会风气的祛邪扬正和继承人改邪归正。民法典继承编草案二审稿吸收最高人民法院司法解释和司法政策作出进一步修改，规定继承人有遗弃被继承人、伪造或者篡改遗嘱等行为，确有悔改表现的，才能予以宽恕，不丧失继承权。

【司法适用】

《继承法》第 7 条规定了继承人丧失继承权的四种情形，即（1）故意杀害被继承人的;(2)为争夺遗产而杀害其他继承人的;(3)遗弃被继承人的,或者虐待被继承人情节严重的;(4)伪造、篡改或者销毁遗嘱,情节严重的。本编基本保留了此4项,仅在第4项添加了隐匿遗嘱的情形,此外还增加了一项,即以欺诈、胁迫手段迫使或者妨碍被继承人设立、变更或者撤回遗嘱,情节严重的情况。此外,《继承法意见》第9条至第14条系关于继承权丧失的条款。《民法典》实施之后,上述司法解释不可能立即予以废除,相关的精神和意见在实践中仍具有指导意见。

关于继承人故意杀害被继承人的,根据《继承法意见》第11条的规定,无论是既遂还是未遂,均应确认其丧失继承权。此外应注意,此情况下,无论继承人出于何种动机、有无谋夺遗产的意图,无论既遂或未遂,也无论是否被追究刑事责任,只要该继承人是以故意剥夺被继承人的生命为目的实施加害行为,即构成绝对丧失继承权之情形。但正当防卫、过失致人死亡、故意伤害等情况均不能构成绝对丧失继承权。只要法院判决宣告该继承人构成故意杀人罪,则发生丧失继承权的效力。

关于为争夺遗产而杀害其他继承人的情况,无论继承人是正犯、从犯还是教唆犯,是既遂还是未遂,均应丧失继承权。实践中有争议的是,继承人为争夺遗产故意伤害其他继承人致其死亡的,是否产生丧失继承权的效果。本书认为,故意伤害致死不产生丧失继承权效果。另一个有争议的问题是"其他继承人"的范围,一种观点认为被杀害的其他继承人仅限于先顺序或同顺序的其他继承人,另一种观点认为后顺序继承人也包括在内。本书认为"其他继承人"应仅限于先顺序或同顺序的其他继承人。继承人实施杀害行为时尚未取得继承人身份,其后成为被继承人的继承人的,该继承人的继承权应不受影响。例如,某人杀害继承人后,与被继承人结婚,或为被继承人所收养,并不丧失其对被继承人的继承权。①

关于遗弃被继承人,或者虐待被继承人情节严重之情形。《继承法意见》第10条规定:"继承人虐待被继承人情节是否严重,可以从实施虐待行为的时间、手段、后果和社会影响等方面认定。虐待被继承人情节严重的,不论是否追究刑事责任,均可确认其丧失继承权。"该意见在司法实践中仍可适用。需注意的是,"情节严重"应为客观标准,而非主观标准。如以被继承人的主观意思为"情节严重"的标准,则"情节严重"的限制条件无意义。

关于伪造、篡改或者销毁遗嘱,情节严重之情形,《继承法意见》第14条规定:"继承人伪造、篡改或者销毁遗嘱,侵害了缺乏劳动能力又无生活来源的继承人的利益,并造成其生活困难的,应认定其行为情节严重。"该司法解释是将情节严重界定为侵害了缺乏劳动能力又无生活来源的继承人的利益,并造成其生活困难。

---

① 林秀雄:《继承法讲义》,元照出版有限公司2008年版,第35页。

本书认为,《民法典》通过后,对于情节严重的认定不必拘泥于上述司法解释的认定,而应结合案件事实来具体判断。情节严重不限于侵害了缺乏劳动能力又无生活来源的继承人的利益,并造成其生活困难之情形。此外,伪造、篡改或者销毁的行为均需既遂且具有故意,未遂行为不产生丧失继承权的效果。

关于以欺诈、胁迫手段迫使或者妨碍被继承人设立、变更或者撤回遗嘱,情节严重之情形,需注意此处遗嘱应为有效遗嘱,如为无效遗嘱,不产生丧失继承权的效果。此外,关于实施此行为的继承人是否需有为自己谋利的主观意图,存在不同的认识。有观点认为只有在为自己谋利的情况下,实施此行为才丧失继承权;而另有观点认为实施此行为的继承人无论是为自己谋利,还是为其他继承人谋利,甚至是为被继承人谋利,都应丧失继承权。我们倾向于第二种观点,因为如果将行为人的主观意图仅限于为自己谋利,则可能导致利害关系人举证困难,进而导致此条款难以落地。

继承人丧失继承权申请恢复的,有责任举证证明其"确有悔改表现"。如果能够证明"确有悔改表现",并且被继承人表示宽恕或者事后在遗嘱中将其列为继承人的,则可恢复其继承权。

【司法案例】

案例一

唐某诉周甲等继承纠纷一审案①

诉讼结论:经生效法院判决书认定田某故意杀害周丁而丧失继承权,故周丁应继承的遗产份额由周甲一人继承。

基本案情:被继承人秦某、周某系夫妻。周某于2001年去世,秦某于2005年去世。秦某、周某共生育子女三人,分别是女儿周丙、儿子周乙、周丁。周丙于1992年去世,周丙生育本案原告唐某。周丁与田某生育一女,即本案被告周甲。2004年,周某家属以其名义以成本价购买西城区复兴门北大街房屋两套,产权登记在周某名下。2010年5月,周丁与其妻田某在家中发生争执,田某刀刺周丁,致周丁死亡。田某被法院判决故意杀人罪,判处有期徒刑12年。唐某认为,原告是秦某、周某之外孙女,原告母亲周丙先于其父母死亡,原告有权代位继承。被告周甲是被继承人的孙女。被告周乙系秦某、周某之长子。秦某、周某死亡时留下遗产房屋两处。要求依法分割遗产,上述房屋的1/3份额归原告继承。被告周乙认为,周某、秦某夫妇在去世之前,已将西城区复兴门北大街房屋分别交付周丁、周

---

① 北京市西城区人民法院(2013)西民初字第19734号民事判决书。

乙占有、使用，对房屋进行了分配，已不存在遗产供继承人分割。周丁未与被继承人共同生活，而周乙负担了被继承人的治疗及护理等费用，亦为周丁支付购房款，对被继承人尽了主要赡养义务。周甲认为，被继承人在生前主要是由周丁和田某照顾，尽了主要赡养义务，周甲应多分遗产。

法院认为：周某、秦某夫妇去世之前未留遗嘱，该两套房屋依法应由其法定继承人继承。原告之母周丙先于周某、秦某去世，原告有权代位继承周某、秦某遗产。周甲提供的证据能够认定周丁多年与周某夫妇共同生活，并尽了主要扶养义务，故应多分得遗产。周丁去世后，其应继承的遗产份额应转由其妻田某、其女周甲继承，因经生效法院判决书认定田某故意杀害周丁而丧失继承权，故周丁应继承的遗产份额由周甲一人继承。

案例二

赵某1等诉李某1等继承纠纷一审案①

诉讼结论：继承人遗弃被继承人，或者虐待被继承人情节严重的，丧失继承权。

基本案情：四原告系被继承人赵某6之兄弟，被告李某1系赵某6之妻。位于北京市平谷区某镇的房屋系赵某6于1983年受批宅基地后由其兄弟帮忙建造而成，属赵某6个人所有。1992年6月12日，李某1带一子赵某5与赵某6登记结婚。二人婚后感情一般，2003年4月23日，李某1与赵某6在家中因琐事发生口角，后李某1和赵某5将赵某6打伤并将其遗弃家中，4月26日李某1回家后发现赵某6死亡。后检察机关对李某1、赵某5提起公诉，2004年2月，赵某5、李某1因犯故意伤害罪被法院分别判处有期徒刑14年和12年。现二被告已刑满释放，释放后一直租房居住，争议房屋现空置。四原告认为，两被告故意伤害并遗弃赵某6致死，应该丧失继承权，赵某6的房屋应当由四原告继承。被告李某1认为，其是赵某6的合法妻子，有继承权。虽然本人伤害过赵某6，但是本人已经受到刑事处罚了，法律上并没有剥夺本人的继承权，本人犯法与房产没有关系。被告赵某5未出庭应诉，亦未提交答辩意见。

法院认为：继承人遗弃被继承人，或者虐待被继承人情节严重的，丧失继承权。本案中，两被告因琐事将赵某6打伤，后在明知赵某6负伤的情况下将其遗弃家中，导致赵某6死亡，两被告的行为符合上述规定的情形，应当丧失继承权。房屋属于赵某6生前个人所有，在作为第一顺序继承人的被告丧失继承权后，应当由第二顺序继承人依法继承。

---

① 北京市平谷区人民法院(2016)京0117民初4217号民事判决书。

第二章 法定继承

本章是对法定继承范围、顺序等问题的规定，是法定继承的基本原则与依据。法定继承是指在被继承人没有对其遗产的处理立有遗嘱的情况下，按照法律规定的继承人的范围、继承顺序、遗产分配原则对遗产进行处理的一种继承方式。我国《继承法》规定了法定继承、遗嘱继承、遗赠扶养协议继承三种继承方式，法定继承是其中之一。

本章是对法定继承中继承权男女平等，继承人范围，继承顺序，代位继承，遗产分配，丧偶儿媳、女婿的继承权及酌情分得遗产权的规定，系在继承法律关系中法定继承所应遵循的基本规定及依据。不仅如此，法定继承的规定亦影响到遗嘱继承及遗产的处理。

男女平等享有继承权具体体现在第 1126 条，继承人范围及继承顺序体现在第 1127 条，代位继承体现在第 1128 条，第 1129 条是对丧偶儿媳、女婿的继承权的规定，遗产分配的原则体现在第 1130 条，酌情分得遗产权规定在第 1131 条，继承处理方式规定在第 1132 条。本章基本延续了《继承法》中有关法定继承的原则与规定。

1. 法定继承的特征

法定继承作为一种继承方式，相对于遗嘱继承与遗赠扶养协议继承而言，具有以下四个特征。(1)法定性。法定继承的继承人范围、继承顺序、继承份额以及遗产分配原则都是由法律直接规定，而不是由继承人决定。(2)强制性。法定继承是由法律直接规定，相关规定属于强制性法律规范，具有普遍适用的强制性法律效力，在法定继承中任何人无权排除继承法律规定的适用。(3)亲属身份性。法定继承以特定的亲属身份关系为前提和基础。亲属身份关系是家事法律关系的本源，也是继承法律关系的基础，法定继承正是这一关系的体现。各国继承法律关于法定继承人的范围、顺序、继承份额等的规定，无不是根据婚姻关系、血缘关系、扶养关系等血亲、姻亲关系派生而来。(4)补充限定性。我国《继承法》规定了法定继承、遗嘱继承、遗赠扶养协议三种继承方式，其中遗嘱继承、遗赠扶养协议的效力优先于法定继承。法定继承是遗嘱继承的补充,只有在没有遗嘱、遗赠扶养协议或者遗嘱无效的情形下才能适用。但是,法定继承又限制着遗嘱继承的适用范围,遗嘱人只能在法定继承人的范围内指定遗嘱继承人,否则则为遗赠;遗嘱人在处理遗产时应当考虑继承法律的强制性规范(主要体现在:必留份、胎儿预留份、酌情分得遗产权[①]),否则将导致该部分遗嘱无效。法定继承的适用范围主要包括:被继承人生前未与他人订立遗赠扶养协议,或虽订立遗赠扶养协议,但只处分了部分遗产,或协议已失去法律效力的;被继承人生前未立遗嘱、遗赠,或虽立遗嘱、遗赠,但只处分了部分遗产,或所立遗嘱、遗赠无效或部分无效的;遗嘱继承人或受遗赠人先于被继承人死亡的;遗嘱继承人放弃遗嘱继承或受遗赠人放弃受领遗赠的;遗嘱继承人丧失继承权或受遗赠人丧失遗赠受领权的。

2. 法定继承的立法争议

法定继承人的顺序需不需要调整,范围应不应该扩大,是继承编编纂过程中围绕法定继承争议比较大的问题。(1)法定继承人的范围。一般认为《继承法》规定的法定继承人范围过于狭窄,继承顺位过于呆板,客观上不能切实满足家庭财富继承的需要,一定程度上造成了无主财产的增加。观点一认为考虑尊重被继承人意愿、我国近40年来的计划生育政策导致被继承人近亲属较少的现状以及国际通行的做法等因素,应在《继承法》规定的基础上增设第三顺序的法定继承人,将四亲等以内的其他旁系血亲纳入继承人范围。[②] 观点二认为应对《继承法》规定的法定继承人作适当调整并将法定继承人的范围扩大到四亲等内的亲属。对于《继承法》规定的继承顺序可予以保留,将扩大后的法定继承人列为第三顺序。[③] 观点三则认为仅在《继承法》基础上增加兄弟姐妹的子女为法定继承人即可。(2)法定继承人的顺位,即父母是否列为第一顺位人。在法定继承制度中,法

---

① 关于必留份,《继承法》第19条规定,遗嘱应当对缺乏劳动能力又没有生活来源的继承人保留必要的遗产份额。《继承法意见》第37条规定,遗嘱人未保留缺乏劳动能力又没有生活来源的继承人的遗产份额,遗产处理时,应当为该继承人留下必要的遗产,所剩余的部分,才可参照遗嘱确定的分配原则处理。即使被继承人立有遗嘱,也要给上述情况的继承人保留一定财产份额,否则该部分遗嘱被法定撤销。

胎儿预留份,按照我国《继承法》第28条规定,遗产分割时,应当保留胎儿的继承份额。胎儿出生时是死体的,保留的份额按照法定继承处理。

酌情分得遗产权,按照我国《继承法》第14条及《继承法意见》第31条、第32条的规定,继承人以外的人对被继承人扶养较多的,可以分给他们适当的遗产。配偶方若协助继承人尽了赡养义务,其可作为酌分遗产人适当分得遗产。而且,作为对被继承人遗嘱自由的限制,配偶方获得适当遗产的权利可以产生对抗被继承人遗嘱的效力。

② 王利明:《继承法修改的若干问题》,载《社会科学战线》2013年第7期。

③ 郭明瑞:《完善法定继承制度三题》,载《法学家》2013年第4期。

定继承人的顺位不仅对继承人的利益具有决定性影响,更牵涉对被继承人权益的维护和个人意志的尊重。有观点认为基于子女与父母同为法律规定的相互有扶养义务的亲属以及我国民间存在“养儿防老”传统和“一代养一代”的习俗等情况,子女与父母同为第一顺序继承人是妥当的。另有观点认为将父母列入法定继承第一顺位有违被继承人的主观意愿,同时也过分强化了继承的赡养功能。考虑社会发展水平、民间继承习惯、世界立法趋势,将父母放于第二顺位更为妥当。(3)配偶是否单独列为一个继承顺序。关于配偶的继承权,现在有的国家立法是不将配偶列入一定顺序,而是使其可以与各顺序继承人共同继承,我国《继承法》将配偶列为第一顺序,是否有必要对其作出调整呢?有观点认为仍应当维持《继承法》的规定,因为配偶与死者之间共同生活的时间最长,对于死者财产的获得也贡献最大;家庭的表现形式越来越多的表现为核心家庭,被继承人的死亡对其配偶、子女造成的影响最大,应将其共同列为第一顺序继承人。另有观点认为将配偶固定为第一顺序继承人不仅没有保障配偶应有的地位和利益,更没有协调处理好配偶与其他法定继承人之间利益的平衡。在“继承编”中,应规定配偶的法定继承顺序不固定,即当存在一定顺序的血缘亲属时,配偶不独自继承遗产,而是依序与在先顺序的血亲继承人一并继承,只有当某几个顺序的血亲继承人都不存在时,配偶才能独自继承遗产。

3. 法定继承所体现的原则

法定继承所体现的原则是在处理法定继承纠纷时的指导思想,是理解、适用法定继承的出发点和依据。根据本章的规定,其体现的原则主要有:

(1)继承权平等。继承权平等是法定继承的基本原则,是平等观念在继承中的反映。

第一,男女平等原则。公民作为继承权的主体,不因性别的差异而影响其权利的享有与行使。我国《宪法》第 48 条第 1 款规定:“中华人民共和国妇女在政治的、经济的、文化的、社会的、家庭的生活等各方面享有同男子平等的权利。”《婚姻法》第 13 条、第 17 条、第 24 条分别规定了夫妻在家庭中地位平等、夫妻对共同所有的财产享有平等的处理权、夫妻有互相继承遗产的权利等内容。《妇女权益保障法》第 34 条规定,妇女享有的与男子平等的财产继承权受法律保护。继承权男女平等原则在《继承法》中主要体现在以下几个方面:首先,女子与男子有平等的继承权。《继承法》第 9 条规定:“继承权男女平等。”继承权的主体不因性别不同而权利不同。其次,夫妻享有平等的继承权,有相互继承遗产的权利,丈夫可以继承妻子的遗产,妻子也可以继承丈夫的遗产,任何人不得干涉。最后,在继承范围和继承顺序上,男女相同。继承人不分男女平等地处于其应在的继承范围和顺序中。而且在代位继承中,代位继承人可以是父系亲等,也可以是母系亲等。

第二,非婚生子女、养子女、继子女与婚生子女继承权平等。上述人员的社会法律地位平等,受法律的同样保护,不允许任何人以任何借口歧视非婚生子女、养子女、继子女。在继承上,非婚生子女、养子女、继子女与婚生子女同为子女,有着平等的继承权。

第三,儿媳与女婿在继承权上平等。男女到对方家生活都一样享有平等的法律地位,男女双方都不因到对方家生活而丧失继承其父母遗产的权利。子女无论是否结婚或到何方落户都有平等的继承权,而且,丧偶儿媳对公、婆,丧偶女婿对岳父、岳母尽了主要赡养义务的,作为第一顺序继承人。

(2)养老育幼、照顾病残。养老育幼、照顾病残是中华民族的传统美德,也是我国整个法律体系共同倡导和坚持的原则。本编坚持这一原则,是家庭职能的客观要求,是人类社会延续的需要。这一原则主要体现在以下几个方面:首先,有扶养能力和扶养条件的继承人,如果不尽扶养义务,分配遗产时,应当少分或者不分。其次,丧偶儿媳对公、婆,丧偶女婿对岳父、岳母尽了主要赡养义务的,作为第一顺序继承人。再次,继承人以外的人,如果对被继承人生前所尽义务较多的,可以适当分得遗产。在分割遗产时,应当保留胎儿的继承份额。最后,在法定继承中,应当对生活有特殊困难又缺乏劳动能力的继承人予以照顾。

(3)互谅互让、团结和睦。为了促进家庭成员间的团结和睦,各继承人在分割遗产时,都应当互谅互让、团结和睦。在法定继承中这主要表现在以下两点。第一,继承遗产的份额一般应当均等,但各继承人具体情况不同,应该坚持互谅互让、团结和睦原则,具体分析,确定遗产分配方法。生活有特殊困难又缺乏劳动能力的继承人,分配遗产时可以多分些;对被继承人尽主要扶养义务的继承人,应当多分,相反,应当少分或不分;继承人以外的依靠被继承人扶养的缺乏劳动能力又没有生活来源的人,可以适当分得遗产。第二,互谅互让、团结和睦、协商处理遗产继承,尽量避免继承人之间产生纠纷。

(4)权利义务相一致。继承中的权利义务相一致原则,是指享受依继承等方式获得遗产的权利应当与承担和履行的扶养义务相一致。这一原则的精神主要体现在以下四个方面。第一,继承权产生的根据是血缘关系、婚姻关系与扶养关系的结合。第二,法定继承人的范围、顺序的确定离不开扶养关系。本来有继承权的继承人,如果不尽扶养义务,甚至虐待、遗弃被继承人,则会丧失继承权。第三,有些人只有尽了较多或主要的扶养义务,才能取得继承权。例如,丧偶儿媳对公、婆,丧偶女婿对岳父、岳母只有尽了主要赡养义务的,才能作为第一顺序继承人。第四,遗产的分配份额根据对被继承人所尽义务的多少加以确定。

4. 法定继承的司法适用

法定继承产生纠纷应以协商解决为主，协商不成则以诉讼方式解决，诉讼中要注意以下三点。(1)诉讼参加人。继承诉讼开始后，如继承人、受遗赠人中有既不愿意参加诉讼，又不表示放弃实体权利的，应追加为共同原告；已明确表示放弃继承的，不再列为当事人。(2)放弃继承权的问题。第一，继承人放弃继承的时间，应当在继承开始后至遗产分割前。《继承法》第 25 条第 1 款规定："继承开始后，继承人放弃继承人的，应当在遗产处理前，作出放弃继承的表示。没有表示的，视为接受继承。"该条第 2 款对接受或放弃遗赠规定，受遗赠人应当在知道受遗赠后两个月内，作出接受或者放弃受遗赠的表示。到期没有表示的，视为放弃受遗赠。第二，放弃继承的效力，追溯到继承开始的时间。即继承人在遗产分割前放弃继承的，视为其自继承开始就放弃继承权，不但对遗产不享有权利，对被继承人生前的债务不承担义务，而且对遗产的孳息也不享有权利。第三，放弃继承一般不允许反悔。遗产处理前或在诉讼进行中，继承人对放弃继承反悔的，由人民法院根据其提出的具体理由，决定是否承认。遗产处理后，继承人对放弃继承反悔的，不予承认。第四，继承人因放弃继承权，致其不能履行法定义务的，放弃继承权的行为无效。继承人因不愿履行法定义务，例如，不想清偿被继承人债务，不愿承担扶养、抚养、赡养义务等而表示放弃继承的，必然损害他人的利益。(3)继子女对继父母所尽赡养义务的认定问题。根据《继承法》和本编的规定，非婚生子女与婚生子女有着平等的继承权，继子女与继父母的继承权是基于抚养关系和赡养义务而成立。继承案件中，如何认定构成继父母子女关系，以及在继父母没有对继子女尽抚养义务(这在老年人再婚的情形下较为常见)而继子女对继父母尽了赡养义务的情况下，以何种标准来衡量继子女对继父母所尽的赡养义务，一般成为双方争议的焦点。在处理此类案件时，对于是否构成继父母子女关系、继子女和继父母的抚养和赡养的标准和程度，需要根据双方是否共同生活、共同生活的时间、共同生活时的年龄、双方的经济条件等情况进行综合认定。

第一千一百二十六条　继承权男女平等。

【条文主旨】

本条是关于男女平等享有继承权原则的规定。

【条文理解】

继承权男女平等原则是指公民作为继承权的主体，不因性别的差异而影响其权利的享有与行使。男女平等是我国《宪法》规定的一项普遍性原则,也是我国民法的一项基本原则。《宪法》第 48 条第 1 款规定:“中华人民共和国妇女在政治的、经济的、文化的、社会的和家庭的生活等各方面享有同男子平等的权利。”《民法典》“婚姻家庭编”第 1062 条规定了夫妻对婚姻期间因继承或赠与所取得的财产,拥有平等的处理权。《民法典》“婚姻家庭编”第 1061 条规定,“夫妻有相互继承遗产的权利”,第 1070 条规定,“父母和子女有相互继承遗产的权利”。《妇女权益保障法》第 1 章“总则”第 2 条规定,妇女在政治的、经济的、文化的、社会的和家庭的生活等各方面享有同男子平等的权利。实行男女平等是国家的基本国策。国家采取必要措施,逐步完善保障妇女权益的各项制度,消除对妇女一切形式的歧视。国家保护妇女依法享有的特殊权益。该法第 5 章“财产权益”第 30 条规定:“国家保障妇女享有与男子平等的财产权利。”第 31 条规定:“在婚姻、家庭共有财产关系中,不得侵害妇女依法享有的权益。”第 34 条规定:“妇女享有的与男子平等的财产继承权受法律保护。在同一顺序法定继承人中,不得歧视妇女。丧偶妇女有权处分继承的财产,任何人不得干涉。”第 35 条规定:“丧偶妇女对公、婆尽了主要赡养义务的,作为公、婆的第一顺序法定继承人,其继承权不受子女代位继承的影响。”上述法律中所规定的男女平等的基本原则反映在继承法中即本条所规定的男女享有平等继承权,在权利能力上不因性别而有所歧视。而继承法中单独规定这一条,在强调保护男女同等的财产权利的同时,着重保护丧偶儿媳、农村妇女、出嫁女儿、再婚女子等特殊女性群体的利益,从根本上促进和实现男女权利的实质性平等,从而进一步巩固和保障社会主义家庭关系和社会的稳定和谐。

所谓继承权,是指公民依照法律规定或合法有效的遗嘱承受被继承人遗产的权利。本条强调的男女拥有平等继承权,指的是男女平等地拥有承受被继承人遗产的资格。这是一种法律规定的权利能力,其不依被继承人的意志为转移。此种权利强调的是男女平等地享有继承机会和取得权利,不受任何人的非法剥夺。综合本编的规定,男女继承权平等应当包含以下几个方面的内容:(1)男女同等地处于法定继承人的范围内。无论是父亲还是母亲、儿子还是女儿、祖父还是祖母、外祖父还是外祖母、妻子还是丈夫,其均处于法定继承人的范围内,其继承权不因性别而受剥夺。(2)男女同等地处于同一遗产顺位中。法定继承人的遗产继承顺位本质上是依据亲属关系远近而进行的排列。无论是因婚姻缔结、自然血亲关系还是拟制血亲或姻亲关系而处于法律规定的继承人范围内,其继承遗产的顺位只按照亲疏关系划分不因男女划分。只要亲等在同一地位,继承人在遗产继承顺位上无论男女均处同一顺位,如配偶、父母、子女均同处于第一顺位。(3)男女均有代位继承和转继承的平等权利。只要被继承人或其本人未丧失或依法放弃其继承权利,其法定继承人无论男女均有依照法律规定享有代位继承和转继承遗产的权利。而且在代位继承中,代位继承人可以是父系亲等,也可以是母系亲等。(4)同一顺位,同等情况下,继承人分得的遗产份额不因其性别不同而不同。遗产份额按照法律规定应当根据优先保留必留份和照顾无劳动能力而又无生活来源的人的原则进行分割。遗产份额划分在依照遗产继承顺序的同时,应当综合考虑各方对被扶养人所尽扶养义务的情况等因素。但同一顺位同等情况下,男女双方的遗产份额不因性别而差别对待。(5)再婚女子有权继承和处分其已故配偶遗产,任何人不得加以干涉。再婚女子对其已故配偶的遗产继承权不能因其再婚而被剥夺。对其依照法律规定的方式取得的财产,再婚女子拥有完全的处分权,不受非法干涉。(6)夫妻享有平等的继承权,有相互继承遗产的权利。夫可以继承妻的遗产,妻也可以继承夫的遗产,任何人不得干涉。(7)儿媳与女婿在继承权上平等。男女到对方家生活都一样,享有平等的法律地位,男女双方都不因到对方家生活而丧失继承其父母遗产的权利。丧偶儿媳对公、婆,丧偶女婿对岳父、岳母,尽了主要赡养义务的,作为第一顺序继承人。

近些年,随着人民的生活水平和收入普遍提高、家庭所拥有的合法私产的数量持续增加,公民个人所遗留遗产的数量和价值都有大幅度的提升。继承是私产转移的一种重要方式,男女平等继承权的确立亦是在保障公民私有财产权取得的平等。继承权男女平等原则贯彻于继承法的始终,是人民法院审理继承案件所应遵循的基本原则,是妥善解决家庭财产分割纠纷的依据,也是对从根本上逐步消弭男女在财产地位上的不均等和实现男女实质平等作出的努力。继承权男女平等原则有利于继承财产纠纷的妥善解决,对维护家庭的和谐和整个社会的稳定具有重大的意义。

【司法适用】

第一,继承权男女平等强调的是权利能力的平等,不可等同于权利的实现。继承权的最终实现取决于一定的法律事实的出现,即首先遗产必须是被继承人合法的私有财产,其次被继承人已经死亡,最后继承人未放弃或丧失继承权。权利能力的平等也不意味着最终遗产分割份额的均等,男女继承权的平等强调的只是同等顺位同等情况下的平等,至于遗产份额的最终分割需要综合其他法条的规定,考虑必留份、扶养情况等因素综合判断。

第二,本条要求法院在审理农村或者历史遗留性的继承案件时,应尤其注意不要遗漏女性继承人。例如,在农村经常有女儿已经出嫁,出嫁女的几个兄弟均分父母遗产后,向法院隐瞒出嫁女作为继承人的情况。在有初步证据证明有其他的未参加诉讼的继承人存在时,人民法院应当依职权核实后进行追加。如经查确实存在其他继承人,但难以通知和找到的,可以在保留其遗产份额的情况下先行分割,并应当同时指定遗产保留份额的保管人或保管单位。

第三,对于那些已经出嫁较久,家庭内部成员之间已经通过协议等事先确定了遗产分割方式和已经处理完毕,再回来要求法院处理的,在查明不存在协议无效或可撤销等情况下,应当尊重各方当事人协商处理的结果,不宜再重新分割。尤其对继承法实施以前已经处理完毕的,法院不应该再处理,利于维护社会的稳定。

第四,对于再婚女子,再婚时候遗产尚未分割,其起诉要求分割并继承遗产的,应当受理并查明,追加继承人后分割。对离婚时候尚未处理的一方在婚姻期间取得的他人遗产,配偶方要求离婚时候分割该遗产利益的,人民法院不予支持,配偶方可待遗产实际处理后另行主张。

第五,男女享有的平等的继承权与公民享有的通过遗嘱处分遗产的权利不冲突。公民有权通过立遗嘱的方式将自己的遗产给法定继承人中的一人或数人,也可将自己的遗产以遗赠扶养协议的方式赠与他人,既可全部赠与男性,也可赠与女性,不受限制。

第六,男女继承权的平等享有,也不意味着分割形式等的绝对平等。遗产分割仍应遵循有利生产、方便生活和互谅互让的精神,在充分发挥物的最大效用同时应有利于各继承人之生产、生活,照顾缺乏劳动能力和生活困难、无居住场所等特殊人群的需要,对其他人可采取金钱补偿。对确实不利于也不便于分割的物品可以折价拍卖变卖,从经济上实现各方继承人之间平等的权益。

【司法案例】

赵某朴诉赵某路、赵某燕法定继承纠纷案①

诉讼结论:赵某朴与吴某然生前共同居住的情况,尽到了更多的赡养义务,在分配遗产时酌情予以多分。因各方均表示无能力给付对方房屋折价款,故法院按照房屋份额予以分配。

基本案情:被继承人赵某昌与吴某然系夫妻,育有三子女,分别是长子赵某路、次子赵某朴、女儿赵某燕。赵某昌于2003年9月死亡,吴某然于2017年12月8日死亡。二人生前均未留有遗嘱。1996年,赵某昌购买了38号房屋,该房屋系以成本价出售,房屋价款28,240.95元。2000年6月1日,38号房屋产权登记在赵某昌名下。赵某朴主张其出资购买了38号房屋。1995年年底,赵某昌、吴某然

---

① 北京市第一中级人民法院(2019)京01民终414号民事判决书。

与三子女达成口头协议，谁出资购房，房屋即归谁所有。赵某路、赵某燕否认存在口头协议。2010年，赵某朴与吴某然共同居住于38号房屋，照顾吴某然起居生活。38号房屋系吴某然与赵某昌二人在婚姻关系存续期间取得，依法应属夫妻共同财产。现吴某然与赵某昌均已去世，生前未留有遗嘱，故38号房屋应适用法定继承。赵某路、赵某朴、赵某燕为被继承人第一顺序继承人。赵某朴主张其出资购买38房屋以及家庭成员口头协议38号房屋归出资人赵某朴所有，但均未提供证据证明，仅凭借证人证言未能形成完整证据链，法院对其抗辩意见不予采信。经赵某朴申请，法院向古城西路南社区居民委员了解，2012年后赵某朴与吴某然共同居住生活。赵某朴为证明与吴某然共同生活，尽到了更多赡养义务以及赵某昌、吴某然与三子女达成口头协议，由赵某朴出资购房，房屋由赵某朴继承，提供了证人证言。赵某燕、赵某路以上述书面证人证言与证人当庭陈述内容存在矛盾、证人证言不真实、证人之间存在串通等理由不予认可。

法院认为：继承从被继承人死亡时开始。遗产是公民遗留的个人合法财产。配偶、父母、子女为第一顺序继承人。同一顺序继承人继承遗产的份额，一般应当均等。对被继承人尽了主要扶养义务或者与被继承人共同生活的继承人，分配遗产时，可以多分。根据本案查明的事实，38号房屋系赵某昌与吴某然夫妻关系存续期间使用赵某昌工龄购买取得的房改房，房屋登记在赵某昌名下。现二人均已去世且均未留有遗嘱，38号房屋依法应作为赵某昌与吴某然二人遗产进行法定继承。赵某朴上诉主张与父母有口头协议，38号房屋系其出资购买，但未提交充分证据加以证实，法院对此不予支持。继承时对被继承人尽了主要扶养义务或者与被继承人共同生活的继承人，分配遗产时，可以多分。法院考虑到赵某朴与吴某然生前共同居住的情况，尽到了更多的赡养义务，在分配遗产时酌情予以多分。

第一千一百二十七条　遗产按照下列顺序继承：

（一）第一顺序：配偶、子女、父母；

（二）第二顺序：兄弟姐妹、祖父母、外祖父母。

继承开始后，由第一顺序继承人继承，第二顺序继承人不继承；没有第一顺序继承人继承的，由第二顺序继承人继承。

本编所称子女，包括婚生子女、非婚生子女、养子女和有扶养关系的继子女。

本编所称父母，包括生父母、养父母和有扶养关系的继父母。

本编所称兄弟姐妹,包括同父母的兄弟姐妹、同父异母或者同母异父的兄弟姐妹、养兄弟姐妹、有扶养关系的继兄弟姐妹。

【条文主旨】

本条是关于法定继承人范围、继承顺序的规定。

【条文理解】

本条所规定的继承范围和继承顺序均为法律明文规定,适用于法定继承。在法定继承案件的审理中,上述范围和顺序不因任何人而改变。法定继承人的范围和顺位以婚姻关系、血缘关系和扶养关系为基础,按照亲疏确定。按照本条规定,有权继承的人员范围为配偶、父母、子女、兄弟姐妹、祖父母、外祖父母。在继承顺位上,配偶、父母、子女均为第一顺位,兄弟姐妹、祖父母、外祖父母均为第二顺位。在继承顺序上,第一顺位的优先继承,如无第一顺位,由第二顺位继承。

(一)继承人范围

1. 配偶

配偶是基于婚姻关系而产生的身份关系,配偶作为遗产继承人,与被继承人之间应当是合法的婚姻关系,且该关系应当存续至被继承人死亡时。在婚姻关系存续期间,夫妻双方中任何一方死亡的,另一方有继承已故配偶遗产的权利。

合法婚姻关系,是指依照婚姻法以及婚姻登记办法,办理结婚登记并领取结婚证的男女双方之间的法律关系。另外,对基于一些特殊时期和原因形成的"事实婚姻",我国法律有条件地予以承认,以更好地维护家庭关系的稳定和社会的安定团结。

对于哪些情况可以认定为"事实婚姻"以及"事实婚姻"的配偶继承权问题,最高人民法院《关于适用〈中华人民共和国婚姻法〉若干问题的解释(一)》第5条规定:"未按婚姻法第八条规定办理结婚登记而以夫妻名义共同生活的男女,起诉到人民法院要求离婚的,应当区别对待:(一)1994年2月1日民政部《婚姻登记管理条例》公布实施以前,男女双方已经符合结婚实质要件的,按事实婚姻处理;(二)1994年2月1日民政部《婚姻登记管理条例》公布实施以后,男女双方符合结婚实质要件的,人民法院应当告知其在案件受理前补办结婚登记;未补办结婚登记的,按解除同居关系处理。"该解释第6条规定了"事实婚姻"配偶的继承权问题:"未按婚姻法第八条规定办理结婚登记而以夫妻名义共同生活的男女,一方死亡,另一方以配偶身份主张享有继承权的,按照本解释第五条的原则处理。"

需要注意的是:第一,同居关系的双方、婚姻被宣告无效或被撤销的双方一般互不享有继承权。但在双方属于相依为命同居为伴的孤寡老人，且没有法定继承人的情况下，法院在个案当中可以做一些合乎情理的变通处理，以求取得为人民群众所能够接受的更好的社会效果。第二，配偶一方在离婚诉讼中死亡的，另一方仍为第一顺序法定继承人。第三，被宣告死亡人（若于判决宣告时并未自然死亡）于判决宣告之后才自然死亡的，若死亡宣告的判决尚未撤销，则即使其原配偶尚未再婚，也不享有继承权。

2. 父母、子女

本法所称的父母，包括生父母、养父母和有扶养关系的继父母。生父母与其子女间的身份关系是基于血亲关系而形成的，不受其子女的婚姻状况或其对其子女有无抚养的影响。在其亲生子女未被收养的情况下，只要不存在继承权丧失的情况，生父母基于最为亲近的血缘关系当然享有继承子女遗产的权利。而养父母与其子女间的身份关系是基于收养的法律规定而形成的。对于按照《收养法》的规定成立的合法收养关系，养父母拥有继承养子女遗产的权利。有扶养关系的继父母之所以取得继承权，是基于婚姻关系和扶养事实。因继子女和继父母之间不存在天然的血亲关系，双方之关系源于婚姻关系而产生，我国继承法在确定继承人的时候，为考虑家庭稳定和长期共同生活的事实，强调以形成事实的扶养关系为基础赋予继父母遗产继承权。

子女包括婚生子女、非婚生子女、养子女和有扶养关系的继子女。无论婚生子女还是非婚生子女，都是基于自然血亲关系，他们均为与被继承人血缘关系最近的晚辈亲属。婚生子女和非婚生子女的区别在于是否在合法婚姻关系存续期间出生。尽管非婚生子女不是在合法婚姻关系下出生，但这并不阻碍其与亲生父母之间的血缘关系。《民法典》“婚姻家庭编”第 1071 条明确规定，非婚生子女享有与婚生子女同等的权利，任何人不得加以危害和歧视。同样，婚生子女与非婚生子女享有同等的遗产继承权利。

养子女是脱离亲生父母被他人收养形成新的收养关系的子女。关于养子女的法律地位，我国《婚姻法》和《收养法》均规定，自收养关系成立起，养父母与养子女之间的权利义务关系，适用法律关于父母子女关系的规定。养子女与养父母的近亲属间的权利义务关系，适用法律关于子女与父母的近亲属间关系的规定。因此，只要形成合法的收养关系，养子女即为养父母的第一顺位继承人。一旦抚养关系成立，养子女与亲生父母之间的权利义务关系消除，故养子女继承养父母遗产后，不再作为其亲生父母的法定继承人。

有扶养关系的继子女拥有继承权。原配偶关系中一方因另一方去世或者离婚等原因与他人再婚，其与前妻或前夫所生子女，即为其现配偶的继子女。因继子女与继父母之间不存在直接的血缘关系,因此法律规定双方之间需形成事实上的扶养教育关系,继子女方有继承继父母的遗产的权利。没有对继父母进行赡养或没有受过继父母抚育的继子女,无权继承继父母遗产。继子女继承继父母的遗产,不影响其继承自己亲生父母的遗产;继父母继承继子女遗产的,不影响其继承其亲生子女的遗产。

3. 兄弟姐妹、祖父母、外祖父母

兄弟姐妹、祖父母、外祖父母虽然不是与被继承人血缘关系最近的人,但其中兄弟姐妹作为与被继承人旁系血亲中关系最为密切的人,祖父母、外祖父母作为被继承人父母血缘关系最为亲近的亲属,无论是在现实生活中还是法律规定上,均对他们课以了一定的扶养、赡养被继承人的义务。如《民法典》"婚姻家庭编"第 1075 条规定:"有负担能力的兄、姐,对于父母已经死亡或者父母无力抚养的未成年弟、妹,有抚养的义务。由兄、姐扶养长大的有负担能力的弟、妹,对于缺乏劳动能力又缺乏生活来源的兄、姐,有扶养的义务"。《民法典》"婚姻家庭编"第 1074 条规定:"有负担能力的祖父母、外祖父母,对于父母已经死亡或者父母无力抚养的未成年孙子女、外孙子女,有抚养的义务。有负担能力的孙子女、外孙子女,对于子女已经死亡或者子女无力赡养的祖父母、外祖父母,有赡养的义务。"基于上述法律规定,根据权利义务相一致的原则,赋予兄弟姐妹、祖父母、外祖父母一定的继承权是合理的。与子女的概念相对应,本法所称的兄弟姐妹同样应当包括同父母的兄弟姐妹、同父异母或者同母异父的兄弟姐妹、养兄弟姐妹、有扶养关系的继兄弟姐妹。养子女与生子女之间、养子女与养子女之间,系养兄弟姐妹关系,可互为第二顺序继承人。被收养人与其亲兄弟姐妹之间的权利义务关系,因收养关系的成立而消除,不能互为第二顺位的继承人。继兄弟姐妹之间的继承权,因继兄弟姐妹之间的扶养关系而产生。没有扶养关系的,不能互为第二顺序继承人。继兄弟姐妹之间相互继承了遗产的,不影响其继承亲兄弟姐妹的遗产。

(二)继承顺序

所谓继承顺序指的是参加继承的先后顺序,是一种程序上的先后次序。被继承人死亡后,先由第一顺位的人继承遗产,第一顺位继承人不存在或丧失继承权的情况下第二顺位的继承人可以继承遗产,否则后一顺位的继承人无权参加继承,法院亦不需要追加后一顺位的继承人参加继承。

我国继承法规定的继承顺序,以婚姻关系,血缘关系的远近以及与被继承人在扶养和赡养关系上的密切依赖关系等情况为基础,确立了两个顺位。

第一顺位:配偶、子女、父母。

第二顺位:兄弟姐妹、祖父母、外祖父母。

需要注意的是，本条需要结合《民法典》“婚姻家庭编”第1129条理解，因为第1129条将对被继承人尽了主要赡养义务的丧偶儿媳、丧偶女婿等纳入了第一顺位继承人。另外，《继承法意见》第22条规定：“收养他人为养孙子女，视为养父母与养子女的关系的，可互为第一顺序继承人。”

【司法适用】

1. 人工授精子女的继承地位

双方在婚姻关系期间人工授精所生子女同婚生子女。最高人民法院《关于夫妻离婚后人工授精所生子女的法律地位如何确定的复函》规定：“在夫妻关系存续期间，双方一致同意进行人工授精，所生子女应视为夫妻双方的婚生子女，父母子女之间权利义务关系适用《婚姻法》的有关规定。”故夫妻关系存续期间，双方同意人工授精所生子女拥有继承权。

2. 被收养人可适当分得生父母遗产的情况

被收养人因收养关系的成立而消除其与其亲生父母之间的关于父母子女之间的权利义务，故不能成为其亲生父母遗产的当然法定继承人。但是根据第1131条的规定，继承人以外对被继承人扶养较多的人，可以适当分得遗产。虽然不是继承人，但其因对被继承人尽到较多的扶养义务，根据权利义务相一致的原则，和鼓励赡养老人、家庭成员之间相互扶助的善良风俗的考虑，可以分得适当的遗产。因此，被收养人对养父母尽了赡养义务，同时又对生父母扶养较多的，除可以依法继承养父母的遗产外，还可分得生父母的适当的遗产。

3. 继父母子女间法定继承人身份认定

继父母与继子女之间是否具有法定继承人的资格，以是否存在扶养关系为判断标准。人民法院在判断扶养关系的形成时，应当注重对扶养时间的长期性、经济与精神扶养的客观存在、家庭身份融合等因素依职权调查。一般来说，继父母与继子女应当有长期共同生活的、且事实上存在经济以及精神的扶养事实。继子女继承继父母遗产的案件应当对双方共同生活的时间、家庭成员之间身份认可程度、家庭生活的融入度、对子女抚养教育费的支出等因素综合考虑，确定双方之间的扶养关系是否形成，以此酌情确定其应当继承继父母遗产的份额。在继父母继承继子女遗产的情况中，应当注重考虑继父母对继子女抚养教育情况，有无扶养费和教育费的支出、其他方面的经济支持，以及继子女与继父母之间有无相互的其他扶养事实，双方对各自身份的认可程度、来往的紧密度等。

4. 区分夫妻共同财产与夫妻一方个人财产

在继承法律关系中，应严格区分夫妻的共同财产和夫妻一方的个人财产，在继承中其法律效果是不一样的。夫妻在婚姻关系存续期间所得的共同所有的财产,除有约定的以外,如果分割遗产,应当先将共同所有的财产的一半分出为配偶所有,其余的为被继承人的财产。遗产在家庭共有财产之中的,遗产分割时,应当先分出他人的财产。在遗产继承中,需要区分遗产与其他财产,防止将夫妻共同财产或者他人财产作为遗产分割继承。

5. 区分遗嘱与遗赠

在存在第一顺位继承人的情况下,被继承人立有书面材料将其遗产遗留给第二顺位继承人,该书面文件应当认定为遗嘱还是遗赠?根据法律规定,第一顺位继承人和第二顺位继承人均属于法定继承人,只是在存在第一顺位继承人的情况下,第二顺位继承人无权参加继承。所以被继承人立遗嘱将其遗产留给第二顺位继承人,即使存在第一顺位继承人,被继承人所书写的材料仍然应当认定为遗嘱,而不应认定为遗赠。因为遗嘱与遗赠的性质、生效条件等均有很大区别,其对于继承人的权益影响很大,必须加以区分。

【司法案例】

案例一

赵甲与师某遗嘱继承纠纷案①

诉讼结论:公民可以立遗嘱将个人财产指定由法定继承人的一人或者数人继承。公民可以立遗嘱将个人财产赠给国家、集体或者法定继承人以外的人。遗嘱应当对缺乏劳动能力又没有生活来源的继承人保留必要的遗产份额。

基本案情:赵甲与赵乙系姐妹关系。赵乙与师某系夫妻关系,师某系聋哑人,二人婚后无子女。赵乙与师某婚后购买房产一套,后赵乙身患疾病,并去世。被继承人赵乙立有遗嘱,将房产留给赵甲,师某对此不予认可。

对赵乙于2001年立下的自书遗嘱,师某在一审、二审中均对其真实性不予认可,故应对遗嘱的真实性进行审查认定。如果认定赵乙所立遗嘱的真实性,那么赵甲作为赵乙的法定继承人,赵乙将其遗产立遗嘱由赵甲继承,符合相关法律规定,其性质应属于遗嘱,一审法院认定其为遗赠,定性不准确。师某作为聋哑人,应对其生活来源及劳动能力进行审查,以确定赵乙所立遗嘱是否侵害其合法权益。

法院认为:本案对于遗嘱与遗赠的定性产生了分歧,其核心问题是对于法定继承人范围的理解以及在存在第一顺位继承人的情况下,立遗嘱人将财产留给第二顺位继承人,性质上该如何定性。法定继承人的范围,是在法定继承时,哪些人

---

① 北京市第一中级人民法院(2015)一中民终字第5606号民事裁定书。

能够作为被继承人遗产的继承人。法定继承人范围的确定直接关系到被继承人亲属的权益。《继承法》以血缘关系和婚姻关系所产生的亲属关系为基础确定法定继承人的范围，法定继承人的范围规定仅限于法定的近亲属。《继承法》第10条规定："遗产按照下列顺序继承：第一顺序：配偶、子女、父母。第二顺序：兄弟姐妹、祖父母、外祖父母。……本法所说的子女，包括婚生子女、非婚生子女、养子女和有扶养关系的继子女。本法所说的父母，包括生父母、养父母和有扶养关系的继父母。本法所说的兄弟姐妹，包括同父母的兄弟姐妹、同父异母或者同母异父的兄弟姐妹、养兄弟姐妹、有扶养关系的继兄弟姐妹。"同时，根据《继承法》第16条第2款规定："公民可以立遗嘱将个人财产指定由法定继承人的一人或者数人继承。"一方面，《继承法》明确规定了法定继承人的范围；另一方面，《继承法》明确规定，公民立遗嘱将个人财产指定由法定继承人的一人或者数人继承属于遗嘱，公民立遗嘱将个人财产赠给国家、集体或者法定继承人以外的人属于遗赠；最后，虽然在法定继承中，由第一顺序继承人继承，第二顺序继承人不继承，没有第一顺序继承人继承的，由第二顺序继承人继承，但是遗嘱继承及遗赠本来就排除了法定继承方式的适用，在遗嘱及遗赠中并没有关于继承人顺序的规定，所以，法定继承人顺位的问题并不影响判断遗嘱及遗赠的性质。综上，即使存在第一顺位继承人，被继承人将其财产留给第二顺位继承人，其性质上属于遗嘱，而不属于遗赠。

案例二

李某、郭某阳诉郭某和、童某某继承纠纷案①

诉讼结论：涉案的306室房屋归李某所有；李某于本判决生效之日起30日内，给付郭某阳33,442.4元，该款由郭某阳的法定代理人李某保管；李某于本判决生效之日起30日内，给付郭某和33,442.4元、给付童某某41,942.4元。

基本案情：1998年3月3日，李某与郭某顺登记结婚。2002年，郭某顺以自己的名义购买了涉案建筑面积为45.08平方米的306室房屋，并办理了房屋产权登记。2004年1月30日，李某和郭某顺共同与南京军区南京总医院生殖遗传中心签订了人工授精协议书，对李某实施了人工授精，后李某怀孕。2004年4月，郭某顺因病住院，其在得知自己患了癌症后，向李某表示不要这个孩子，但李某不同意人工流产，坚持要生下孩子。5月20日，郭某顺在医院立下自书遗嘱，在遗嘱中声明他不要这个人工授精生下的孩子，并将306室房屋赠与其父母郭某和、童某某。

① 最高人民法院指导案例50号。

郭某顺于5月23日病故。李某于当年10月22日产下一子,取名郭某阳。李某无业,每月领取最低生活保障金,另有不固定的打工收入,并持有夫妻关系存续期间的共同存款18,705.4元。郭某和、童某某系郭某顺的父母,居住在同一个住宅小区的305室,均有退休工资。2001年3月,郭某顺为开店,曾向童某某借款8500元。南京某房地产估价师事务所有限责任公司受法院委托,于2006年3月对涉案306室房屋进行了评估,经评估房产价值为19.3万元。

法院认为:本案争议焦点主要有两方面,一是郭某阳是否为郭某顺和李某的婚生子女;二是在郭某顺留有遗嘱的情况下,对306室房屋应如何析产继承。关于争议焦点一。最高人民法院《关于夫妻离婚后人工授精所生子女的法律地位如何确定的复函》指出:"在夫妻关系存续期间,双方一致同意进行人工授精,所生子女应视为夫妻双方的婚生子女,父母子女之间权利义务关系适用《婚姻法》的有关规定。"郭某顺因无生育能力,签字同意医院为其妻子即原告李某施行人工授精手术,该行为表明郭某顺具有通过人工授精方法获得其与李某共同子女的意思表示。只要在夫妻关系存续期间,夫妻双方同意通过人工授精生育子女,所生子女均应视为夫妻双方的婚生子女。《民法通则》第57条规定:"民事法律行为从成立时起具有法律约束力。行为人非依法律规定或者取得对方同意,不得擅自变更或者解除。"因此,郭某顺在遗嘱中否认其与李某所怀胎儿的亲子关系,是无效民事行为,应当认定郭某阳是郭某顺和李某的婚生子女。关于争议焦点二。《继承法》第5条规定:"继承开始后,按照法定继承办理;有遗嘱的,按照遗嘱继承或者遗赠办理;有遗赠扶养协议的,按照协议办理。"被继承人郭某顺死亡后,继承开始。鉴于郭某顺留有遗嘱,本案应当按照遗嘱继承办理。《继承法》第26条规定:"夫妻在婚姻关系存续期间所得的共同所有的财产,除有约定的以外,如果分割遗产,应当先将共同所有的财产的一半分出为配偶所有,其余的为被继承人的遗产。"《继承法意见》第38条规定:"遗嘱人以遗嘱处分了属于国家、集体或他人所有的财产,遗嘱的这部分,应认定无效。"登记在被继承人郭某顺名下的306室房屋,已查明是郭某顺与原告李某夫妻关系存续期间取得的夫妻共同财产。郭某顺死亡后,该房屋的一半应归李某所有,另一半才能作为郭某顺的遗产。郭某顺在遗嘱中,将306室全部房产处分归其父母,侵害了李某的房产权,遗嘱的这部分应属无效。此外,《继承法》第19条规定:"遗嘱应当对缺乏劳动能力又没有生活来源的继承人保留必要的遗产份额。"郭某顺在立遗嘱时,明知其妻子腹中的胎儿而没有在遗嘱中为胎儿保留必要的遗产份额,该部分遗嘱内容无效。《继承法》第28条规定:"遗产分割时,应当保留胎儿的继承份额。"因此,在分割遗产时,应当为该胎儿保留继承份额。

综上,在扣除应当归李某所有的财产和应当为胎儿保留的继承份额之后,郭某顺遗产的剩余部分才可以按遗嘱确定的分配原则处理。

第一千一百二十八条　被继承人的子女先于被继承人死亡的,由被继承人的子女的直系晚辈血亲代位继承。

被继承人的兄弟姐妹先于被继承人死亡的,由被继承人的兄弟姐妹的子女代位继承。

代位继承人一般只能继承被代位继承人有权继承的遗产份额。

【条文主旨】

本条是关于代位继承的规定。

【条文理解】

本条第2款为新增条款,增加了关于兄弟姐妹的子女代位继承的内容,扩大了代位继承的范围,旨在解决目前家庭独生子女结构状态下遗产无人继承的问题,最大限度地保护私有财产的继承流转。在被继承人未婚或者丧偶无子女等情况下,如作为其第二顺位的兄弟姐妹等人存在死亡等情况,则被继承人的兄弟姐妹的子女可代替其父母承受被继承人的遗产。

1. 代位继承的理论依据

所谓代位继承,即代替他人参加继承。代位继承作为法定继承制度的一种补充,解决的是法定继承人先于被继承人去世所出现的遗产继承问题。代表说认为,所谓代位继承即代替具有法定继承人资格的继承人参加遗产的继承,代位继承人承继的是其被代位人的继承资格,其分得的也是被代位继承人应得的遗产;固有说认为,代位继承人自身亦处于法定继承人的范围序列内,只因有亲等序位的规定,在被代位人存在的情况下,其无法继承,被代位继承人去世后,代位继承人以继承人的资格参加遗产的继承。

遗产作为私有财产的重要一部分,无论是从中国古代的财产传承还是我国现代所保障的私有财产权利来说,公民个人的财产都注重在家族之中的传承。因此种传承不仅是一种宗法传统,其亦是维系家庭之间自给自足、相互扶持、家庭成员之间承担抚养赡养义务的需要。将家庭财产流转于家庭内部,从小的方面讲有利于维持家庭的稳定,从大的方面讲有助于维护社会的稳定。而代位继承制度设计的根本就在于此种抚养义务,尽管被代位人已然去世,但其最为亲近、尚有抚养义务的子女尚且存在,故应保留被代位人的遗产继承资格,让其直系卑亲属继承其遗产用于其抚养义务的延续。将子女后代的这种有权获得抚养的权利提前延伸至其父母遗产的继承中,此种制度存在于法律中,可谓是天理人情在法律中的温情因素。从此种角度我们就可以更好地理解制度存在的必要性,代位继承人的直系卑亲属范围、只能继承其父母应当继承的份额以及其父母丧失继承权其不得代位继承等问题。

2. 代位继承的概念

按照本编的规定,代位继承应当具备以下三个条件:(1)被代位人先于被继承人去世;(2)被代位人为被继承人的子女或兄弟姐妹;(3)代位继承人需为被代位人的直系卑亲属或兄弟姐妹的子女。需要注意的是,代位继承人只能为被代位人的直系卑亲属,代位人为被继承人子女的,被代位人的直系卑亲属均有代位继承的权利,被继承人的孙子女、外孙子女、曾孙子女、外曾孙子女都可以代位继承,代位继承人不受辈数的限制;但如果代位继承人为被继承人的兄弟姐妹的,则有权代位继承的只能是被代位人的子女,范围较被代位人为被继承人的子女的范围有所缩小。这样的区分有必要,因为无论其卑亲属有多少代,其均为其直系亲属,各代间均对后代有抚养义务;而兄弟姐妹子女加入代位继承的规定是因为兄弟姐妹本身为旁系血亲,位于继承序位的第二位,且兄弟姐妹本身存有遗产继承的情况,其直系卑血亲的问题可以通过兄弟姐妹一系下的法定继承和代位继承等解决。而且规定兄弟姐妹的代位继承也主要是为了防止被继承人财产无亲属继承的问题,因此旁系被代位继承人的直系代位继承人的范围不宜过于宽泛。无论是谁代位参加继承,其所承继的都是被代位人的财产权益,无论代位继承人几人,其所分得的遗产都以被代位人应当获得的遗产份额为限。但考虑到被代位继承人的特殊情况,亦对该条做了适当的补充。《继承法意见》第 27 条规定:“代位继承人缺乏劳动能力又没有生活来源,或者对被继承人尽过主要赡养义务的,分配遗产时,可以多分。”

3. 代位继承与转继承的区别

转继承,是继承人在继承开始后、遗产分割前去世,去世的继承人应当继承的遗产份额,由其合法继承人按照法律规定继承被转继承人的遗产。转继承制度的确立,目的在于促进遗产的顺利分割,防止因继承人去世引起的遗产分割的混乱。关于转继承制度的规定,可参见《继承法意见》第 52 条的规定:“继承开始后,继承人没有表示放弃继承,并于遗产分割前死亡的,其继承遗产的权利转移给他的合法继承人。”

转继承与代位继承有如下区别:(1)发生时间不同。代位继承发生于被代位继承人先于被继承人去世,而转继承发生于被转继承人于继承开始后、遗产分割前去世。(2)继承的主体范围不同。代位继承人仅限于被继承人的直系卑亲属或其兄弟姐妹的子女,但转继承人范围包括被转继承人的全部法定继承人;被代位继承人仅限定于被继承人的子女或兄弟姐妹,但是转继承的被转继承人包括一切有权继承被继承人遗产的法定继承人。(3)适用范围不同。代位继承仅适用于法定继承,但转继承既可以适用法定继承也可适用于遗嘱继承。

【司法适用】

1. 代位继承人及被代位继承人中的子女范围

被代位继承人中的子女,按照法律规定应当包括一切适用于法律关于父母子女权利范围的子女,既包括婚生子女、非婚生子女也包括养子女和有扶养关系的继子女。关于直系卑亲属的范围,应当包括亲生子女和养子女以及有扶养关系的继子女所生子女以及这些子女的亲生后代,以及亲生子女所收养、养子女所收养的或者形成扶养关系的继子女所收养的子女。根据《继承法意见》的规定,被继承人的养子女、已形成扶养关系的继子女的生子女可代位继承;被继承人亲生子女的养子女可代位继承;被继承人养子女的养子女可代位继承;与被继承人已形成扶养关系的继子女的养子女也可以代位继承。

2. 直系卑亲属代位继承是否受代数的限制

按照本条法律规定被继承人子女的代位继承人范围为其子女的直系血亲,未确定代数的限制。也就是无论是被继承人的孙子女、外孙子女、曾孙子女、外曾孙子女都可以代位继承。但当被代位人为被继承人的兄弟姐妹时,代位继承人仅限定为被代位的兄弟姐妹的子女。

当有多个代位继承人存在时,是否需要把所有的代位继承人都追加作为继承人?笔者认为,当被继承人的子女的子女尚且存在的时候,应当追加被代位继承人的直系子女作为代位继承人,无须追加其子女的子女作为代位继承人。因代位继承人继承遗产后,代位继承人的财产,其直系子女将来可以通过法定继承解决。如被代位人的子女已经去世,应当追加其子女的子女作为代位继承人参加诉讼。

3. 被代位继承人事先放弃或丧失继承权,其代位继承人可否继承

如果被代位继承人丧失继承权,因其晚辈直系血亲代位继承的是其应当获得的遗产,如被代位继承人本身已经丧失继承资格,其晚辈直系血亲代位继承的基础不复存在,故此种情况下,其晚辈直系血亲不得代位继承。

如被代位继承人事先放弃继承,需考虑不同情况。按照我国《继承法意见》的规定,放弃继承应当以书面的形式向其他继承人表示。如用口头方式表示放弃继承,本人承认,或有其他充分证据证明的,也应当认定其有效。继承开始后、继承人放弃继承的意思表示,应当在遗产分割前作出。因被代位继承人先于被继承人

去世，且不可能在继承开始后作出。故一般来讲，其他继承人要求确认被代位人继承权丧失的，不予支持。但需要注意的是，如果继承人之间在被继承人去世之前，在分家析产等形成的书面合意中涉及抚养或继承以及财产分割相互捆绑的书面协议，因该种放弃为附加条件的放弃，不属于纯粹利益的放弃，且各方继承人已经达成合意并一直遵照协议履行，如允许放弃的人继续享有继承权显失公平且违反习俗。此时对该协议应当依照合同进行审查，不存在特殊情况下，应当认定被代位继承人不享有继承权，其应当对其自主处分行为承担相应法律后果，相应的其代位继承人不应代位继承。

4. 被继承人的子女与被继承人同时去世，不发生代位继承

关于被继承人的子女与继承人同时去世，《继承法意见》第 2 条规定："相互有继承关系的几个人在同一事件中死亡，如不能确定死亡先后时间的，推定没有继承人的人先死亡。死亡人各自都有继承人的，如几个死亡人辈份不同，推定长辈先死亡；几个死亡人辈份相同，推定同时死亡，彼此不发生继承，由他们各自的继承人分别继承。"因代位继承为被继承人的子女的直系卑亲属的继承，按照上述死亡时间推定顺序，如果被继承人与被代位继承人同时死亡，转继承发生。

5. 实践中关于代位继承需要注意的其他问题

在处理代位继承纠纷案件中，需要注意下列问题：(1)代位继承人的必留份问题。代位继承人缺乏劳动能力又没有生活来源，或者对被继承人尽过主要赡养义务的，分配遗产时，可以多分。(2)适当分得遗产权。继承人丧失继承权的，其晚辈直系血亲不得代位继承。如该代位继承人缺乏劳动能力又没有生活来源，或对被继承人尽赡养义务较多的，可适当分给遗产。(3)丧偶儿媳、女婿子女的代位继承权。丧偶儿媳对公婆、丧偶女婿对岳父、岳母，无论其是否再婚，依本编第 1129 条规定作为第一顺序继承人时，不影响其子女代位继承。

【司法案例】

刘某云与刘某红、刘某君、丁某莉继承纠纷案①

诉讼结论：被继承人的子女先于被继承人死亡的，由被继承人的子女的晚辈直系血亲代位继承。代位继承人一般只能继承他的父亲或者母亲有权继承的遗产份额。

基本事实：刘某清与范某芹系夫妻关系，二人育有刘某云、刘某君、刘某兰、刘某红四名子女。刘某兰于 1984 年 8 月 7 日去世，其生前育有一女丁某莉。范某芹

---

① 北京市第一中级人民法院(2019)京 01 民终 11482 号民事判决书。

于2009年5月30日去世，刘某清于2011年7月去世。57号院原系刘某清一家祖宅。庭审中双方提交57号院建房及翻建批示3份，就家庭成员情况，1981年批示记载户主刘某才（刘某清之父），家庭成员包括刘某才、刘某清、范某芹、刘某云、刘某君、刘某兰、刘某红；1984年及1989年批示记载户主均为刘某清，1984年批示记载家庭成员包括刘某清、范某芹、刘某君、刘某才、刘某云、李某军（户主之女婿）、李某男（户主之长外孙），1989年批示记载家庭成员包括刘某清、范某芹、刘某君、孙某玲（户主之儿媳）、刘某（户主之孙）、刘某才。就院内房屋情况，1981年批示记载原有房屋5间，翻建2间新建2间；1984年批示记载原有房屋10间（6间北房、4间西房），其中北房翻建2间，原4间西房翻盖改为5间北房；1989年批示记载将原有6间北房翻建为7间。就居住使用情况，刘某红主张其1978年已搬离57号院去姑奶奶家居住；刘某君表示其一居住在涉案房屋，其中1984年时北房2间由子女居住，剩余4间由父母居住；刘某云主张1990年李某军单位给其分房后其一家搬离57号院；丁某莉表示其系城镇户口，跟随父亲落户，并未在57号院居住。范某芹去世时，未留有遗嘱，其遗产的继承问题一直没有解决。2010年1月20日，刘某清立下《遗嘱》，主要内容为：坐落在57号院（原2号）院内的房产中，凡是属于刘某清的那部分房产，全部遗留给刘某君个人，其他人不得继承；刘某清的个人存款和其他个人全部财产也都遗留给刘某君个人，其他人也不得继承、争议。同日，北京市方正律师事务所出具了《律师见证书》。刘某清去世后，刘某君在未办理合法审批手续的情况下对57号院内的房屋进行了改、扩建，现57号院房屋为一幢两层的楼房。经双方当事人确认，本案涉及被继承人刘某清、范某芹需要进行析产继承的遗产为57号院内有合法审批手续的房屋。刘某君主张，其与老人共同生活、赡养照顾老人的事实应在遗产分割时予以考量。刘某红、刘某云对此表示认可，其主张自己均已尽了赡养义务。

法院认为：本案中，刘某清与范某芹生前共生育四名子女，分别为刘某云、刘某君、刘某兰、刘某红。刘某兰于1984年8月7日去世，其生前育有一女丁某莉；刘某云、刘某君、刘某红是适格的法定继承人，丁某莉是适格的法定代位继承人。范某芹去世前，未留有遗嘱，其所留遗产，应依法按法定继承处理。刘某清去世前，留有《遗嘱》，该遗嘱符合代书遗嘱的法定形式，刘某清在《遗嘱》中明确表示，将其全部遗产遗留给刘某君个人继承。刘某云、刘某红虽然对上述《遗嘱》的效力不予认可，但是并未提供相反的证据。在现有证据条件下，法院依法对上述《遗嘱》的效力予以确认，对刘某清所留遗产，应依法按遗嘱继承处理。本案中，双方明确被继承人刘某清、范某芹需要析产继承的遗产为57号院内有合法审批手续的房屋。根据现场勘查情况、双方当事人陈述及房屋批示，57号院中具有合法手续的房屋包括北房7间及中房南侧5间。截至1990年刘某云、刘某红等人均陆续搬离57号院,57号院内仅剩刘某君一家与刘某清、范某芹共同生活至今。因此,57号院北房7间及中房南侧5间中应含有刘某君的份额,参考双方当事人陈述的房屋居住使用情况及建房审批手续,法院酌情认定57号院中北房西数第1、2间为刘某君个人所有,该房屋不属于本案遗产继承范围,法院对此不予处理。剩余北房西数第3间至第7间及中房南侧5间应为刘某清、范某芹共有,作为本案中的遗产予以继承。根据刘某清所留遗嘱,刘某清所享有房屋一半份额应由刘某君继承,范某芹所享有房屋一半份额由刘某云、刘某君、丁某莉、刘某红按照法定继承处理。综合考虑刘某云、刘某红早已搬离57号院,系由刘某君与两位老人共同生活、对老人尽了主要扶养义务的事实,基于有利于生产和生活需要、不损害遗产的效用的原则,法院酌情认定57号院内北房第3、4、5、6、7间,中房南侧西数第1、2间由刘某君继承;中房南侧西数第3间由丁某莉继承;中房南侧西数第4间由刘某红继承;中房南侧西数第5间由刘某云继承。

第一千一百二十九条　丧偶儿媳对公婆,丧偶女婿对岳父母,尽了主要赡养义务的,作为第一顺序继承人。

【条文主旨】

本条是关于丧偶儿媳、丧偶女婿继承权的规定。

【条文理解】

该条规定是对第1127条法定继承人范围的补充。本条规定与第1131条所规定的继承人以外对被继承人扶养较多的人可适当分得遗产不同。本条规定的特殊之处在于,从血缘关系上看丧偶儿媳、丧偶女婿与公、婆、岳母、岳父之间无自然血亲关系,亦非法律所拟制的亲缘关系,其关系产生于婚姻关系,从这一层面上看丧偶儿媳、丧偶女婿无疑不属于法定继承人,属于被继承人以外的人。但既然同属继承人以外对被继承人尽到主要赡养义务的人,其他人系酌情取得遗产,而丧偶儿媳、丧偶女婿却属于第一顺位继承人。该条之所以做这样的规定,其与丧偶儿媳、女婿的身份特殊性有关,符合权利义务相一致、鼓励养老育幼、照顾病残的原则,更是符合公平的价值理念。

首先,丧偶儿媳、丧偶女婿系因与其丈夫或妻子的婚姻关系而与公、婆或岳母、岳父形成家庭关系。既因婚姻关系而产生,自然应随婚姻关系而消亡。丧偶儿媳、丧偶女婿与公、婆或岳母、岳父之间无血缘关系,亦无法定的扶养赡养义务。

但是丧偶儿媳或丧偶女婿与公、婆或岳母、岳父均系已故丈夫或妻子的最为亲近的第一顺位继承人。且丧偶儿媳、丧偶女婿往往在其丈夫或妻子去世后的较长时间段内与公、婆或岳母、岳父共同生活在一起,即使不生活在一起,生活联系也较为密切,承担了本应属于其已故丈夫或妻子对父母的赡养义务。已故丈夫或妻子,已经先于其父母去世,在公、婆或岳母、岳父继承开始后,已故丈夫或妻子对其直系卑亲属的对下扶养问题,通过代位继承可以得以解决。但其对父母应当承担的赡养义务却主要由其妻子或丈夫代为承担,而承担赡养义务的妻子或丈夫却不能以代位继承人的身份参加继承。代为其承担主要赡养义务的人却无法获得继承利益,不符合权利义务相一致的原则,也不符合公平的价值理念。

其次,之所以将其列为第一顺位的继承人而不是适当分得遗产,也是基于其代为承担的是其亡夫或亡妻的法定义务。将承担法定义务之人列于法定继承人顺位,符合权利义务相一致的原则。权利义务相一致原则要求承担义务的人享有一定的权利,享有权利的人应承担一定的义务,不能只承担义务不享有权利,也不能只享有权利不承担义务。《继承法》和本编所规定的继承人的范围和顺序便很好地体现了这一点。《继承法》所规定的法定继承人的范围为配偶、子女、父母、兄弟姐妹、祖父母和外祖父母。因为配偶之间有相互扶助扶养的义务,子女对父母有赡养的义务,父母对子女有抚养的义务,当父母去世或者无能力抚养的情况下,兄姐和外祖父母、祖父母对父母的子女均负有一定的相互扶养的义务。而配偶、父母、子女之间的扶养、赡养、抚养为法定义务,故将其列为第一顺位继承人。法定继承人与被继承人之间互负的法定义务,决定他们享有继承的法定权利。而兄弟姐妹和祖父母、外祖父母替代父母承担了对子女的抚养义务,且与其子女系直系血亲,故在承担义务后理应享有一定的权利。但因其法定义务为补充性的,有一定的次序,属于后一顺位的义务,故其权利为第二顺位的权利。同样,履行法定义务多的人,应获得更多的财产权益;不履行或少履行义务的人,不享有或少享有利益。第 1130 条就是对法定继承人履行义务与享有利益的相关规定:对被继承人尽了主要扶养义务或者与被继承人共同生活的继承人,分配遗产的时候,可以多分;有扶养能力和有扶养条件的继承人,不尽扶养义务的,分配遗产的时候,应当不分或者少分。而继承人以外的其他继承人对被继承人尽到的主要赡养义务非因代替他人承担法定义务,亦无承担法定义务的必要,但因其为他人利益而行为,主动给他人施以帮助,且尽到了较多扶养义务,故法律对施以善良行为之人赋予一定的利益,符合公平理念,亦符合对社会良好风气的弘扬。

最后,赋予丧偶儿媳和丧偶女婿第一顺位继承人的身份有利于鼓励社会其他人崇尚养老的社会主义道德风尚,促进晚辈孝敬、赡养长辈,扶助老弱,有利于弘扬中华民族尊老的优良传统。同时这一规定也很好地发挥了继承制度通过私有财产保护延续和维持家庭的社会保障功能,通过保障家庭私有财产的内部流转,可以实现老有所养、幼有所助,维护家庭内部结构的稳定,同时促进社会的和谐发展。

需要注意的是,丧偶儿媳、丧偶女婿的继承权有以下几个方面的特点:(1)该条规定的继承人仅限于丧偶儿媳、丧偶女婿;(2)丧偶儿媳、丧偶女婿享有继承权的前提是对公、婆或岳母、岳父承担了主要的赡养义务;(3)丧偶儿媳、丧偶女婿的继承顺序为第一顺序继承人;(4)丧偶儿媳对公、婆,丧偶女婿对岳父、岳母,尽了主要赡养义务的,依照本条作为第一顺序继承人时,无论其是否再婚,不影响其子女代位继承。

【司法适用】

1. 如何认定丧偶儿媳、丧偶女婿尽到主要赡养义务

《继承法意见》第30条规定:"对被继承人生活提供了主要经济来源或在劳务等方面给予了主要扶助的,应当认定其尽了主要赡养义务或主要扶养义务。"根据上述规定,判断是否尽到主要赡养义务,主要是从经济来源以及劳务等方面考虑的。但是对那些没有或较少给予经济扶助,在劳务方面亦较少帮助,但是提供了精神抚慰和长期陪伴的是否可以认定尽到主要的赡养义务。笔者认为,结合《继承法意见》第33条规定:"继承人有扶养能力和扶养条件,愿意尽扶养义务,但被继承人因有固定收入和劳动能力,明确表示不要求其扶养的,分配遗产时,一般不应因此而影响其继承份额。"该条的规定主要是针对法定继承人,在被继承人不要求其进行扶养的情况下,非其主观不扶养,不影响其继承资格,之所以这么规定是因为被继承人的赡养不存在问题,且继承人与被继承人之间系直系血亲。但丧偶儿媳、丧偶女婿与被继承人之间无血缘关系,且该条的规定更强调的是丧偶儿媳、丧偶女婿所承担的主要赡养义务,故如果被继承人有经济来源和劳动能力,明确不要求其进行扶助,则丧偶儿媳和丧偶女婿,即使尽到了较多的精神陪伴义务,也不宜认定为继承人。如虽被继承人有经济来源和劳动能力,但丧偶儿媳和丧偶女婿长期与老人共同生活在一起,在经济上给予一定的支持,在劳务上日常地帮助,且长期陪伴,则笔者认为应当酌定考虑是否适用继承人以外的尽到较多扶养义务的人的规定,酌情分得遗产。

2. 丧偶儿媳、丧偶女婿第一顺位继承人与其子女的代位继承问题

丧偶儿媳、丧偶女婿之所以列为第一顺位继承人,系因其主要负担了第一顺位继承人的主要法定义务,故其拥有独立的第一顺位继承人资格。而代位继承人系基于其获得扶养的权利加入继承中,其参加到继承中承继的是被代位人的继承

资格，其所继承的是被代位人所应当继承的份额。故二人的权利并不冲突，丧偶儿媳对公婆、丧偶女婿对岳父、岳母，无论其是否再婚，依照继承法律的规定其作为第一顺位继承人时，不影响其子女代位继承。

3. 丧偶儿媳、丧偶女婿在诉讼中的地位

丧偶儿媳、丧偶女婿作为第一顺位继承人，在其依法继承的权利遭到侵犯时，其本人有权以独立的诉讼主体资格向人民法院起诉。在他人提起的遗产分割诉讼中，其可以申请参加到遗产的诉讼中，人民法院也可依职权追加其作为本案的当事人参加到诉讼中。在有代位继承人参加的诉讼中，其与代位继承人、被继承人的其他继承人均为本案当事人。但代位继承人只能分得被代位继承人的应分份额，丧偶儿媳、丧偶女婿则与其他继承人一起按照第一顺位划分遗产份额。

【司法案例】

案例一

姬某、王某莉与姬某丽继承纠纷案①

诉讼结论：丧偶儿媳对公、婆，丧偶女婿对岳父、岳母只有尽了主要赡养义务的，才能作为第一顺序继承人。本案中，应当明确王某莉作为丧偶儿媳是否对公、婆尽了主要赡养义务，如果予以认定，则王某莉对遗产的继承应与法定继承人予以析分。

基本案情：姬某和与梁某琴系夫妻关系，二人育有姬某军、姬某丽二子女。姬某军与王某莉婚后育有姬某。姬某和与梁某琴有北京市海淀区环山村304所家属区50号楼2门1号房屋（以下简称201号）一套。登记于姬某和名下。双方均认可上述房屋现值220万元，均主张获得房屋并同意向对方依法支付相应折价款。再查，姬某军、梁某琴生前无遗嘱。姬某和曾订立遗嘱。姬某和在2010年12月15日订立遗嘱，表示201号房产由姬某、姬某丽各继承50%的份额。姬某和另在2010年12月28日订立遗嘱，称：一、我将坐落在201号三居室、建筑面积82.9平方米、凡属于我的房产份额以及我所有的财产（含钱），在我去世后，全部给女儿姬某丽所有，由她继承；二、我和女儿姬某丽共同生活，由她照顾我饮食起居，做到生养死葬；三、我所立遗嘱是我自愿真实意思表示，他人不得干涉；四、本遗嘱一份，由立遗嘱人持有，苏家坨镇法律服务所留存复印件一份。另，2010年12月28日订立遗嘱时，遗嘱见证人曾与姬某和进行谈话并制作谈话笔录。笔录中，姬某和表示曾于2010年11月、2010年12月立遗嘱，现改变原有遗嘱，改为将房屋给

---

① 北京市第一中级人民法院（2014）一中民终字第7144号民事裁定书。

姬某丽。姬某和在上述笔录中按手印，遗嘱见证人签字。庭审中，就两份遗嘱真实性和有效性，双方存在争议，双方均申请遗嘱见证人（代书人）就遗嘱制作等情况到庭作证并接受质询。姬某丽对2010年12月15日遗嘱的有效性不予认可，提交由王某莉2010年12月27日书写的承诺在收到201号姬某和遗产（房款）1/2后付给姬某和看护人梁某10万元的字条，主张王某莉与看护人梁某串通使得姬某和做出2010年12月15日遗嘱。王某莉辩称所承诺的10万元系为感谢梁某照顾姬某和。梁某现已去世。姬某、王某莉对2010年12月28日遗嘱和谈话笔录的真实性不予认可，并申请对遗嘱中姬某和指纹进行同一性鉴定。后北京华夏物证鉴定中心以指纹印纹线不清晰、指纹特征无法辨识、检材不满足鉴定条件为由，终止鉴定。双方对上述鉴定结果不持异议，姬某、姬某丽明确表示不再申请鉴定。双方认可王某莉名下有一套三居室，姬某丽之夫名下有一套两居室。王某莉、姬某提交居委会证明主张二原告共同居住，姬某名下无其他住房，姬某丽对此不予认可。

法院认为：根据我国《继承法》第17条的规定，代书遗嘱应当有两个以上见证人在场见证，由其中一人代书，注明年、月、日，并由代书人、其他见证人和遗嘱人签名。本案中，姬某和于2010年12月15日、2010年12月28日留有两份遗嘱，其均未有姬某和本人签名，不符合代书遗嘱的形式要件。一审对2010年12月28日遗嘱中姬某和指纹进行同一性鉴定，北京华夏物证鉴定中心以指纹印纹线不清晰、指纹特征无法辨识、检材不满足鉴定条件为由，终止鉴定。因此，在两份遗嘱形式上同样存在瑕疵，姬某和于2010年12月28日遗嘱上的指纹印纹线不清晰，指纹特征无法辨识，无法确认是否为姬某和本人指纹，无法认定该遗嘱的真实性的前提下，相距十余天内先后出现两份内容不同的遗嘱，遗嘱的代书人均出庭接受质证，故无法确认哪份遗嘱为姬某和的真实意思表示。一审法院以见证人出庭证明2010年12月28日姬某和代书遗嘱过程，谈话笔录、见证书与遗嘱内容、立遗嘱过程能够相互印证，不能仅因同一性鉴定因检材原因无法进行而主张该遗嘱非姬某和真实意思表示为由认定该遗嘱的真实性，缺乏事实依据。本案为继承纠纷，遗嘱效力的认定是案件的基本事实，本院不宜直接认定、处理。此外，丧偶儿媳对公、婆，丧偶女婿对岳父、岳母只有尽了主要赡养义务的，才能作为第一顺序继承人。本案中，应当明确王某莉作为丧偶儿媳是否对公、婆尽了主要赡养义务，如果予以认定，则王某莉对遗产的继承应与法定继承人予以析分。

案例二

孔某宏诉孔某壮、于某娥继承纠纷案[①]

诉讼结论：于某娥在孔某忠死亡后，对孔某忠、孔某泽尽了主要赡养义务，原审法院据此认定于某娥作为第一顺序继承人对孔某忠的遗产享有继承权正确。

基本案情：被继承人孔某泽与孔某忠系夫妻关系，双方抱养一子，名孔某增。孔某增与于某娥结婚后生有一子，即孔某壮。孔某增于1995年7月死亡。孔某忠于2008年9月9日死亡，孔某泽于2012年1月死亡。孔某宏自幼与孔某泽和孔某忠共同生活，其结婚后生有一子名刘某池。坐落于北京市西城区真武庙四里3栋5门2号系孔某泽名下的私产，系孔某泽和孔某忠夫妻共同财产。2009年7月25日，孔某泽留有代书遗嘱一份，内容为："我叫孔某泽，我和老伴孔某忠拥有一栋房产，位于北京市西城区真武庙四里三栋5门2号。老伴孔某忠已于2008年9月9日去世，去世时未留遗嘱，老伴孔某忠那一半房产由我和两个儿子孔某增和孔某宏法定继承。大儿子孔某增已经于1995年先于老伴去世，孔某增应当继承的那三分之一份额由其儿子孔某壮代位继承。这样，老伴的那一半房产就由我、孔某壮和孔某宏三人共同继承。"2012年3月23日，孔某壮、于某娥经北京市方正公证处公证，继承了上述房产，并于同年4月19日办理了房产过户手续。孔某宏对该公证不予认可。庭审中，于某娥称，其夫孔某增死亡后，其与被继承人共同生活，对被继承人尽了主要赡养义务。对此，孔某宏不予认可，并述称，于某娥只是经常去探望。在孔某忠住院治疗期间，是其与于某娥共同照顾。诉讼中，孔某宏之子刘某池明确表示，将其应继承的份额赠与孔某宏，孔某宏亦表示接受赠与。庭审中，孔某壮、于某娥提供了孔某泽的"干部履历表"及"家谱"，证明孔某宏与被继承人之间不存在收养关系。对此孔某宏不予认可。

法院认为：根据庭审中查明的事实，孔某宏自幼与被继承人共同生活，在被继承人病重期间，孔某宏亦尽到了赡养义务。孔某泽的"干部履历表"中虽无关于孔某宏的记载，但双方形成了事实收养关系，即孔某宏为二被继承人之养子。根据我国《继承法》相关规定，孔某宏有权继承二被继承人的遗产。我国《继承法》规定，丧偶儿媳对公、婆，丧偶女婿对岳父、岳母，尽了主要赡养义务的，作为第一顺序继承人。本案中，于某娥作为丧偶儿媳，在孔某增死亡后，对二被继承人尽了主要赡养义务，可依法作为第一顺序继承人享有继承权。孔某壮依法享有代位继承权。本案诉争房屋系被继承人孔某泽和孔某忠夫妻共同财产。孔某忠死亡后，孔

---

① 北京市第一中级人民法院（2013）一中民终字第7034号民事判决书。

某宏、孔某壮、于某娥及被继承人孔某泽均有权继承孔某忠的遗产份额。被继承人孔某泽通过代书遗嘱的方式,将诉争房屋中归其所有部分指定由孔某壮及孔某宏之子刘某池继承。该遗嘱符合代书遗嘱的形式要件,遗嘱内容亦符合法律规定。因该遗嘱发生法律效力,据此孔某宏及于某娥丧失对诉争房屋中孔某泽遗产份额的继承权。诉讼中,孔某宏之子刘某池自愿将其继承的份额赠与孔某宏,孔某宏亦表示接受赠与,法院对此不持异议。关于孔某壮、于某娥出具的公证书。基于孔某壮、于某娥提供的虚假事实,致使北京市方正公证处作出与事实相悖的公证书,其行为侵犯了孔某宏的合法权益,故应认定该公证书无效。

第一千一百三十条 同一顺序继承人继承遗产的份额,一般应当均等。

对生活有特殊困难又缺乏劳动能力的继承人,分配遗产时,应当予以照顾。

对被继承人尽了主要扶养义务或者与被继承人共同生活的继承人,分配遗产时,可以多分。

有扶养能力和有扶养条件的继承人,不尽扶养义务的,分配遗产时,应当不分或者少分。

继承人协商同意的,也可以不均等。

【条文主旨】

本条是关于遗产分配原则的规定。

【条文理解】

本条规定的是关于遗产份额的内容。所谓遗产份额,是各个法定继承人应分得的遗产数额。遗产份额的规定本质上是如何在法定继承人之间分配遗产的问题,本条规定了一般情况下均等与特殊情况下不均等的遗产分配原则。该条文体现了"继承编"养老育幼、照顾病残原则。养老育幼、照顾病残是中华民族的传统美德,也是我国法律体系共同倡导和坚持的原则。"继承编"确定这一原则,是家庭职能的客观要求,是人类社会延续的需要。这一原则在本条中得以主要体现:对生活有特殊困难又缺乏劳动能力的继承人,分配遗产时,应当予以照顾;对被继承人尽了主要扶养义务或者与被继承人共同生活的继承人,分配遗产时,可以多分;有扶养能力和有扶养条件的继承人,不尽扶养义务的,分配遗产时,应当不分或者少分。

1. 同一顺序继承人继承遗产的份额，一般应当均等

这一遗产分配的原则即本条第 1 款的规定。同一顺序继承人继承的遗产份额，一般应当均等，这条可以说是法定继承中遗产分配应当首先考虑和适用的原则，之所以这么规定是因为无论在血缘抑或婚姻层面上，同一顺位的人与被继承人的亲疏关系相同。但是同一顺序继承人，遗产分配份额均等应当满足以下条件：(1)各继承人均未放弃或丧失继承权；(2)各个继承人对被继承人所尽到的扶养义务和共同生活的情况应大体一致；(3)各个继承人自身的状况差别不大；(4)各继承人之间未协商不均等的遗产份额。

需要注意的是，一般应当均等不是绝对的均等，各继承人的继承遗产份额是否最终均等，取决于他们之间是否有同等的情况。法院需要综合本条几款之间的规定，按照一般结合特别的原则，最终确定各个继承人的继承份额。

2. 照顾生活特殊困难和缺乏劳动能力的继承人

本原则即本条第 2 款之规定。该条规定的是应当照顾，是一般性的原则，在无特殊情况时，法院必须考虑。但应当不等同于绝对，在各个继承人之间均存在不同程度的生活困难和缺乏劳动能力的情况下，还是应当均等。且需要注意的是，生活特殊困难和缺乏劳动能力必须同时具备，如只是生活特殊困难但是不缺乏劳动能力，或虽缺乏劳动能力但生活不困难，均不符合应当多分的情况。那么如何认定生活特殊困难？法院应在其缺乏劳动能力的情况下，综合考察其有无其他的经济来源和收入、其日常生活的照顾情况以及居住条件等多种因素。

3. 酌情考虑继承人对被继承人的生前扶养情况

该原则即本条第 3 款、第 4 款之规定。虽然"继承编"不能等同于合同的一般等价有偿原则，但是也基本遵循权利义务相一致的原则。在同等的亲疏情况下，各个继承人均有扶养条件也主观上愿意扶养、客观上进行了扶养，对那些对被继承人在生活和情感慰藉上尽到较多扶养义务的人可以多分。那如何确定哪些属于尽到了更多的扶养义务？本款提出了两点的认定标准：主要扶养义务或共同生活。主要扶养义务，意味着主要经济扶持和劳务付出。共同生活，即在被继承人生前与被继承人生活在同一居所，共同生活意味着长期的精神陪伴和日常的劳务付出和经济支持。注意这两种情况不是必须同时具备，只要具备其中一种情况，法院就可以考虑多分。"可以"意味着也可以不考虑，具体是否多分，需要结合全案其他继承人的情况综合考虑，如对某个继承人的酌情考虑，致使全案的遗产分配份额失衡或显失公平的，可以不考虑。

第 3 款规定了可以多分的情况，第 4 款规定了可以少分或者不分的情况。我国向来崇尚尊老爱幼、家庭和睦、老有所养、幼有所依的家庭互助的良好传统。家

庭成员之间应该各尽其所能履行法定义务,互助团结。法律从不强人所难,其要求有能力履行法定义务的人履行法定义务、享受利益。对那些有扶养能力和扶养条件、不扶养被继承人的继承人,可以不分或少分。注意该款规定的是,必须在扶养能力和扶养条件必须同时具备的情况下,不履行扶养义务,方可适用。对那些在客观上确不具备扶养能力和抚养条件的继承人,其对被继承人的生前精神抚慰、探望等也是尽了扶养义务,扶养的形式不可单纯地局限于共同居住和主要经济的扶持。

4. 尊重协商可以不均等的意思自治

该原则即本条第5款规定。继承法律本质上属于私法的领域,家庭领域本属于私人领域,且遗产继承本质上属带有身份伦理性的财产流转,在法律规定的私法领域应当尊重家庭成员之间自行协商解决其纠纷的意思自治。对各个继承人之间充分协商的且不违反法律的强行规定的意思表示,应尊重其自行划分遗产的权利,这有利于家庭的和谐稳定,也利于节约司法资源和成本。

理解上述规定的合理性,就需要回到继承法律的本质和功能里去寻找答案。继承制度是自古以来就有的制度,不同的时期有不同的继承制度,服务于不同的社会体制。我国继承法律是服务于中国特色社会主义的继承制度。关于继承法律的本质,学界有不同的学说。(1)意思表示说,认为继承即被继承人生前关于其财产处分的意思延续。(2)家庭协同说,认为家庭成员无论是同代还是隔代本质上都属于家庭共同生活的成员,他们之间有共同生活和协同的参与感,因此家庭成员可以继承。(3)扶养说,认为被继承人对需要继承其遗产的继承人负有一定的扶养义务,这种生前扶养义务的延续产生继承,有扶养义务的可以分配遗产,没有扶养义务的无权获得遗产。(4)无主财产说,认为继承人死亡其自然人属性丧失,其所拥有的财产变为无主财产,财产的分配由国家法律予以规定。这些学说都从各自的方面试图阐释继承法律制度,但回到历代继承制度上去,我们就可以发现继承制度本质上是带有身份属性的一种财产制度,它本质是社会经济发展的产物,其存在的目的在于保护私有财产的流转,但该种流转限于有身份纽带连接的继承人之间。其基于社会经济基础产生,又反过来服务和保障经济制度,受上层建筑的影响。我国继承法律本质是一种具有伦理属性的财产法,规定的是私人领域的财产流转,既有法定继承人范围和顺位等的规定,也包含继承人之间协商的意思自治,更收纳了中国传统伦理和良好的社会风俗,兼具家庭内部自助维持和社会保障的功能。

【司法适用】

1. 关于本条第 3 款“主要扶养义务”和“多分”的理解

对被继承人生活提供了主要经济来源，或在劳务等方面给予了主要扶助的，应当认定其尽了主要赡养义务或主要扶养义务。在当事人主张自己因承担主要扶养义务，要求多分遗产的时候，法官应当着重审查被继承人自身的经济水平和身体状况，以及继承人对被继承人的经济支持和照顾等情况，提出主张的继承人应当对其尽到主要扶养义务承担举证责任。

需要注意的是，在考察其他继承人有无尽到扶养义务的时候，要注意考察其扶养能力、条件和其扶养的意愿。继承人有扶养能力和扶养条件，愿意尽扶养义务，但被继承人因有固定收入和劳动能力，明确表示不要求其扶养的，分配遗产时，一般不应因此而影响其继承份额。一般来说，单纯的探望和精神抚慰，不能成为尽到主要扶养义务的判断标准，不能因此成为多分的依据。

2. 与被继承人共同生活的继承人可以多分的认定

根据本条第 3 款规定，与被继承人共同生活的人，可以多分。但是适用该款应注意，其前提条件是扶养人尽扶养义务，虽然不一定是主要经济支持和劳务付出，但是必须履行了扶养义务。可参见《继承法意见》第 34 条规定：“有扶养能力和扶养条件的继承人虽然与被继承人共同生活，但对需要扶养的被继承人不尽扶养义务，分配遗产时，可以少分或者不分。”

3. 代位继承人如符合多分的条件可以多分

代位继承人缺乏劳动能力又没有生活来源，或者对被继承人尽过主要赡养义务的，分配遗产时，可以多分。

4. 缺乏劳动能力又没有生活来源继承人的特殊照顾

“继承编”中规定的遗产继承是概括继承，既继承权利也要负担遗产之上的债务义务。而且在分配遗产时应当为胎儿保留必要的遗产份额。除此之外，应特别照顾缺乏劳动能力又没有生活来源的继承人的遗产，在继承人中缺乏有劳动能力又没有生活来源的人，即使遗产不足清偿债务，也应为其保留适当的遗产，然后再按法律规定清偿债务。

5. 继承人以多尽赡养义务为由要求多分并要求扣除其支付的费用的处理

对被继承人生活提供了主要经济来源，或在劳务等方面给予了主要扶助的，应当认定其尽了主要赡养义务或主要扶养义务。在实践中，经常有继承人主张其对被继承人尽了主要赡养义务要求多分财产，同时，其提供大量证据证明自己对被继承人有过金钱上的付出，并要求将其从遗产中予以扣除。

根据法律规定，对被继承人生活提供了主要经济来源的，应当认定其尽了主要赡养义务。所以,尽了主要赡养义务的内涵就是继承人对被继承人在经济上的付出。如果既主张尽了主要赡养义务要求多分财产,又要求将其经济支出从遗产中扣除,那么,这两种请求是相互矛盾的。要么心甘情愿地为被继承人付出,可以认定尽了主要赡养义务,要么把自己的经济付出从遗产中扣除,自然就不能认定为尽了主要赡养义务。而且,无论是从亲情伦理的角度还是从法律规定的要求,子女对父母的付出都不应该作为一种市场行为要求回报,否则,既有悖于人伦,又违反法律。综上,应当确定以下规则:(1)继承纠纷中,如果既主张尽了主要赡养义务要求多分财产,又要求将其经济支出从遗产中扣除的,该两项诉讼请求相互矛盾,继承人主张将自己为被继承人的经济支出从遗产中扣除的,不应该得到支持。(2)对被继承人尽了主要扶养义务或者与被继承人共同生活的继承人,分配遗产时,可以多分,多分比例可根据继承人(尽主要赡养义务的继承人和其他继承人)对被继承人经济帮助、精神心理抚慰、陪伴时间、劳务付出等情况综合认定。

【司法案例】

案例一

申某清与申一某、申又某继承纠纷案①

诉讼结论:申某礼所立遗嘱,无法认定其真实性,本案诉争财产应按法定继承处理。申一某一家一直与申某礼夫妇共同居住生活,对其尽了主要的赡养义务,故在分配遗产时应当予以多分。

基本案情:申某礼、黄某琴系夫妻,婚后生有长子申一某、次子申又某、女儿申某清。黄某琴于2005年11月1日去世,此后申某礼未再婚,并于2010年2月24日去世。申某礼于2000年12月15日从中国青年政治学院以成本价购买诉争房屋一套,并于2001年4月2日取得房屋所有权证书,所有权登记在申某礼名下,房屋建筑面积91.38平方米。申一某自1997年搬入诉争房屋居住至今,现该房屋尚不能上市交易。庭审中,申一某主张诉争房屋中属于申某礼的份额按遗嘱继承,属于黄某琴的份额按法定继承处理,且提出其尽有更多的赡养义务故应多分。申又某、申某清要求按法定继承处理诉争房屋。申一某提交"遗嘱"两份,遗嘱内容均为"我的房子由申一某继承",落款人均为申某礼,书写时间分别为2010年1月10日和2010年1月12日。申某清、申又某要求对申某礼2010年1月12日立遗嘱时的民事行为能力进行司法鉴定。鉴定机构回函:鉴定要求超出该机构技术条件及鉴定能力。申某清要求对上述遗嘱的内容和签名进行笔迹鉴定,法大法庭科

① 北京市第一中级人民法院(2019)京01民终4504号民事判决书。

学技术鉴定研究所回函称“本案被鉴定的材料为老年人书写字迹，而比对样本的书写时间与检材相距20年以上，与检材不具备可比性，无法开展相关鉴定”，并于2018年5月23日将上述鉴定退回。

法院认为：继承从被继承人死亡时开始，有遗嘱的，按遗嘱继承或者遗赠办理，无遗嘱的按照法定继承办理。同一顺序继承人继承遗产的份额，一般应当均等，对被继承人尽了主要赡养义务或者与被继承人共同生活的继承人，分配遗产时可以多分。申一某提交的申某礼所立遗嘱，虽然符合自书遗嘱的形式要件，但其字迹模糊，且立遗嘱日期与立遗嘱人去世日期仅相隔一个月左右的时间，故无法对遗嘱的真实性进行认定。此外，申一某虽然提交其与父亲申某礼的对话佐证遗嘱的真实性，但是该录像系申一某与申某礼对话，双方就诉争房屋进行了讨论，其内容无法证明自书遗嘱的真实性，且其亦不符合录音遗嘱的形式要件，不能作为遗产分割的依据。综上，申一某提交的申某礼所立遗嘱，无法认定其真实性，本案诉争财产应按法定继承处理。结合本案已查明事实，申一某一家一直与申某礼夫妇共同居住生活，对其尽了主要的赡养义务，故在分配遗产时应当予以多分。

案例二

刘某良与刘某华、刘某福、刘某甫、刘某珍、刘某庚继承纠纷案①

诉讼结论：两被继承人生有刘某良、刘某华、刘某福、刘某甫、刘某珍五个子女。刘某良主张其对其父母尽了主要赡养义务，并提供票据证明其为母亲进行过日常看病等的花费，同时其提交票据证明母亲的丧葬费用系其支付，上述款项应一并从遗产中扣除。法院经审查认为，刘某良主张的日常看病等花费系刘某良支付，应先从其母亲所遗留的财产中予以扣除；刘某良等所支出的费用均是为了办理其母亲的丧事，均应先从所遗留的财产中予以扣除。遗产在继承人之间进行平均分割。

基本案情：刘某田和黄某琴系夫妻，生有刘某甫、刘某华、刘某珍、刘某良、刘某福五个子女。刘某田于1994年9月5日死亡，黄某琴于2014年11月16日死亡，刘某田的父母、黄某琴的父母均先于二人死亡。2009年4月24日，黄某琴（乙方）与拆建工作办公室（甲方）签订一份《北京市住宅房屋拆迁货币补偿协议》以及《回迁安置协议书》，黄某琴购买建筑面积为60平方米的一居室安置房一套。房屋拆迁后，黄某琴和刘某良一起共同居住生活。2011年7月28日，黄某琴（乙

① 北京市第一中级人民法院（2017）京01民终1080号民事判决书。

方)与拆建工作办公室(甲方)签订一份《补充协议》,甲方应补偿乙方197,287元。上述款项于2011年9月15日转入以黄某琴名字开立的中国农业银行账户。2011年9月24日,刘某良将款项中的90,000元转入以自己名字开立的银行账户,并作为投保人购买了一份人寿保险,投保金额为90,000元。同日,黄某琴将100,000元转开为两个定期子账户。

法院认为:一审认为根据《补充协议》的约定,黄某琴实际获得二次补偿款197,287元,应作为黄某琴的遗产。应先扣除认定由刘某良支付的救护车费、住院费用等共计4189.22元,再扣除刘某福为办理丧事支出的费用2552.16元以及刘某良为办理丧事支费用58,575.83元,剩余部分由刘某甫、刘某华、刘某珍、刘某良、刘某福按照法定继承办理,刘某良可适当多分。二审认为,本案的争议焦点是2011年9月24日黄某琴账户转取的90,000元是否作为遗产进行分割。根据《补充协议》的约定,黄某琴实际获得二次补偿款197,287元,其中的90,000元黄某琴于2011年9月24日转存到刘某良账户,在个人业务凭证上有黄某琴的签名及手印,应为黄某琴的真实意思表示,故该笔款项应为黄某琴对刘某良的赠与。一审法院认定该笔90,000元应作为黄某琴的遗产错误,本院对此予以纠正,在分配黄某琴遗产时应将该笔款项扣除。就刘某良上诉称其对父母尽了赡养义务,应由刘某良一人继承或多分,一审明显不公一节,在分配黄某琴遗产时,已经考虑刘某良所尽赡养义务较多并对其多分遗产,故法院对刘某良的此项上诉理由不予采信。

第一千一百三十一条　对继承人以外的依靠被继承人扶养的人,或者继承人以外的对被继承人扶养较多的人,可以分给适当的遗产。

【条文主旨】

本条是关于酌情分得遗产权的规定。

【条文理解】

酌情分得遗产请求权,是指法定继承人以外的人,因其符合法律规定的条件,拥有要求酌情分得被继承人遗产的权利。酌情分得遗产的请求权有如下特点。(1)请求权独立。权利人有权独立行使也可委托他人代为行使,通过行使权利获得实体的利益,当其该项权利遭受侵犯时其有权以独立的诉讼主体地位参加诉讼。(2)权利主体特定:一是继承人以外的依靠被继承人扶养的人;二是继承人以外的对被继承人扶养较多的人。相较于《继承法》,此处变动较大。《继承法》规定:“对继承人以外的依靠被继承人扶养的缺乏劳动能力又没有生活来源的人,或者继承人以外的对被继承人扶养较多的人,可以分给他们适当的遗产。”也就是说,按照《继承法》的规定,缺乏劳动能力、没有生活来源、依靠被继承人扶养,这三者条件必须同时具备才能成为适格主体。如虽然缺乏劳动能力又没有生活来源,但被继承人生前并未扶养的人,或者虽然主要依靠被继承人生前扶养,但并没有缺乏劳动能力又没有生活来源的人,都不是本请求权的适格权利主体。但是新条文删除了“缺乏劳动能力又没有生活来源”的条件限制,在主体范围上有所扩大。按照本条文,只要是继承人以外需要被继承人扶养的人,都可以成为适当分得遗产的主体。(3)权利主体可以请求分得适当遗产。本条规定的权利人的权利为,可以适当分得遗产,不是必须。具体最终其能否分得遗产,需要法官结合全案情况判定是否分得以及分得的数额。(4)遗产份额并非固定。其分得的遗产份额,根据具体情况可以多于或者少于继承人,具体份额需要根据上述人员的生活状况、遗产的数额、继承人的情况等予以综合认定。

关于酌情分得遗产中规定的依靠被继承人扶养的人,此处虽然删除了缺乏劳动能力又没有经济来源的限制,但是,依靠被继承人扶养的人自然是因自身条件限制导致无法获取充分的生活资料的人员。按照本条的理解,缺乏劳动能力或者没有经济来源都可能导致需要被继承人扶养的后果。所以,现实中上述人员主要是指尚未成年缺乏劳动能力,或者虽已成年但丧失劳动能力、老弱病残等难以维持其基本生活需要的人。继承人以外对被继承人扶养较多的人,主要指的是那些在被继承人生前对被继承人有较多的物质扶助、经济支持以及精神抚慰,联系较为紧密的非继承人。之所以将这两类人的权利以法律的形式明确加以规定,主要是基于被继承人财产处分意思的延续、维持扶养关系的稳定以及行为报偿理论。对被继承人负有法定扶养义务的继承人,法律已经通过法定继承人的范围和顺序的规定对其加以保护。而那些主要依靠被继承人生前扶助和生活供给的人,因被继承人死亡导致其生活供给的中断,基于被继承人生前自主却持续不断的供给,该种后果非被继承人之本愿。且被供给之人多属无他人供养之人,缺乏劳动能力,没有经济来源,因被继承人死亡导致的此类人生活无着落有违道德伦常。而那些与被继承人没有任何血缘、婚姻关系的人,无法定义务,却在被继承人生前尽到了较多的扶养义务,如不对此类行为进行适当的回报和鼓励,有违公平,也不利于弘扬良好的社会风气。可见,遗产酌情分配请求权的产生或是基于对被继承人生前财产处分意思的延续和保障弱者生存权利的需要,或是基于对他人的扶养扶助行为报偿的需要。需要注意的是,本条虽然删除了缺乏劳动能力又无生活来源的条件限制,但是在具体分配遗产份额时,需要根据此类继承人的生活状况、个人生活能力、经济收入情况等予以判断。

当代家庭结构的变化以及共同生活方式的改变，导致了非法定扶养义务人或者熟人相互协助扶养的扶养模式的出现，这是对传统家庭内部扶养方式的一种有效补充。法律对此类互相帮助扶养关系加以规范和鼓励，便是酌予取得遗产请求权的应有之义。

【司法适用】

1. 酌情分得遗产请求权人的诉讼地位、权利行使方式及期限

继承开始后，酌情分得遗产请求权的权利人，可以向遗产管理人主张，也可以向其他继承人主张，当其权利遭受侵犯时，其可以独立的诉讼主体资格参加诉讼，该种权利的行使有一定的时效性。

《继承法意见》第 32 条规定，可以分给适当遗产的人，在其依法取得被继承人遗产的权利受到侵犯时，本人有权以独立的诉讼主体资格向人民法院提起诉讼。但在遗产分割时，明知而未提出请求的，一般不予受理；不知而未提出请求，在 2 年以内起诉的，应予受理。

需要注意的是，该条与一般请求权的诉讼时效不同：一是一般请求权的诉讼时效起算点为权利人知道或应当知道其权利受侵犯时，该条规定的时效起诉点为遗产分割时。二是该条规定的是 2 年期间为除斥期间，超过期限则丧失要求法律保护的实体权利，如当事人超过期限提起诉讼或者要求参加到诉讼分割遗产的，人民法院不予受理。而其他继承人的诉讼时效可因法定事由的出现中止或中断，且最长自继承开始之日不超过 20 年。《继承法意见》第 15 条、第 16 条、第 17 条、第 18 条便规定了继承诉讼时效中止、中断和最长时效。其中第 15 条规定："在诉讼时效期间内，因不可抗拒的事由致继承人无法主张继承权利的，人民法院可按中止诉讼时效处理。"第 16 条规定："继承人在知道自己的权利受到侵犯之日起的二年之内，其遗产继承权纠纷确在人民调解委员会进行调解期间，可按中止诉讼时效处理。"第 17 条规定："继承人因遗产继承纠纷向人民法院提起诉讼，诉讼时效即为中断。"第 18 条规定："自继承开始之日起的第 18 年至第 20 年期间内，继承人才知道自己的权利被侵犯的，其提起诉讼的权利，应当在继承开始之日起的 20 年之内行使，超过 20 年的，不得再行提起诉讼。"

笔者认为，上述 2 年除斥期间的规定一方面有利于减少遗产长期无法分割导致的混乱，另一方面能够有效地发挥遗产的效用。酌情分得遗产的人或者是需被继承人扶养的人，或是对被继承人有较多的扶养的人，其与被继承人联系较为紧密。被继承人死亡的事实，其应当知晓，且他们或对遗产有较为强烈的分割需求，或需要从中获得报偿，他们应该积极地行使权利，法律不保护怠于行使权利之人。

2. 酌情分得遗产的数额和顺序

关于酌情分得遗产的数额，学界存在争议：一种观点认为不应该超过继承人的份额；另一种观点认为份额可以多于也可以少于继承人的份额。从司法实践来说，《继承法意见》第31条规定，可以分给适当遗产的人，分给他们遗产时，按具体情况可多于或少于继承人。司法实践中采用可以多于也可以少于继承人的数额较为合理。

在确定两类不同的酌情分得遗产的请求权人分得遗产数额的时候，应该分不同的情况，综合考虑不同因素。对依靠被继承人扶养的人来说，应当考虑：被继承人生前所给予其扶养的状况，是自己完全扶养还是与他人共同扶养；受扶养人与被继承人之间是陌生人还是存在较远的亲情关系或朋友关系；遗产的数额情况；被扶养人当地的生活标准、身体状况。对扶养被继承人的请求权人，应当考虑：其对被继承人扶养的方式、扶养的时间长短、生前感情状况、扶养人自身的经济实力，以及遗产的数量和价值等。

在继承顺序方面，法律没有明文规定。学界亦有争议，持有债权说的人，认为酌情分得遗产请求权人本质上拥有的是一种债权，其属于遗产之上的债务负担，按照规定遗产在缴纳国家税务之后应该优先清偿他人债务，此后剩余部分才可用于继承分配。故酌情分得遗产请求权人的遗产请求分割顺序应当在法定继承人之前，确定了酌情分得遗产的份额后剩余部分由法定继承人按照《继承法》的规定分割。笔者认为上述观点有待商榷，酌情给予遗产请求权的产生与传统债务的产生不一致，其最初不是基于当事人的法定义务也非基于当事人之间的约定所产生，而是法律基于照顾弱势群体和鼓励助人为乐、互帮互助的优良风尚所规定。酌情分得遗产的请求权人之所以获得权利，是因为其与被继承人之间存在扶养关系，而法定继承人与被继承人之间也存在扶养关系。只不过法定继承人的扶养关系源于亲属关系，更源于法律强行性规定，而酌情分得遗产的请求人与被继承人产生的扶养义务，源于法律的额外规定或者说拟制。且该条规定被置于规定继承人范围的条款之后，实则是对上述条款的补充和限制。因此，笔者认为，酌情分得遗产请求权的顺序应与一般的法定继承人同位。

当遗产无法定继承人继承之时，按照上述顺序，笔者认为被酌情分得遗产的人可以取得全部的遗产，可参见最高人民法院《关于被继承人死亡后没有法定继承人，分享遗产人能否分得全部遗产的复函》。该文件指出："经研究认为，沈玉根与叔祖母沈戴氏共同生活10多年，并尽了生养死葬的义务。依照我国继承法第十四条的规定，可分给沈玉根适当的遗产。根据沈戴氏死亡后没有法定继承人等情况，沈玉根可以分享沈戴氏的全部遗产，包括对已出典房屋的回赎权。至于是否允许回赎，应依照有关规定和具体情况妥善处理。”

【司法案例】

常某娥与王某泉、王某霞、王某立、王某江、王某琴、王某和分家析产、继承纠纷案①

诉讼结论：本案中，王某泉提交的《王某山临终遗嘱》既不符合代书遗嘱的法定形式要件，又不具有家庭财产分割协议订立的基础，故王某山的遗产应按照法定继承办理，由其第一顺位继承人常某娥继承。但本案中，各方当事人均认可王某泉在王某山生前扶养较多，故符合《继承法》第14条继承人以外的人酌情分得遗产的情形，具体数额由本院酌定。

基本案情：王某富（1976年1月去世，无遗嘱）与张某芳（2000年9月22日去世，无遗嘱）系夫妻，生育二子一女即王某铎（1995年去世，无遗嘱）、王某山、王某霞。王某铎与黄某珍（1983年去世，无遗嘱）系夫妻，生育四子一女即王某泉、王某立、王某和、王某江、王某琴。王某山（2001年9月23日去世）与常某娥1997年3月19日登记结婚，未生育子女。北京市海淀区温泉镇某村西2区190号院系王某富的老宅院，就该宅院房屋历史演变情况，双方存在分歧。2013年2月21日，辛庄村村民委员会出具证明载明：王某山与常某娥于1997年3月登记结婚，该宅院内北房3间系1966年兴建，东房4间和西房4间系夫妻婚后兴建。2015年3月19日，该村村民委员会出具证明载明：王某山生前曾在村集体从事自来水维修工作，有固定收入。

2001年9月23日，王某山口述、魏某茹记录，形成《王某山临终遗嘱》，内容为“一切财产和存款由王某泉安排处理，毛衣厂存款由王某泉取由还医药费27,000元，不包括利息。崔某欠我4000元，银行存款支出6000元都作为医药费由王某泉安排。王某山遗产，毛衣厂利息由王某泉支配，房屋财产由王某泉监护，一切房屋租金由常某娥使用，收租遇到困难由王某泉出面解决。房屋修建由王某泉、常某娥二人承担各50%，如房屋宅院被国家占用，补偿费王某泉应得补偿费总额的30%，常某娥应得总额的70%，常某娥有留住权利，任何人不得干涉。常某娥百年之后，常、王各占房产50%，王某泉和王某琴要好自为之，如拆迁剩余可给王某琴补偿，但财产王某琴不得争占，如有人到常某娥家骚扰，由王某泉或常某娥找大队解决，此事我已和赵某智、赵某华二人说了。有1200元交王某泉办理后事，不足由王某泉垫付，寿衣一律只穿现有衣服，铺盖各一单，办丧及奔丧王家丧事礼金由

① 北京市第一中级人民法院（2019）京01民终10181号民事判决书。

王某泉收取,田家所出礼金由常某娥收取”。王某山在《王某山临终遗嘱》标题处签字,常某娥、王某泉在结尾处签字,魏某茹在该材料上另写“以上是2001年9月23日下午2:59,根据王某山口述的记录”并签字。常某娥认可《王某山临终遗嘱》中常某娥的签字系其本人所写,但称其他人的签字并不是同时所写,即使王某山的签字是真实的,仅代表王某山对“王某山临终遗嘱”几个字认可。王某泉依据上述《王某山临终遗嘱》以遗嘱继承纠纷为由提起本案诉讼,庭审中,王某泉称《王某山临终遗嘱》实际上是家庭财产分割协议,常某娥称该临终遗嘱不符合协议的生效要件,该协议也没有经过其和王某山的协商,王某山无权处理常某娥的财产;另外,该遗嘱中也确定了王某泉应负的义务,如房屋翻建王某泉需要出资,但王某泉未履行其义务;常某娥主张该遗嘱是无效的,即使王某泉主张《王某山临终遗嘱》是协议,但《王某山临终遗嘱》是王某山的单方意思表示,其他人没有意思表示,该遗嘱不是协议,且也从未授权过王某山处理常某娥的财产。

2018年5月25日,北京市海淀区温泉镇某村村民委员会(腾退人、甲方)与常某娥(被腾退人、乙方)签订《腾退补偿安置协议书》,在本次腾退中常某娥应得总补偿、补助、奖励费共计14,284,083元。

法院认为:继承人以外的对被继承人扶养较多的人,可以分给他们适当的遗产。夫妻在婚姻关系存续期间所得的共同所有的财产,除有约定的以外,如果分割遗产,应当先将共同所有的财产的一半分出为配偶所有,其余的为被继承人的遗产。本案二审争议焦点为王某山遗产范围及王某泉是否有权利继承王某山遗产。根据本案已查明的事实,北京市海淀区温泉镇某村西2区190号院被拆迁房屋构成如下:王某山翻建王某富夫妇的老房转化后房屋,王某山、常某娥夫妇共建房屋,王某山去世后常某娥自建房屋。一审法院酌定王某富夫妇财产份额对应的重置成新价数额属于王某富夫妇的遗产,由王某富夫妇的继承人继承分割,本院对此不持异议;认定王某山去世后,常某娥所建房屋对应的重置成新价及停产停业补助归常某娥个人所有,本院亦予以认定。析出上述财产部分后,该宅院的剩余拆迁所得为王某山、常某娥夫妻共同财产,则其中一半应作为王某山的遗产予以继承。本案中,王某泉提交的《王某山临终遗嘱》既不符合代书遗嘱的法定形式要件,又不具有家庭财产分割协议订立的基础,故王某山的遗产应按照法定继承办理,由其第一顺位继承人常某娥继承。但本案中,各方当事人均认可王某泉在王某山生前扶养较多,故符合《继承法》第14条继承人以外的人酌情分得遗产的情形,具体数额由法院酌定。

第一千一百三十二条　继承人应当本着互谅互让、和睦团结的精神，协商处理继承问题。遗产分割的时间、办法和份额，由继承人协商确定；协商不成的，可以由人民调解委员会调解或者向人民法院提起诉讼。

【条文主旨】

本条是关于继承处理方式的规定。

【条文理解】

本条确定了继承纠纷倡导继承人之间优先协商、互谅互让的处理方式，补充以人民调解委员会调解和诉讼的处理方式。这一处理方式的倡导性原则，符合我国社会主义和谐家庭关系和弘扬社会主义道德风尚的要求，符合互谅互让、团结和睦原则。为了促进家庭成员间的团结和睦，各继承人在分割遗产时，都应当互谅互让、团结和睦，该原则在我国继承法律中主要表现在：第一，继承遗产的份额一般应当均等，但各继承人具体情况不同，应该坚持互谅互让、团结和睦原则，具体分析，确定遗产分配方法。生活有特殊困难又缺乏劳动能力的继承人，分配遗产时，可以多分些；对被继承人尽主要扶养义务的继承人，应当多分些，相反，应当少分或不分；继承人以外的依靠被继承人扶养的缺乏劳动能力又没有生活来源的人，可以适当分得遗产。第二，互谅互让、团结和睦、协商处理遗产继承。一般很少在父母刚去世就立即分割遗产的，这体现了互谅互让、团结和睦这个中华民族的优良传统。倡导互谅互让、和睦团结、协商自主解决遗产继承，一方面，可以确保问题得到彻底的解决，充分考虑各个继承人的具体情况，在高效解决纠纷的同时充分发挥遗产的效用。另一方面，有利于维持家庭成员之间和睦团结的良好家庭氛围，巩固和谐美满的家庭关系。

在确定遗产继承纠纷处理方式的同时，也明确了当事人之间可以协商确定的范围，包括遗产分割的时间、方法和份额，也意味着此等协商不受法律规定的同一顺位继承人之间份额应均等的限制，继承人之间可以约定不均等的份额。每个人都是自己权利最好的维护者，在其中可以为自己争取权利，也可因亲情而妥协退让乃至放弃继承。

【司法适用】

本条是倡导性规范，人民法院、遗产管理人、调解组织在诉讼、调解、执行过程中，都要注意引导当事人互谅互让、和睦团结，尽可能平等协商处理，以协商、调解为原则，以社会主义核心价值观为指导，坚持男女平等，坚持权利与义务相一致，正确处理以下三个问题：

1. 继承人之间协商一致需要注意的问题

继承人之间可就遗产如何分配进行自主协商,或请求人民调解委员会调解,按照调解协议履行。只要继承人之间的调解系当事人之间的真实意思表示,不违反法律的强制性规定,应当尊重当事人之间自行达成的书面协议。但需要注意以下几个问题:(1)此种协商或调解应当由全体继承人参加,酌情分得遗产的请求权人也可向继承人申请,主动参加。(2)调解或协商必须尊重自愿的原则,不得强迫其他继承人调解或协商。(3)调解协议或者协商协议的内容不得损害其他债权人的利益,遗产的继承为权利义务的概括承受,遗产应当先偿付遗产之上的债务负担。同样,以损害债权人的利益为目的放弃继承,其放弃继承行为无效。对此《继承法意见》第 46 条规定:"继承人因放弃继承权,致其不能履行法定义务的,放弃继承权的行为无效。"同样,如继承人之间恶意串通损害其他继承人或案外人利益的也同属无效。(4)继承遗产的同时应当履行遗产的债务清偿义务。遗产分割应当分割的是被继承人遗产的净值,即除去遗产之上所负担的税务、债务、给其他人的酌情分得遗产之后的净值。如先行就遗产分割,未事先划分出应当清偿的债务数额的,继承人之间应当按照其继承遗产的情况承担债务,也可自行协商债务的承担比例。(5)即使遗产最终不足以清偿债务的,按照规定也应当为缺乏劳动能力又没有生活来源的人保留必要的遗产。各继承人之间协商遗产分割时,应充分考虑这类特殊继承人的利益,除非其自行放弃遗产的继承,否则各继承人之间达成的遗产分割协议中,未包含此类人的遗产份额和比例的,应当属于显失公平的协议,人民法院可应申请人要求变更或者解除,重新对遗产进行分配。

2. 离婚时尚未分割的遗产,另一方能否主张权利

在夫妻关系存续期间,若被继承人未立遗嘱或所立遗嘱未明确表明遗产只归作为继承人的夫或妻一方,夫或妻可否在继承开始后、遗产分割前,不征得其配偶的同意而单独作出放弃继承的意思表示?这个问题源于《继承法》与《婚姻法》的冲突。本编第 1124 条源于《继承法》第 25 条规定:"继承开始后,继承人放弃继承的,应当在遗产处理前,作出放弃继承的表示。没有表示的,视为接受继承。"而根据《婚姻法》第 17 条第 1 款第 4 项规定,夫妻在婚姻关系存续期间因继承所得的财产,归夫妻共同所有,但遗嘱中确定只归夫或妻一方的财产除外。"婚姻家庭编"第 1062 条和第 1063 条坚持了这一立法立场,并没有对两者适用的冲突给出明确的答案。对于该问题的处理,实践中有两种不同的解决方案:(1)继承人一方无权单独作出放弃继承的意思表示。其主要论据有:第一,按照法律规定,可以作出如下逻辑推断:被继承人死亡,继承开始;被继承人未立遗嘱,按法定继承进行,继承人获得遗产;处于婚姻关系存续期间,转化为夫妻共同财产;夫妻共同财产,

继承人无权单独处分。因此得出继承人无权单独放弃继承,否则其放弃继承的行为无效的结论。第二,继承人放弃继承的行为属于规避法律、钻法律漏洞的行为,不符合诚实信用原则和权利不得滥用原则。(2)继承人一方可以单独作出放弃继承的意思表示,而不必征得配偶方的同意。其主要依据为:第一,继承的开始不等于继承权的实现,在遗产实际分割前,继承人放弃的是继承权而不是所有权。第二,继承人与被继承人、继承人与其配偶之间分属于不同法律关系。第三,放弃继承是继承人的一种权利,具有身份权的性质,属于继承人的专属权。放弃继承是继承人的一种单方法律行为,依继承人单方面的意思表示即发生法律效力,而且这种法律效力是绝对的,可以对抗一切人。

该问题的实质是继承权与婚姻关系存续期间夫妻共同财产制的法律适用冲突,尽管立法进程已经考虑到二者的冲突,但是其并未明确予以解决。如果继承人放弃继承权不会影响其履行法定义务的,这种放弃就是有效的。所以,继承权作为一项民事权利,从继承开始到遗产分割前,继承人可以根据自己的意志决定接受还是放弃继承权,其他人不得干涉,故继承人的配偶无权左右继承人作出是否放弃继承的决定。

鉴于上述分析,应该根据夫妻一方是否为被继承人的唯一继承人对该问题区分不同情况进行处理。(1)如果夫或妻是其父母唯一继承人,原则上应对涉及的遗产进行审查,释明继承遗产方在合理期限内明确是否放弃继承;继承遗产方明确表示不放弃遗产继承的,人民法院对配偶方确认并分割该遗产中权利的请求应予支持。在处理涉及的遗产时,审查是否具有“婚姻家庭编”第 1063 条规定的情形:“下列财产为夫妻一方的个人财产:……(三)遗嘱或者赠与合同中确定只归一方的财产……”(2)如果夫或妻非其父母唯一继承人,应当适用最高人民法院《关于适用〈中华人民共和国婚姻法〉若干问题的解释(三)》第 15 条规定,婚姻关系存续期间,夫妻一方作为继承人依法可以继承的遗产,在继承人之间尚未实际分割,起诉离婚时另一方请求分割的,人民法院应当告知当事人在继承人之间实际分割遗产后另行起诉。

3. 继承人能否在被继承人生前放弃遗产

实践中,各继承人就遗产继承问题在被继承人去世前就达成协议,并且约定各自的权利义务,如果继承人未立有遗嘱,实践中一般认定该协议有效。如果在该协议中约定部分继承人放弃权利,其能否在继承开始之后反悔并要求继承遗产,该问题在实践及理论上均争议较大。本编第 1124 条规定:“继承开始后,继承人放弃继承的,应当在遗产处理前,以书面形式作出放弃继承的表示;没有表示的,视为接受继承。受遗赠人应当在知道受遗赠后六十日内,作出接受或者放弃受遗赠的表示；到期没有表示的，视为放弃受遗赠。”对上述规定的一种理解是，放弃继承的意思表示只能在继承开始之后才能作出，故继承人在继承开始之前作出放弃的意思表示无效，其可以要求继承。否定一方的理解在于：法律的权威性之一就在于其明确规定性，这样才能更好地发挥法的指引和预测作用，在民法领域，更应贯彻当事人的意思自治；通过对继承权本质的分析，继承权是一种资格、身份而非权利；继承人在被继承人生前放弃继承的承诺，往往是在综合考虑了继承人之间的利益平衡等因素后做出的；继承人在被继承人去世后反悔，违背民法的诚信、公平原则。上述规定，更多的是一种为了维护财产秩序稳定的时效性规定，而非权力性规定，即对权利的制约。通过上述分析，否定说认为继承人可以在继承开始之前放弃继承，并且不能反悔。

上述分析各有道理，实践中亦是争议较大。对此，上海全市法院 2015 年民事审判工作庭长例会的研讨纪要认为：“被继承人生前，子女互相签订分家协议，约定被继承人死亡后，部分子女因承担了赡养父母的主要义务可多继承遗产，部分子女则自愿放弃遗产继承。实践中，对此类协议的效力认定存在争议。倾向性意见认为，此类协议是法定继承人对个人期待利益的合法处分，虽然签订协议时遗产继承尚未发生，但法定继承人对遗产继承存在期待利益，该种期待利益也属于财产性权利，可以通过协议的方式自主处分。且上述协议约定遗产继承与赡养义务相关联，也符合法律规定和公序良俗。若被继承人死亡时，其遗产范围无变化，且其生前亦未对遗产作出处分，承担赡养义务人也按照协议约定履行义务的，则其要求按照协议分割遗产的主张可以予以支持。”通过上述分析，结合双方观点，对该问题应该区分情况加以认定：(1)如果继承人在被继承人去世前单纯地表示放弃继承，并无其他权利义务作为条件的，在被继承人去世后其要求继承的，应当予以准许；(2)如果继承人在被继承人去世前放弃继承是以不履行或者少履行赡养义务、对其他共有财产的处分等为对价的，其在被继承人死亡后要求继承的，应当不予准许。

【司法案例】

隋甲诉陈乙离婚后财产纠纷案①

诉讼结论：陈乙父亲作为诉争房屋的合法所有人有权通过遗嘱处分该房屋，可将该房屋指定由陈乙一人继承，陈乙继承其父亲遗产获得诉争房屋产权合法有效。诉争房屋属陈乙个人财产，不属于隋甲与陈乙的夫妻共同财产。

---

① 北京市第一中级人民法院(2015)一中民终字第 00189 号民事判决书。

基本事实:隋甲与陈乙原系夫妻,2013 年离婚,未对诉争房屋进行处理。诉争房屋原系陈乙父亲于 1999 年购买,陈乙母亲于 2008 年去世,陈乙父亲于 2013 年去世。陈乙母亲去世后未留遗嘱,遗产未进行分割,2012 年,陈乙放弃继承其母亲的遗产,其母亲的遗产由其丈夫继承,由公证处进行公证。2012 年,陈乙父亲进行遗嘱公证,将其个人全部财产(包括诉争房屋)留给陈乙作为陈乙的个人财产,2014 年,诉争房屋过户到陈乙名下。

法院认为:诉争房屋系陈乙父母的夫妻共同财产,陈乙母亲去世后,陈乙作为法定继承人,有权放弃诉争房屋的继承权,并不影响原夫妻关系的另一方履行对其子女、配偶的法定义务。继承开始后遗产分割前,继承的遗产为期待利益,而非实际财产,不属于夫妻共同财产,不存在恶意转移夫妻共有财产的行为,陈乙放弃对其母亲遗产的继承权应属合法有效。陈乙父亲作为诉争房屋的合法所有人有权通过遗嘱处分该房屋,可将该房屋指定由陈乙一人继承,陈乙继承其父亲遗产获得诉争房屋产权亦属合法有效。诉争房屋属陈乙个人财产,不属于隋甲与陈乙的夫妻共同财产。

第三章　遗嘱继承和遗赠

本章是关于遗嘱制度的相关规定。被继承人可以通过订立遗嘱的方式处分自己的财产。根据遗嘱受益人的不同,本章又将遗嘱行为区分为两大类,一是遗嘱继承,二是遗赠,本章对这两种制度都进行了规定。该二者之间虽然存在一些区别,但二者之间的相似之处更多,故将这两种制度一起规定于本章之中。此外,本章还规定了一项全新的制度,即遗嘱信托。遗嘱人可以通过遗嘱来设立信托,以信托的形式确定其遗产的分配原则及使用方式。与一般的遗嘱形式相比,遗嘱信托具有更大的灵活性,更便于实现遗嘱人的遗愿。

继承制度是解决自然人死亡后财富传承问题的法律制度,主要包括遗嘱方式继承、法定继承以及遗赠扶养协议制度三部分。在篇章安排上,遗嘱方式继承和法定继承分别是《民法典》"继承编"独立的两章。法定继承制度规定于《民法典》"继承编"第2章,遗嘱方式继承制度规定于本章,而遗赠扶养协议则只是作为一个条文规定于《民法典》"继承编"第4章中。

现代民法重意思自治。以遗嘱方式继承的制度即是意思自治原则在继承法律制度中的体现。遗嘱自由原则是各国和地区的继承法律制度所普遍遵守的一项原则。该原则也始终贯穿于本章的规定中,只有在特殊情况下才对遗嘱自由加以适当的限制。

遗嘱是遗嘱人在生前自愿作出的对其死亡后事务的安排。订立遗嘱的人即为遗嘱人。遗嘱人也即被继承人,二者是对同一类人的不同称谓。遗嘱人可以自由决定是否订立遗嘱,可以自由决定订立何种形式的遗嘱,可以自由决定以遗嘱处分何种财产,可以自由决定将遗嘱中所涉及的财产遗留给谁,甚至可以在遗嘱中为遗嘱受益人设定一定的义务,这都是遗嘱自由的体现。

在《民法典》颁行前,我国在处理各类继承纠纷案件时一直适用的是1985年实施的《继承法》及其司法解释。自1949年之后的一段时间,在社会主义公有制的体制下，个人所拥有的私有财产并不多，加之国家对个人的生活需求有着一套统一安排的制度，故社会公众对继承制度的需求没有那么迫切，我国继承法律制度在一段时间内并没有建立起来。但是，对继承制度的需求不多不等于没有需求，有时还是会遇到个人财产在其死亡后如何处理的问题。这种情况虽然不是太多，但这毕竟涉及个人切身的利益，且如果处理不好可能会引发较大的社会问题。考虑到这种现实情况并参考国外的立法例，尤其是苏联的立法例，我国开始制定继承法律。

我国继承法律的制定正式开始于 1958 年。但是在立法的过程中所考虑的也主要是法定继承制度。受传统观念的影响，一般社会公众对订立遗嘱有一种忌讳的心理，在当时，订立遗嘱的人并不多，遗嘱继承较为少见。在 1958 年 3 月，立法机构出台了《继承法（草稿）》，内容主要包括法定继承制度、遗嘱继承制度、债务的清偿等。以此为基础，几经修改和波折，第六届全国人大第三次会议于 1985 年 4 月 10 日审议通过了《继承法》，并规定该法自 1985 年 10 月 1 日起开始实施。1985 年 9 月 11 日，最高人民法院根据《继承法》的有关规定和审判实践经验，出台了《继承法意见》，对审理案件中具体适用《继承法》的一些问题提出了若干意见。由此开始直至《民法典》颁行，我国在处理有关继承问题的纠纷案件时，主要就依据该《继承法》及其司法解释的规定来执行。

《继承法》于 1985 年 4 月 10 日经全国人大审议通过，该法第 37 条明确规定其自 1985 年 10 月 1 日起实施。最高人民法院在 1985 年 9 月 11 日即出台了《继承法》的司法解释，即在《继承法》颁布之后、正式实施前，其司法解释即已出台。这说明了一是社会公众对继承制度的需求越来越大，在实务中出现的继承纠纷案件越来越多，要求出台继承法律的呼声越来越高；二是最高人民法院紧密配合立法，在总结审判经验的基础之上，根据《继承法》的规定及时出台司法解释，以统一法律适用，确保《继承法》贯彻实施。

《继承法》及其司法解释均自 1985 年开始实施。1985 年至今已经经过了三十余年的时间，在此期间，《继承法》所规定的各项制度均未进行过修订。应当肯定的是，在当年制定《继承法》及其相关司法解释的时候，的确考虑到了当时社会的发展状况和社会公众对继承制度的要求，其在总体上能够满足继承案件当事人的基本需要。然而，在这三十余年间，随着社会生活的不断发展和科学技术日新月异的进步，在继承事务上也出现了越来越多的新问题、新情况，这些新出现的状况关系着继承相关利害关系人切身的利益，急需得到法律制度明确的规范和指引。在此情况下，1985 年《继承法》因受其制定历史背景的影响，其所规定的有些内容已经不能完全满足现实的需要。法律制度的不完善和滞后性与现实情况的需求之间的矛盾越来越大，这一状况在遗嘱继承制度中体现得尤其突出，比如遗嘱人在订立录音遗嘱时，见证人如何见证的问题；遗嘱人能否订立录像遗嘱的问题；遗嘱人订立的打印遗嘱的效力如何认定的问题；遗嘱人在订立公证遗嘱后，希望撤回公证遗嘱，但又因公证机构办证工作安排排期问题来不及以公证方式撤回遗嘱时如何处理的问题等。这些问题都需要有新的制度来规范，这些现实需求都在呼唤着对 1985 年《继承法》的修改。

在本章的制定过程中，全国人大宪法和法律委员会在实地调研了解情况后，又就各条文的内容向各地方、各国家部门单位、各法学教学科研机构、法学专家以及社会公众广泛征求了意见，在此基础上对 1985 年《继承法》及其司法解释的相关规定以及有关审判实践经验进行了系统的整合、修改和完善，进而制定了本章各条文。

1985 年《继承法》正式确立了我国的遗嘱继承制度。《民法典》"继承编"虽然对《继承法》中的遗嘱继承制度进行了一定的修改，但其继受了《继承法》中大部分的制度和原则。鉴于遗嘱继承制度的重要性，在《民法典》"继承编"立法过程中，有的学者甚至建议将遗嘱继承制度规定于法定继承制度之前，即将"继承编"第 2 章规定为遗嘱继承和遗赠，将第 3 章规定为法定继承，以此来体现遗嘱继承和遗赠的重要性，并希望以此来引导社会公众更多地通过遗嘱方式处分财产、充分行使自己的意思自治权。

本章共有 12 条，现对本章各条文作一个概括性的预览：

第 1133 条是对遗嘱的一般性或总括性规定，该条规定了三种制度，即遗嘱继承制度、遗赠制度和遗嘱信托。遗嘱人既可以将其财产通过遗嘱的形式遗留给其法定继承人，也可以通过遗嘱将其财产赠与给其法定继承人以外的人，还可以通过遗嘱设立信托处分遗产。相较于《继承法》而言，本条将"公民"的概念修改为"自然人"，将"赠给"二字修改为"赠与"，并增设了遗嘱信托制度在其他内容上没有变化。

第 1134 条规定的是自书遗嘱的形式要件，在订立自书遗嘱时，必须满足本条的规定。相较于《继承法》而言，本条的规定并无变化。

第 1135 条规定的是代书遗嘱的形式要件,在订立代书遗嘱时,必须根据本条的要求来执行。相对于《继承法》来说,本条对代书人、遗嘱人和其他见证人在签署日期上的要求作了一定的修改,规定遗嘱人、代书人和其他见证人都必须在遗嘱上注明年、月、日。

第 1136 条规定的是打印遗嘱的形式要件,这种遗嘱形式是《民法典》"继承编"新规定的一种形式,在《继承法》中是没有这种遗嘱形式的,这是一种新的遗嘱类型。增加这种遗嘱形式也是为了满足现实的要求。现如今,用电脑打字已经相当普遍,故以打印形式出现的遗嘱也越来越多,为规范这一遗嘱类型,本条即应运而生。

第 1137 条规定的是录音录像遗嘱的形式要件。相对于《继承法》来说,本条主要是新增了录像遗嘱的规定,这是因为随着录像设备的日益普及,以录像形式出现的遗嘱也越来越常见,为规范这种遗嘱形式,本条新增了录像遗嘱形式。

第 1138 条规定的是口头遗嘱的形式要件。口头遗嘱只有在危急情况下才可以订立,在一般情形下,没有口头遗嘱适用的余地。相较于《继承法》而言,本条主要是将《继承法》中的"录音形式订立的遗嘱"修改为"录音录像形式订立的遗嘱",此外,并未作实质上的修改。

第 1139 条规定的是公证遗嘱。公证遗嘱需要参照《公证法》以及司法部作出的《遗嘱公证细则》《公证程序规则》等法律、规章规定的程序来办理。

第 1140 条是对遗嘱见证人资格作出的限制性规定。除了本章规定的自书遗嘱外,其他类型的遗嘱都可能涉及见证人问题,见证人的资格是否合法直接关系到遗嘱的效力,故本章单列一条对此问题进行了规定。本条使用的是排除性规定方式来限制见证人资格。

第 1141 条规定的是必留份问题。本条规定的必留份不同于理论上所述的特留份。

第 1142 条规定的是遗嘱的撤回、变更以及各种类型遗嘱效力层级的问题。本条对《继承法》作了重大的修改。首先,本条改正了《继承法》混淆使用"撤销"和"撤回"法律概念的问题,对这两个概念做了正本清源的规定。其次,本条从尊重遗嘱人真实意愿的原则出发,取消了《继承法》关于公证遗嘱效力优先的规定,转而确定了各类型遗嘱均具有同样的法律效力的原则。

第 1143 条规定的是遗嘱的实质要件问题,同时列举了四类遗嘱无效的情形。本条规定受欺诈、胁迫订立的遗嘱无效,伪造的遗嘱无效,被篡改部分的遗嘱无效。

第1144条规定的是附义务的遗嘱。遗嘱附义务也是遗嘱人意思自治的体现,遗嘱人可以在遗嘱中附义务。遗嘱受益人可以接受遗产同时履行义务,也可以不接受遗产从而不履行义务。

总体来看,本章12个条文主要规定了以下几个方面的内容:(1)遗嘱继承和遗赠制度;(2)遗嘱的形式要件和实质要件;(3)法定继承人的必留份制度;(4)遗嘱的撤回和变更;(5)各种类型遗嘱的效力层级;(6)遗嘱无效情形;(7)附义务遗嘱。本章中的条文,大部分就是《继承法》的条文,以利于保持继承法律制度的连续性和稳定性;少数条文对《继承法》的相关规定进行了修改,以增强民事法律规范的系统性,并切实回应人民的继承法制需求;有些条文所规定的制度是《继承法》所没有的,这也是立足我国国情、以问题为导向立法的体现。

本章规定的条文虽然不多,但对法官、律师、公证员、教师和法学研究人员,特别是对每一个身处遗嘱继承事务中的人来说都是极其重要的指引和依据。对于遗嘱继承事务的当事人及其辅助人员来说,必须按照本章的规定实施自己的法律行为,以便法律对其行为作出积极的评价;对于继承纠纷案件的裁判者、代理人来说,更应以本章的规定为依据判断遗嘱的效力,尊重合法遗嘱,排除不合法遗嘱。因此,无论身处遗嘱继承事务中的人员的角色如何,都应对本章各个条文中规定的概念的内涵和外延有正确的认识,都应当对各条文中所规定的法律行为的构成要件有明确的理解,都应当对各条文中有关法律行为所对应的法律后果有清晰的认知。

第一千一百三十三条　自然人可以依照本法规定立遗嘱处分个人财产,并可以指定遗嘱执行人。

自然人可以立遗嘱将个人财产指定由法定继承人中的一人或者数人继承。

自然人可以立遗嘱将个人财产赠与国家、集体或者法定继承人以外的组织、个人。

自然人可以依法设立遗嘱信托。

【条文主旨】

本条是关于以遗嘱形式处分个人财产的概括性规定。

【条文理解】

《继承法》第16条规定:"公民可以依照本法规定立遗嘱处分个人财产,并可以指定遗嘱执行人。公民可以立遗嘱将个人财产指定由法定继承人的一人或者数人继承。公民可以立遗嘱将个人财产赠给国家、集体或者法定继承人以外的人。"2017年7月28日民法典继承编草案以及2018年4月草案、2018年9月5日草案、2019年7月5日草案、2019年12月16日草案及2020年5月22日民法典送审稿均将这一条中的"公民"修改为"自然人",对该条中的其他内容均未作改动。本条除了将《继承法》第16条中的"公民"修改为"自然人"外,还将该条中的"赠给"修改为"赠与",将第3款最后的"人"修改为"组织、个人"。此外,本条增加了全新的一款,即第4款"自然人可以依法设立遗嘱信托"。

之所以将"公民"修改为"自然人",是因为公民指的是一种政治上的身份,简言之,就是具有某个国家国籍的人,而自然人指的是参加民事活动的人,一般不考虑其政治身份,在民事法律中称"自然人"更加科学。关于是"公民"还是"自然人"的表述问题,其实在制定《民法通则》的时候就已经有了争论,直至1986年4月12日《民法通则》通过的时候,这个问题也没有最终解决。因当时仍受到计划经济的影响,故在立法中保留了公民的概念,《民法通则》第2章的标题就定为了"公民(自然人)"。在2017年3月15日通过的《民法总则》中已经将公民的概念删除,只保留了自然人的概念。且随着社会的发展,在继承事务中,继承人或被继承人具有外国国籍的情况越来越多,在这个背景下,"自然人"概念比"公民"更加准确和全面。将"赠给"修改为"赠与",也是为了法律用语更加规范。赠与是一个法律概念,在《民法典》总则及各分编中使用的均是赠与。"赠与"比"赠给"更加规范,也更能和《民法典》法律用语相适应。将第3款最后一个字"人"修改为"组织、个人"也是为了法律用语的周延性。因为第3款前半段提到的受赠人中既包括自然人,也包括非自然人,故如此修改可以更好地前后呼应。

继承制度是解决被继承人死亡后的财产流转问题的制度。在继承领域,解决自然人死亡后的财产流转问题的方式主要有三种,一是法定继承,二是以遗嘱方式处分遗产,三是遗赠扶养协议。法定继承制度在《民法典》第6编第2章有专门的规定。遗赠扶养协议主要规定于《民法典》第1158条。本章即是对遗嘱处分遗产制度的规定。

遗嘱继承是与法定继承相对的概念,指的是继承人按照被继承人生前所立的合法有效的遗嘱取得被继承人个人财产的法律制度。由于继承人、遗产的分配原则、遗产的分配方式等都取决于遗嘱人的个人意愿，故遗嘱继承又可以称为指定继承。在遗嘱继承中，订立遗嘱的人即为遗嘱人，遗嘱指定的财产承受人即是遗嘱继承人或受遗赠人。遗嘱是一种载体，其承载的是遗嘱人就在其死亡后如何处分其个人合法财产作出的意思表示。遗嘱继承的本质，即是遗嘱人通过合法的遗嘱形式来解决在其死亡后某些财产如何分配、归谁所有的问题。

通说认为，遗嘱主要具有以下四个特征：(1)遗嘱是单方法律行为，即遗嘱人仅仅依据其个人的意愿即可订立一份有效的遗嘱，无须他人的配合和同意。也正是因为如此，遗嘱人可以自由地订立、变更、撤回自己所立的遗嘱。(2)遗嘱是要式法律行为。被继承人虽然可以自由地订立遗嘱，但其所订立的遗嘱必须符合法律规定的遗嘱的形式，不符合法定形式要件的遗嘱是无效的遗嘱，不能发生遗嘱继承的效力。(3)遗嘱是死因法律行为，即遗嘱必须是在遗嘱人死亡后才能发生法律效力，在遗嘱人死亡后才生效。要注意，遗嘱的有效和生效是两个不同的法律概念。有效指的是遗嘱符合法律规定的要件，为法律所认可。生效指的是遗嘱产生法律效力，可以依照遗嘱来处理遗产。只有有效的遗嘱才能生效，才能发生遗嘱继承的效果。(4)遗嘱需由遗嘱人亲自订立或者参与订立。为保证遗嘱体现遗嘱人的真实意愿，遗嘱不得由他人在遗嘱人未参与的情况下代为订立，即不得由他人代理作出。

遗嘱继承制度和法定继承制度的目的都是解决被继承人个人合法财产在其死亡后的流转问题。随着时代的发展，国家对私有财产的保护越来越重视，相关法律也越来越完善，在民法领域也越发注重尊重权利人的意愿，故遗嘱继承也越来越多。总体来说，遗嘱继承和法定继承主要有以下几点区别：(1)在是否体现被继承人的意愿上不同。遗嘱继承充分尊重被继承人的意愿，遗产的受益人、分配原则、遗嘱所附义务等都来自遗嘱的指定，这是民法中意思自治原则在继承法律中的体现；而法定继承是由法律直接规定遗产的受益人以及遗产的分配原则，这里主要体现的是国家意志，即由国家通过法律的形式确定遗产分配原则以及受益人。(2)引起继承的法律事实不同。在遗嘱继承中，除了需要被继承人死亡这一事实外，还需要被继承人留有合法有效的遗嘱；而在法定继承中，引起继承的法律事实只需一个，即被继承人死亡，只要被继承人死亡，就会引发法定继承。(3)在适用的优先顺序上不同。遗嘱继承优先于法定继承，在同一被继承人的同一遗产的继承问题上，如果存在遗嘱，则应按遗嘱继承办理，此时，无法定继承适用的余地。对此，本编第 1123 条也有着明确的规定："继承开始后，按照法定继承办理；有遗嘱的，按照遗嘱继承或者遗赠办理；有遗赠扶养协议的，按照协议办理。"法律虽然没有规定遗嘱继承的效力高于法定继承，甚至条文里把法定继承摆在前面，但是,为了尊重被继承人的意愿,尊重其意思自治,遗嘱继承于情于法都应当优先适用。

本条第 1 款规定:“自然人可以依照本法规定立遗嘱处分个人财产,并可以指定遗嘱执行人。”本款体现了国家对自然人私有财产的保护,只要是个人的合法财产,所有权人都可以自由处分,任何人不得非法干涉。在遗嘱人死亡后,必须尊重遗嘱人在遗嘱中表达的意愿,按照其意愿来分配遗产。

在这一款中,需要注意以下几点:(1)遗嘱人用遗嘱形式处分的只能是“个人财产”。即遗嘱只能处分遗嘱人有权处分的财产,最为常见的就是处分其享有所有权的财产,处分他人财产的遗嘱无效或部分无效。本编第 1122 条规定:“遗产是自然人死亡时遗留的个人合法财产。依照法律规定或者根据其性质不得继承的遗产,不得继承。”这一条在原则上对遗产含义进行了说明。至于担保物权和用益物权,一般来讲,也是可以通过遗嘱的方式来处理的,具体还需注意其他法律中有无禁止性或限制性的规定。(2)本款规定自然人可以“依照本法规定立遗嘱”。尤其需要注意的是“依照本法规定”这一点。遗嘱虽然是单方法律行为,无须相对人的意思表示即可成立,但要看到,遗嘱更是一种要式法律行为,只有符合法律规定要件的遗嘱才是有效的遗嘱。这里的法律要件,既包括形式要件,也包括实质要件。本章的其他条文对遗嘱的形式要件和实质要件均作出了相应的规定。

本条第 1 款还提到了遗嘱执行人的问题。遗嘱的执行指的是在遗嘱生效后如何实现遗嘱所确定的内容。遗嘱执行人,即为遗嘱人在遗嘱中指定的、在遗嘱生效后有权按照遗嘱人的意愿来执行遗嘱内容的人。因遗嘱是在遗嘱人死亡后才发生法律效力,遗嘱人不可能自己来执行遗嘱,故需要确定一名其信任的人来完成这项工作。因遗嘱一般会涉及重大的利益问题,执行遗嘱也就成为一项重要的法律行为,故遗嘱执行人需要是完全的民事行为能力人。无民事行为能力人或者限制民事行为能力人一般不能胜任这项工作,因而也就不具备担任遗嘱执行人的资格。遗嘱人可以在遗嘱中指定一位或数位执行人,以便于实现其遗嘱目的。这里需要注意的是,遗嘱人可以在遗嘱中指定遗嘱执行人,也可以不指定遗嘱执行人,是否指定遗嘱执行人不是确定遗嘱是否有效的标准。本编第 1145 条规定:“继承开始后遗嘱执行人为遗产管理人;没有遗嘱执行人的,继承人应当及时推选遗产管理人;继承人未推选的,由继承人共同担任遗产管理人;没有继承人或者继承人均放弃继承的,由被继承人生前住所地的民政部门或者村民委员会担任遗产管理人。”相对于《继承法》而言,《民法典》“继承编”这一条的规定是新增加的内容,明确规定了在继承开始后,遗嘱执行人就是遗产管理人,这是《民法典》“继承编”编纂的创新之处。关于这一点下文将会详述,在此不再赘言。

本条第 2 款规定的是遗嘱继承,第 3 款规定的是遗赠。遗嘱继承和遗赠实际上是两种不同的继承方式。从广义上看,遗嘱继承和遗赠都属于通过遗嘱的方式来处分相关财产,但二者主要存在以下几点区别:(1)二者受益人范围不同。遗嘱继承中的受益人是被继承人的法定继承人。遗嘱继承中受益人既可以是法定继承人中的一人,也可以是法定继承人中的数人,对受益人的人数没有限制性的规定。这里的“法定继承人”主要指的就是本编第 1127 条规定的相关人员,既包括第一顺序的法定继承人,也包括第二顺序的法定继承人。即无论顺位,只要遗嘱人在遗嘱中指定的受益人属于《民法典》第 1127 条规定人员范围,就是遗嘱继承。遗赠中的受益人指的是遗嘱人法定继承人以外的人员。(2)受益人的主体表现形式有一些差异。在遗嘱继承中,受益人只能是自然人,因为遗嘱人的法定继承人只能是自然人。而在遗赠中,受益人既可以是自然人,也可以是国家、集体等非自然人。(3)在受益人主张权利的方式上有差异。在遗嘱继承中,除非遗嘱继承人明确表示放弃继承,否则即视为其接受继承。而在遗赠中,如果受遗赠人在知道受遗赠后 60 日内没有表示接受遗赠,则视为其放弃接受遗赠,遗嘱中所处分的财产即要根据法定继承的方式来分配。这一点尤其重要,这也是在实践中当事人双方最容易产生争议的地方。受遗赠人如果想要接受遗赠,必须在法律规定的 60 日内以明示的方式作出接受的意思表示。

本条第 4 款规定的是遗嘱信托制度。相对于《继承法》而言,遗嘱信托制度是一项全新的制度。随着社会经济的发展,人们的财富越来越多,法律观念也越来越成熟,让财富在代际间传承的愿望越来越强烈,对身后遗产安排规划的需求也越来越多样化。我国继承法律制度中原有的遗嘱继承、遗赠、遗赠扶养协议制度在某些情况下已经不能满足现实中出现的个性化需求。相对于遗嘱继承、遗赠及遗赠扶养协议而言,遗嘱信托具有其独特的内涵和特征,在处分遗产时更具有灵活性,现实中对设立遗嘱信托的需求也越来越多。但是,《继承法》及其司法解释并未对此作出规定和回应。本条增加规定遗嘱信托是对社会现实需求的回应,也是以问题为导向进行立法的体现。

在我国,信托指的是委托人基于对受托人的信任,将其财产权委托给受托人,由受托人按委托人的意愿以自己的名义,为受益人的利益或者特定目的,进行管理或者处分的行为。我国 2001 年 10 月 1 日施行的《信托法》第 8 条规定:“设立信托,应当采取书面形式。书面形式包括信托合同、遗嘱或者法律、行政法规规定的其他书面文件等。采取信托合同形式设立信托的,信托合同签订时,信托成立。采取其他书面形式设立信托的,受托人承诺信托时,信托成立。”根据该规定,设立信托应当采用书面形式,设立的方式主要有三种:(1)信托合同;(2)遗嘱;(3)法律、行政法规规定的其他书面文件。此次《民法典》编纂，明确将遗嘱信托规定于"继承编"中。

遗嘱信托制度移植自英美法系，是涉及信托法律制度和继承法律制度两个领域的综合性法律制度，它是指按照遗嘱人生前订立的遗嘱内容设立的信托，是遗嘱人基于对受托人的信任，将其财产委托给受托人，由受托人按委托人的意愿以自己的名义，为受益人的利益或者特定目的，进行管理或者处分的行为。遗嘱信托制度涉及三类人员和一种财产，三类人员是指委托人、受托人、受益人，一种财产是指遗嘱信托财产。其中，委托人即是遗嘱人。受托人是遗嘱人指定管理遗产的人员或组织。遗嘱信托是民事信托，在遗嘱信托中，受托人并不一定需要是专业的信托公司，一般自然人之间也可以成立遗嘱信托关系，但受托人必须是完全民事行为能力人。受益人是遗嘱人指定的享受信托财产本身的权益及其收益的人员或组织。受益人可以是遗嘱人的法定继承人，也可以是法定继承人以外的人员或组织。关于委托人、受托人、受益人的权利、义务及责任承担，可以参照《信托法》第4章的相关规定来确定。遗嘱人委托他人管理的财产即是遗嘱信托财产，遗嘱信托财产可以是遗嘱人的全部遗产，也可以是其部分遗产，信托财产必须是遗嘱人生前合法拥有的财产。遗嘱信托在遗嘱人死亡之时生效，相关遗产随即转化为信托财产，受信托法律关系的约束。

遗嘱信托具有以下特点：(1)遗嘱信托是单方法律行为。遗嘱信托无须他人的同意，仅有遗嘱人单方意思表示即可成立，这一点与一般的遗嘱是一致的。(2)遗嘱信托是要式法律行为。遗嘱信托制度规定于《民法典》"遗嘱继承和遗赠"一章中，在设立遗嘱信托时，必须首先满足本编对遗嘱形式要件的要求。《信托法》第13条第1款也明确规定："设立遗嘱信托，应当遵守继承法关于遗嘱的规定。"故，设立遗嘱信托是要式法律行为，要设立一项有效的遗嘱信托，必须先订立一份有效的遗嘱，且该遗嘱只能是本编规定的书面遗嘱形式，不能是口头遗嘱。(3)遗嘱信托是死因行为。遗嘱一般于遗嘱人死亡时生效。遗嘱信托也是死因行为，在一般情况下，遗嘱信托于遗嘱人死亡时生效，但若遗嘱附有生效条件或者期限，则应该依其规定。(4)在处理遗产的方式上，遗嘱信托更具有灵活性。遗嘱信托不是将遗产直接一次性归属于继承人、受遗赠人或遗赠扶养协议的相对人，而是确定遗产的分配或者受益模式，使受益人可以持续地享有利益。(5)遗嘱信托可以实现遗产的保值增值。遗嘱人可以通过信托的形式委托专业的财富管理人员实现遗产的保值增值。在继承人没有财产管理能力，尤其是继承人为无民事行为能力人、限制民事行为能力人的情况下，通过遗嘱信托更能够维护继承人的合法权益。

遗嘱信托的成立要件。根据《信托法》及《民法典》"继承编"的相关规定，成立遗嘱信托需要遗嘱人订立有效的遗嘱。在遗嘱中通常需要包括以下内容：(1)信托的目的；(2)委托人、受托人的姓名或者名称、住所；(3)受益人或者受益人的范围；(4)信托财产的范围、种类和状况；(5)受益人取得信托利益的形式和方法；(6)信托财产的管理方法；(7)受托人的报酬支付方式；(8)新的受托人的选任方式；(9)信托终止事由；等等。一般而言，前五项是必须要列明的内容。

遗嘱信托是单方法律行为，它于遗嘱人订立有效的遗嘱时即可成立。《信托法》第 8 条第 3 款规定："采取信托合同形式设立信托的，信托合同签订时，信托成立。采取其他书面形式设立信托的，受托人承诺信托时，信托成立。"虽然按此规定，只有受托人确定并承诺接受委托时，遗嘱信托才能成立，亦即受托人承诺接受委托是信托成立的要件之一。但是，《信托法》第 13 条规定："设立遗嘱信托，应当遵守继承法关于遗嘱的规定。遗嘱指定的人拒绝或者无能力担任受托人的，由受益人另行选任受托人；受益人为无民事行为能力人或者限制民事行为能力人的，依法由其监护人代行选任。遗嘱对选任受托人另有规定的，从其规定。"该第 13 条将遗嘱信托单独列出进行了规定，将遗嘱信托作为特殊形态的信托对待。根据该规定，遗嘱信托的成立无须受托人的承诺：(1)第 13 条第 1 款规定，设立遗嘱信托，应当遵守继承法关于遗嘱的规定。而继承法律制度中，遗嘱于遗嘱人订立有效遗嘱时即成立，无须其他人的同意或承诺。在判断遗嘱信托成立与否时，应以继承法律制度的相关规定为依据，参照适用特别法优于一般法的原则。(2)根据第 13 条第 2 款的规定，遗嘱信托受托人缺位时，受益人或其监护人是可以另行选任的，此时，并不因受托人拒绝承诺或无力承诺而导致遗嘱信托无效。为避免出现受托人拒绝接受委托导致无法产生新的受托人的情况出现，遗嘱人最好在遗嘱中确定受托人的产生程序和方式或者直接指定多个受托人。

遗嘱信托的生效要件。在生效时间上，遗嘱信托是死因行为，一般于遗嘱人死亡时生效，但遗嘱对生效时间有规定的除外。《信托法》第 11 条规定："有下列情形之一的，信托无效：(一)信托目的违反法律、行政法规或者损害社会公共利益；(二)信托财产不能确定；(三)委托人以非法财产或者本法规定不得设立信托的财产设立信托；(四)专以诉讼或者讨债为目的设立信托；(五)受益人或者受益人范围不能确定；(六)法律、行政法规规定的其他情形。"遗嘱信托只要没有前述情形，一般都是有效的。

在遗嘱信托生效问题上，还应当注意的是《信托法》第 10 条的规定："设立信托，对于信托财产，有关法律、行政法规规定应当办理登记手续的，应当依法办理信托登记。未依照前款规定办理信托登记的，应当补办登记手续；不补办的，该信托不产生效力。"有观点认为，遗嘱信托财产均应办理信托登记，否则信托不生效力。这种观点是值得商榷的，遗嘱信托是民事信托，应该有其特殊性，且信托财产中既包括不动产也包括动产，并非必须办理信托登记才能够成立遗嘱信托。

遗嘱信托与遗嘱执行人。本条不仅规定了遗嘱信托，还规定了遗嘱执行人，《民法典》第1145条进一步规定，"继承开始后，遗嘱执行人为遗产管理人"。遗嘱执行人、遗产管理人的职责类似于遗嘱信托中的受托人，在人员范围上，遗嘱执行人、受托人有时会是一致的，但也存在不一致的情况。当遗嘱中确定的受托人与遗嘱执行人不一致时，遗嘱执行人负有协助受托人移交遗嘱信托财产、协助受托人管理、运用信托财产的义务。在职责范围上，遗嘱执行人和受托人有重合的地方，即都负有审慎的管理遗产的职责，但二者也有不同之处，遗嘱执行人一般不负有遗产保值增值的职责。

遗嘱信托和必留份的关系。《民法典》第1141条规定："遗嘱应当为缺乏劳动能力又没有生活来源的继承人保留必要的遗产份额。"遗嘱人在订立遗嘱信托时也必须遵守该条的规定，在遗嘱人将全部的遗产设定为信托财产而没有为必留份权利人保留必要的遗产份额时，必留份权利人可以要求法院从遗产总额中为其保留一定的份额。

遗嘱信托制度首次规定于《民法典》"继承编"中，目前并无具体的实施细则，有许多问题尚待实践经验的积累和总结。在现阶段，可以参照《信托法》的相关规定，并结合继承法律制度的特点逐步开展实施遗嘱信托制度。

遗嘱信托受益人受益权的继承问题。在非公益信托的情形下，受益人在遗嘱人之后死亡的，其受益权可以由其法定继承人依法继承。对此，《信托法》第48条规定："受益人的信托受益权可以依法转让和继承，但信托文件有限制性规定的除外。"

本条是关于自然人可以用遗嘱的形式处分个人财产的规定。在《民法典》中有一条是关于用遗嘱的方式指定监护人的，即《民法典》"总则编"第29条，该条规定："被监护人的父母担任监护人的，可以通过遗嘱指定监护人。"这一规定也可以视作是遗嘱由财产处分行为向身份确定行为的延伸和转变。在此之前，我国法律没有此类规定。但是，就遗嘱指定监护人的问题，《民法典》还有诸多问题没有明确，如谁可以被指定为监护人、被指定的监护人不愿作为监护人时如何处理、父母双方就指定由谁担任监护人有分歧时如何处理、父母双方分别立遗嘱指定了不同的监护人时如何处理等，对这类问题，有待于司法实践经验的积累和相关部门积极研究出台对策。此外，《民法典》还明确规定了遗嘱人可以通过遗嘱的方式处分自己的居住权，遗嘱人可以通过遗嘱的方式捐献自己的人体器官。对于前者，根据《民法典》第371条的规定，以遗嘱方式设立居住权的，参照适用本章（第3分编第14章）的有关规定。居住权是《民法典》规定的一项新的用益物权，是为贯彻党的十九大提出的加快建立多主体供给、多渠道保障住房制度的要求而增加规定的新型用益物权。居住权切实回应了实务中当事人对房屋居住权利的实际需求，也在一定程度上化解了实务中处理居住权相关问题时无法可依的尴尬。在用遗嘱设立居住权时，应注意满足《民法典》相关章节对居住权的要求。关于捐献自己人体器官，《民法典》第1006条第1款和第2款规定："完全民事行为能力人有权依法自主决定无偿捐献其人体细胞、人体组织、人体器官、遗体。任何组织或者个人不得强迫、欺骗、利诱其捐献。完全民事行为能力人依据前款规定同意捐献的，应当采用书面形式，也可以订立遗嘱。"据此，人体细胞、人体组织、人体器官、遗体也可以作为遗嘱的处分对象，这是《民法典》的新内容，是为促进医疗卫生事业的发展、鼓励遗体捐献的善行义举而确立的器官捐献的基本规则。

【司法适用】

在司法实践中，人民法院必须按照本章的相关规定，仔细审查遗嘱的合法性及真实性。这里的合法性包括遗嘱形式要件的合法性、实质要件的合法性、订立过程的合法性；这里的真实性主要包括遗嘱是否为遗嘱人本人所订立、签署，遗嘱内容是否体现了遗嘱人的真实意思。

在适用本条时，要注意区分遗嘱继承和遗赠，主要就是从遗嘱受益人的不同上来分辨。在处理时应着重注意两点：(1)遗嘱继承人和受遗赠人在表示是否接受遗产的方式上是不同的。在遗嘱继承中，不表示放弃即视为接受。而在遗赠中，不表示接受即视为放弃接受，即在遗赠中必须以明示的方式表示接受遗产。(2)在接受遗产的时间限制上不同。在遗嘱继承中，法律并没有对遗嘱继承人应于何时接受遗产作出规定，它只受继承诉讼时效的限制。而在遗赠中，受遗赠人必须在法律规定的60日的期限内作出接受的意思表示，过期即丧失了取得遗产的权利。

需要注意的是，虽然本章规定了五种遗嘱形式，但在司法实践中经常会出现另一种遗嘱形式，即学理上所说的共同遗嘱。所谓的共同遗嘱，又被称为合立遗嘱，是指两个或两个以上的遗嘱人共同订立一份遗嘱以处分这些遗嘱人各自所有的或共同所有的财产。该遗嘱的内容由其中一人书写并签名和注明年、月、日，其他遗嘱人在该遗嘱上签名并注明年、月、日。

共同遗嘱在理论上可以分为以下两种：一是形式意义上的共同遗嘱或称为单纯的共同遗嘱，这是指内容互不相同的多份遗愿记载于同一份遗嘱中。这类遗嘱只是从表面上看是一份，在实际上仍是各自独立的多份遗嘱，它们仅仅是记载于同一份载体上而已。在这种遗嘱形式下，按照遗嘱人各自的意思表示处理遗产即可。二是实质意义上的共同遗嘱，这种遗嘱是指两个以上的遗嘱人将共同的遗愿形成一个遗嘱意思表示。这种共同遗嘱通常有四种表现:(1)相互指定对方为自己的遗产继承人;(2)共同指定第三人为遗产的继承人或受遗赠人;(3)相互指定对方为自己的遗产继承人,同时约定后死者将遗产留给指定的第三人;(4)相互以对方的遗嘱内容为条件的遗嘱。

从大部分国家或地区的立法来看,对共同遗嘱的态度有两种:一是肯定式,即明确规定共同遗嘱是合法有效的,如德国等;二是否定式,即完全禁止订立共同遗嘱、否认共同遗嘱的效力。

我国理论界对共同遗嘱的态度有三种:(1)否定说,主张我国不应承认共同遗嘱的效力;(2)肯定说,认为我国应当承认共同遗嘱的效力;(3)有限制的肯定说,该说认为应该承认共同遗嘱的效力但又认为应对共同遗嘱进行必要的限制。至于如何限制,又有两种观点:一是主张在主体上有限制地承认共同遗嘱,即只承认夫妻间的共同遗嘱,不承认其他共同遗嘱;二是从内容上进行限制,即认为共同遗嘱只对已死亡的共同遗嘱人的遗产产生效力,而活着的遗嘱人有权保留属于自己的那部分财产,有权随时变更或撤回所立的遗嘱。有限制的肯定说是相对符合实际的。

在实践中,共同遗嘱,尤其是夫妻之间的共同遗嘱并不罕见,涉及共同遗嘱的继承问题时有发生,对这一重要的问题,《民法典》没有进行规定,这不得不说是一种遗憾。这种遗嘱虽然在继承法律中没有明确规定,但在《民法典》出台之前,在司法实践中,对夫妻之间所立的符合遗嘱形式要件的共同遗嘱的效力一般是予以认可的。

对此,北京市高级人民法院在 2018 年 6 月 19 日下发的《北京市高级人民法院关于审理继承纠纷案件若干疑难问题的解答》第 19 条规定:"……以夫妻双方名义共同订立的处理夫妻共同财产的遗嘱,符合遗嘱形式要件的应为有效。当事人仅以遗嘱内容为一方书写,不符合代书遗嘱相关形式要件为由请求认定遗嘱无效的,人民法院不予支持。夫妻一方先死亡的,在世一方有权撤销、变更遗嘱中涉及其财产部分的内容;但该共同遗嘱中存在不可分割的共同意思表示,上述撤销、变更遗嘱行为违背该共同意思表示的除外。"

北京市高级人民法院就这一条解答还进行了如下的说明:"关于共同遗嘱的形式要件,我们认为,共同遗嘱只能由夫妻双方共同设立,且应当遵守现行《继承法》规定的形式要求。据此,原则上,夫妻共同遗嘱只要符合五种遗嘱法定形式之一,应认定有效。司法实践中,广泛存在夫妻一方书写共同遗嘱,另一方在共同遗嘱上签字的情形。我们认为,夫妻一方亲笔书写的共同遗嘱符合《继承法》关于自书遗嘱的形式要求,另一方在共同遗嘱上签名的,并标注签名日期的,可以认为共同遗嘱的形式要件已经成就。据此,当事人以一方书写、另一方的签名的共同遗嘱应当符合代书遗嘱要求为由,主张此类共同遗嘱违反遗嘱相关形式要件的,人民法院不予支持。关于夫妻一方能否撤销自己在共同遗嘱的意思表示,多数意见认为,应当区分遗嘱内容是否不可分割、相互具有牵连性而定。对于夫妻双方只是将各自遗嘱记载在同一文件上,各自所立的遗嘱在内容上互相独立,遗嘱内容不具有不可分割的牵连性的共同遗嘱,夫妻双方均可以随时撤销和更改自己所立遗嘱,无须征得配偶同意,其法律适用可以参照单独遗嘱的相关规定。对于遗嘱内容不可分割的共同遗嘱,因双方有关遗产处分的意愿紧密关联、互相约束,夫妻双方撤销遗嘱处分应当受到一定的限制。相互牵连、不可分割的共同遗嘱对夫妻双方当事人产生何种限制或约束力,多数意见认为,应当区分配偶双方在世期间和配偶一方去世后而定。配偶双方在世期间,任何一方均可自由撤回其死因处分,无论该处分是否有相对性。但是,如果配偶一方死亡后,由于相应的遗嘱已实际执行,另一方撤回相互性的权利也随之消灭。主要理由是:共同遗嘱属于死因处分行为,遗嘱自由是继承法的一个基本原则,在共同遗嘱制度中,赋予夫妻双方在生存期间的同等的撤回遗嘱权利,贯彻了遗嘱自由的立法精神,而且符合夫妻双方可推知的真实意思表示。但是,当配偶一方去世后,同等撤回遗嘱的权利状况消灭,若再赋予生存配偶一方的撤回权,不仅有违夫妻双方关于遗产安排的真实意思表示,也不符合等价、公平的民法原则。”北京市高级人民法院的这一规定是对审判实务中共同遗嘱问题的正面回应。应当说,这一回应基本符合人们对夫妻间共立遗嘱的理解和认知,这一条解答及对该条解答的说明对审判实务有着积极的参考意义。除夫妻间订立的共同遗嘱外,司法实践对其他类型的共同遗嘱一般持谨慎的保留态度。

鉴于共同遗嘱,尤其是非夫妻间的共同遗嘱容易引发争议和纠纷,在这里不建议遗嘱人订立共同遗嘱。如果有立遗嘱的意愿,还是应该各自按照法律规定的遗嘱形式分别订立自己的遗嘱为宜。

【司法案例】

案例一

上诉人王某 A 与被上诉人王某 B、王某 C、王某 D、王某 E 继承纠纷案①

诉讼结论:夫妻一方亲笔书写的共同遗嘱符合《继承法》关于自书遗嘱的形式

① 北京市第二中级人民法院(2019)京 02 民终 5514 号民事判决书。

要求，另一方在共同遗嘱上签名或按捺，并标注签名日期的，可以认为共同遗嘱的形式要件已经成就，夫妻间所订立的共同遗嘱有效。

基本案情：王某与丁某系夫妻关系，育有王某A、王某C、王某D、王某E四个子女。王某B系王某A之子。2009年12月2日，王某死亡。2013年5月11日，丁某死亡。王某、丁某的父母均分别先于二人死亡。2008年5月29日，王某与北京市某房屋经营管理中心签订《协议书》，约定由王某购买50号房屋。后，该房屋产权登记在王某名下。

2008年6月2日，王某、丁某立下共同遗嘱："我和老伴丁某经过认真考虑决定将50号两居室住房由王某C继承。另说明购买此房是王某C一人付款，日期2007年11月。"王某在遗嘱上签字、按捺，丁某在遗嘱上按捺。同时，在上述遗嘱下方另有案外人张某、赵某作为见证人见证，焦某作为代书人书写"我也同意去世后由王某C继承"。焦某代丁某签字，丁某按捺。见证人张某到庭称："遗嘱是王某自己书写，字是王某自己签的。丁某不识字，是另外两个见证人中的一个代签的，手印应该是她自己按的，这么多年我也记不太清楚了。"焦某到庭称："遗嘱是王某写的，签字是他签的。代书内容以及丁某的签字是我签的，丁某说她同意，然后丁某按的手印。"赵某到庭称："遗嘱是王某写的，丁某不认识字，丁某的姓名是另外那个女见证人签的。'我也同意去世后由王某C继承'好像是另外那个女见证人写的，我也记不清楚了，时间太久了。手印是丁某按的。"

2012年11月4日，丁某立下代书遗嘱，该遗嘱系打印形成："我现有50号房屋两居室，我的那部分房产留给我的孙子王某B。"见证人芦某、冯某、路某签字按捺，丁某按捺未签字。2017年10月12日庭审中，三位见证人出庭。三位见证人均称：(1)遗嘱是丁某口述、冯某一人外出打印形成；(2)丁某精神状态良好，因不识字故没有签字仅按捺；(3)遗嘱仅打印一份；(4)三位见证人均系王某B母亲的朋友。另，路某、芦某称丁某先按捺，然后见证人按捺。而冯某称系见证人先按捺，丁某在后。2018年8月29日庭审中，冯某再次出庭。冯某称：(1)立代书遗嘱当日下雪；(2)我是在今年4月25日将遗嘱交给王某B。

王某B称，首先，王某的遗嘱存在房屋坐落不明确、由王某C"继承"不明确、王某未签字仅盖名章的情况，故该遗嘱中王某的部分无效。丁某在王某的自书遗嘱中签字按捺，不符合遗嘱形式要件，且表述并不明确，故该遗嘱中丁某的部分亦无效。因此，王某的遗产应当按照法定继承处理。其次，丁某有代书遗嘱，故丁某的遗产应当按照代书遗嘱处理。王某A对王某B上述主张不持异议。王某C、王某D、王某E对此不予认可。

王某C、王某D、王某E称，首先，王某、丁某的遗嘱真实有效，二人遗产均应由王某C继承,要求在本案中确认50号房屋由王某C继承。其次,丁某的代书遗嘱因存在以下问题应为无效:(1)见证人对于立遗嘱当日的天气、按捺先后顺序的陈述均存在问题;(2)丁某在遗嘱上未签字;(3)遗嘱系打印形成,但并没有充分的证据证明系见证人中的一人打印;(4)见证人与王某B存在利害关系。最后,即使代书遗嘱有效,王某B亦未在知道遗赠后2个月内表示接受。王某C、王某D、王某E对上述主张提交照片、天气证明等证据予以佐证。照片显示另有一张与庭审中代书遗嘱内容完全相同,但按捺位置不同的遗嘱。天气证明显示立代书遗嘱当日下雨。

经法院询问,双方当事人均称:(1)丁某在立下第一份遗嘱后身体并无明显变化,生活可以自理;(2)双方认可王某、丁某并无其他房屋;(3)本案中需要处理的遗产就是50号房屋;(4)50号房屋市场价值为二十余万元。另,王某C、王某D、王某E对代书遗嘱真实性持有异议,但经法院释明,双方当事人均不申请对丁某按捺真实性进行鉴定。

法院认为:虽然本案系王某B以遗赠纠纷提起诉讼的,但王某C、王某D、王某E在本案中提出遗产应当依据另一份遗嘱处理,考虑到上述纠纷的当事人以及遗产均存在一定重合性,考虑到家事纠纷一并处理的原则及减少当事人诉累,故在本案中一并予以处理。依据《协议书》及房屋登记情况,可以认定50号房屋属于王某、丁某的遗产。关于本案所涉遗嘱的效力,论证如下:

一、2012年11月4日的代书遗嘱效力的认定。《继承法》对遗嘱形式要件有明确的规定。因遗嘱是遗嘱人单方作出的在其死亡后才发生效力的民事法律行为,由于当事人已死亡,是否真实意思表示无法自证,故为了充分保证遗嘱的真实性,确保遗嘱体现遗嘱人处分自己死后遗产的真实意思,应当从严把握遗嘱形式要件在认定效力方面的规定,未严格按照法律规定的形式要件作出的遗嘱应认定无效。代书遗嘱应当有两个以上见证人在场见证,由其中一人代书,注明年、月、日,并由代书人、其他见证人和遗嘱人签名。一方面,本案中的代书遗嘱系打印形成,虽然三名见证人均称系冯某打印,但三名见证人并未见证遗嘱形成过程,即依据现有证据无法认定其余见证人见证了代书人的代书过程;另一方面,该代书遗嘱并没有丁某签字而是按捺。现王某C、王某D、王某E对捺印真实性不予认可。考虑到遗嘱形式上存在瑕疵,且没有录音或其他证据对代书遗嘱系丁某真实意思表示进行佐证,故认定应由持有遗嘱并主张遗嘱真实一方承担遗嘱真实性举证证明责任。但王某B经释明,明确表示不对捺印的真实性进行鉴定。因此,结合上述内容并考虑到见证人在按捺环节的陈述不一等情节,在现有证据下对代书遗嘱的效力不予认定。

二、2008 年 6 月 2 日的遗嘱效力认定。该份遗嘱实际包含两个方面：(1)王某、丁某的共同遗嘱；(2)丁某的代书遗嘱。关于共同遗嘱：首先，虽然王某 A、王某 B 对该遗嘱中的文字内容提出异议，但结合王某、丁某并无其他房屋的事实以及王某书写时的身体状况，认定王某的真实意思表示是将 50 号房屋留给王某 C；其次，该遗嘱属于以夫妻双方名义共同订立的处理夫妻共同财产的遗嘱，符合遗嘱形式要件的应为有效。夫妻一方亲笔书写的共同遗嘱符合《继承法》关于自书遗嘱的形式要求，另一方在共同遗嘱上签名或按捺的，并标注签名日期的，可以认为共同遗嘱的形式要件已经成就。现各方在庭审中对该遗嘱系王某书写、丁某按捺均未提出异议，故对王某 A、王某 B 仅是以丁某在王某的自书遗嘱中按捺不符合遗嘱形式要件为由主张该遗嘱无效，不予支持。关于代书遗嘱：虽然共同遗嘱与代书遗嘱是同一天书写，但从书写位置来看，共同遗嘱的形成在先，代书遗嘱的形成在后。后遗嘱无效后，在先的前一份遗嘱发生效力。且因丁某的代书遗嘱内容与共同遗嘱内容相同，故无论该代书遗嘱有效或者无效，丁某的遗产均应当由王某 C 继承。

案例二

上诉人李 1 与上诉人钦某某、李某 2、原审第三人李某 5、李某 6、李某 7 遗嘱继承纠纷案[①]

诉讼结论：遗嘱人订立的遗嘱中虽无“信托”的表述，但如果结合遗嘱内容、遗嘱目的、遗嘱人行为的性质等能够认定其符合遗嘱信托要件的，按照遗嘱信托法律关系办理，相关人员应将遗嘱信托财产移交给信托受托人管理和分配。遗嘱未涉及的遗产，按照法定继承处理。

基本案情：被继承人李某 4 的父母为李某华、刘某香。李某华于 1984 年死亡，刘某香于 1998 年死亡。李某 5、李某 6、李某 7 系李某 4 的兄弟姐妹。1980 年 4 月，李某 4 与案外人李某 3 登记结婚，婚后育有一女，即李 1。2006 年，李某 4 与钦某某生育李某 2。2012 年 5 月，李某 3 向法院起诉要求离婚。2013 年 2 月，李某 4 与李某 3 经法院判决离婚。2013 年 9 月，李某 4 与钦某某登记结婚。2015 年 8 月 11 日，李某 4 死亡。李某 4 于 2015 年 8 月 1 日写下自书遗嘱一份，内容如下：“一、财产总计：1. 元普投资 500 万元（月月盈）招商证券托管；2. 上海银行易精灵及招商证券约 500 万元；3. 房产：金家巷、青浦练塘前进街、海口房产各一套。二、财产处理：1. 在上海再购买三房两厅房产一套，该房购买价约 650 万元左右，只传

---

① 上海市第二中级人民法院(2019)沪 02 民终 1307 号民事判决书。

承给下一代，永久不得出售（现有三套房产可出售，出售的所得并入李某4家族基金会，不出售则收租金）；2. 剩余350万元资金及房产出售款项（约400万元）和650万元房屋和其他资产约1400万元，成立'李某4家族基金会'管理。三、财产法定使用：妻子钦某某、李某2女儿每月可领取生活费一万元整（现房租金5000元，再领现金5000元），所有的医疗费全部报销，买房之前的房租全额领取。李某2国内学费全报。每年钦某某、李某5、李某6、李某7各从基金领取管理费一万元。妻儿、三兄妹医疗费自费部分报销一半（住院大病）。四、以后有补充，修改部分以日后日期为准。财产的管理由钦某某、李某5、李某6、李某7共同负责。新购650万元房产钦某某、李某2、李1均有权居住，但不居住者，不能向居住者收取租金。"李某4死亡后，其名下财产发生过较大规模变动，其目前名下财产包括：上海元普投资管理有限公司处资金1,359,237.56元、招商银行存款若干元、上海银行账户存款若干元、建设银行账户存款若干元、海口农村商业银行账户存款若干元、三菱汽车一辆、海口房屋一套、招商证券股票账户中购买的股票和资金账户中资金12万余元。李某4曾于2014年11月23日写下自书遗嘱一份，其中提及设立"李某4家族信托基金"。李1、钦某某、李某2对以下财产的折价达成了一致：(1)所有招商证券账户内的证券折价为1,180,037.10元，由李1取得并支付折价款；(2)三菱汽车折价为4万元，沪A0××××家用小汽车牌照折价为88,300元；(3)海口房屋折价为85万元，由李1取得并支付折价款。就遗产管理人一事，钦某某向一审法院表示其拒绝担任遗产管理人，经一审法院再三释明法律规定，钦某某仍坚持其意见。原告李1向一审法院提出如下诉讼请求：(1)要求按照被继承人李某4的遗嘱继承其遗产；(2)剩余遗产部分由李1与钦某某、李某2依法继承分割。

一审法院经审理后判决如下：一、确认李某4通过2015年8月1日自书遗嘱设立信托有效，李某6、李某5、李某7为受托人，按照法律规定以及本判决确认的遗嘱内容履行受托人义务；二、上海元普投资管理有限公司处李某4名下资金1,359,237.56元及其孳息交由李某6、李某5、李某7管理，李1、钦某某、李某2有配合办理相关手续的义务……十三、李某4名下海南省海口房屋产权归李1所有，李1于判决生效之日十日内将折价款85万元交由李某6、李某5、李某7管理，李1、钦某某、李某2有配合办理相关手续的义务……一审判决后，李1及钦某某、李某2均不服一审判决，提起上诉。二审审理期间，当事人没有提供新的证据。钦某某在二审阶段向法院递交《信托管理人申请书》，称："若贵院判令以被继承人李某4自书遗嘱设立信托，必须成立合法中立的信托机构，申请人申请作为该信托管理人之一。"二审法院认可一审法院查明的事实。

法院认为：一审法院认为，(1)关于遗嘱的效力。从遗嘱的内容来看，李某4

表达的意思是不对遗产进行分割,而是要将遗产作为一个整体,通过第三方进行管理,这个第三方李某4命名为“李某4家族基金会”,组成人员为钦某某、李某5、李某6、李某7,管理方式为共同负责管理。李某4还指定了部分财产的用途,指定了受益人,明确了管理人的报酬,并进一步在购买房屋一事上阐明其目的——“只传承给下一代,永久不得出售”,也就是要求实现所有权和收益权的分离。上述李某4的意思表示,符合信托的法律特征,应当识别为李某4希望通过遗嘱的方式设立信托,实现家族财富的传承。李某4在2014年11月23日自书遗嘱中也明确表示了“信托”二字,与2015年8月1日遗嘱可相互印证。因此,该份遗嘱的效力,应当根据《继承法》和《信托法》进行认定。根据《继承法》的规定,李某4于2015年8月1日所立的遗嘱为自书遗嘱,符合自书遗嘱的构成要件,是有效遗嘱。根据《信托法》的规定,信托目的必须合法。李某4的信托目的在于根据其意志管理遗产并让指定的受益人获得收益,符合法律规定。根据法律规定,信托应当采用书面形式,包括遗嘱等。李某4立有自书遗嘱,符合书面形式的要求。根据法律规定,信托文件还应当载明信托目的、委托人及受托人姓名、受益人范围、信托财产范围、受益人取得信托利益的形式和方法。李某4所立自书遗嘱明确其信托目的为管理遗产,委托人为李某4,受托人为钦某某、李某5、李某6、李某7,受益人为钦某某、李某2、李1,信托财产为其遗嘱中所列举的财产,受益人以居住、报销和定期领取生活费等方式取得信托利益。因此,李某4的遗嘱符合《信托法》的规定,为有效信托文件。(2)遗嘱的理解和执行方式。对遗嘱的理解,应当结合遗嘱的目的和上下文来进行。从遗嘱的目的来看,李某4的目的在于保持其继承人及直系后代能够获得稳定收益,将遗产的处分权与收益权相分离。从上下文来看,李某4在遗嘱中明确要把650万元房产并入“李某4家族基金会”,由管理人统一管理。因此,遗嘱对该650万元房产的安排与其他资产一致,既没有剥夺钦某某的继承权,也没有安排李1、李某2直接继承。遗嘱中的“只传承给下一代,永久不得出售”在法律上并非不能实现,这恰恰正是信托制度的功能之一。由于股市波动等客观原因,李某4的遗产总值已不足650万元,因此遗嘱中关于购买650万元房屋的内容已无法执行。遗嘱中提及的金家巷房屋和青浦练塘房屋是公房,无法处分,该部分不可执行。但遗嘱中还有设立信托以及钦某某、李某2可收取信托利益等内容,上述内容与购买650万元房屋之间没有因果关系或前提关系。只要信托财产符合法律规定,即具备执行条件,可获执行,因此,部分遗嘱可获执行。(3)遗嘱执行与财产管理。根据法律规定,立遗嘱人有权在遗嘱中指定遗嘱执行人,信托的委托人有权指定多个共同受托人。从遗嘱的上下文来看,李某4指定的管理人即为遗嘱执行人和信托受托人。钦某某亦为被指定的管理人之一,但其已向法院明确拒绝该指定,故钦某某不再列为遗嘱执行人、管理人和受托人。李某7、李某6、李某5向法院表示承诺信托,愿意履行相关法律义务,故一审法院确认信托成立,李某7、李某6、李某5为遗嘱执行人、管理人和受托人,有权根据一审判决指定的范围接管李某4的遗产。海口房屋折价85万元,由李1取得。李1应将折价款如数交给信托受托人,纳入信托财产管理。招商证券股票账户中的股票由李1取得,李1应将折价款如数交给信托受托人,纳入信托财产管理。

二审法院认为,对行为人实施的无相对人的意思表示行为作解释,不能单纯拘泥于行为人使用的词句,而应当结合有关文本相关条款、行为人行为的性质和目的、生活习惯以及诚实信用原则来判定行为人的真实意思。对一审法院将李某4在遗嘱中所做的财产安排认定为信托并将该遗嘱认定为有效信托文件的观点,二审法院予以认可。钦某某在一审中曾向一审法院明确表示拒绝担任遗嘱执行人、信托管理人及受托人,在二审审理期间却又申请要求成为信托管理人之一,此举实悖诚信原则,故二审法院对其该申请不予支持。

第一千一百三十四条　自书遗嘱由遗嘱人亲笔书写,签名,注明年、月、日。

【条文主旨】

本条是关于自书遗嘱的规定。

【条文理解】

《继承法》第17条第2款规定:"自书遗嘱由遗嘱人亲笔书写,签名,注明年、月、日。"本条内容相较于该第2款来说并无任何变化,只是将该第2款的规定单独作为一条独立出来,这么编排也体现了立法者对于遗嘱形式的重视。在立法过程中,历次草案对该条的规定均是一致的,没有任何变化。

顾名思义,自书,即为自己书写。自书遗嘱又称为亲笔遗嘱,是指由遗嘱人自己亲笔书写并签名和注明年、月、日的遗嘱。

根据这一条的规定,一份有效的自书遗嘱应符合以下几个要件:

第一,遗嘱的全部内容均是由遗嘱人亲笔书写。这里的全部内容指的是遗嘱的全部字迹,既包括遗嘱中关于遗产如何处理的主干部分,也包括遗嘱人的签名和注明的年、月、日,都必须是遗嘱人亲笔所写。即遗嘱的所有字迹均要求是遗嘱人本人亲自书写上去,这是自书遗嘱最主要的形式要件。如果遗嘱中有内容不是遗嘱人亲笔所书写,就是一份无效的自书遗嘱,不能适用本条关于自书遗嘱的规定，不能发生按照自书遗嘱来继承遗产的法律效力。对此，有人持不同的意见，其认为应当追求遗嘱人的真意，而不是仅仅审查遗嘱的形式，无论自书遗嘱的内容是否全部为遗嘱人亲笔书写，只要能够通过其他的证据来证明遗嘱是遗嘱人的真实意思表示，就应该确认这是一份有效的遗嘱，就应当按照该遗嘱的内容来处理遗产。这种意见是不可取的，因为遗嘱既然为要式法律行为，就应当严格按照《民法典》对遗嘱形式作出的要求。严格遗嘱形式，也是为了保证遗嘱人的真实意愿能够得到有效的体现和保留，如果在表面上放宽对遗嘱形式的要求，反而会不利于实现遗嘱人的真实遗愿。

第二，自书遗嘱应由遗嘱人亲笔签名。在遗嘱书写完毕后，遗嘱人还须在遗嘱末尾亲笔写上自己的姓名。为何要求遗嘱人亲笔签名？因为遗嘱人亲笔签名，是遗嘱表现的遗嘱人的意志行为和人格痕迹，故其既具有认可遗嘱内容是其真实意思表示、促使遗嘱发生效力的作用，也有防止伪造的作用。在这里，需要注意以下三点：(1)遗嘱上遗嘱人的签名必须是遗嘱人正式的姓名，即身份证、户口簿上登记的姓名，而不能是遗嘱人的笔名、艺名。当然，也有学者对此有不同的看法，其认为这种签名既可以是遗嘱人自己正式的姓名，也可以是遗嘱人的笔名、艺名，甚至是遗嘱人其他的特定的称谓，即只要能够表明遗嘱人身份的真实性即可。这种意见是不可取的。订立遗嘱是正式的、严肃的法律行为，遗嘱所涉及的所有的要素都应尽可能地有相应的法律依据，这一方面可以体现遗嘱的严肃性，另一方面也是更重要的一方面，是为了避免将来可能产生的不必要的歧义和纠纷。一般来说，通过遗嘱人正式的姓名和身份证号码即可以精确地确定一个人的身份，而笔名、艺名或其他特定称谓则容易产生重名、无法精确确定身份等问题。故在遗嘱签名的问题上，还是应该谨守遗嘱要式的法律要求，使用遗嘱人正式的姓名。(2)遗嘱人在自书遗嘱上应该是亲笔写上自己的姓名，而不能是加盖人名章或者捺手印。这么理解也是为了确保遗嘱是遗嘱人的真实意愿。一般情况下，如果遗嘱人能够亲自书写遗嘱，那么他也应该是有能力亲笔写上自己的姓名的。如果遗嘱人没有亲笔写上自己的姓名，而仅仅是盖人名章、捺手印，那么遗嘱的真实性即值得怀疑。当然，在这一点上也不能过于拘泥，在早年间人们以加盖人名章作为身份地位的象征时，加盖人名章的效力似乎又高于亲笔签名。(3)如果遗嘱内容不止一页，遗嘱人是应该在每页上都签名还是可以只在最后一页上进行签名？对此，本条没有禁止性规定，也没有就此进行明确的说明。从遗嘱的形式上来说，既可以在每页上都签上遗嘱人的姓名，也可以只在遗嘱的最后一页上签名。从遗嘱的严谨性以及避免纠纷的角度考虑，在遗嘱的每一页上都签上姓名效果会更好。

第三，自书遗嘱应由遗嘱人注明年、月、日。需要注意的是，本条规定的是由遗嘱人注明“年、月、日”,而不仅仅是注明日期。即遗嘱人在遗嘱中应该写明的是哪一年哪一月哪一日,年、月、日均应齐全。即年、月、日三个要素,缺一不可,否则即应是无效的遗嘱。这么规定是出于以下两个方面的考虑:一是为了确定遗嘱订立的确切日期,以便于查看遗嘱人当时的身体以及精神状况;二是防止在出现多份遗嘱的情况下无法确定遗嘱订立的先后顺序。本章第1142条第3款规定:“立有数份遗嘱,内容相抵触的,以最后的遗嘱为准。”如果自书遗嘱没有一个明确的日期,则无法确定数份遗嘱的先后顺序,不便于继承纠纷的解决。

第四,关于自书遗嘱中的涂改、增删的问题。对遗嘱进行涂改、增删,实际上是对遗嘱进行修改,是在改变遗嘱原来的内容,是重大的法律行为,故虽然本条中没有对遗嘱的涂改、增删情况进行规定,但仍旧需要根据本条对自书遗嘱形式要件的要求来判断涂改、增删部分是否有效。即如果要使遗嘱中涂改、增删部分有效,那么涂改、增删行为应同时满足以下两个条件:(1)涂改、增删的内容部分是遗嘱人本人亲自所为,亲笔书写;(2)遗嘱人应该在涂改、增删的地方进行签名确认并注明涂改、增删的年、月、日。如此要求,是为了确保遗嘱中涂改、增删的地方是遗嘱人本人所为,体现遗嘱人的真实意愿。如果不能证明涂改、增删的地方是遗嘱人本人所写,那么涂改、增删的部分应是无效的。

关于自书遗嘱加注年、月、日的问题,还有以下几点需要注意:(1)该日期是公历还是农历的问题。关于该问题,法律并没有强制性的规定,即无论加注的是公历日期还是农历日期,只要该日期中的年、月、日三要素齐全,都应该是有效的。一般而言,如果加注农历日期,应该对此特别标注加以说明。如果无法确定加注的是公历日期还是农历日期,考虑到现在通行的是公历日期,故推定遗嘱人使用的是公历日期。(2)遗嘱主干部分实际完成的日期与遗嘱上加注的日期不符时,遗嘱是否有效。对于这个问题,如果遗嘱主干部分实际完成的日期早于遗嘱上标明的日期,且遗嘱上标明的日期是遗嘱人亲自加注,那么即使遗嘱主干部分实际完成的日期与加注的日期不符,也应认为遗嘱是有效的,且遗嘱上标明的日期应视为是遗嘱完成的日期,而不能以遗嘱主干部分实际完成的日期为准。此时,遗嘱人最后加注日期的行为可以视为是其对遗嘱主干部分内容的最终确认。如果遗嘱主干部分实际完成的日期晚于遗嘱上标注的日期,那么此时应该具体分析形成这一情况的原因,根据具体的案情酌情判定遗嘱是否有效。

《继承法意见》第40条规定:“公民在遗书中涉及死后个人财产处分的内容,确为死者真实意思的表示,有本人签名并注明了年、月、日,又无相反证据的,可按自书遗嘱对待。”根据该条规定,如果遗书符合自书遗嘱的规定,也可以视为有效的自书遗嘱。

【司法适用】

在处理涉及自书遗嘱的继承案件时，应着重审查该遗嘱的真实性和合法性。

首先，需要审查遗嘱人是否具有遗嘱能力，即遗嘱人是否为完全民事行为能力人。只有具有完全民事行为能力的人订立的遗嘱才可能是有效的遗嘱，无民事行为能力人或限制民事行为能力人订立的遗嘱是无效的遗嘱，即法律不认可这两类人所订立的遗嘱的效力。在确定遗嘱能力时，应以遗嘱人订立遗嘱时的精神状态为准，如果在订立遗嘱时具有完全的民事行为能力，在遗嘱订立完毕后变为无民事行为能力人或限制民事行为能力人，这种情况的变化是不影响遗嘱的效力的。如果在订立遗嘱时是无民事行为能力人或限制民事行为能力人，在此后恢复为完全民事行为能力人，在这种情况下，除非遗嘱人对遗嘱进行追认，否则该遗嘱即为无效的遗嘱。遗嘱人在追认时需要进行明示的追认，默示的不作为不能发生追认的法律效力。

其次，需要审查遗嘱是否为遗嘱人亲笔书写。在审查是否为遗嘱人亲笔书写时，一方面要审查遗嘱的主干部分是否为遗嘱人亲笔所写，另一方面也要审查遗嘱中遗嘱人的签名以及加注的年、月、日是否为遗嘱人亲笔所写。在这些内容中，只要有一项不是遗嘱人亲笔所书，该自书遗嘱即应认为是无效的遗嘱，该遗嘱所涉及的遗产即应按照法定继承办理。

在涉及自书遗嘱继承纠纷时，当事人往往会对遗嘱是否为遗嘱人亲笔书写产生争议，此时就涉及对自书遗嘱笔迹真实性的认定问题。在司法实践中，一般由否认遗嘱真实性的一方承担对遗嘱真实性的举证证明责任。最高人民法院《关于民事诉讼证据的若干规定》（法释〔2019〕19 号）第 92 条规定："私文书证的真实性，由主张以私文书证证明案件事实的当事人承担举证责任。私文书证由制作者或者其代理人签名、盖章或捺印的，推定为真实。私文书证上有删除、涂改、增添或者其他形式瑕疵的，人民法院应当综合案件的具体情况判断其证明力。"该规定自 2020 年 5 月 1 日起施行。自书遗嘱从性质上说也属于私文书证。根据该规定，自书遗嘱上如果没有删除、涂改、增添或其他形式瑕疵，应该推定该自书遗嘱为真实，相对方如果否认其真实性，应就其主张承担举证证明责任。北京市高级人民法院于 2018 年作出《北京市高级人民法院关于审理继承纠纷案件若干疑难问题的解答》。其第 23 条规定："……继承纠纷中，原则上应由持有遗嘱并主张遗嘱真实一方承担遗嘱真实性举证证明责任。在因无法提供足够的鉴定对比样本而导致遗嘱笔迹鉴定不能情况下，如有证据证明一方当事人持有鉴定对比样本而拒不提供的，人民法院可根据案情确定由该方承担不利后果。"在司法实践中，有人根据该解答认为提出遗嘱并主张遗嘱有效的一方应承担举证证明责任，如果对方否认遗嘱的真实性,则应由提出遗嘱的一方申请鉴定或提交其他证据来证明遗嘱的真实性,但也有人认为对遗嘱真实性的证明责任还是应由相对方来承担。在2020年5月1日最高人民法院《关于民事诉讼证据的若干规定》(法释〔2019〕19号)实施后,该争议即应平息,相关问题应该按该规定第92条的规定来处理。同时,我们认为,私文书证由制作者或者其代理人签名、盖章或捺印的,推定为真实是应该的。但私文书证上有删除、涂改、增添或者其他形式瑕疵的,提供该私文书证主张真实有效的一方当事人有进一步说明的义务;一方有理由对盖章或捺印的真实性怀疑的,对方当事人有进一步说明的义务,然后由人民法院综合案件的具体情况判断其证明力。

最后,关于遗嘱应注明年、月、日的问题。《继承法意见》第35条规定:"继承法实施前订立的,形式上稍有欠缺的遗嘱,如内容合法,又有充分证据证明确为遗嘱人真实意思表示的,可以认定遗嘱有效。"根据该条的规定,如果遗嘱上只标明了年,或只标明了年、月的,一般可能会被认为有效。但近些年来,为维护遗嘱的严肃性,一些落款日期不全的遗嘱被法院确认为无效遗嘱。北京市高级人民法院于2018年6月19日作出的《北京市高级人民法院关于审理继承纠纷案件若干疑难问题的解答》第17条规定:"……未严格按照法律规定的形式要件作出的遗嘱,人民法院应认定无效。签署日期不全的自书遗嘱应为无效。以遗书形式处分遗产的,如该遗书具备法律规定的自书遗嘱形式要件的,应认定有效。"实践中的这一变化,值得我们去注意。

【司法案例】

上诉人陈某A与被上诉人陈某B、陈某C、王某、陈某D、陈某E继承纠纷案①

诉讼结论:未注明年、月、日的自书遗嘱不符合遗嘱的形式要件,应是无效的遗嘱。

基本案情:孙某与陈某系夫妻关系,二人共生育子女四人,分别系陈某A、陈某B、陈某C以及陈某甲。陈某甲与王某系夫妻关系,二人生育一子一女,分别系陈某D、陈某E。陈某于1998年9月18日因病死亡注销户口,孙某于2011年3月20日死亡,陈某甲于2017年死亡。北京市某区某小区102号房屋产权人登记为陈某。陈某A要求判决涉诉房屋归其继承所有,并提交以下证据为证:(1)《遗嘱书》一份,内容为:"我现住某地102房屋是单位给我的。我愿给我女儿陈某A作

① 北京市第三中级人民法院(2019)京03民终11929号民事判决书。

继承人。有人扬言说儿子有继承权女儿没有继承权,怕我死后有人闹事,特此公证。陈某。”陈某A称遗嘱书书写于1991年,证明陈某以遗嘱形式将102号房屋确认由陈某A继承。陈某B、陈某C不认可该证据真实性及证明目的,并认为该证据没有落款日期,不符合自书遗嘱的形式要件要求。(2)1998年1月1日遗嘱一份,内容为:“我现住房单位给我的某处(此处有涂改)102,我不在以后由我女儿陈某A继承。陈某1998.1.1号。”陈某A称陈某书写遗嘱之时无人在场,后陈某病中告知其草写了一份遗嘱,出院后就去公证处进行公证,但没来得及公证陈某即去世,去世前陈某意识清楚,该份遗嘱系陈某A在箱子中自行发现。陈某B、陈某C不认可该证据真实性及证明目的,表示该遗嘱有涂改痕迹、与上一份遗嘱显示的笔迹不一致,陈某生前行事严谨,不会将遗嘱书写在格纸上、且无抬头和格式,无法确认该遗嘱是否系陈某的真实意思表示。法院向陈某A释明,原则上应由持有遗嘱并主张遗嘱真实一方承担遗嘱真实性举证证明责任。陈某A随即提出鉴定申请,后于当日撤回鉴定申请。在法院再次释明之后,陈某A坚持应由陈某B、陈某C就遗嘱真实性承担举证责任。(3)公证书一份,系孙某于1998年9月16日于公证处所立之公证遗嘱,内容为:“我叫孙某,与我夫陈某共有房产坐落在102号。陈某于98年7月18日病逝,现我立遗嘱将上述房产属于我的产权部分,在我百年之后,由我女儿陈某A继承。立遗嘱人:孙某(捺有指印)1998.9.16。”陈某A解释称,由于孙某不会写字,故公证员让陈某A的配偶刘某代写,公证员将遗嘱内容向孙某宣读后,孙某亲自捺印。陈某B、陈某C认可公证书真实性,但不认可证明目的,表示公证时间距离陈某去世时间较短,有理由怀疑孙某所立遗嘱非其真实意思表示,且遗嘱正文及签名并非孙某亲笔所写。(4)房产产权证一份,证明102房屋于1993年1月7日登记于陈某名下。

法院认为:根据《民事诉讼法解释》第90条之规定,当事人对自己提出的诉讼请求所依据的事实或者反驳对方诉讼请求所依据的事实,应当提供证据加以证明,但法律另有规定的除外。在作出判决前,当事人未能提供证据或者证据不足以证明其事实主张的,由负有举证证明责任的当事人承担不利的后果。依照法律的规定和相关司法解释的精神,继承纠纷中,原则上应由持有遗嘱并主张遗嘱真实的一方承担遗嘱真实性举证证明责任。陈某A提交两份遗嘱,其中一份《遗嘱书》中并未注明年、月、日,故该份遗嘱签署日期不全,此自书遗嘱应为无效。注明日期为1998年1月1日的遗嘱,陈某B、陈某C不认可其真实性,陈某A作为负有举证义务的一方并未提出充分证据证明其真实性,其应当承担举证不能的法律后果,故一审法院对于上述两份遗嘱均不予采信,并无不当。陈某A的上诉主张,缺乏事实和法律依据,二审法院不予采信。

第一千一百三十五条　代书遗嘱应当有两个以上见证人在场见证，由其中一人代书，并由遗嘱人、代书人和其他见证人签名，注明年、月、日。

【条文主旨】

本条是关于代书遗嘱的规定。

【条文理解】

《继承法》第17条第3款规定："代书遗嘱应当有两个以上见证人在场见证，由其中一人代书，注明年、月、日，并由代书人、其他见证人和遗嘱人签名。"2017年7月28日民法典继承编室内稿、2018年4月征求意见稿、2018年9月5日征求意见稿、2019年7月5日征求意见稿、2019年12月16日的征求意见稿、2020年5月22日送审稿均对这一款规定进行了修改，修改后的条文内容与本条规定相一致。

在法律沿革上，本条内容相较于上述第3款内容具有以下两点变化：第一，将该第3款作为单独的一个法律条文独立出来，以体现对遗嘱行为的重视；第二，《继承法》第17条第3款规定代书遗嘱由代书人注明年、月、日，其他见证人和遗嘱人只需签名而无须注明年、月、日。而根据本条的规定，遗嘱人、代书人和其他见证人不仅要签名，还要注明年、月、日，这一点在今后尤其要引起注意，避免因日期标注不全而导致对遗嘱效力产生争议。

代书，即他人代为书写的意思。代书遗嘱是指由遗嘱人口述而由他人代替遗嘱人书写遗嘱内容的一种遗嘱形式。因代书遗嘱的内容是由他人代为书写完成，故代书遗嘱又被称为代笔遗嘱。遗嘱是单方法律行为，且遗嘱自由，在法律规定的遗嘱形式范围内，遗嘱人可以自由选择遗嘱形式。在遗嘱人自己没有书写能力或者因其他原因而不能或不愿自己书写遗嘱时，可以由他人代为书写遗嘱内容，最后由遗嘱人对遗嘱进行确认、签字。

代书遗嘱是本章规定的遗嘱形式中的一种，除了应该符合本章关于遗嘱形式的要求外，其还有自身的一点特殊要求。在订立代书遗嘱的过程中，要注意遗嘱人口述和代书人代书、见证人见证的时空一致性。所谓的时空一致性包括两个方面的要求，一是指时间上的同步性，二是指空间即地点上的同一性。

在时间的同步性上，要注意遗嘱人的口述、代书人代为书写的行为以及见证人的见证行为是同时或基本上同时发生的。就遗嘱人来说，其应将全部的需要订立遗嘱的内容清晰、准确地表述出来。就代书人来说，其应将其所听到的内容如实地记录下来。就其他见证人来说，其应认真倾听遗嘱人所表达的意愿，并认真监督代书人是否履行了代书职责，同时负有核对代书人所书写的遗嘱内容是否与遗嘱人所表达的意愿相一致的职责。

在空间的同一性上,要注意遗嘱人、代书人、见证人这三类人要同时在同一个场合进行订立遗嘱的行为。代书人或遗嘱人不得在遗嘱订立完毕后另行找其他见证人签名表示见证,如果存在这种情况,代书遗嘱即是无效的遗嘱。即一个标准的代书遗嘱的订立过程应该是遗嘱人边口述、代书人边听写、见证人在旁边全程见证参与的过程。遗嘱人口述和代书人代为书写的过程应该是基本上同步的。本条虽没有明确规定代书遗嘱需要满足时空一致性要求,但考虑到这种遗嘱是由他人代为书写的,在订立该遗嘱的程序要素上也应有更为严格的条件,以此保证遗嘱不会被他人误解、曲解、篡改,保证遗嘱是遗嘱人真实意思表示的体现。

在代书遗嘱中,涉及三类人,一是遗嘱人,二是代书人,三是见证人。实际上,代书人和见证人的范围是有重合的。在代书遗嘱中,见证人中包含了代书人,即代书人身兼代书和见证两种职责。因为遗嘱是处分个人财产的重大民事法律行为,为保证遗嘱的真实性以及处分遗嘱人财产的意思表示的准确性,法律规定在订立代书遗嘱时,必须要有两个以上的见证人在场见证,由其中一人代书,并由遗嘱人、代书人和其他见证人签名,注明年、月、日。代书人在书写完毕遗嘱后,应将遗嘱的内容向遗嘱人进行宣读,或者将代书的遗嘱交由遗嘱人进行审核,以此确保遗嘱人的真实意思能够被完整、准确地记录下来。

在遗嘱最后注明年、月、日的时候需要注意三点:第一,遗嘱人、代书人、见证人应该是在同一份遗嘱的落款处注明年、月、日并签名。如果代书人、见证人没有在遗嘱上签名并注明年、月、日,而是另外再起草一份文件,将订立代书遗嘱的过程予以描述并在该文件上签名并注明年、月、日,这应该就是一份无效的代书遗嘱。因为本条明确规定代书人、见证人应该在遗嘱上签名并注明年、月、日,而遗嘱是要式法律行为,不符合法律规定的形式的遗嘱,都应是无效遗嘱。在订立遗嘱时,一定要根据法律的规定来订立,不能随意创造遗嘱的形式。第二,遗嘱人、代书人、见证人均需要在遗嘱上注明年、月、日,否则遗嘱无效。第三,注明的年、月、日三个要素必须要齐全,年、月、日三者缺一不可。

本条规定代书遗嘱由两个以上的见证人在场见证,由其中一人代书,即见证人和代书人的人数应该总计是两个以上,并不是将见证人和代书人的人数分别计算,需要两个以上的见证人,此外还需要代书人。在见证人的人数问题上,有的学者甚至认为两个见证人是不够的,需要至少三个以上的见证人,这种观点的出发点是好的,即为了最大限度地保证遗嘱是遗嘱人的真实意愿。

需要注意的是,并不是所有的人都可以作为见证人,法律对见证人的范围是有排除性的规定的。《民法典》第 1140 条即是对见证人的限制性规定,该条规定:

“下列人员不能作为遗嘱见证人：(一)无民事行为能力人、限制民事行为能力人以及其他不具有见证能力的人；(二)继承人、受遗赠人；(三)与继承人、受遗赠人有利害关系的人。”该条规定了此三类人员不得作为见证人。

【司法适用】

在处理涉及代书遗嘱的继承纠纷案件时，应根据本条以及本法相关条文的规定，重点审查代书遗嘱是否符合法律规定的遗嘱形式，代书遗嘱的内容是否为遗嘱人的真实意思表示，除了遗嘱一般的要件外，通常还应考虑以下五个方面的问题：

第一，在人员的范围上，要看是否有代书人和见证人。如果只有一个代书人，没有其他见证人，这种代书遗嘱是不能被确认为有效遗嘱的，只有见证人和代书人都具备的代书遗嘱才会被法律所认可。

第二，在人员数量上，要审查代书人和见证人的总人数是否在两人以上。如果代书人和见证人的总人数不足两人，这种代书遗嘱就是违法的，应被确认为无效遗嘱，遗嘱所涉及的遗产即应按照法定继承办理。

第三，在代书人、见证人的资格问题上，要审查代书人、见证人是否属于不得作为代书人、见证人的人。如果见证人或代书人属于《民法典》第1140条规定的三类人员中的任何一类，代书遗嘱即应是无效遗嘱。在这里需要注意的是，如果代书人和见证人共计是两人以上，且代书人和见证人均属于《民法典》第1140条所规定的三类人中的一类，此时代书遗嘱系无效遗嘱。但是，如果代书人和见证人中有些属于《民法典》第1140条所规定的三类人中的一类，有些不属于该三类人中的一类，此时，应如何确定代书遗嘱的效力？对此，应该从代书遗嘱要求有见证人见证的立法目的上来考量。代书遗嘱毕竟不是由遗嘱人亲笔书写，为避免遗嘱人的真实意思被误解、曲解乃至于被篡改，法律规定在订立代书遗嘱时应该由无利害关系的人员作为见证人，且规定必须要有两个以上的无利害关系的人员作为见证人、代书人，以此来达到相互监督、共同维护遗嘱人利益的目的。同时，法律规定代书遗嘱在订立时需要由见证人见证，也是为了避免遗嘱人受到外部利害关系人不正当的干预或影响，导致遗嘱人不敢或不便表达出自己的真实意思。故如果见证人或代书人中仅仅只有部分人存在法律禁止作为见证人的情形，该代书遗嘱也应被认定为无效的遗嘱。

第四，代书人、见证人是否在代书遗嘱上签名。代书人、见证人虽然在实际上进行了代书、见证，但如果他们没有在代书遗嘱上签名，该代书遗嘱就不符合法律规定的遗嘱形式，该遗嘱就应是无效的遗嘱。

第五，遗嘱人、代书人、见证人是否分别在遗嘱上注明了年、月、日。首先看这三类人是否分别注明了年、月、日，如果只有代书人注明了年、月、日，或者只有代书人、见证人注明了年、月、日，那么遗嘱一般情况下也是无效的。在特殊情况下，如果遗嘱人确实不识字或无法写字，因此不能或无法在代书遗嘱上注明年、月、日的，代书人应将相关情况在遗嘱中注明，在有条件的情况下，还应通过录音、录像的方式将订立遗嘱的过程记录下来。如果是这种特殊的情况，在司法实践中不应仅仅拘泥于遗嘱的形式，而是应该参考其他的证据材料，全面考察代书遗嘱的效力。

在涉及代书遗嘱的继承纠纷案件中，代书人、见证人还身兼证人的身份，证明该遗嘱是遗嘱人真实意思表示，且遗嘱人在订立遗嘱的过程中不存在被欺诈、胁迫的情形，遗嘱人完全是在自愿的情形下订立的遗嘱。同时还需要证明该遗嘱是完整的，不存在被篡改或伪造的情况。故此，代书遗嘱的见证人、代书人需要出庭接受双方当事人和法庭的询问，完整、如实地陈述遗嘱订立的过程。根据《民事诉讼法解释》第 119 条及第 120 条的规定，见证人、代书人在出庭作证时需要签署保证书，以保证其将如实作证并愿意承担作伪证的法律后果。如果其拒绝签署保证书，那么不得作为证人当庭陈述意见，进而也可以推定该代书遗嘱的订立存在重大的瑕疵，该遗嘱的合法性将得不到法院的认可，该遗嘱应被认定为无效的遗嘱，遗嘱所涉及的财产应当按照法定继承的相关规定进行处理。

在实践中，有人将代书遗嘱订立的全过程都进行录音或录像，并将该录音或录像作为证据提交给法院。此时，是否还需要代书遗嘱的见证人以及代书人本人出庭作证？对此，存在两种不同的意见，一种意见认为，录音或录像已经全面、真实地反映了遗嘱的订立过程，已经将事件的全貌直观地重现在我们的眼前，在此情况下仍旧要求代书人以及见证人出庭作证、接受询问，是完全没有必要的，如果这么做也是对司法资源和相关人员的时间、金钱和精力的浪费。另一种意见则认为，即使有全程的录音、录像，代书遗嘱的见证人和代书人也还是应该出庭接受询问的。因为录音、录像也仅仅只是一种证据形式，对于录音、录像的真实性、合法性有必要通过询问证人的方式加以核实，且遗嘱是一种严肃和重大的法律行为，在审查遗嘱，尤其是代书遗嘱这种并非由遗嘱人亲笔书写的遗嘱时，更应慎重。后一种意见更加合理，全面、审慎地审查遗嘱的形式和内容是很有必要的。

在司法实践中，还应注意的是遗嘱人、代书人、见证人必须是在同一份遗嘱上签上自己的姓名并注明年、月、日，代书人、见证人不得另行制作代书、见证的文件以代替在遗嘱上签名、标注日期，否则该遗嘱应被确认为无效。

【司法案例】

上诉人瞿A、瞿B与被上诉人瞿C、瞿D、瞿E遗嘱继承纠纷案①

诉讼结论:代书遗嘱应由遗嘱人当场口述遗嘱内容,其他人不得代为传达;代书人负责对口述内容进行记录,记录内容必须全面、完整地反映遗嘱人的真实意思表示,不得加入代书人自己或他人的意思,即代书遗嘱应当场制作、当场订立、符合时空一致性的要求。未当场制作遗嘱文本且无证据证明遗嘱是被继承人真实意思表示的,该遗嘱无效。

基本案情:被继承人瞿某于2017年3月死亡,生前未婚、无子女,其父母均已先于其死亡。其父母共育子女六人,分别为瞿某、瞿A、瞿B、瞿C、瞿D、瞿E。位于上海市某地一处房屋的所有权人登记为瞿某。2017年2月28日,瞿某委托上海一家律师事务所订立代书遗嘱,言明:"在我百年后,将我拥有的上海某地的房屋给我的弟弟瞿A、瞿B两人继承,每人各继承一半。"该遗嘱的代书人显示为上述律师事务所的甲律师,见证人显示为该律师事务所的乙律师。同日,该律师事务所就该遗嘱出具了见证书。在庭审中,乙律师出庭作证称:"此次见证由甲律师主要承办。据甲律师说,2017年2月28日,瞿B来到律师事务所,称被继承人瞿某想要订立遗嘱,并将相关人员的身份证件和房产证文本交与甲律师。同日下午,我和甲律师及一个助理共计三人到医院,为瞿某订立遗嘱。瞿某见到我们,就表示系争房屋由瞿A、瞿B继承,瞿A、瞿B一人一半产权。谈话过程中,我们询问了瞿某的身份情况、房屋地址等,从我们与瞿某的对话来看,瞿某神志清晰,只是中气不足。谈话中,助理负责拍照,但未制作谈话笔录,也没有录音录像。了解被继承人意愿后,三人返回律所,根据之前瞿某的口头表述为瞿某制作遗嘱。房产证以及瞿A、瞿B的身份证复印件应该是瞿B在委托的时候已经提交给甲律师了,所以我们在遗嘱中写了瞿A、瞿B的身份证号码。之后,我和甲律师返回医院,分别用上海话和普通话为瞿某宣读遗嘱,并要求瞿某签字。但瞿某的手无力握笔,最后甲律师在立遗嘱人处签字,让瞿某捺印。每份遗嘱有四个捺印,目的是保证有清晰的手印。印泥是我们随身携带的。被继承人捺印后,我们当场在见证书上盖了律所的公章。遗嘱一式三份,一份律所保留,一份留在瞿某的病床上,另一份交给瞿A、瞿B保管。此次见证收取了律师费,也出具了律师费发票,但我没有看到过委托合同,律师费发票复印件也是甲律师在庭前交给我的。"

---

① 上海市第二中级人民法院(2017)沪02民终10065号民事判决书。

法院认为:公民个人财产的继承权受法律保护。继承开始后,按照法定继承办理;有遗嘱的,按照遗嘱继承或遗赠办理。本案的争议焦点在于代书遗嘱的效力问题。代书遗嘱应由两个以上见证人在场见证,由其中一人代书,注明年、月、日,并由代书人、其他见证人和遗嘱人签名。遗嘱应由遗嘱人当场口述遗嘱内容,其他人不得代为传达;代书人负责对口述内容进行记录,记录内容必须全面、完整地反映遗嘱人的真实意思表示,不得加入代书人自己或他人的意思,即代书遗嘱应当场制作、当场订立、符合时空一致性。系争遗嘱并非代书人在遗嘱人口述遗嘱内容时的当场记录,而是代书人根据自己的记忆在事后整理的版本,整理过程中也没有遗嘱人口述时的谈话笔录、录音录像等资料可供参考,并不符合时空一致性的要求,无法证明遗嘱系立遗嘱人的真实意思表示。且遗嘱应由遗嘱人签名确认,瞿A、瞿B与证人均未提供证据证明遗嘱人立遗嘱时无法握笔,故遗嘱人仅在遗嘱上捺印并不符合代书遗嘱的形式要求。综上,系争遗嘱形成过程和形式均不符合法律规定,内容上也无法反映遗嘱人真实意思表示,故该遗嘱无效。

第一千一百三十六条　打印遗嘱应当有两个以上见证人在场见证。遗嘱人和见证人应当在遗嘱每一页签名,注明年、月、日。

【条文主旨】

本条是关于打印遗嘱的规定。

【条文理解】

本条所规定的打印遗嘱是"继承编"新增加的遗嘱形式。在立法过程中,2017年7月28日民法典室内稿、2018年4月征求意见稿、2018年9月5日征求意见稿、2019年7月5日征求意见稿、2019年12月16日的征求意见稿、2020年5月22日民法典送审稿均将打印遗嘱作为一种新的遗嘱类型进行了规定,各意见稿的条文内容与本条的内容均一致。

所谓打印遗嘱,即是指用电脑先将遗嘱内容书写完整,然后用打印机将书写好的遗嘱打印出来的遗嘱。根据本条的规定,在用电脑书写遗嘱时,使用何种字体、何种字号、何种办公软件等书写形式并无要求,也无禁止性的规定,即如何书写全凭书写人的意愿。在打印时,用何种打印机、用何种纸张也在所不问,只要打印的是书写人书写的内容即可。

在《民法典》实施前,处理继承纠纷案件时主要依据的是1985年施行的《继承法》以及《继承法意见》,在该《继承法》及其实施意见中均未规定打印遗嘱。究其原因，主要在于上述《继承法》颁行于我国改革开放初期，当时的经济发展水平相对较低，电脑、打印机普及率不高，一般人还无法接触此类科技产品，故在立法时没有考虑到打印遗嘱的问题。但是，随着社会的发展，人们的物质生活水平逐步提高，电脑、打印机等物品已经是触手可及的设备，对有些群体来说，甚至已经成为生活、工作的必备品。用电脑书写、用打印机打印也有着传统手写方式无法比拟的优势，如更加快捷、方便，更加正式、美观等。随着科技的日益发展，电脑已经广泛地融入人们的日常生活中，并成为大部分人的日常书写工具，以打印方式形成的遗嘱逐渐出现，因此而产生的纠纷也逐渐增多，而原有法律规定的遗嘱形式已经无法满足司法实践的需要，故《民法典》新增加了打印遗嘱这一遗嘱形式。

关于是否将打印遗嘱作为一种新的遗嘱形式加以规定是有争议的。有些学者主张不应将打印遗嘱作为一种新的遗嘱形式加以规定，有些学者认为应该将其作为新的遗嘱形式加以规定。持肯定观点的理由为因打印遗嘱是由电脑打印而成，难以鉴别是遗嘱人本人书写、打印，还是他人代为书写、打印，故应当将其作为一种新类型的遗嘱，增加见证人见证的形式要件，以保证打印遗嘱能够准确反映遗嘱人的真实意思表示。持否定意见的一方理由主要有两点：第一，法律规定的现有的遗嘱形式完全可以解决打印遗嘱的问题。电脑打印与传统手写只是书写方式以及书写工具的不同，二者并不存在本质的区别。如果在综合考虑遗嘱人的知识水平、是否能够使用电脑等情况，并结合其他证据材料后，能够证明打印遗嘱是由遗嘱人自己打印形成并签名且注明年、月、日，则这种遗嘱是符合自书遗嘱法律要件的，就可以将其认定为自书遗嘱，按照自书的法律规则进行处理。如果在综合考虑遗嘱人的知识水平、是否能够使用电脑等情况，并结合其他证据材料后，能够证明该打印遗嘱是由他人代为打印并由其他人见证的，则可以考虑该遗嘱是代书遗嘱，进而按照法律规定的代书遗嘱的规则进行处理。符合代书遗嘱法律要件的，即为有效遗嘱，不符合代书遗嘱法律要件的，即为无效遗嘱。第二，如果规定了打印遗嘱，在遗嘱的分类上就会存在重叠现象，因为法律规定的自书遗嘱、代书遗嘱、公证遗嘱都是可以以打印的形式表现出来的。《民法典》出台前，在如何认定打印遗嘱的性质问题上，甚至有激进的观点将其直接认定为自书遗嘱。其理由是《继承法意见》第40条规定："公民在遗嘱中涉及死后个人财产处分的内容，确为死者真实意思的表示，有本人签名并注明了年、月、日，又无相反证据的，可按自书遗嘱对待。"据此，打印遗嘱也就是自书遗嘱。这种激进的观点是值得商榷的。

打印遗嘱的字体是电脑字库中保存的字体，不同于传统的手写体，它不能使用传统的笔迹鉴定的方式来确定遗嘱内容是否为遗嘱人所写。为保证打印遗嘱的内容体现遗嘱人的真实意愿，不至于被他人伪造、篡改，故本条规定在订立打印遗嘱时需要有两个以上的见证人在场见证。这里规定的见证人数量也是两个以上，见证人的资格限制应该和代书遗嘱中见证人的资格限制一样，即不能是《民法典》第 1140 条规定的三类人员之一。

本条所规定的两个以上见证人在场见证，也应适用代书遗嘱中关于订立代书遗嘱的时空一致性的要求。即见证人应全程参与订立遗嘱的过程，见证遗嘱的全套制作程序。打印遗嘱实际上是通过两个步骤形成的，一是在电脑上书写遗嘱，二是在打印机上将遗嘱打印出来。因此，要求见证人全程参与遗嘱的订立过程，也即是要求见证人全程参与这两个步骤，即在书写遗嘱时其应在场，全程见证遗嘱人在电脑上书写遗嘱，在打印遗嘱时其也应该在场，全程见证电脑中的遗嘱被打印机打印出来。在遗嘱打印出来后，见证人还可以帮助检查打印出来的遗嘱内容与电脑上所书写的遗嘱的内容是否一致。

从字面意思上来看，本条并未要求打印遗嘱由其中一个见证人代为在电脑上书写并打印，打印遗嘱既可以是由遗嘱人本人在电脑上书写并打印的，也可以是他人代为在电脑上书写并打印。要求见证人在场只是为了证明该遗嘱是由遗嘱人亲自参与完成的，见证人承担了一般的证人的责任。从这个角度理解，打印遗嘱是由遗嘱人本人制作打印完成的，该遗嘱只是书写方式不同于传统的手写方式。因为这种书写方式较传统手写方式而言更容易被篡改，故而要求有两个以上的见证人在场见证，以保证遗嘱能够体现出遗嘱人的真实意愿。

在理解本条规定时，必须注意的是如果遗嘱在打印出来后不止一页，遗嘱人和见证人应当在遗嘱的每一页上都签上自己的姓名并注明年、月、日。由遗嘱人亲自制作并打印的遗嘱和由他人代为制作并打印的遗嘱在客观呈现效果上并无不同，这一点是和传统手写遗嘱不同的地方。传统手写遗嘱可以通过笔迹鉴定的方式确定真伪，而打印遗嘱中都是印刷字体，不易确定是由谁书写并打印出来，故需要遗嘱人和见证人在每一页上均签名并注明年、月、日，以此确定遗嘱的真实性和合法性。因打印遗嘱容易被伪造，而签名的字数又较少，容易被模仿，因此本条规定需要有两个以上的见证人，以达到相互监督的效果。关于姓名应如何签订、日期应如何注明的问题，同上述自书遗嘱的有关理解，在此不再赘述。

【司法适用】

实际上，在《民法典》颁行前，司法实践中已经出现了诸多涉及打印遗嘱的继承纠纷案件，但因为法律并未就打印遗嘱作出单独的规定，故不同的人民法院会有不同的认识和做法。在《民法典》颁行前的司法实践中，大多数人民法院还是根据打印遗嘱的制作人的不同来分别确定遗嘱的性质和效力。即如果有证据证明遗嘱是由遗嘱人本人在电脑上书写并打印出来,则将其作为自书遗嘱对待,按照自书遗嘱的法律要件来审查遗嘱的效力;如果有证据证明遗嘱是由他人在电脑上书写并打印出来,则将其作为代书遗嘱对待,按照代书遗嘱的法律要件来审查遗嘱的效力。

北京市高级人民法院在2018年6月19日发布的《北京市高级人民法院关于审理继承纠纷案件若干疑难问题的解答》中就对此进行了规定。其第18条规定:"……继承案件中当事人以打印遗嘱系被继承人自己制作为由请求确认打印遗嘱为有效自书遗嘱的,人民法院不予支持。但确有达到排除合理怀疑程度的证据表明打印遗嘱由被继承人全程制作完成,并具备自书遗嘱形式要件的,可认定为有效自书遗嘱。打印遗嘱由被继承人以外的人制作的,应符合法律规定的代书遗嘱形式要件。"当然,这只是对《民法典》颁行前的司法实践作一介绍和说明,在《民法典》颁行后,只要涉及打印遗嘱的问题均应按本条的规定来执行。《民法典》颁行后,各人民法院应该统一认识,将打印遗嘱作为一种新类型的遗嘱形式予以对待,只有符合本条规定的遗嘱形式要件的打印遗嘱才是有效的遗嘱,一般无须再分析该遗嘱究竟是自书遗嘱还是代书遗嘱这一问题。

本条规定虽然统一了司法认识,对解决实践问题有着积极的意义,但还是有一些问题需要我们在司法实践中加以注意:

第一,本条规定:"打印遗嘱应当有两个以上见证人在场见证。遗嘱人和见证人应当在遗嘱每一页签名,注明年、月、日。"如果遗嘱是由遗嘱人本人操作电脑进行书写并将遗嘱打印出来,且有两个以上无利害关系的见证人在场见证,在遗嘱上签名并注明年、月、日,那么该遗嘱完全符合本条的规定,应为有效遗嘱无疑。但是,如果打印遗嘱是由见证人之一操作电脑进行制作并由见证人之一将遗嘱打印出来,那么该遗嘱应如何对待?此时,应将遗嘱作为代书遗嘱进行处理,审查其是否符合代书遗嘱的法律要件,如果其符合代书遗嘱的法律要件,则为有效遗嘱,反之则应为无效的遗嘱。如果遗嘱是由遗嘱人本人在电脑上制作完成,但是却是由见证人之一负责打印出来,那么此时应如何认定遗嘱的效力?在这种情况下,应区别对待,即如果有证据证明在打印的过程中遗嘱人全程参与,且遗嘱在打印时没有被修改,那么还是应认为遗嘱有效。如果遗嘱人并未全程参与打印的过程,即使其在遗嘱上签名,也应遵守遗嘱形式的要式原则,认定该遗嘱系无效的遗嘱。

第二,如果遗嘱人先用传统手写的方式书写了遗嘱,之后无论出于何种目的,将手写遗嘱交与打印店工作人员用电脑抄录并打印,在打印的遗嘱上并无其他见证人见证,此时如何确定该打印遗嘱的效力?此时,还是应该谨守遗嘱形式法定的原则,确认打印遗嘱无效。

第三,在打印遗嘱不止一页的情况下,遗嘱人、见证人只是在遗嘱的最后一页上签名并注明年、月、日,或者遗嘱人、见证人只是在遗嘱中的某些页面上签名并注明年、月、日,或者遗嘱人、见证人中的某些人只是在遗嘱的某些页面上签名并注明年、月、日,此时如何确定遗嘱的效力?此时,也应按照遗嘱形式法定的原则来确定遗嘱的效力。没有遗嘱人、见证人签名并注明年、月、日的遗嘱部分是无效的。因为在打印遗嘱不止一页的情况下,如果没有遗嘱人、见证人的签名,无法保证未签名的页面上的内容是遗嘱人的真实意思表示,不能保证这些页面上的内容没有被伪造或被篡改,故从保障遗嘱人及其继承人合法权益的角度考虑,对此应该从严把握。此时应该注意的是,在这种情况下,并不是指遗嘱应该全部无效,而是没有签名的页面的内容无效。当然,如果有签名的部分和没有签名的部分是一个不可分割的整体,认定没有签名的部分无效后无法确定有签名部分的具体内容时,该遗嘱以认定全部无效为宜。

第四,部分内容为传统手写字迹、部分内容为打印字体的遗嘱的效力如何认定?根据本条的规定,只要是涉及打印部分,均应有两个以上无利害关系的见证人在场见证,若无两个以上的见证人,打印部分应认定无效。如果打印部分和手写部分形成了一个不可分割的整体,那么整个遗嘱应属无效。如果手写部分与打印部分是可以分开来的两个部分,内容各自相互独立,则需要审查手写部分是否为遗嘱人本人所写,分别按照自书遗嘱和代书遗嘱的法律要件进行审查,符合法律规定的要件的,则分别按照自书遗嘱和代书遗嘱进行处理。既不符合自书遗嘱要件,又不符合代书遗嘱要件的,则遗嘱全部无效,按照法定继承的规则处理遗嘱所涉及的遗产。

我国目前对遗嘱的形式采用了较为严格的法定主义,这在一定程度上有利于保障遗嘱人的合法权益。但是由于我国地域广大,人们的知识水平不同,法律意识程度高低有别,有些人的法律意识不强,其所立的遗嘱在形式上往往不符合法律的要求,在实践中也常会遇见遗嘱人所立的遗嘱因为不符合法定要件而不被法律所认可的情况。人民法院在审理涉及遗嘱纠纷的案件时,应加大对法律的宣传,促进人们对遗嘱形式的了解,以便于其在希望立遗嘱时能够订立合法有效的遗嘱。本条的规定直接影响到人们的切身利益,在《民法典》施行后,必然会遇到不符合法律规定要件的打印遗嘱,在此时,要处理好法律和情理之间的关系,妥善解决纠纷。

【司法案例】

上诉人陈 A 与被上诉人陈 B、原审原告陈 C、陈 D、魏 A、魏 B、原审被告陈 E 继承纠纷案[①]

诉讼结论：打印遗嘱没有证据证明是遗嘱人自己打印，且遗嘱中没有代书人、见证人的，该遗嘱无效。

基本案情：陈某与高某系夫妻，育有子女六人，即陈 A、陈 B、陈 C、陈 D、陈 E、陈某甲。高某于 2010 年 10 月 11 日因死亡注销户口，生前未留遗嘱；高某死亡后陈某未再婚。陈某于 2016 年 11 月 3 日死亡。陈某甲于 2018 年 10 月 27 日死亡，生前未留遗嘱。陈某甲与魏某系夫妻关系，二人育有二女魏 A、魏 B，魏某于 2003 年死亡。陈某拥有北京市某区 4－4 房屋、55 号房屋和 158 号房屋。陈 A 提交 2016 年 10 月 16 日《遗嘱》一份，其上载明："我病重，并随时可能发生意外，故特立此遗嘱，表明我对自己所有的财产在去世之后的处理意愿。我的多半生都是我的女儿陈 A 陪伴照顾，因儿女为我的财产分争，今我为女儿陈 A 立下遗嘱。我名下老宅 55－1 号和 158 号房子全是女儿陈 A 与我共建，我百年后，老宅房产属于我的部分由我的女儿陈 A 全部继承。此遗嘱是我的真实意愿。立遗嘱人：陈某。2016 年 10 月 16 日。"除陈某签字外，其余内容均为打印。陈 A 陈述该《遗嘱》系他人在病房门口楼梯处交给陈 A，无证人。陈 E 提交 2016 年 5 月 18 日《遗嘱》一份，其上载明："我儿子陈 E 对我和老伴一直很孝顺，一直伺候并照顾我们，并给他妈妈养老送终。我百年后愿意把 55 号院内的三间房子送给我儿子陈 E，他负责给我养老送终。立遗嘱人：陈某。日期：2016. 5. 18. "除陈某签字及日期外，其余内容均为打印。陈 E 陈述该《遗嘱》系其与陈某散步时在打印店打印，并申请案外人沈某出庭作证，证言内容为："三年前我去活动中心打球，碰到陈 E，他让我下午和他出去一趟。陈 E 开车，下午两点左右在我家接上我，又到村里接一个老头，到一个打印地方，一个小伙子在，听陈 E 说打一个遗嘱证明。老头进去，小伙子给老头搬椅子坐，老头说，小伙子打印，打印后小伙子念，老头听，念了两遍，老头签字，我们就走了。"陈 D 提交 2010 年 12 月 8 日《遗嘱》一份，其上载明："北京市某区 4－4 房屋，此房由儿子陈 D 出钱购买、装修。由于陈 D 忠心赡养，照顾有至、态度良好，因此我陈某自愿将此楼房无条件赠与我儿子陈 D 所有。陈某，2010 年 12 月 8 日。"内容全部为手写。陈 B 提交《遗嘱》两份，一份载明："我过世后，坐落于某区 55 号的房屋所有权的份额归女儿陈 B 所有，其他人无权所有。立遗嘱人：陈某。

① 北京市第二中级人民法院（2019）京 02 民终 10643 号民事判决书。

日期2010年11月14日。”另一份载明：“我过世后，将我位于某区4－4的楼房一套由女儿陈B继承。立遗嘱人：陈某。日期2010年11月30日。”内容全部为手写。双方均不申请对上述《遗嘱》进行鉴定。

法院认为：自书遗嘱由遗嘱人亲笔书写，签名，注明年、月、日。代书遗嘱应当有两个以上见证人在场见证，由其中一人代书，注明年、月、日，并由代书人、其他见证人和遗嘱人签名。本案中，陈A、陈B、陈E提交的《遗嘱》均涉及诉争55号房屋，陈B提交的《遗嘱》均为手写，陈A提交的《遗嘱》除陈某以外均为打印，陈E提交的《遗嘱》除陈某与日期以外均为打印。根据相关规定，当事人以打印遗嘱系被继承人自己制作为由请求确认打印遗嘱为有效自书遗嘱的，人民法院不予支持，但确有达到排除合理怀疑程度的证据表明打印遗嘱由被继承人全程制作完成，并具备自书遗嘱形式要件的，可认定为有效自书遗嘱。打印遗嘱由被继承人以外的人制作的，应符合法律规定的代书遗嘱形式要件。陈A陈述该《遗嘱》系他人交予，未向法院提供充分证据证明该遗嘱系陈某全程制作完成或他人制作，法院对该《遗嘱》不予认定；陈E陈述该《遗嘱》系打印店打印，但其上仅有陈某签字，并无代书人、见证人签字，证人证言亦缺乏证明力，法院对该《遗嘱》亦不予认定；陈B提交的《遗嘱》符合自书遗嘱的形式要件，双方当事人亦未申请鉴定，故法院对该份《遗嘱》予以认定，应按陈B提交的遗嘱来处理诉争55号房屋的分割问题。

第一千一百三十七条　以录音录像形式立的遗嘱，应当有两个以上见证人在场见证。遗嘱人和见证人应当在录音录像中记录其姓名或者肖像，以及年、月、日。

【条文主旨】

本条是关于录音录像遗嘱的规定。

【条文理解】

在《民法典》颁行前，人民法院处理继承纠纷案件主要依据的是1985年《继承法》。该法第17条第4款规定：“以录音形式立的遗嘱，应当有两个以上见证人在场见证。”2017年7月28日民法典继承编室内稿以及2018年4月征求意见稿、2018年9月5日征求意见稿、2019年7月5日征求意见稿、2019年12月16日的征求意见稿以及2020年5月22日民法典送审稿均对这一款规定进行了修改，修改后的条文内容与本条规定相一致。

本条内容相较于上述第 4 款内容具有以下三点变化:第一,在遗嘱的形式上,将原来的“录音遗嘱”修改为“录音录像遗嘱”。《继承法》只规定了录音的形式,而《民法典》这一条增加规定了录像形式。第二,在遗嘱人和见证人的确认方式上,增加了遗嘱人和见证人应当在录音录像中记录其姓名或者肖像的内容。第三,在立遗嘱的日期规定上,增加了遗嘱人和见证应当在录音录像中记录年、月、日的内容。

在遗嘱的形式上,本条实际上是规定了两种形式的遗嘱,一是录音遗嘱,二是录像遗嘱。录音指的是以录音机、录音笔、录音带等方式录制下来的遗嘱人的遗嘱,这种遗嘱只是记录遗嘱人的声音,无法记录遗嘱人的影像。这种以录音形式订立的遗嘱记录的只是遗嘱人的口述遗嘱。录像遗嘱指的是以录像机、照相机等可以录制声音和影像的器材所录制的遗嘱人的遗嘱,这种遗嘱既可以记录遗嘱人的声音,也可以记录遗嘱人的影像,相比于录音遗嘱而言,更为直观,也更容易体现遗嘱人的真实意愿,这种遗嘱记录的也只是遗嘱人口述的遗嘱内容。

《继承法》仅规定了录音遗嘱,而未规定录像形式的遗嘱,究其原因也是因为当时的经济发展水平相对不发达,录像设备不普及,人们不易利用录像设备订立遗嘱。实际上,在《继承法》中规定录音遗嘱,以当年的经济发展水平来看也是较为先进的立法理念。在当时,有学者认为录音遗嘱是该《继承法》推出的一种全新的遗嘱形式,这种形式是我国继承法律立法中首次采用,在世界上也是独一无二的。

随着社会生活的发展和科学技术的进步,录音遗嘱已经不能满足人们的需求,要求立法增加录像遗嘱的呼声越来越高,产生这些现实需要的原因主要有三点:第一,录音遗嘱只能记载遗嘱人的声音,而不能直观地记载立遗嘱时遗嘱人的影像状况及周边环境情况,容易让人产生合理的怀疑;第二,人的声音在经过录制后,会产生一定的音变,且保存声音的载体随着时间的推移也可能在之后播放录音时对声音的音质产生一定的影响,导致声音失真,在遗嘱人死亡后,不宜确定所录制的声音是否为遗嘱人本人的声音;第三,录像设备已经逐渐融入人们的生活中,时至今日,录像设备几乎人手一台,随时随地都可以录像,录像甚至已经成为一些人日常生活在无意中不可或缺的一部分,录像可以给人们呈现出视听双重景象,有利于查知遗嘱人的真实意思表示,维护遗嘱人及相关继承人的合法权益。

本条正式规定了自然人可以通过录音录像的形式订立遗嘱,为今后的录像遗嘱的出现提供了正式的法律依据。

和代书遗嘱、打印遗嘱一样,在订立录音录像遗嘱时,也需要有见证人在场见证,且需要有两个以上的见证人在场见证。这些见证人需要和遗嘱处理的财产没有利害关系，需要满足《民法典》第1140条对见证人资格所做的限制性规定，即录音录像遗嘱的见证人不得是该条规定的三类人员之一，如果见证人在该条规定的三类人员范围内，那么就会因见证人身份不合法而导致录音录像遗嘱的无效。

在理解本条时尤其需要注意本条后半段的规定，即"遗嘱人和见证人应当在录音录像中记录其姓名或者肖像，以及年、月、日。"本条这一后半段的规定是《民法典》新增加的内容，是对该种遗嘱形式要件的规范。如果遗嘱人和见证人没有在录音录像中记录姓名或者肖像，并说明年、月、日，该遗嘱就不符合本条关于录音录像遗嘱的形式要件，应被确认为无效的遗嘱。在这里，需要在遗嘱中记录姓名或者肖像的人员有两类，一是遗嘱人，二是见证人，缺一不可。

只有遗嘱人在遗嘱中记录了姓名或者肖像而见证人没有做相关的记录，或者只有见证人在遗嘱中记录了其姓名或者肖像而遗嘱人没有做相关的记录，这两种情况都是不符合法律规定的，遗嘱的效力均不会被法律认可。

如果录音录像遗嘱存在两个以上的见证人，只有遗嘱人和部分见证人在遗嘱中记录了姓名或者肖像，在这种情况下，需要分情况判断遗嘱的效力，一般可以区分为以下两种情况。第一，在场见证的见证人的人数只有两个的情况。在这种情况下，如果只有一名见证人在遗嘱中记录了姓名或者肖像，那么该遗嘱应该是无效遗嘱，因为它违反了本条关于见证人的相关规定。按照本条规定，以录音录像订立的遗嘱，应当有两个以上见证人在场见证，按照条文的意思，在场见证的两名见证人均需要在遗嘱中记录其姓名或者肖像。第二，在场见证的见证人的人数在两人以上的情况。在这种情况下，录音录像遗嘱并不是当然无效的。如果在场见证的见证人中有两人或者两人以上在遗嘱中记录了姓名或者肖像，那么此时的遗嘱是符合法律规定的形式要件的，该遗嘱不会因见证人记录姓名或者肖像的问题而被认定无效。但是，如果在场见证的见证人只有一人在遗嘱中记录了姓名或者肖像，其他见证人没有做相关的记录，那么该遗嘱即为无效的遗嘱。即如果在场见证的见证人人数多于两人，本条并不要求所有在场见证的见证人都必须在遗嘱中记录姓名或者肖像，只要有两人或者两人以上在遗嘱中记录了姓名或者肖像即可。

本条规定录音录像遗嘱应当有两个以上的见证人在场见证，即见证人最少必须是两人。关于人数的问题，本条对其上限没有做限制性规定。从理论上来说，见证人可以是无穷多个，见证人越多，越能保证遗嘱人在立遗嘱时能充分表达自己的真实意愿。无论有多少个见证人，法律均要求所有的见证人必须全程参与录音录像遗嘱的订立的全过程，即都必须亲自在场，不得委托他人在场见证，如果委托他人代为见证，则受托人为见证人，委托人不能成为符合条件的遗嘱见证人。

本条规定遗嘱人和见证人应当在录音录像中记录其姓名或者肖像。按照本条规定，遗嘱人和见证人只需要在录音录像中记录姓名或肖像其中一种即可，无须两种都记录，但同时记录姓名和肖像效果会更好，在今后发生纠纷时更容易确定遗嘱的效力。在记录姓名时，应注意以下两点：第一，遗嘱人和见证人应当清晰地说出自己的正式的姓名，亦即其应清晰地陈述其在居民身份证或者户口簿上登记的姓名，包括姓氏和名字，最好是能够念出自己的身份证编码，以便于确定遗嘱人和见证人的身份。关于姓名的问题，可以参照上文关于自书遗嘱签名的相关论述，在此不再赘述。第二，在记录姓名时，遗嘱人和见证人应按照一定的顺序，依次进行，以便于确保陈述的清晰和真实性。在记录肖像时，应将录像镜头焦距对好，不能模糊，上半身影像和全身影像都应在录像中有所反映，尤其是脸部图像更需要清晰地呈现出来。

在使用录音录像方式订立遗嘱时，为保证音像资料所呈现信息的完整性，应该使用一镜到底的方式进行录制。即从开始订立遗嘱时就进行录制，直到遗嘱订立完毕为止，在此期间不要关机，不要暂停，全程无休地录制，在录制设备出现故障时应重新从头开始录制。在使用录像方式订立遗嘱时，遗嘱人和见证人的特写镜头以及呈现订立遗嘱时的全部环境场景的全景镜头都应有所体现。

在遗嘱记录年、月、日的问题上，需要注意以下几个问题：第一，遗嘱所记录的年、月、日三要素必须齐全，年、月、日三者缺一不可，记录日期不全的遗嘱是无法被法律所认可的，应作为无效的遗嘱对待。第二，遗嘱人和见证人都必须在录音录像中记录年、月、日。

同时，我们也应该看到，法律认可录音录像形式的遗嘱是基于科技的进步和录音录像设备的普及，但科技也是一把“双刃剑”，它能为我们带来便捷，也可能为我们制造一些障碍。遗嘱人订立的录音录像遗嘱在一定条件下可能会被人剪辑、修改、伪造，这就要求遗嘱人在订立完毕这类遗嘱后，要及时地封存并妥善地保管，以防止遗嘱被人为地变动。在封存和保管遗嘱的问题上，也可以依靠科技的发展。区块链具有不易被篡改、去中心化的特点，这种互联网技术可以作为今后保存录音录像遗嘱的一个可靠的途径。同时，遗嘱受益人在知道遗嘱内容且遗嘱生效后，应及时以遗嘱为依据主张自己的权利，以避免因录音录像资料的载体随着时间的推移而损坏，导致无法识别遗嘱的内容，进而不利于保护自己的合法权益。

【司法适用】

司法实务中，在遇到涉及录像遗嘱纠纷的继承案件时，应以本条为依据审查遗嘱的效力。在遗嘱形式上，应肯定录音录像遗嘱形式的合法性，因为这是本编明确规定的一种遗嘱形式。

在审查遗嘱效力时，除了遗嘱一般的有效要件外，还应注重审查见证人的人数以及见证人的资格问题。如果在场见证的见证人少于两人，则遗嘱应被确定为无效；如果在场见证的见证人是两人以上，但在录音录像遗嘱中记录姓名和日期的见证人只有一人，那么这种遗嘱也应视为无效的遗嘱。即应注意实际的见证人和在遗嘱中记录姓名、日期的见证人数量是否一致，见证人的数量应以在遗嘱中有记录的人员数量为准。在见证人资格问题上，即使见证人在遗嘱中记录了姓名和日期，但如果见证人属于本编第1140条规定的三类人员之一，遗嘱也应被认定为无效。

关于本条规定的注明年、月、日的问题，在司法实务中究竟应如何理解？如果遗嘱人、见证人没有在遗嘱中口述自己的姓名和日期，而是在封存遗嘱的材料上写上自己的姓名和日期，这种行为应如何认定？这种行为应视为遗嘱不符合本条规定的遗嘱形式要件，应被认为是无效遗嘱。因为按照本条的规定和法律设立录音录像遗嘱的初衷，遗嘱人和见证人应该是在录音录像中口述自己的姓名和日期，而不是另行在遗嘱载体或者载体的封存材料上签名并标注日期，更不能是见证人另行书写书面材料对遗嘱的见证过程加以说明。

在见证人的出庭问题上，应该强调见证人出庭作证的义务。如果见证人无正当理由不出庭作证并接受法庭和双方当事人的询问，则有理由相信遗嘱的订立存在疑点，这种遗嘱是不能被认定为有效遗嘱的。

如果遗嘱有两个以上符合条件的见证人，但只有部分见证人出庭作证，此时应如何处理？在这种情况下，如果只有一名见证人出庭，且其他未出庭的见证人是无正当理由不出庭，也应认为遗嘱无效。因为法律规定了录音录像遗嘱应由两个以上见证人在场见证，那么在出庭接受询问的问题上，也应由两个以上的见证人出庭说明情况，这么做一方面便于法庭及双方当事人全面了解遗嘱的订立过程以及相关情况，另一方面也是为了审查见证人之间的证词是否一致，是否应该被采纳。但如果存在两个以上符合条件的见证人，也无须全部见证人均出庭，只要有两个符合条件的见证人出庭即可。

【司法案例】

上诉人刘A与被上诉人郭某、原审原告刘B、原审被告沈某继承纠纷案①

诉讼结论：录音遗嘱没有两个以上见证人的，遗嘱无效。录音遗嘱的见证人

---

① 北京市第二中级人民法院(2019)京02民终14152号民事判决书。

无正当理由不出庭作证，又无其他证据证明录音遗嘱真实性、合法性的，该遗嘱为无效遗嘱。在录音遗嘱无效后，应按法定继承或者其他有效的遗嘱处理相应的遗产。

基本案情：郭某系郭某甲与他人之女，2006年郭某甲与郭某生父离婚时，经法院调解确认郭某由郭某甲自行抚养。2010年，郭某甲与被继承人刘某结婚，婚后带郭某与刘某共同生活。沈某系被继承人刘某母亲。刘A系刘某妹妹。刘B系刘某姐姐。被继承人刘某于2017年死亡，其父于2016年死亡。被继承人刘某在婚前承租了203号公房。2016年，刘某作为乙方与作为甲方的拆迁单位签订房屋征收补偿协议，协议载明拆迁单位将该处房屋拆迁，甲方向乙方支付被征收房屋评估价值1,106,302元及其他拆迁补偿、补助款合计261,357.84元。刘A提交了视频，证明被继承人刘某生前将财产给予其姐姐刘B和妹妹刘A。郭某对视频真实性认可，但证明目的不认可，称当时刘某已经意识不清，是被刘A诱导所言；刘B和沈某对视频的真实性和证明目的予以认可。刘A提交了打印遗嘱及视频，证明被继承人刘某将名下的现金和存款、房屋留给其母亲沈某、姐姐刘B、妹妹刘A。郭某对此不予认可，认为当时刘某生病，没有做出遗嘱的能力，而且视频也不符合遗嘱的形式，因为没有无利害关系的两名见证人在场。沈某提交了被继承人刘某手书记录，欲以证明刘某处分其财产与刘某的遗嘱视频内容及遗嘱是一致的，不存在刘某受到诱导、胁迫签署遗嘱的情况。郭某对此不予认可，称该记录是编造的。刘A和刘B对手书记录的真实性和证明目的予以认可。

法院认为：继承从被继承人死亡时开始。遗产是公民死亡时遗留的个人合法财产。继承开始后，没有遗嘱或遗赠扶养协议的，按照法定继承办理。同一顺序继承人继承遗产的份额，一般应当均等。关于刘某的遗嘱问题。刘A提交了刘某的遗嘱及视频，主张按遗嘱继承。法律规定的遗嘱形式包括公证遗嘱、自书遗嘱、代书遗嘱、录音遗嘱等。《继承法》第17条第2款规定自书遗嘱由遗嘱人亲笔书写，签名，注明年、月、日。第3款规定代书遗嘱应当有两个以上见证人在场见证，由其中一人代书，注明年、月、日，并由代书人、其他见证人和遗嘱人签名。第4款规定以录音形式立的遗嘱，应当有两个以上见证人在场见证。该遗嘱系打印件，刘A认可遗嘱内容系他人代为打印后交由刘某本人签名。该打印遗嘱并非由被继承人刘某本人全程制作完成，不符合法律规定的自书遗嘱形式要件；遗嘱上无见证人签名，亦不符合代书遗嘱形式要件。刘A提交视频欲证明刘某自己宣读遗嘱，经释明，刘A称该遗嘱应视为录音遗嘱，并称当时有见证人。法院要求见证人出庭作证，但开庭时并无人到庭作证。该视频没有符合法律规定的两名以上见证人在场见证，亦不符合录音遗嘱形式要件。综上，刘A提交的遗嘱和视频，法院不予采信。沈某提交被继承人刘某手书记录，证明被继承人刘某自己书写处分其财产的内容与刘某的遗嘱及视频内容一致。郭某对该手书内容的真实性不予认可，该手书材料记载的内容与本案缺乏关联性，故法院不予采信。本案中，被继承人刘某未留遗嘱或遗赠扶养协议，故按照法定继承处理遗产，被继承人刘某的遗产由其法定继承人按照等额进行继承。

第一千一百三十八条 遗嘱人在危急情况下，可以立口头遗嘱。口头遗嘱应当有两个以上见证人在场见证。危急情况消除后，遗嘱人能够以书面或者录音录像形式立遗嘱的，所立的口头遗嘱无效。

【条文主旨】

本条是关于口头遗嘱的规定。

【条文理解】

在《民法典》颁行前，人民法院处理继承纠纷案件主要依据的是《继承法》。该法第17条第5款规定："遗嘱人在危急情况下，可以立口头遗嘱。口头遗嘱应当有两个以上见证人在场见证。危急情况解除后，遗嘱人能够用书面或者录音形式立遗嘱的，所立的口头遗嘱无效。"本条对该款的规定进行了一定的修改，但修改不大，只是将该第5款中的"遗嘱人能够用书面或者录音形式立遗嘱的，所立的口头遗嘱无效"修改为"遗嘱人能够以书面或者录音录像形式立遗嘱的，所立的口头遗嘱无效"。做文字上的改动也是因为本编第1137条将《继承法》第17条第4款规定的录音遗嘱修改为了录音录像遗嘱，本条为了和前述条文相衔接，故而将录音遗嘱修改为录音录像遗嘱。

本条在制定过程中几经易稿。2017年7月28日，民法典继承编室内稿第22条规定："遗嘱人在危急情况下，可以立口头遗嘱。口头遗嘱应当有两个以上见证人在场见证。危急情况消除后，遗嘱人能够用书面或者录音录像形式立遗嘱的，所立的口头遗嘱无效。"这一条的规定和本条内容并无不同。

在本条制定过程中，争议最大的问题是是否规定口头遗嘱的有效期。在学理上，根据遗嘱订立背景和要求的不同，可将遗嘱划分为普通遗嘱和特殊遗嘱。口头遗嘱即为特殊遗嘱，本章所规定的其他类型的遗嘱均为普通遗嘱。在国外立法例中，有些国家的民法中规定了口头遗嘱的有效期或失效期，如法国和日本民法规定为6个月，瑞士民法规定为2周。在本编立法过程中，有学者建议借鉴国外立法例，对我国口头遗嘱也规定一定期限的有效期。但在立法过程中，有的常委委员提出之前草案中规定的3个月期限的起算点不明确，且口头遗嘱只是在危急情况下才适用，危急情况消除后，遗嘱人已能够用其他形式订立遗嘱，故其所立的口头遗嘱即应无效，不必再规定3个月的期限。全国人大宪法和法律委员会经过研究，采纳了这一意见，将"所立的口头遗嘱经过三个月无效"修改为"所立的口头遗嘱无效"，删除了之前草案中关于3个月期限的规定。本条中亦未规定"口头遗嘱经过三个月无效"。

根据本条的规定，口头遗嘱指的是遗嘱人在危急情况下，通过口述的方式表达的处分其身后财产的意愿，其表现形式是口头的，并不记载于任何载体上。

在理解本条规定时，有以下几点需要予以注意：

第一，订立口头遗嘱是有一定的前提条件的，并不是在任何情况下都可以订立口头遗嘱。这个前提条件指的就是遗嘱人遇到了危急的情况，只有在危急情况下，才可以订立口头遗嘱。在这里就涉及一个问题，即何为危急情况。对此，本条乃至本编其他条文均未作出规定。就一般的理解，危急情况指的应该是导致遗嘱人无法以自书、代书、打印、录音录像、公证等其他形式订立遗嘱的情况，如发生了突然的自然灾害、突发意外事故、爆发了战争、突患危及生命的疾病等，只要是导致遗嘱人在客观上无法或没有能力以其他方式订立遗嘱的情况均应视为是本条所规定的危急情况。关于危急情况问题，全国人大或最高人民法院应尽快出台相应的规定对此予以明确，否则，在危急情况含义不明的情况下，人们无法作出有效的选择，会显得无所适从，进而也就不愿选择以口头的方式订立遗嘱，达不到预期的法律效果。

第二，本条规定的口头遗嘱指的是遗嘱人口述的遗嘱内容，即遗嘱受益人、遗产的分配原则、遗嘱执行人等内容都是由遗嘱人口头表达的，无须将其以任何的方式记录下来。

第三，口头遗嘱应当有两个以上的见证人在场见证。这里见证人的人数应是两人以上。见证人应该是无利害关系的人员，不能是本编第1140条规定的三类人员之一。见证人应该亲自全程参与遗嘱人订立遗嘱的过程，不能由他人转述遗嘱人口述的遗嘱内容。见证人在场见证的方式为亲耳聆听遗嘱人口述的遗嘱内容，并将其所听到的内容如实记录下来，没有条件进行书面记录的，应该尽量凭借记忆记住遗嘱的内容。如果在发生危急情况的时候只有遗嘱人一人在场，此时，遗嘱人是无法通过遗嘱的方式处理自己的财产的，如果其能够生还，可以在生还后另立遗嘱，如果其无法生还，则只能按照法定继承办理。

第四，在危急情况解除后，遗嘱人能够以书面或者录音录像形式立遗嘱的，应该尽快以书面或者录音录像形式订立遗嘱。口头遗嘱作为一种危急情况下的应急措施，在危急情况解除后，其应急的功能即归于消灭。且口头遗嘱的内容不容易固定，容易被人伪造、篡改，且随着时间的推移，口头遗嘱见证人的记忆也会模糊。故本条规定，在危急情况解除之后，遗嘱人有条件订立其他形式的遗嘱的，应当订立其他形式的遗嘱。

第五，在危急情况消除后，口头遗嘱的效力问题。根据本条的规定，危急情况消除后，口头遗嘱并非直接归于无效。危急情况消除后，只有在遗嘱人能够以书面或者录音录像形式订立遗嘱的情况下，口头遗嘱才归于无效。那么应如何理解"遗嘱人能够以书面或者录音录像形式订立遗嘱"呢？对此，应从时间以及客观条件两方面加以考虑。即危急情况消除后，遗嘱人需要有订立书面或者录音录像遗嘱的时间，如果危急情况消除后，遗嘱人根本没有时间去订立口头遗嘱以外的遗嘱，那么其所订立的口头遗嘱应视为有效的遗嘱。另外，在危急情况消除后，遗嘱人还应有订立口头遗嘱以外其他形式遗嘱的客观条件。比如，要订立自书遗嘱，需要有纸张和笔；希望订立打印遗嘱时，需要有电脑和打印机；希望订立录音录像遗嘱时，需要有录音录像设备等。如果遗嘱人在危急情况消除后，没有订立其他遗嘱的客观条件，其之前所订立的口头遗嘱不能被认为是无效的遗嘱。如果遗嘱人在时间允许且客观条件充分的情况下，仍旧未订立书面或录音录像遗嘱，那么其之前所订立的口头遗嘱即为无效的遗嘱。亦即在此情况下，法律规定如果遗嘱人消极不作为——不订立书面或录音录像遗嘱——则推定其是以自己的行为撤销其之前所立的口头遗嘱。此时，不以遗嘱人的主观心理态度为准，如果遗嘱人具备了订立书面或者录音录像遗嘱的条件，但其主观上不去订立，那么此时其所立的口头遗嘱也应是无效的。从这个角度看，本条并不是没有规定口头遗嘱的失效期，只不过该失效期是一个弹性的规定，并不像域外立法例那样规定一个确定的期限。这个弹性的失效期有时间和客观条件两方面来限制，至于如何限制、期限为多久则留待司法实务人员根据案件的具体情况来综合予以判断。

第六，本条关于口头遗嘱的规定不同于自书遗嘱、代书遗嘱、打印遗嘱、录音录像遗嘱的一点在于，本条没有要求遗嘱人和见证人注明订立遗嘱的年、月、日。这是考虑到口头遗嘱是一种特殊的应急方式，在订立遗嘱的时候遗嘱人和见证人只需将遗嘱的主要内容表示清楚、记忆明白即可，且危急情况的发生时间，在一般情况下外界也可以感知。此外，本条也规定了对口头遗嘱的补正途径，即在危急情况消除后，遗嘱人可以订立其他形式的遗嘱来弥补口头遗嘱的不足，故本条未将注明年、月、日规定于条文之中。

【司法适用】

从本条的规定来看，法律对口头遗嘱有效要件的规定较为严格，首要的一点就是口头遗嘱的适用前提,即只有在危急情况下才能够订立口头遗嘱。此外,对于口头遗嘱是否存在、口头遗嘱的法律效力以及口头遗嘱内容的证明相对于其他遗嘱形式来说更为困难,故在实践中虽然主张存在口头遗嘱的当事人很多,但能够被人民法院确认为有效的口头遗嘱却极其稀少。但不能据此就否定口头遗嘱存在的价值,它至少为遗嘱人在危急情况下表达自己的遗愿提供了合法有效的途径。司法实践中,在处理有关口头遗嘱的继承纠纷案件时,应严格按照本条的规定审查遗嘱的效力,对于有效的遗嘱,按照遗嘱处理相关遗产;对于不符合法律规定要件的口头遗嘱,则应按照法定继承或者其他有效遗嘱的相关规定处理相应的遗产。

在处理口头遗嘱继承案件时,应先审查口头遗嘱是否存在。对于口头遗嘱是否存在的证明责任,应交由主张遗嘱存在的一方负担,如果主张的一方能够证明口头遗嘱存在,下一步才涉及审查口头遗嘱的效力问题。在处理这类继承纠纷案件时,如果一方主张存在口头遗嘱,另一方对此既不承认也不否认,在经人民法院释明后,其仍然不明确表示肯定或者否定的,视为其认可存在口头遗嘱。关于这一证据规则,最高人民法院《关于民事诉讼证据的若干规定》(法释〔2019〕19 号)第 4 条有明确规定:“一方当事人对于另一方当事人主张的于己不利的事实既不承认也不否认,经审判人员说明并询问后,其仍然不明确表示肯定或者否定的,视为对该事实的承认。”故在一方主张存在口头遗嘱,且该口头遗嘱对对方不利的情况下,对方是不能以默示的方式来否认该遗嘱存在的,如果其对口头遗嘱不认可,必须明确地表达出不认可的意思。

对口头遗嘱是否存在应该从严审查。遗嘱涉及的利益重大,而口头遗嘱内容往往不易确定,且容易被遗忘、曲解、误解,甚至被篡改,故对口头遗嘱存在与否的证明标准也应高于其他遗嘱形式。《民事诉讼法解释》第 109 条规定:“当事人对欺诈、胁迫、恶意串通事实的证明,以及对口头遗嘱或者赠与事实的证明,人民法院确信该待证事实存在的可能性能够排除合理怀疑的,应当认定该事实存在。”从该条可以看出,对于口头遗嘱是否存在以及口头遗嘱内容的证明,应该达到“排除合理怀疑”的程度。“排除合理怀疑”一般是刑事案件中对证据的审核标准。《刑事诉讼法》第 55 条规定:“对一切案件的判处都要重证据,重调查研究,不轻信口供。只有被告人供述,没有其他证据的,不能认定被告人有罪和处以刑罚;没有被告人供述,证据确实、充分的,可以认定被告人有罪和处以刑罚。证据确实、充分,应当符合以下条件:(一)定罪量刑的事实都有证据证明;(二)据以定案的证据均经法定程序查证属实;(三)综合全案证据,对所认定事实已排除合理怀疑。”可以看出,对口头遗嘱事实的证明标准要高于一般民事案件审查证据时的证明标准。

在审查口头遗嘱的效力时，要注意查清遗嘱人是否存在危急情况，只有在危急情况下所立的口头遗嘱才可能是有效的遗嘱。如果没有危急情况的发生，口头遗嘱也就没有适用的余地，当事人不得以此遗嘱为依据来要求分得相应的遗产。

要区别口头遗嘱和一般的日常聊天、谈话。在实务中，常常有当事人主张称被继承人在生前多次向家人或者邻居说过要在其死亡后将某财产遗留给自己，并据此认为这是被继承人遗留的口头遗嘱，要求按照该口头遗嘱继承相应的财产，有些当事人甚至还为此找来诸多的亲戚、朋友甚至邻居对此加以证明。不可否认，被继承人在生前确实可能在日常生活中提到过要将某项财产遗留给某人继承，其陈述的对象可能是该财产的受益人，也可能是家里的亲戚或相关的朋友、邻居。但需要注意的是，这种口头表述在日常生活中最多只能看作被继承人的一种希望留下相应遗嘱的想法和愿望，它并不是法律规定的遗嘱，因为它不符合法律规定的任何一种遗嘱形式。如果要成为一份有效的遗嘱，必须经过一定的法定程序，否则不能作为遗嘱看待。况且，被继承人这种在日常生活中的相关表述，在很多情况下也并不是想要订立相应的遗嘱。被继承人作出这类意思表示可能是出于各种目的，比如可能是为了向有关子女示好，以期得到更好的生活居住条件便于养老，这种情形在被继承人是经济条件不富裕且年老体弱的人的情况下最为常见。考虑到现实中存在的这些情况，更加不能直接将被继承人在日常生活中的聊天、谈话乃至赌咒发誓直接作为口头遗嘱予以处理。即使当事人申请再多的证人出庭作证也不可以。只有在出现危急情况的时候，才可能成立口头遗嘱，此外，不应轻易地认可口头遗嘱的效力。

关于口头遗嘱的失效问题。本条规定在危急情况消除后，遗嘱人能够以书面或者录音录像形式立遗嘱的，所立的口头遗嘱无效。在这里需要注意两点：第一，如上文所述，本条并非完全没有规定口头遗嘱的失效问题，而是留待于司法实践在具体个案中综合判断口头遗嘱是否继续有效、是否应按口头遗嘱执行。在做相应的判断时，应注重考察遗嘱人是否具有重新订立其他形式遗嘱的客观条件。在具备后，如果遗嘱人没有订立其他形式的遗嘱，则口头遗嘱归于无效。第二，如果遗嘱人在具备另立遗嘱的客观条件后重新订立了其他形式的遗嘱，此时，还有两种情形需要注意：若口头遗嘱的内容与重新订立的遗嘱的内容相抵触，则应以重新订立的遗嘱内容为准；若口头遗嘱的内容与重新订立的遗嘱的内容不相抵触，遗嘱人又未就口头遗嘱所涉及的事项另立遗嘱的，口头遗嘱也应归于无效。

最后一点，关于口头遗嘱的日期问题。虽然本条并未就口头遗嘱的订立日期问题进行规定，但在实务中也不能置之不顾，还是应该查明口头遗嘱的订立日期，只不过无须将日期问题作为遗嘱有效要件之一进行考察。

【司法案例】

案例一

上诉人钱 A 与被上诉人钱 B、钱 C、钱 D、钱 E、钱 F 以及原审原告钱 G、钱 H 继承纠纷案[①]

诉讼结论:非危急情况下订立的口头遗嘱是无效遗嘱,相关遗产应按照法定继承办理。

基本案情:被继承人钱某与黄某系夫妻。二人育有七个子女,分别是钱 A、钱 B、钱 C、钱 G、钱 H 和钱某甲、钱某乙。钱某甲于 1989 年死亡,育有一子钱 D。钱某乙于 2006 年死亡,育有一子钱 F、一女钱 E。钱某于 2009 年死亡,黄某于 2010 年死亡。位于北京市某区的 402 房屋系钱某、黄某的夫妻共同财产。2010 年,黄某在案外人贾某、张某、李某、寇某的见证下,由某法律服务中心代书一份声明书并同时录像。声明书载明:"声明人:黄某。2003 年,北京市某区某村占地拆迁,按照当时有关政策,每人准购 60 平方米住房。当时我和老伴委托钱 A 办理当时购房手续。因我们老俩口一直由钱 A 赡养,我俩百年后为了此房屋不发生争议,所以同意按钱 A 的名字购买了 402 号房屋并登记在其名下。多年来我和老伴一直由儿子钱 A 赡养,老伴已于 2009 年去世,为了上述房屋不发生争议,现声明如下:1. 402号房屋所有权人是钱 A(由其继承);2. 在我百年后其他子女不得向钱 A 争夺上述房屋所有权。以上事实属实,特此声明。"声明书由黄某按手印确认。钱 A 另提交被继承人钱某的弟弟钱某某出具的证明、黄某的弟弟黄某某出具的证明、钱 G 及其丈夫出具的证明、钱 H 出具的证明、钱某某的儿子出具的证明,欲以证明被继承人钱某、黄某由其赡养,且钱某、黄某生前立有口头遗嘱,自己继承涉案房屋是父母的生前意愿。被继承人钱某 2007 年在某法庭参加庭审时陈述:"……现在他们离婚要分我的房子是不对的,这不是他们的共同财产,我和老伴身体都不好,都是钱 A 伺候,哪个儿子对我好,我才把房子留给谁……"

法院认为:继承开始后,按照法定继承办理,有遗嘱的,按照遗嘱继承或者遗赠办理。本案中,钱某在法庭的陈述并非立遗嘱的意思表示,不符合法律规定的任何一种遗嘱的形式要件,且时间距钱某死亡近两年,不能认定为遗嘱。钱 A 举证的钱某某等人出具的证明,拟证明钱某有口头遗嘱将遗产由钱 A 继承。但根据《继承法》的规定,遗嘱人在危急情况下,可以立口头遗嘱,口头遗嘱应当有两个以上见证人在场见证,危急情况解除后,遗嘱人能够用书面或者录音形式立遗嘱的,

---

① 北京市第一中级人民法院(2019)京 01 民终 9204 号民事判决书。

所立的口头遗嘱无效。钱A主张钱某生前立有口头遗嘱,但钱某生前并不具备任何危急情况,故钱A主张钱某的遗产应按照遗嘱继承办理没有事实和法律依据,法院对其主张不予采信。钱某的遗产应当按照法定继承办理。二审法院对此补充认为,钱A主张钱某2007年在某法庭参加庭审时的法庭陈述为遗嘱,但该陈述对象指代不明确,并非立遗嘱的意思表示,且不符合法律规定的任何一种遗嘱的形式要件,不能认定为遗嘱。

案例二

上诉人张某、吴A与被上诉人岳某、吴B及原审被告吴C转继承纠纷案①

诉讼结论:没有证据证明又不符合法律规定的遗嘱要件的口头遗嘱法院不予采信,相关遗产应按照法定继承处理。

基本案情:被继承人吴某与张某系夫妻关系,二人共育有三个子女,即吴某甲、吴A、吴B。被继承人吴某于2005年死亡,其父母均先于其死亡。吴某甲于2014年死亡,其配偶为岳某,二人育有一子即吴B。诉争710号房屋系被继承人吴某与张某在婚姻关系存续期间取得,所有权人登记为张某。诉争905号房屋所有权人登记为吴某,该房屋是吴某、张某的夫妻共同财产。吴A称被继承人吴某留有口头遗嘱,立遗嘱情况为:在2004年的一天,具体时间记不清了,当时在家里只有父母和三个子女,后来张某告诉了舅舅张某某,口头遗嘱的内容是905号房屋归吴A继承,710号房屋归吴C继承。经询,吴A称吴某立口头遗嘱时头脑清楚,身体状况尚可,患有肾结石,当时没有其他见证人在场。岳某、吴B称吴某生前未留有遗嘱,不认可吴某立有口头遗嘱。张某认可吴A所述。

法院认为:当事人对自己提出的诉讼请求所依据的事实,有责任提供证据予以证明,没有证据或者证据不足以证明其主张的,应承担不利的法律后果。本案中,吴A提出被继承人吴某生前立有口头遗嘱,但未提供相应的证据。且按吴A所述,该口头遗嘱的订立亦不符合法律规定的形式,故法院不予采信。现无证据证明被继承人吴某生前留有遗嘱,故被继承人吴某的遗产应按法定继承处理,由其第一顺位继承人张某、吴某甲、吴A、吴C共同继承。吴某甲在继承开始后没有表示放弃继承,并在遗产分割前死亡,其继承吴某遗产的权利转移给他的合法继承人,即张某、岳某、吴B。

---

① 北京市第二中级人民法院(2019)京02民终2998号民事判决书。

第一千一百三十九条　公证遗嘱由遗嘱人经公证机构办理。

【条文主旨】

本条是关于公证遗嘱的规定。

【条文理解】

《继承法》第17条第1款规定:“公证遗嘱由遗嘱人经公证机关办理。”本条规定较该款规定来说基本没有变化,只是将前述第1款中的“公证机关”修改为“公证机构”,这么修改也是为了和《公证法》的相关表述相呼应,在《公证法》中即表述为“公证机构”。

本条内容在制定过程中几经变化。2017年7月28日,民法典继承编室内稿第23条第1款规定:“公证遗嘱由遗嘱人经公证机构办理。”该条第2款规定:“公证机构办理公证遗嘱,应当由两个以上公证员共同办理。特殊情况下只能由一个公证员办理,应当有一个以上见证人在场。公证遗嘱由遗嘱人、公证员和见证人签名,注明年、月、日。”相较于《继承法》来说,该稿增加了第2款的内容。在2018年4月民法典继承编征求意见稿第21条第1款规定:“公证遗嘱由遗嘱人经公证机构办理。”该条第2款规定:“公证机构办理公证遗嘱,应当由两个以上公证员共同办理。特殊情况下只能由一个公证员办理,应当有一个以上见证人在场。”相较于2017年7月28日室内稿来说,二者的第1款以及第2款的前半段是一样的,但后者在第2款中删除了前者第2款的后半段内容,即删除了“公证遗嘱由遗嘱人、公证员和见证人签名,注明年、月、日”。2018年9月5日民法典各分编草案征求意见稿第918条的规定与2018年4月民法典继承编征求意见稿第21条的规定相一致,没有变化。然而2019年7月5日民法典继承编征求意见稿第918条以及2019年12月16日民法典草案第1139条、2020年5月22日民法典送审稿第1139条又均将该条修改为:“公证遗嘱由遗嘱人经公证机构办理。”将前述第2款的内容全部予以删除。删除的原因是,在立法过程中,有的地方、法学教学研究机构和社会公众提出,关于遗嘱公证的具体程序已经在《公证法》以及司法部发布的《公证程序规则》《遗嘱公证细则》等法律、规章中有了较为详尽的规定,如果在本条中对此再加以规定,就会重复,在涉及公证遗嘱的相关问题时,可以参照这些法律和规章的相关规定,且民事基本法律中也没有必要对此进行规定。全国人大宪法和法律委员会经研究,建议采纳这一意见,故此将这些内容予以删除。

关于公证的含义,我国《公证法》第2条有明确的界定。该条规定:“公证是公证机构根据自然人、法人或者其他组织的申请,依照法定程序对民事法律行为、有法律意义的事实和文书的真实性、合法性予以证明的活动。”对于“公证机构”,《公证法》第6条也有明确的界定。该条规定:“公证机构是依法设立,不以营利为目的,依法独立行使公证职能、承担民事责任的证明机构。”在我国,公证机构指的就是各个公证处。与域外有些国家和地区的法律规定不同,在我国办理公证的机构只能是公证处,而域外有些国家和地区法律规定可以由符合一定条件的律师作为公证人。根据《公证法》第11条的规定,公证机构办理的事项范围包括继承、赠与、遗嘱、财产分割以及自然人自愿申请办理的其他公证事项。

《遗嘱公证细则》对何为公证遗嘱进行了界定。其第3条规定:“遗嘱公证是公证处按照法定程序证明遗嘱人设立遗嘱行为真实、合法的活动。经公证证明的遗嘱为公证遗嘱。”

为了保证遗嘱是遗嘱人的真实意思表示,公证遗嘱需要由遗嘱人本人向公证机构提出申请并亲自到场办理,在申请后由公证机构进行审查,审查符合规定后出具公证书。《公证程序规则》第11条第1款规定:“当事人可以委托他人代理申办公证,但申办遗嘱、遗赠扶养协议、赠与、认领亲子、收养关系、解除收养关系、生存状况、委托、声明、保证及其他与自然人人身有密切关系的公证事项,应当由其本人亲自申办。”《遗嘱公证细则》第5条规定:“遗嘱人申办遗嘱公证应当亲自到公证处提出申请。遗嘱人亲自到公证处有困难的,可以书面或者口头形式请求有管辖权的公证处指派公证人员到其住所或者临时处所办理。”

如果当事人及相关利害关系人认为公证书有错误,可以向公证机构提出复查。如果对复查结果不服,可以向地方公证协会进行投诉。对此,《公证法》和《公证程序规则》均进行了明确的规定。《公证法》第39条规定:“当事人、公证事项的利害关系人认为公证书有错误的,可以向出具该公证书的公证机构提出复查。公证书的内容违法或者与事实不符的,公证机构应当撤销该公证书并予以公告,该公证书自始无效;公证书有其他错误的,公证机构应当予以更正。”《公证程序规则》第61条规定:“当事人认为公证书有错误的,可以在收到公证书之日起一年内,向出具该公证书的公证机构提出复查。公证事项的利害关系人认为公证书有错误的,可以自知道或者应当知道该项公证之日起一年内向出具该公证书的公证机构提出复查,但能证明自己不知道的除外。提出复查的期限自公证书出具之日起最长不得超过二十年。”第67条第1款规定:“当事人、公证事项的利害关系人对公证机构作出的撤销或者不予撤销公证书的决定有异议的,可以向地方公证协会投诉。”

【司法适用】

遗嘱公证在我国已经施行了多年,我国也颁行并多次修改了《公证法》,司法部也发布了《公证程序规则》和《遗嘱公证细则》，应该说遗嘱公证基本上做到了有法可依，其已经发展得相对比较成熟了。但是，在司法实践中处理有关公证遗嘱的继承案件时还是会出现一些值得注意的情况，下文就对这些情况中比较典型的问题加以讨论：

第一，关于公证处的执业区域问题。在实务中，常会遇到当事人以公证处超地域执业、违反了《公证法》关于公证处执业区域的规定为由，主张遗嘱公证无效。关于公证处的执业区域问题，《公证法》第25条规定："自然人、法人或者其他组织申请办理公证，可以向住所地、经常居住地、行为地或者事实发生地的公证机构提出。申请办理涉及不动产的公证，应当向不动产所在地的公证机构提出；申请办理涉及不动产的委托、声明、赠与、遗嘱的公证，可以适用前款规定。"《公证程序规则》第14条规定："公证事项由当事人住所地、经常居住地、行为地或者事实发生地的公证机构受理。涉及不动产的公证事项，由不动产所在地的公证机构受理；涉及不动产的委托、声明、赠与、遗嘱的公证事项，可以适用前款规定。"《遗嘱公证细则》第4条规定："遗嘱公证由遗嘱人住所地或者遗嘱行为发生地公证处管辖。"《公证法》及《公证程序规则》均规定行为地的公证处可以办理相关公证。那么何为行为地？通常来解释，行为可以理解为办理公证的行为，那么行为地就可以理解为办理公证的地方。规定行为地公证机构可以办理相关的公证实际上就等于让公证机构突破了执业区域的限制，即任何一个公证处都可以办理任何一个人的遗嘱公证。对此，《遗嘱公证细则》规定得更为明确，其直接规定为遗嘱行为发生地的公证处可以办理遗嘱公证。据此，若当事人以执业区域为由主张公证遗嘱无效是不能得到法律支持的。

第二，关于办理公证的公证人员人数问题。《遗嘱公证细则》第6条第1款规定："遗嘱公证应当由两名公证人员共同办理，由其中一名公证员在公证书上署名。因特殊情况由一名公证员办理时，应当有一名见证人在场，见证人应当在遗嘱和笔录上签名。"根据该规定，在办理遗嘱公证时，公证处应当指派两名公证人员到场办理。这里需要注意的是，该条规定的是两名"公证人员"，而不是两名"公证员"，即可以是一名公证员加上另一名没有公证员身份的公证处工作人员来办理遗嘱公证。在实践中，当事人一般会要求调取公证遗嘱的全部卷宗档案材料对遗嘱进行核对，此时，一定要注意审查办理公证的公证人员人数，如果只有一名公证员，甚至是只有一名公证人员办理的，该公证就存在瑕疵，此时，经过公证的遗嘱是否有效就需要进行进一步的审查。

第三，在公证被撤销后，经过公证程序公证过的遗嘱的效力认定问题。实践中，公证遗嘱作出后可能会存在因遗嘱公证办理过程违反公证程序导致公证遗嘱被撤销的情形。此时，应如何处理？《遗嘱公证细则》第18条规定："公证遗嘱采用打印形式。遗嘱人根据遗嘱原稿核对后，应当在打印的公证遗嘱上签名。遗嘱人不会签名或者签名有困难的，可以盖章方式代替在申请表、笔录和遗嘱上的签名；遗嘱人既不能签字又无印章的，应当以按手印方式代替签名或者盖章。有前款规定情形的，公证人员应当在笔录中注明。以按手印代替签名或者盖章的，公证人员应当提取遗嘱人全部的指纹存档。"该细则是办理遗嘱公证的重要依据，该细则对遗嘱办理的过程和步骤都做了较为详细的规定。如果是因为公证程序出现了瑕疵而导致公证遗嘱被撤销的，打印的公证遗嘱应是无效的。因为在办理遗嘱公证过程中，遗嘱人的意思表示与公证形式是统一的，遗嘱人的意思表示与公证形式形成了一个整体，遗嘱人的意思表示通过公证的形式表现出来。如果公证的形式因违反程序性规定被撤销，那么遗嘱人的意思表示即失去了依据，故打印的公证遗嘱即是无效的。

但这里需要注意的是，打印的公证遗嘱被确定无效后，该遗嘱涉及的遗产并不能当然地按照法定继承规则进行处理。《遗嘱公证细则》第14条规定："遗嘱人提供的遗嘱，无修改、补充的，遗嘱人应当在公证人员面前确认遗嘱内容、签名及签署日期属实。遗嘱人提供的遗嘱或者遗嘱草稿，有修改、补充的，经整理、誊清后，应当交遗嘱人核对，并由其签名。遗嘱人未提供遗嘱或遗嘱草稿的，公证人员可以根据遗嘱人的意思表示代为起草遗嘱。公证人员代拟的遗嘱，应当交遗嘱人核对，并由其签名。以上情况应当记入谈话笔录。"该细则第19条第1款、第2款规定："公证处审批人批准遗嘱公证书之前，遗嘱人死亡或者丧失行为能力的，公证处应当终止办理遗嘱公证。遗嘱人提供或者公证人员代书、录制的遗嘱，符合代书遗嘱条件或者经承办公证人员见证符合自书、录音、口头遗嘱条件的，公证处可以将该遗嘱发给遗嘱受益人，并将其复印件存入终止公证的档案。"据此可知，遗嘱人在到公证机构办理遗嘱公证时是有可能向公证机构提供自书或代书遗嘱的，甚至可以由公证人员代为书写遗嘱。故在打印的公证遗嘱被撤销后，如果遗嘱人向公证机构提供过遗嘱，还应审查遗嘱人自己提供的遗嘱是否符合《民法典》"继承编"规定的其他遗嘱的要件。如果符合其他遗嘱要件，即应按照有效的遗嘱处理遗产；如果不符合其他的遗嘱要件，才可以按照法定继承处理相应的遗产。

2018年6月19日，北京市高级人民法院作出《北京市高级人民法院关于审理继承纠纷案件若干疑难问题的解答》，该解答第21条规定："……公证遗嘱因公证程序本身存在瑕疵等原因导致公证被撤销的，公证遗嘱丧失法律效力。但对于公证处在制作公证遗嘱过程中留存保管的当事人自行制作的自书遗嘱、代书遗嘱、录音遗嘱等，应结合《继承法》及司法解释的相关规定对遗嘱效力作出认定。"这一规定值得我们参考借鉴。

第四,关于公证遗嘱的录音录像问题。在实践中,常会遇见当事人以公证遗嘱没有录音录像为由要求确认遗嘱无效。在早期的遗嘱、遗赠公证中,公证处极少进行录音录像,现在的遗嘱公证中未进行录音录像的情形也时有发生,但这种现象在逐渐减少。《遗嘱公证细则》第 16 条规定:“公证人员发现有下列情形之一的,公证人员在与遗嘱人谈话时应当录音或者录像:(一)遗嘱人年老体弱;(二)遗嘱人为危重伤病人;(三)遗嘱人为聋、哑、盲人;(四)遗嘱人为间歇性精神病患者、弱智者。”应当说,遗嘱公证中的录音录像只是为了增强遗嘱公证的证明力、保护遗嘱人的合法权益,它并非遗嘱公证生效的必备要件,若当事人仅以此为由要求确认公证无效或者撤销公证,一般不会得到法律的支持。关于此问题,司法部律师公证工作指导司于 2001 年 12 月 12 日曾向天津市司法局公证工作管理处出具过一份复函,该复函的名称为《〈关于遗嘱公证能否因未录音或录像而被撤销的请示〉的复函》。该复函的主要内容为:“一、《遗嘱公证细则》第十六条是为保障遗嘱人的合法权益,正确认定遗嘱人于立遗嘱时的行为能力,增强遗嘱公证的证明力而作的特别规定,它不是遗嘱公证生效的必备要件。从保护遗嘱人合法权益的角度出发,一般不宜以欠缺录音或录像形式而认定遗嘱公证无效。二、考虑到《遗嘱公证细则》第十六条规定的基本宗旨和我国现阶段人民的生活水平、身体状况、精神状态等因素,该条第(一)项中的‘年老体弱’通常是指:年满七十岁以上且因身体虚弱影响其思维意识能力或语言表达能力的老人;该条第(二)项‘危重伤病人’通常是指:因患严重疾病或受到严重身体伤害影响其思维意识能力或语言表达能力的伤病人。三、遗嘱公证不是行政行为,遗嘱公证书也不是行政文书,不宜适用《行政诉讼法》的规定解决对公证文书的异议问题。”但在此也提醒从事公证事业的法律工作者,在办理遗嘱公证的时候,一定要进行录音录像,以录像为优先选择。因为录音录像虽然不是公证遗嘱必备的生效要件,但进行录音录像会更能重现遗嘱人的真实意思表示,有利于平息和解决利害关系人间不必要的矛盾和纠纷。

第五,关于遗嘱公证过程中的在场人问题。《遗嘱公证细则》第 12 条规定,公证人员询问遗嘱人,除见证人、翻译人员外,其他人员一般不得在场。在实务中,公证人员在办理公证的过程中让遗嘱受益人在场的情况屡见不鲜,有的公证人员甚至让遗嘱的直接受益人在场协助其办理相关的公证程序工作。这种做法是非常不妥的。《遗嘱公证细则》明确规定了除见证人、翻译人员外,其他人员一般不得在场,在办理公证过程中即应遵守该规定。该细则作出此类规定的目的是让遗嘱人能够有一个轻松、自由、无压力的陈述环境,能够最大限度地表达自己的真实意愿。如果让受益人在场参与公证过程，一方面不便于遗嘱人表达真实意愿，另一方面也会激化各继承人在之后继承纠纷中的矛盾，使其他非受益人产生不必要的猜疑。在这种情况下，不能仅以受益人或与受益人相关的人员是否在场来判断公证的效力，还应看这种情形是否影响了遗嘱人的真实意思表示。

【司法案例】

上诉人王某1、王某2、王某3、王某4与被上诉人王某5、王某6遗嘱继承纠纷案①

诉讼结论：公证遗嘱中，录音录像是为了增强公证遗嘱的证明力，其并非公证遗嘱生效的必要条件。

基本案情：被继承人王某、杨某育有大儿王甲、二女王某1、三女王乙、四女王某2、五儿王某5、六女王某3、七儿王某4等七子女，而王某6是王甲之子。本案中，王甲、王乙经询均表示不参加本案的诉讼，也不对本案诉争的房屋主张任何权利，故本案未列王甲、王乙为当事人。

2006年5月24日，立遗嘱人王某、杨某向四川省成都市某公证处申请办理遗嘱公证，王某、杨某在其遗嘱中均表示将其共同所有的位于成都市某区某路一段25号90幢1单元4号房屋中属于各自的产权份额留给王某5及王某6单独继承。该公证处于2006年5月24日分别出具了(2006)成证内民字第某号和(2006)成证内民字第某号公证书，公证内容为王某、杨某的前述遗嘱系其向公证员口述后，公证员整理遗嘱内容后代为打印形成，并经王某、杨某确认后签名、盖章、捺印。

王某于2008年3月因病去世，杨某于2017年2月因病去世。经询，王某6在2017年1月8日杨某去世后才知道上述两份遗嘱的存在，具体的内容是在公证处启封遗嘱时得知。2017年1月17日，王某6、王某5基于前述两份《遗嘱》进行了继承公证。而得知有经公证的《遗嘱》后，被继承人的子女王甲、王某1、王乙、王某2、王某3、王某4等六人于2017年3月向上述公证处提出复查申请，要求撤销上述两份公证。上述公证处于2017年4月作出复查决定书，决定不予撤销公证。

王某1、王某2、王某3、王某4将王某5、王某6诉至法院，要求判决：(1)王某1、王某2、王某3、王某4与王某5五人共同继承父母王某、杨某遗留的成都市某区某路一段25号90幢1单元4号房屋；(2)王某6不享有王某、杨某遗产的继承权。

法院认为：根据庭审查明的情况，王某、杨某在生前订立了《遗嘱》且其订立

---

① 四川省成都市中级人民法院(2017)川01民终14300号民事判决书。

《遗嘱》的过程及《遗嘱》的内容经公证机关予以公证，在王某1方没有足够证据能够推翻公证事实的情况下，根据《民事诉讼法》第69条的规定，一审法院认定王某、杨某所订立的《遗嘱》真实有效。在此情况下根据《继承法》第5条的规定，本案诉争房屋应当按照遗嘱继承和遗赠办理。故王某1方请求与王某5共同所有诉争房屋无事实和法律依据，一审法院不予支持。而根据《遗嘱》载明的情况，本案诉争房屋在王某、杨某去世后，应当由王某5及王某6继承。虽然王某6并非法定继承人，但其在知道受遗赠后两个月内表示接受，故王某6有权接受王某、杨某对其的遗赠。故王某1方请求确认王某6不享有对王某、杨某遗产的继承权，无事实和法律依据，一审法院不予支持。据此，一审法院依照《继承法》第5条、第16条、第25条，《民法通则》第55条和第57条，《民事诉讼法》第64条、第69条之规定，判决如下：驳回王某1方的诉讼请求。

王某1、王某2、王某3、王某4不服一审判决，提起上诉。上诉请求为：依法撤销一审判决，依法改判支持上诉人所有的诉讼请求。事实与理由：(1)本案所涉的遗嘱在办理公证时候没有录音录像，且杨某在2005年已经不具有完全民事行为能力，其办理公证遗嘱程序违法。(2)王某6称其在杨某2017年1月8日去世后才得知的两位遗嘱人的遗嘱存在与事实不符。(3)一审法院驳回调取公证处关于办理涉案公证遗嘱的全部卷宗的申请违反了《民事诉讼法》的相关规定。

二审法院经审理后认为，针对本案争议的焦点：(1)本案所涉杨某的遗嘱是否有效的问题，法院认为，王某1方在本案审理中，虽举出了2005年11月人民医院对杨某老年性痴呆评定—认知测量报告及2008年到2017年杨某的住院病历，但上述证据并不能证实杨某在办理公证遗嘱时没有民事行为能力。而杨某在办理遗嘱公证时，已向公证机构提交了司法鉴定所为其出具的行为能力鉴定书，证实其在立遗嘱时具有完全民事行为能力。而办理公证时候是否录音录像，并不是公证生效的必备要件。故王某1方认为杨某的公证遗嘱无效的上诉理由不能成立。(2)关于王某6是何时知晓本案涉诉的两份遗嘱的问题，王某1方认为王某6称其在杨某2017年1月去世后才得知的两位遗嘱人的遗嘱存在与事实不符，但并未向法庭举出王某6提前就知晓两份遗嘱的相关证据，故该上诉理由不能成立。(3)关于一审法院驳回王某1方要求调取公证处关于办理涉案公证遗嘱卷宗的申请是否违反《民事诉讼法》的相关规定的问题，法院认为，本案中，王某1方要求调取公证处的相关卷宗，是因为对本案涉诉的两份公证遗嘱的真实性、合法性存在疑问，但并未向法庭举出相关的证据证实，且公证处对此已作出复查决定书，对相关问题已进行了明确答复，而王某1方及王某5方也已到公证处查阅了相关的档案。在此情形下，一审法院依照《民事诉讼法》第64条第2款及《民事诉讼法司法解释》第95条的规定,对王某1方的该申请不予准许,并无不妥。综上,王某1方的上诉理由均不能成立,对其上诉请求本院不予支持,应予驳回;一审判决认定事实清楚,适用法律正确,审判程序合法。依照《民事诉讼法》第170条第1款第1项之规定,判决如下:驳回上诉,维持原判。

第一千一百四十条　下列人员不能作为遗嘱见证人:

(一)无民事行为能力人、限制民事行为能力人以及其他不具有见证能力的人;

(二)继承人、受遗赠人;

(三)与继承人、受遗赠人有利害关系的人。

【条文主旨】

本条是关于遗嘱见证人资格的限制性规定。

【条文理解】

本条所规定的遗嘱见证人指的是能够证明遗嘱系由遗嘱人本人所订立,且该遗嘱的内容能够体现遗嘱人真实意思表示的人。本章所规定的代书遗嘱、打印遗嘱、录音录像遗嘱以及口头遗嘱都要求有两个以上的见证人在场见证。在一定情况下,公证遗嘱也会涉及见证人在场见证的问题。《遗嘱公证细则》第6条规定:"遗嘱公证应当由两名公证人员共同办理,由其中一名公证员在公证书上署名。因特殊情况由一名公证员办理时,应当有一名见证人在场,见证人应当在遗嘱和笔录上签名。见证人、遗嘱代书人适用《中华人民共和国继承法》第十八条的规定。"遗嘱是重大的民事法律行为,见证人的见证对遗嘱的效力会产生至关重要的影响,故有必要对见证人的资格加以规定,从而保证遗嘱的真实有效性,只有满足一定条件的人员才有资格作为遗嘱的见证人。本条采用了排除性的规定,即除了这三类人员外,其他人一般均可以作为遗嘱的见证人。

《继承法》第18条规定:"下列人员不能作为遗嘱见证人:(一)无行为能力人、限制行为能力人;(二)继承人、受遗赠人;(三)与继承人、受遗赠人有利害关系的人。"本条规定对该第18条的规定作了如下的两点修改:第一,将第1项中规定的人员由"无行为能力人、限制行为能力人"修改为"无民事行为能力人、限制民事行为能力人";第二,在第1项规定的人员范围中补充规定了一项兜底性的条款"其他不具有见证能力的人"。在其他内容上,本条规定与上述1985年《继承法》第18条的规定并无不同。在《民法典》"继承编"历次征求意见稿中,关于遗嘱见证人资格限制的条款内容均与本条规定相一致，没有任何变化，由此看来，立法机构在该条内容上没有大的分歧。

1. 关于本条第 1 项的理解

本条第 1 项规定“无民事行为能力人、限制民事行为能力人以及其他不具有见证能力的人”不得作为遗嘱见证人。本条是从自然人民事行为能力是否完全以及自然人自身的身体状况是否允许的角度对遗嘱见证人的资格进行限制。

第一，只有自然人才能够作为遗嘱的见证人，法人或非法人组织不能作为遗嘱见证人。遗嘱见证是见证人通过自己亲身的感知来证明遗嘱真实性、有效性的行为，法人等法律拟制的人不具有这种感知能力，故其也就不具有作为见证人的资格。

第二，以自然人的精神健康状况以及智力发育情况为标准，自然人可以分为三类，即“无民事行为能力人”、“限制民事行为能力人”和“完全民事行为能力人”。这三类人员中，前两类人员在实施民事法律行为时均受到法律一定的限制，只有完全民事行为能力人可以独立实施全部的民事法律行为。无民事行为能力人和限制民事行为能力人因其不能辨认或者不能完全辨认自己的行为，故不能作为遗嘱的见证人。即在自然人中，无民事行为能力人和限制民事行为能力人均不得作为遗嘱见证人，只有具有完全民事行为能力的人才有作为遗嘱见证人的资格。无民事行为能力人、限制民事行为能力人属于绝对不能作为见证人的人，他们在任何遗嘱中都不能作为见证人。

本条将《继承法》第 18 条第 1 项中规定的“无行为能力人、限制行为能力人”修改为“无民事行为能力人、限制民事行为能力人”，因为无论是在我国 1987 年 1 月 1 日施行的《民法通则》中，还是在 2017 年 10 月 1 日起施行的《民法总则》中以及在现在的《民法典》“总则编”中，在涉及自然人的行为能力时均表述为“无民事行为能力人”、“限制民事行为能力人”和“完全民事行为能力人”，并无“无行为能力人”“限制行为能力人”这样的法律概念。尤其是在《民法典》颁行后，“继承编”作为《民法典》中的一编，其中的法律概念需要和《民法典》相统一，但《继承法》中“无行为能力人”“限制行为能力人”的表述已经与《民法典》不相适应，故本条对此进行了修改。

第三，本条第 1 项增加了一个兜底性规定，即规定“其他不具有见证能力的人”不能作为遗嘱的见证人，对这一点需要加以注意。这一兜底性规定是针对完全民事行为能力人而言的，因为无民事行为能力人、限制民事行为能力人已经由本项前半段排除在了遗嘱见证人之外。完全民事行为能力人虽然可以完全辨认自己的行为并可以独立实施民事法律行为，但也并不是所有的完全民事行为能力人都可以作为遗嘱的见证人。如果完全民事行为能力人存在事实上不能担任见证人的情形,其也不能见证遗嘱的订立。完全民事行为能力人是否具有见证遗嘱的能力属于事实上的判断,需要根据个案具体分析。例如,在订立代书遗嘱时,不识字的人员、盲人、耳朵失聪的人员即不得作为遗嘱的见证人,更不能作为遗嘱的代书人;在订立录音录像遗嘱或者口头遗嘱时,耳朵失聪者也不能作为该遗嘱的见证人;不通晓遗嘱人所使用的语言的人,也不能作为遗嘱人口头遗嘱、代书遗嘱、录音录像遗嘱的见证人。基于上述考虑,本条补充增加了该兜底条款,至于什么样的人员属于"其他不具有见证能力的人",需要在具体的案件中进行具体的分析。这一补充规定弥补了法律的不足,让实践中对一些特殊的案件的处理有了一定的法律依据。关于此类不具有事实上见证能力的人员,在国外立法例上也有着类似的规定。例如,《法国民法典》第 980 条即规定遗嘱见证人应当懂得法语并会签字;《俄罗斯民法典》第 1124 条规定,文盲、因身体缺陷而不能完全理解所发生事情本质的人、不足够通晓遗嘱所使用语言的人不得担任遗嘱见证人。

2. 关于本条第 2 项的理解

本条第 2 项规定遗嘱人的继承人、受遗赠人不得作为遗嘱的见证人。本项是从见证人与遗嘱之间是否存在利害关系的角度对遗嘱见证人的资格条件进行限制。遗嘱见证人须与遗嘱之间没有利害关系。凡是与遗嘱有利害关系的人均应被排除在遗嘱见证人之外。因为遗嘱利害关系人受到利益的驱使,很可能会对遗嘱人施加某种影响,导致遗嘱人无法真正地表达出自己的真实意愿,甚至可能在违背自己意愿的情况下订立遗嘱,故应该将利害关系人从见证人的范围中予以排除。

在本项的规定中,对于受遗赠人不得作为遗嘱见证人这一规定的理解应没有分歧。受遗赠人是遗嘱的受益人,与遗嘱有着直接的利害关系,为避免其不正当地影响遗嘱人表达真实意愿,同时也是为了避免在继承发生后其他继承人与受遗赠人之间在此问题上产生不必要的争议,故规定受遗赠人不得作为见证人。

本项还规定了遗嘱人的继承人不得作为遗嘱的见证人。对于这一规定,有着两种不同的认识。有观点认为这里规定的"继承人"只是指遗嘱继承人,即遗嘱人在遗嘱中确定的遗产受益人,因为其他继承人与遗嘱之间可能不会存在直接或间接的利害关系,故不宜将继承人的范围做扩大解释。也有观点认为这里规定的"继承人"指的应该是我国法律所规定的全部的法定继承人的范围,即只要是遗嘱人的继承人,就均不得作为遗嘱见证人。其主要理由为:利害关系既包含受益的利害关系,也包括受损的利害关系,无论遗嘱内容将致其受益还是受损,这些继承人都有可能会对遗嘱人施加一些不正当的影响或者在今后的继承纠纷中对遗嘱相关事项作出一些不符合事实的表述，影响遗嘱继承人的合法权益，故应将遗嘱人的所有继承人均排除在外。就条文内容来看，本项规定中的表述为“继承人”，并非“遗嘱继承人”。在理解本项规定时，应将该“继承人”理解为遗嘱人的全部法定继承人，而不仅仅是遗嘱继承人。上文所述的两个观点中的后一种观点及其理由是较为可采的。

与本条第1项的规定相比较，本条第2项规定的两类人员只是相对来说不能作为某些遗嘱的见证人，对于其他与其利益无关的遗嘱来说，这两类人员仍然可以作为见证人的。这不同于第1项的规定，第1项规定的无民事行为能力人、限制民事行为能力人因其自身精神健康状况和智力发育情况的限制，在其成为完全民事行为能力人之前，其在任何情况下均不得作为见证人。

3. 关于本条第3项的理解

本条第3项规定“与继承人、受遗赠人有利害关系的人”不得作为遗嘱的见证人。本项规定是为了防止继承人、受遗赠人通过他人来影响遗嘱人表达自己的真实意愿。为了保证遗嘱的客观性和真实性，本项规定将这类人员也排除在见证人范围之外。

但是，本条并未就何为“与继承人、受遗赠人有利害关系”作出进一步的规定。按照本项的规定，若不对“利害关系”作出一定的指导性或者限制性的规定，这类人员的范围将可能会被解读得极为宽泛，从而不得作为见证人的人员范围也将不断扩大。在我国规定的代书遗嘱、打印遗嘱、录音录像遗嘱、口头遗嘱和公证遗嘱中都会涉及见证人的问题。如果将利害关系做扩大解释，那么这些类型的遗嘱的适用也将受到极大的限制，其被法律确认无效的风险也会不断增加，这么做不利于保护遗嘱人的意思自治。故在对利害关系的解读上，应尽量作限缩性解读，至少不应随意扩大其概念外延。

《继承法意见》第36条规定：“继承人、受遗赠人的债权人、债务人，共同经营的合伙人，也应当视为与继承人、受遗赠人有利害关系，不能作为遗嘱的见证人。”这一条规定可以视为对本条第3项规定的补充说明，在实践中仍有一定的参照意义。

【司法适用】

实践中，通过见证人见证订立的遗嘱越来越常见，但因此而产生的纠纷也在逐渐增多。在处理涉及见证人的继承问题时，应根据本条的规定审查见证人是否符合法律的规定。在审查见证人资格问题时，应该把握两个方面，一是审查见证人自身的民事行为能力以及事实见证能力，二是审查见证人与遗嘱之间是否存在直接或者间接的利害关系。只有具有完全民事行为能力并在事实上具备相应见证能力,且与遗嘱无利害关系的人员才能作为见证人。同时符合这两方面的要求的人员才是合格的见证人,由其见证的遗嘱才可能是有效的遗嘱,不能同时满足这两方面要求的人员一律不得作为遗嘱的见证人。

在司法实践中,以下四个问题也值得我们注意:

第一,遗嘱人订立自书遗嘱时,为了慎重,有时也会让几名人员在场证明,继承人之间常会因此对遗嘱的效力产生争议,尤其是在场人员全部是遗嘱受益人时,这种争论更为激烈。因法律并未要求自书遗嘱需要见证人在场见证,即见证人在场见证并不是自书遗嘱的有效要件之一,故在这种情况下,在场证明的人员一般也无须满足本条对见证人的资格限制要求。此时,在场证明的人员只是作为一般的证人存在,其可以证明该自书遗嘱是否为遗嘱人本人所书写以及遗嘱人在书写遗嘱时的精神状况等情况。如果在场人员全部都是遗嘱受益人,此时也不会仅因此而确认遗嘱无效,但为避免不必要的纠纷,遗嘱受益人还是回避为宜。

第二,在遗嘱人订立需要由见证人见证的遗嘱时,遗嘱人请来了符合条件的见证人在场见证,但同时遗嘱受益人或者受益人的利害关系人也全程参与了遗嘱的订立过程。这种情形也常常会引起继承人与受益人之间关于遗嘱效力的争论。遗嘱受益人或其利害关系人全程参与遗嘱的订立过程有可能会对遗嘱人施加不当的影响,让遗嘱人无法表达出自己的真实意愿,故在继承发生后,其他继承人对遗嘱的效力产生怀疑也符合情理。本编对这样的问题没有进行明确的规定,在实务中,要分别对待,不能将遗嘱一律认定为有效或者无效。在有证据证明在场的遗嘱受益人或其利害关系人对遗嘱人施加了不当的影响、导致其作出了不符合本意的遗嘱时,该遗嘱即应被确认为无效。反之,不应认定遗嘱无效。比如,遗嘱受益人是无民事行为能力人或者限制民事行为能力人时,他们在遗嘱订立现场,一般就不会对遗嘱人产生不当的影响,在这样的情况下,如果确认遗嘱无效,反而可能会有违遗嘱人的意愿。

第三,律师见证遗嘱的问题。随着人们法律意识的增强,寻找专业人士帮助自己订立遗嘱的现象越来越多,律师用其专门的法律知识为当事人提供服务也有助于当事人维护自己的合法权益。但是,应当看到,遗嘱是要式法律行为,《民法典》中并未规定律师见证遗嘱,故在实践中,律师在帮助当事人订立遗嘱时,仍旧应该依托本编规定的各类遗嘱形式,严格按照法律规定的各类遗嘱要件来订立遗嘱,否则遗嘱即会被认定无效。律师虽然具有专业的法律知识,但在订立遗嘱时不得自由创设遗嘱形式。在实践中发生过这样的案例,即律师帮助当事人订立代书遗嘱,但负责代书和见证的律师均未在代书遗嘱上签名并注明日期,而是另外制作了一份见证书,在见证书中对遗嘱的订立过程进行了说明并在见证书上签名且注明了日期,该遗嘱因不符合代书遗嘱的要件而最终被法院确定为无效。

第四,关于遗嘱见证人见证的内容问题。本编第3章规定的遗嘱形式中,除了自书遗嘱外,其他类型的遗嘱(代书遗嘱、打印遗嘱、录音录像遗嘱、口头遗嘱、特殊条件下的公证遗嘱)都涉及见证人在场见证的问题。根据立法精神,见证人见证的目的是保证遗嘱是遗嘱人真实意思的体现,同时也是为了在遗嘱人死亡后,有人能够证明订立遗嘱时的过程、尽力还原遗嘱订立时的场景。故见证人在场见证遗嘱应该主要是证明遗嘱人口述了遗嘱的内容,或者是证明他人根据遗嘱人的口述书写了遗嘱,或者是证明遗嘱人打印了遗嘱等。即核心的一点是,见证人必须要亲眼看见、亲耳听到遗嘱人完成了完整遗嘱表现形式。在代书遗嘱、打印遗嘱、特殊情况下公证遗嘱的情形下,如果仅仅是见证了遗嘱人在已经书写完毕的遗嘱上签名或按手印,而没有全程参与遗嘱的书写过程,这种见证并不是本章所规定的见证,只能是可以证明遗嘱人确实签署了自己姓名的证人,这样的见证人并不是本章所规定的见证人,这种遗嘱应是无效的遗嘱。在实践中出现过这样的案例,在该案件中,见证人只是见证了遗嘱人在他人已经代为打印完毕的遗嘱上进行了签字,法院最终确认该遗嘱无效。该案例将会在司法案例部分予以呈现。同理,在口头遗嘱或录音录像遗嘱情况下,若没有全程参与遗嘱的形成过程,这样的人员也不是本章规定的见证人。

【司法案例】

案例一

原告葛某与被告李某A、李某B继承纠纷案[①]

诉讼结论:继承人作为代书遗嘱的代书人所立的代书遗嘱无效。

基本案情:被继承人李某与李某A系夫妻关系,二人未育有子女。葛某系李某与其前妻所生之女。李某B系李某A之女,与被继承人李某形成了抚养关系。李某于2018年死亡。李某A、李某B主张李某生前留有遗嘱,将其全部遗产由李某A继承,二人向法院提交了《遗嘱》一份并申请证人于某出庭作证。经法院询问,李某A主张《遗嘱》内容系李某A手写、李某签字并按捺手印。葛某不认可《遗嘱》的真实性及证据形式。

法院认为:继承从被继承人死亡时开始。继承开始后,按照法定继承办理;有遗嘱的,按照遗嘱继承或者遗赠办理;有遗赠扶养协议的,按照协议办理。代书遗嘱应由两个以上无利害关系的见证人见证。本案中,李某A、李某B向法院提交

① 北京市东城区人民法院(2019)京0101民初7162号民事判决书。

的《遗嘱》系李某A手写形成,而李某A系遗嘱继承人,系利害关系人,故其所代写的遗嘱不符合代书遗嘱的基本形式,故法院对上述《遗嘱》不予采信,本案应按法定继承处理。

案例二

上诉人王某A与被上诉人王某B、王某C、王某D析产继承纠纷案①

诉讼结论:见证人仅仅见证遗嘱人在他人代为书写的遗嘱上签字的,不能认为该遗嘱经过了合法的见证,遗嘱应属无效。

基本案情:被继承人王某与刘某是夫妻关系,共育有子女四人,分别为王某A、王某B、王某C、王某D。王某、刘某生前共同购买了诉争房屋。

2001年某月,王某拿着已经由电脑打印完毕的代书遗嘱到某律师事务所要求见证,该遗嘱主要内容有:"诉争房屋中我个人部分和我继承我妻子部分给王某A继承。由于我目前生活不能自理,从现在王某A夫妻搬来与我同住,并由王某A伺候我的晚年生活。百年之后的丧葬事宜及费用由四名子女一起负责办理。"该律师事务所指派了一名律师做了见证并制作了见证书,见证王某在遗嘱上签字。见证书有该见证律师签字并加盖了某律师事务所的印章。

法院认为:公民将个人财产以遗嘱方式指定由法定继承人的一人或数人继承的,应当依照法律的规定。被继承人王某持电脑打印代立遗嘱处分个人的财产,虽经某律师事务所指派一名律师见证所立遗嘱系其本人签字,律师事务所也随即制作了见证书,该见证书有张某、见证律师签字且加盖某律师事务所单位印章,但该立遗嘱的形式与继承法律规定的自书、代书遗嘱必备条件不符。在遗嘱无效的情况下,应该按照法定继承的方式将诉争房屋在王某各继承人之间依法继承,对王某A要求按照该遗嘱来继承诉争房屋的诉讼请求,法院不予支持。

第一千一百四十一条 遗嘱应当为缺乏劳动能力又没有生活来源的继承人保留必要的遗产份额。

【条文主旨】

本条是关于必留份的规定。

---

① 北京市第一中级人民法院(2003)年一中民终字第05122号民事判决书。

【条文理解】

《继承法》第 19 条规定:“遗嘱应当对缺乏劳动能力又没有生活来源的继承人保留必要的遗产份额。”本条规定对《继承法》第 19 条未作实质性的修改,只是将该条中的“对”字修改为“为”字,这么修改也只是出于文字逻辑上的需要,对本条的适用没有影响。在民法典继承编历次征求意见稿中,关于必留份规定的条文内容与本条规定基本一致,没有大的变化。

本编第 1155 条规定:“遗产分割时,应当保留胎儿的继承份额。胎儿娩出时是死体的,保留的份额按照法定继承办理。”在理解上,有观点认为该条规定的内容以及本条内容即为我国继承法律上的特留份制度。其实二者性质不同,因而这种理解是不准确的。

本条规定是对遗嘱人遗嘱自由的一种限制。遗嘱自由是各国继承立法普遍遵守的一项重要原则,我国继承立法中也贯彻了这一原则。但是,和任何自由一样,遗嘱自由也不是绝对的,它也受到一定的限制。对遗嘱自由的限制,体现在本条中就是遗嘱应当为缺乏劳动能力又没有生活来源的继承人保留必要的遗产份额,如果没有为其保留必要的份额,在继承时就会由法院直接从遗产总额扣减一定的遗产交与这类继承人,剩余的部分才能按照遗嘱中确定的遗产分配规则进行分配。

根据本条规定,遗嘱为继承人保留必要遗产份额的前提是该继承人缺乏劳动能力又没有生活来源。这里的“缺乏劳动能力”指的是该继承人不具备或不完全具备独立劳动的能力,不能依靠自身的劳动取得必要收入以维持自己的生活。这里的“没有生活来源”主要指的是该继承人没有固定的工资、没有稳定的经济收入,无法有效地从他人或社会处获取必要的生活资料。只有在该继承人既缺乏劳动能力,又没有生活来源的情况下,才符合为其保留必要遗产份额的条件。如果只是缺乏劳动能力,但有生活来源,此时就不符合为其保留遗产份额的条件。如果具有劳动能力,但没有生活来源,此时也不符合为其保留遗产份额的条件,在这种情况下,其可以通过自己的劳动来维持自己的生活,没有为其保留遗产的现实必要性。缺乏劳动能力、没有生活来源这两个条件必须同时符合,否则不能适用本条的规定。

本条规定遗嘱应为符合条件的继承人保留必要的遗产份额,但并未就应保留多少份额进行规定,而在传统特留份制度中,有些国家就特留份份额在遗产总额中的比例进行了明确的规定。在法无明确规定的情况下,应该综合考虑案件的具体情况来确定应该保留的份额,需要考虑的因素包括被继承人遗产价值情况、该继承人的实际生活需要以及当地的基本生活水平等情况。

【司法适用】

本条规定虽然对遗嘱人的遗嘱自由做了一定程度的限制，但在我国的继承法律制度中，遗嘱自由是一以贯之的。遗嘱自由是原则，对遗嘱自由加以限制是例外。在处理涉及必继份的问题时，应按照本条规定的要件进行审查。在实务中，应注意以下问题：

第一，享有遗嘱为其保留必要份额权利的人应当是遗嘱人的继承人，这里的继承人指的是遗嘱人的法定继承人。本编第1127条规定："遗产按照下列顺序继承：（一）第一顺序：配偶、子女、父母；（二）第二顺序：兄弟姐妹、祖父母、外祖父母。继承开始后，由第一顺序继承人继承，第二顺序继承人不继承；没有第一顺序继承人继承的，由第二顺序继承人继承……"第1129条规定："丧偶儿媳对公婆，丧偶女婿对岳父母，尽了主要赡养义务的，作为第一顺序继承人。"这两条是我国法律关于法定继承人范围的规定。

有观点认为，只要是被继承人的继承人，无论其是第一顺序继承人还是第二顺序继承人，只要该继承人丧失了劳动能力同时又没有生活来源的，被继承人订立遗嘱时即应为其保留必要的遗产份额。这一观点是值得商榷的。首先，从继承的顺序上来说，在法定继承情况下，如果存在第一顺序继承人，那么第二顺序继承人是无权继承遗产的，即使该第二顺序继承人中存在既缺乏劳动能力又没有生活来源的人，这类人员也无法分得遗产。如果按照前述观点，则会出现在法定继承情况下第二顺序继承人无法继承遗产，而在遗嘱继承情况下第二顺序继承人却又能继承遗产的情况，这与立法精神相悖。订立遗嘱是被继承人的自由，在一般情况下，其可以通过遗嘱自由处分个人财产。被继承人订立遗嘱处分其财产，直接影响的是其第一顺序的继承人的权益，故只有在第一顺序继承人中存在缺乏劳动能力又无生活来源的人时，遗嘱才应给其保留必要的份额。其次，从本条规定的目的来看，这是为了保护缺乏劳动能力又没有生活来源的继承人的生存权，并不是像特留份制度一样为了保证财产在家族内部的流转。通常情况下，享有这种权利的继承人与遗嘱人之间存在抚养或赡养的义务，本条规定从一定意义上说也是为了避免被继承人通过遗嘱的方式规避自己应尽的抚养或赡养义务，故应该按照法定继承的顺序来确定哪些继承人享有本条规定的权利，因为法定继承人的顺序就是法定继承人与被继承人之间在身份上亲疏远近的体现。最后，在实务中，继承纠纷案件的当事人也是按照法定继承人的顺序确定的，在有第一顺序继承人时，只列第一顺序继承人作为当事人，第二顺序继承人在此时并不是适格的当事人。综上所述，享有为其保留遗产份额权利的继承人应按照继承顺序确定，在有第一顺序继承人时，第二顺序继承人不享有这种权利。只有在没有第一顺序继承人的情况下或者第一顺序继承人放弃继承权、丧失继承权的时候,第二顺序继承人才可能享有此权利。

第二,本条规定继承人在缺乏劳动能力又没有生活来源时享有本条规定的权利。如何判断“缺乏劳动能力”?是否需要对该继承人的劳动能力进行鉴定?如果该继承人是年老体弱或者身患重病,通过一般的日常经验法则就能确定的,无须进行劳动能力鉴定。在特殊情况下,可以通过法院委托鉴定的方式确定其劳动能力。如何确定“没有生活来源”?是不是毫无收入才能被认定为没有生活来源?对此,应从该继承人是否有较为稳定的收入、是否有社会医疗保险、是否有固定的住处、其配偶和子女的身体及经济状况上综合考虑。在判断没有生活来源的标准时,不能过于拘泥,不能认为其毫无收入才算没有生活来源,如果其收入水平远远低于当地平均收入水平,也应看作是没有生活来源。

第三,从何时开始界定继承人存在既缺乏劳动能力又没有生活来源的问题。对此,《继承法意见》第37条第2款规定:“继承人是否缺乏劳动能力又没有生活来源,应按遗嘱生效时该继承人的具体情况确定。”该条规定可供参考适用。那么,应如何理解“遗嘱生效时”?遗嘱是死因行为,在一般情况下,一份有效的遗嘱在被继承人死亡时即可发生法律效力,被继承人死亡的时间点即为遗嘱生效的时间点。但如果被继承人在遗嘱中附上了条件或期限,并说明遗嘱在条件满足后或期限到达后才生效的,应按照遗嘱的内容确定遗嘱的生效时间点。

第四,本条规定的继承人享有的这种权利相对于被继承人的债权人对被继承人的债权来说具有优先性,同时这种权利也优先于国家对被继承人的税收权。本编第1159条规定:“分割遗产,应当清偿被继承人依法应当缴纳的税款和债务;但是,应当为缺乏劳动能力又没有生活来源的继承人保留必要的遗产。”《继承法意见》第61条也规定:“继承人中有缺乏劳动能力又没有生活来源的人,即使遗产不足清偿债务,也应为其保留适当遗产……”这是因为本条保障的是这类继承人的生存权,生存权是人的最基本的权利,相较于其他权利类型而言,生存权应放在第一位。故在实务中遇有其他债权人的债权与本条规定相冲突时,应优先适用本条的规定,为符合条件的继承人留出必要的遗产。第1159条中规定的是保留“必要的遗产”,既优先于税收和债务的清偿、合理期限内一定数额的遗产——以生活必需为底线。本条规定的是保留“必要的遗产份额”,即必要的用于生活的遗产。两条规定在文字表述上不尽一致,但在适用上一般可不加以区分,目的都是让继承人的生存生活得到保障。

【司法案例】

上诉人钱某 1 与上诉人钱某 2、钱某 3、钱某 4 继承纠纷案①

诉讼结论：遗嘱人所订立的遗嘱中没有为缺乏劳动能力又没有生活来源的继承人保留必要的遗产份额，因违反《继承法》第 19 条规定，该部分遗嘱内容无效。分割遗产时，应当为其保留必要的遗产份额。

基本案情：陈某（于 2009 年 7 月 1 日死亡）与钱某（于 1997 年 2 月 25 日死亡）是夫妻关系，共生育钱某 1 及钱某 2、钱某 3、钱某 4 共四个子女。钱某的父母均先其去世。×××房是陈某于 1998 年向钱某生前所在单位购买的房改房。陈某丧偶后，于 2000 年 2 月与邹某再婚，双方于 2007 年 3 月离婚，陈某再婚后未生育子女。

陈某于 2009 年 2 月立下代书遗嘱，表示其去世后将其名下的全部房产和生前与百年后名下的所有资金财产、保险及金手镯一个、小金戒指二个全部给钱某 1。该遗嘱由代书人钱甲代书后，再由代书人找人打印，打印后的遗嘱由陈某及代书人签名确认，并注明日期，并由两位见证人签名确认。

另查，陈某生前是广东省某医院的职工，于 1998 年向其丈夫钱某单位广州某运输公司购买了×××房，购买时陈某享受了已去世丈夫钱某的工龄优惠，购房款为 29,347.81 元。另外，各方均表示钱某去世后，对钱某的遗产没有办理继承。钱某 4 在 2009 年 1 月至 12 月是低保户，每月收入为 365 元。钱某 4 于 2017 年 6 月领取了三级肢体残疾证。

诉讼期间，钱某 4 对钱某 1 提供的遗嘱真实性提出异议，认为不是陈某本人签名，申请司法鉴定，并提供了陈某人事档案自己填写的履历表（样本 1），以及陈某自己书写的笔记本（样本 2）作为样本进行鉴定，对此钱某 1 表示同意。一审法院委托了司法鉴定所进行鉴定，鉴定意见为：无法确定检材与样本 1 是否出自同一人的笔迹。检材与样本 2 是同一人所书写。钱某 4 对此表示，样本 1 和样本 2 存在一真一伪的情况，在真伪无法确定的情况下，该鉴定意见是存疑的。

法院认为：一审法院经审理后认为：×××房虽以陈某名义购买，但陈某购买时其丈夫钱某已去世，陈某参加其丈夫单位的房改才购买了该房屋，因此，陈某购买该房屋时享受了钱某的职务待遇及工龄优惠。由于房改房是国家根据职工工龄、职务、工资、家庭人口等多种因素，综合考虑后在房屋价值计算上给予职工的政策性优惠福利。其中工龄的优惠，是我国在长期实行低工资制度的情况下，对

① 广东省广州市中级人民法院（2018）粤 01 民终 14275 号民事判决书。

职工的一种工资差额的补偿，只是表现形式不同于一般的财产，但仍属于财产性权益。根据当时的房改政策，房改售房并不会因为一方死亡而受影响，在职工去世后，这种财产性权益通过配偶的购买行为转化为房屋形态。因此，陈某房改时享受了已故丈夫钱某的工龄优惠，故视为钱某已出资购买了×××房。

另外，由于钱某去世后，其遗产没有办理继承，且去世时间与购房时间相差不远，而购房款29,347.81元，相对于陈某当时的工资收入水平，款项不小，故陈某支付的购房款，视为陈某以与钱某的夫妻共同财产进行出资，故陈某购买的×××房，是陈某与钱某的夫妻共同财产，各占1/2产权份额。

由于钱某的父母均先其去世，故属于钱某的1/2产权份额由其法定继承人即陈某与钱某1、钱某2、钱某3、钱某4共5人共同继承，各占1/5产权份额，继承后，陈某占该房屋6/10，钱某1及钱某2、钱某3、钱某4各占1/10。

对于陈某生前立下的代书遗嘱的真实性，钱某4提出异议，要求对陈某的签名进行司法鉴定。经鉴定，遗嘱上陈某的签名与钱某4提供的陈某笔记本字迹一致，故对该遗嘱的真实性，予以确认。由于代书遗嘱由陈某本人及代书人、见证人签名确认，注明时间，故形式要件符合法律规定。至于钱某4认为见证人与钱某1有利害关系，因其没有提供证据证明，故不予采纳。

×××房，陈某只占有6/10份额，超出该份额的部分，陈某无权处分，根据遗嘱的内容，属于陈某的部分产权由钱某1继承。继承后，钱某1占该房屋7/10。

至于钱某4认为遗嘱没有为其保留份额，由于陈某订立遗嘱时，钱某4虽然是低保户，但每月有365元收入，故其不是没有生活来源，因此对其要求遗嘱为其保留份额的主张，不予采纳。

一审法院据此判决如下：×××房由钱某1、钱某2、钱某3、钱某4共同继承，继承后，钱某1占该房屋7/10产权份额，钱某2、钱某3、钱某4各占该房屋1/10产权份额。钱某1、钱某2、钱某3、钱某4均不服一审判决，均提起上诉。

二审法院经审理后认为：本案争议的焦点主要在于×××房是属于被继承人陈某的个人财产还是属于陈某与钱某的夫妻共同财产。根据《婚姻法》第17条的规定，夫妻在婚姻关系存续期间所得的财产归夫妻共同所有。本案中，购买×××房时钱某已经去世，其作为民事权利义务的主体资格已经消亡，即便×××房在购买时计算了钱某的工龄优惠，也仅属于计算房改房售价时的政策性优惠，不能据此认定钱某对×××房享有产权。因此，×××房是在钱某去世后才购买的房改房，依法不属于陈某与钱某的夫妻共同财产。一审认定钱某的工龄优惠为财产性权益，进而认定×××房属于陈某与钱某的夫妻共同财产不当，本院予以纠正，×××房应为陈某的个人财产。

关于被继承人陈某所立遗嘱的效力问题。根据《继承法》第 17 条的规定，遗嘱可分为公证遗嘱、自书遗嘱、代书遗嘱、录音遗嘱、口头遗嘱等，而涉案遗嘱系电脑打印，应归类于代书遗嘱。根据《继承法》第 17 条第 3 款之规定，代书遗嘱应当有两个以上见证人在场见证，由其中一人代书，注明年、月、日，并由代书人、其他见证人和遗嘱人签名。随着现代科技的发展，电脑打印遗嘱和手写遗嘱只要符合法律规定的要件应具有同等效力。由于涉案遗嘱并非手写，不存在代书人，而《继承法》之所以规定需要由见证人、代书人签字，其实质是要求有两名无利害关系人确认代书过程，从而证明代书内容系被继承人的真实意思表示。本案中的遗嘱系由电脑打印完成，遗嘱人陈某、代书人钱甲及两名见证人均在该遗嘱上签名打指模确认，涉案遗嘱符合代书遗嘱的法定形式要件，应为合法有效。钱某 2、钱某 3、钱某 4 上诉主张见证人与钱某 1 有利害关系，但未能提供证据予以证实，本院不予支持。因此，陈某生前立有遗嘱，指定×××房由钱某 1 一人继承，故×××房依法应由钱某 1 继承取得。

关于是否应当为钱某 4 保留必要的遗产份额。《继承法》第 19 条规定："遗嘱应当对缺乏劳动能力又没有生活来源的继承人保留必要的遗产份额。"《继承法解释》第 37 条中规定："遗嘱人未保留缺乏劳动能力又没有生活来源的继承人的遗产份额，遗产处理时，应当为该继承人留下必要的遗产，所剩余的部分，才可参照遗嘱确定的分配原则处理。"根据上述法律规定，遗嘱应当为缺乏劳动能力又没有生活来源的法定继承人保留必要的遗产份额。本案中，钱某 4 肢体三级残疾，缺乏劳动能力，且为低保户，每月仅有 365 元的收入，明显不能满足日常生活所需，钱某 4 应当属于上述法律所规定的缺乏劳动能力又没有生活来源的继承人，应在陈某遗嘱处分的遗产中为钱某 4 保留必要的份额。同时，为了便于遗产的合理使用，避免当事人的诉累，×××房可由钱某 1 一人继承，由钱某 1 酌情支付 10 万元补偿款给钱某 4。综上所述，钱某 1、钱某 2、钱某 3、钱某 4 的上诉请求部分成立；一审判决有误，本院予以纠正。依照《继承法》第 17 条第 2 款、第 3 款、第 19 条，《继承法解释》第 37 条，《民事诉讼法》第 170 条第 1 款第 2 项规定，判决如下：一、变更一审民事判决为：×××房由钱某 1 一人继承。二、钱某 1 自判决书发生法律效力之次日起十日内向钱某 4 支付补偿款 100,000 元。三、驳回钱某 1 的其他诉讼请求。

第一千一百四十二条　遗嘱人可以撤回、变更自己所立的遗嘱。

立遗嘱后,遗嘱人实施与遗嘱内容相反的民事法律行为的,视为对遗嘱相关内容的撤回。

立有数份遗嘱,内容相抵触的,以最后的遗嘱为准。

【条文主旨】

本条是关于遗嘱的撤回、变更以及遗嘱效力顺位的规定。

【条文理解】

《继承法》第20条规定:“遗嘱人可以撤销、变更自己所立的遗嘱。立有数份遗嘱,内容相抵触的,以最后的遗嘱为准。自书、代书、录音、口头遗嘱,不得撤销、变更公证遗嘱。”在《民法典》实施前,我国主要是根据《继承法》及其司法解释的规定处理继承纠纷案件。本条对《继承法》第20条作了重大的修改。

在立法过程中,2017年7月28日的民法典继承编室内稿第26条将《继承法》第20条修改为:“遗嘱人可以撤回、变更自己所立的遗嘱。立遗嘱后,遗嘱人实施与遗嘱内容相反行为的,视为对遗嘱相关内容的撤回。立有数份遗嘱,内容相抵触的,以最后的遗嘱为准。”2018年4月民法典继承编征求意见稿第24条以及2018年9月5日民法典各分编草案征求意见稿第921条也规定了与前述第26条相同的内容。在2019年7月5日民法典继承编征求意见稿第921条以及2019年12月16日民法典草案第1138条又将此条修改为:“遗嘱人可以撤回、变更自己所立的遗嘱。立遗嘱后,遗嘱人实施与遗嘱内容相反的民事法律行为的,视为对遗嘱相关内容的撤回。立有数份遗嘱,内容相抵触的,以最后的遗嘱为准。”2020年5月22日民法典送审稿第1142条的内容与2019年12月民法典草案第1138条的内容一致。

在条文内容上,本条对《继承法》第20条的内容进行了重大修改,下面就条文修改情况以及对条文的理解一起介绍如下:

第一,本条第1款规定:“遗嘱人可以撤回、变更自己所立的遗嘱。”《继承法》第20条第1款规定:“遗嘱人可以撤销、变更自己所立的遗嘱。”本条第1款将《继承法》第20条第1款规定中的“撤销”修改为“撤回”,其他内容未作变动。民事法律行为的“撤回”和“撤销”是两个完全不同的法律概念。“撤回”指的是行为人在作出民事法律行为后,在该行为尚未生效前取消其作出的行为,使该行为不产生法律效力。《民法典》“总则编”第141条规定:“行为人可以撤回意思表示。撤回意思表示的通知应当在意思表示到达相对人前或者与意思表示同时到达相对人。”而民事法律行为的“撤销”指的是行为人在法律行为已经成立并生效的情况下，基于一定的事实和法律依据，废除该法律行为，使该行为自始不发生法律效力。遗嘱是死因行为，遗嘱只有在遗嘱人死亡后才会发生法律效力，如果遗嘱已生效，就意味着遗嘱人已经死亡。这就与《继承法》第 20 条的规定产生了矛盾，在遗嘱生效后，遗嘱人已经死亡，其不可能再将已经生效的遗嘱予以撤销。遗嘱在遗嘱人生前是不生效的，遗嘱人在生前只能够撤回其所立的遗嘱。故《继承法》第 20 条第 1 款虽然规定的是遗嘱人可以撤销自己所立的遗嘱，但这里的“撤销”实际上是作为“撤回”来理解和适用的。《继承法》长期以来一直混淆使用撤回和撤销的概念，本条在此对该问题作了修正。

本款中还规定了遗嘱人可以变更自己所立的遗嘱。所谓变更自己所立的遗嘱就是指遗嘱人对其所立遗嘱的部分内容予以修改，包括增加遗嘱内容、删除已有内容、改变已有内容。可以说，变更遗嘱实际上也是在对遗嘱的部分内容进行撤回或增加。而撤回遗嘱则相当于是对遗嘱全部内容予以删除，目的是回到未立遗嘱时的状态。

遗嘱是遗嘱人处分其财产的意思表示，遗嘱自由原则已得到世界上大多数国家和地区的认可，我国也不例外。既然遗嘱人可以自由地订立遗嘱处分自己的财产，那么其也可以自由地撤回或变更自己所立的遗嘱，这也体现了法律对自然人意思自治的尊重和保护。

第二，本条第 2 款规定：“立遗嘱后，遗嘱人实施与遗嘱内容相反的民事法律行为的，视为对遗嘱相关内容的撤回。”相对于《继承法》第 20 条来说，本款是新增加的一项规定。但严格来说，本款规定并不是新创设的规定，《继承法意见》第 39 条即规定了类似的内容。该条规定：“遗嘱人生前的行为与遗嘱的意思表示相反，而使遗嘱处分的财产在继承开始前灭失、部分灭失或所有权转移、部分转移的，遗嘱视为被撤销或部分被撤销。”该第 39 条的规定也混淆使用了“撤销”和“撤回”，根据该条的内容，其所述的“撤销”也应是“撤回”的意思。本条只是将该第 39 条所规定的具体的民事法律行为予以删除，而只是笼统地规定了“遗嘱人实施与遗嘱内容相反的民事法律行为的，视为对遗嘱相关内容的撤回”。做此变化，使条文显得更加有弹性，可以适用该条的具体情形范围也将更为广大，会更加适应实践中的不同要求。

本款规定“遗嘱人实施与遗嘱内容相反的民事法律行为的，视为对遗嘱相关内容的撤回”。遗嘱人实施的民事法律行为如果与遗嘱的部分内容相反，则该部分内容视为被撤回，即相当于遗嘱人变更了遗嘱。若其实施的民事法律行为与遗嘱的全部内容都相反，则遗嘱的全部内容都视为已被撤回。这一款的规定在事实上是与第 1 款规定的法律效果是一致的，都是对遗嘱变更和撤回的规定，只不过这两款规定的遗嘱人变更或撤回遗嘱的方式不同。

遗嘱人在生前可以变更或撤回遗嘱。订立遗嘱是遗嘱人实施的民事法律行为，变更或撤回遗嘱也是遗嘱人所实施的民事法律行为，二者均是单方民事法律行为。遗嘱人订立遗嘱时作出的订立遗嘱的意思表示，在变更或撤回遗嘱时作出的是变更或撤回遗嘱的意思表示。《民法典》第 140 条规定："行为人可以明示或者默示作出意思表示。沉默只有在有法律规定、当事人约定或者符合当事人之间的交易习惯时，才可以视为意思表示。"据此，行为既可以明示的方式作出意思表示，也可以默示的方式作出意思表示。变更或撤回遗嘱是遗嘱人作出的变更遗嘱或撤回遗嘱的意思表示，这种民事法律行为也既可以明示的方式作出，也可以默示的方式作出。本条第 1 款即是遗嘱人通过明确地表示出变更或撤回遗嘱的意思表示来对遗嘱进行变更或撤回。本条第 2 款即是法律规定的通过遗嘱人生前所实施的民事法律行为来推定其对遗嘱进行了变更或撤回。

第三，本条第 3 款规定："立有数份遗嘱，内容相抵触的，以最后的遗嘱为准。"《继承法》第 20 条第 3 款规定："自书、代书、录音、口头遗嘱，不得撤销、变更公证遗嘱。"相对于《继承法》第 20 条第 3 款，本款有了极其重大的变化，即本款取消了公证遗嘱效力最高的规定，自此之后，《民法典》"继承编"中规定的所有形式的遗嘱的效力层级都是一样的、效力一律平等。遗嘱以最后所立的为准，无论该遗嘱是自书遗嘱、代书遗嘱、录音录像遗嘱、打印遗嘱、口头遗嘱还是公证遗嘱。亦即，在内容相抵触的情况下，任何形式的在后遗嘱都可以视为是对任何形式的在先遗嘱的变更或撤回，在效力层级上，不再考虑遗嘱是否经过了公证。

长期以来，我国《继承法》及其司法解释都规定，在各类遗嘱中，公证遗嘱的效力最高。《继承法意见》第 42 条明确规定："遗嘱人以不同形式立有数份内容相抵触的遗嘱，其中有公证遗嘱的，以最后所立公证遗嘱为准；没有公证遗嘱的，以最后所立的遗嘱为准。"但在《民法典》实施后，该第 42 条的规定实际上已经被废止，今后均应以《民法典》第 1142 条第 3 款为准来判断多份遗嘱之间的效力层级，切实尊重遗嘱人的真实意愿。

遗嘱是遗嘱人处分自己合法财产的意思表示，遗嘱的效力来自遗嘱人的真实意思表示。法律所规定的各类遗嘱形式只是遗嘱人这种意思表示的载体和表现形式，每类遗嘱形式均有自己的优势和不足，不能仅以遗嘱表现形式的不同来确定遗嘱孰优孰劣。公证遗嘱确实有着其他遗嘱形式不可比拟的优势，司法部先后出台了《遗嘱公证细则》《公证程序规则》，各省市、自治区也出台了各自的遗嘱公证办法，我国还颁行了《公证法》，这些法律和规章为遗嘱公证的办理提供了较为详细的规程和指引，这能够帮助遗嘱人订立更加规范的遗嘱。另外，公证处也有着一定的准官方的性质，能够增加人们对公证遗嘱的信任感。公证遗嘱独有的这些优势是其他遗嘱形式所不具有的。但是，公证遗嘱这种正规和严肃性只能表明其证据效力会高于其他的遗嘱表现形式，只能将其优先效力限定在证据法的层面上，不能据此从实体上直接规定经过公证的遗嘱在效力层级上就高于其他形式的遗嘱，对于遗嘱的效力的判断还是要回归到遗嘱人的真实意思表示上。关于公证遗嘱效力优先的问题，学界早已有了不同的意见，本款的规定也是对学界呼声及现实需要的一种回应。

【司法适用】

本条第 1 款规定了遗嘱人可以撤回、变更自己所立的遗嘱。变更遗嘱存在三种情况，一是遗嘱人增加遗嘱的内容，二是遗嘱人删除遗嘱的部分内容，三是遗嘱人对遗嘱的部分内容进行修改。在撤回遗嘱的情况中，遗嘱人是将自己所立的遗嘱全部予以废止。

在司法实务中应注意，变更或撤回遗嘱是对原有遗嘱作出重大的改变，遗嘱人在变更或撤回遗嘱的时候也应满足一定的条件。一般来说，遗嘱人在变更或撤回遗嘱时也应遵循订立遗嘱时的法律要件，即（1）在变更或撤回时，遗嘱人应该是完全的民事行为能力人；（2）变更或撤回是遗嘱人的真实意思表示；（3）变更或撤回需要满足《民法典》“继承编”中规定的遗嘱形式之一，至于遗嘱人选择何种遗嘱形式来进行变更或撤回则在所不问。此外，遗嘱人也可以以销毁遗嘱的方式来撤回遗嘱，在此情况下并不要求满足某一形式要件。再补充一点，遗嘱变更或撤回的行为人只能是遗嘱人，这是与撤销遗嘱不同的地方之一，撤销遗嘱的行为人是遗嘱人之外的其他权利人。

在实务中，还有一种情况需要注意。遗嘱人立有数份内容相抵触的有效遗嘱，当最后一份遗嘱被遗嘱人撤回后，在先的遗嘱是否当然地恢复效力？此外，若遗嘱人立有数份内容相抵触的遗嘱，最后一份遗嘱被确认无效后，能否直接按照在先的遗嘱内容处理相应的遗产？

在这两个问题上，存在不同的看法，有观点认为应该按照在先的前一份遗嘱来处理；有观点认为不能当然地恢复在先遗嘱的效力，此时均应按照法定继承办理。实务中，对前一个问题，若最后一份遗嘱被遗嘱人撤回，那么一般会按照在先的前一份遗嘱来处理相关遗产。对后一个问题，若最后一份遗嘱被确认为无效，一般会依据在先的前一份遗嘱来处理继承问题。北京市高级人民法院 2018 年 6 月 19 日发布的《北京市高级人民法院关于审理继承纠纷案件若干疑难问题的解答》第 22 条规定：“……被继承人立有数份内容抵触的有效遗嘱，最后一份遗嘱被撤销的，在先的前一份遗嘱发生效力，但当事人对是否恢复在先遗嘱效力以及恢复哪一份遗嘱效力另有表示的除外。被继承人立有数份内容抵触的有效遗嘱，最后一份遗嘱被认定无效时，在先的前一份遗嘱发生效力。”此解答可供参考借鉴。这份解答沿用了《继承法》第 20 条第 1 款关于遗嘱撤销的概念，如上文所述，这里的撤销应该是撤回的意思。

以上所说的是遗嘱人根据其自由意志变更或撤回遗嘱的问题。在实务中还会遇到另一种情况，即在遗嘱人生前，客观情况发生了不以遗嘱人意志为转移的变化，这种变化导致遗嘱所处理的财产形态产生了变化（如遗嘱处理的房产被国家拆迁，遗嘱人得到的拆迁补偿；再如遗嘱所涉财产遭受他人损坏，他人赔偿给遗嘱人一笔款项；等等）。财产形态变化后，遗嘱人未就变化后的财产订立新的遗嘱，在遗嘱人死亡后，能否按照遗嘱人订立的遗嘱来处理变化后的财产？对于这一问题，实践中认识也不一致，有观点认为应该按照遗嘱的内容来处理变化后的财产，因为变化后的财产也只不过是变化前财产的转化形式，二者在本质上并没有区别。但有的观点认为，不能按照遗嘱处理，因为遗嘱人在明知道原有财产灭失或者财产形态发生了明显变化的情况下，没有订立新的遗嘱，这就表明其不愿按照遗嘱的内容来处分变化后的财产，故若无新的遗嘱，即应按照法定继承办理。

对上一问题，北京市高级人民法院 2018 年 6 月 19 日公布的《北京市高级人民法院关于审理继承纠纷案件若干疑难问题的解答》第 20 条的规定还是比较客观可行的。该条规定：“……遗嘱中所涉特定财产在继承开始前非因被继承人原因发生形态变化的，如损害赔偿等，被继承人未对形态变化后的财产安排再次作出遗嘱意思表示的，视为原遗嘱已撤销；但有证据表明被继承人客观上无法再次作出遗嘱意思表示的除外。”该条规定兼顾了以上两种不同观点中的合理部分，同时也给了遗嘱人再次订立遗嘱的机会，尊重了遗嘱人的意愿。在遗嘱人不具有再次订立新的遗嘱的客观条件时，如遗嘱人遇难、患病等，应该按照遗嘱人之前订立的遗嘱来执行。如果遗嘱人具备再次订立新的遗嘱的客观条件，则应尊重遗嘱人的选择。如果遗嘱人订立了新的遗嘱，则按照新的遗嘱办理。如果遗嘱人没有订立新的遗嘱，放任这种财产转化情况的发生，则应视为遗嘱人以自己的行为撤回了原有的遗嘱，不能再按照原有遗嘱办理。

【司法案例】

上诉人李 A 与被上诉人李 B、李 C、李 D、李 E、李 F 继承纠纷案①

诉讼结论：立遗嘱后，遗嘱人实施与遗嘱内容相反的民事法律行为的，视为对遗嘱相关内容的撤回。

基本案情：被继承人李某和杨某是夫妻关系，二人育有子女五人，即李 A、李 B、李 C、李 D、李 E。李 E 与李 F 系夫妻关系。2000 年，被继承人李某和杨某分别立下遗嘱，均表示将诉争位于昌平区的第 85 号房屋属于各自的份额在二人死亡后留给李 A 继承，这两份遗嘱均经过了公证。2007 年，李某和杨某与李 E 和李 F 签订了赠与合同，将上述 85 号房屋中属于李某和杨某的份额赠与给李 E 和李 F，并对赠与合同办理了公证。

法院认为：遗嘱人生前的行为与遗嘱的意思表示相反，而使遗嘱处分的财产在继承开始前灭失、部分灭失或所有权转移、部分转移的，遗嘱视为被撤销或部分被撤销。本案中，立遗嘱人李某、杨某于 2000 年立公证遗嘱，表示在其死亡后，诉争房产由李 A 继承。但是李某、杨某在 2007 年将其遗嘱中的房产又通过公证赠与的方式进行了处分，赠与给了李 E、李 F。因此，李某、杨某的该赠与行为是其对 2000 年所立的遗嘱的撤销。李 A 要求认定遗嘱有效，要求继承争议房屋的请求，不能成立。

第一千一百四十三条　无民事行为能力人或者限制民事行为能力人所立的遗嘱无效。

遗嘱必须表示遗嘱人的真实意思，受欺诈、胁迫所立的遗嘱无效。

伪造的遗嘱无效。

遗嘱被篡改的，篡改的内容无效。

【条文主旨】

本条是关于无效遗嘱的规定。

【条文理解】

《继承法》第 22 条规定："无行为能力人或者限制行为能力人所立的遗嘱无

① 北京市第一中级人民法院(2017)京 01 民终 4158 号民事判决书。

效。遗嘱必须表示遗嘱人的真实意思,受胁迫、欺骗所立的遗嘱无效。伪造的遗嘱无效。遗嘱被篡改的,篡改的内容无效。”本条规定对该条只是作了以下两点法律概念上的修改:(1)将《继承法》第22条第1款中的“无行为能力人或者限制行为能力人”修改为“无民事行为能力人或者限制民事行为能力人”;(2)将《继承法》第22条第2款中的“欺骗”修改为“欺诈”,并将“欺诈”和“胁迫”在文字表述上的先后顺序进行了调换。

作此修改的目的是统一法律概念,清理继承法律中一些不规范的法律用语。遗嘱只能是自然人所为的民事法律行为。在《民法典》“总则编”第2章关于自然人的规定中,对自然人行为能力的划分只有三类,即无民事行为能力人、限制民事行为能力人和完全民事行为能力人,并无《继承法》第22条第1款中的“无行为能力人”和“限制行为能力人”这样的概念。“继承编”作为《民法典》中的一编,在法律概念上也应与《民法典》“总则编”保持一致。且“无民事行为能力人”、“限制民事行为能力人”和“完全民事行为能力人”的概念与《民法典》中规定的“民事法律行为”在体系上更为一致,更加符合现代民法的要求。

本条将《继承法》第22条第2款中的“欺骗”修改为“欺诈”。在《民法典》“总则编”关于民事法律行为的规定中,使用的全部是“欺诈”的概念,并无“欺骗”的表述。《民法典》只是在“人格权编”下的第2章“生命权、身体权和健康权”的一个条文中使用了“欺骗”这一概念。《民法典》第1006条第1款规定:“完全民事行为能力人有权依法自主决定无偿捐献其人体细胞、人体组织、人体器官、遗体。任何组织或者个人不得强迫、欺骗、利诱其捐献。”除此之外,《民法典》中再未有其他条文中出现“欺骗”这一表述。“继承编”作为《民法典》下的一编,在法律概念上也应与“总则编”相统一,故有此修改。

本条是对遗嘱无效要件的规定。《民法典》第143条规定:“具备下列条件的民事法律行为有效:(一)行为人具有相应的民事行为能力;(二)意思表示真实;(三)不违反法律、行政法规的强制性规定,不违背公序良俗。”一项有效的民事法律行为必须同时满足以上三个条件的要求。通说认为,遗嘱有效的实质要件一般包括三个方面:(1)遗嘱人要具有遗嘱能力;(2)遗嘱人的意思表示要真实;(3)遗嘱的内容要合法。

第一,遗嘱人应当具有遗嘱能力。所谓遗嘱能力是指自然人依法享有的通过遗嘱的方式处分自己合法财产的资格。遗嘱是遗嘱人处分其财产的重大民事法律行为,涉及多方面的利益,并不是所有的人均具有订立遗嘱的资格。按照本条的规定,无民事行为能力人和限制民事行为能力人不得订立遗嘱,即使其订立了遗嘱,该遗嘱的效力也不会得到法律的积极评价,应作为无效遗嘱对待。《民法典》将自然人划分为三类,即无民事行为能力人、限制民事行为能力人和完全民事行为能力人。本条否定了前两类人具有订立遗嘱的资格,那么就可以确定,只有具有完全民事行为能力的人才享有订立遗嘱的资格、才具有遗嘱能力。与民事法律行为的分类不同,《民法典》规定的遗嘱能力只有两类:有遗嘱能力和无遗嘱能力。有遗嘱能力的人只能是完全民事行为能力人,无遗嘱能力人包括无民事行为能力人和限制民事行为能力人。与国外一些立法例不同,我国并未规定限制遗嘱能力人。至于如何界定无民事行为能力、限制民事行为能力和完全民事行为能力,则应该以《民法典》第2章关于自然人的条文规定为准。唯应注意的是劳动成年问题,即《民法典》第18条第2款的规定:"十六周岁以上的未成年人,以自己的劳动收入为主要生活来源的,视为完全民事行为能力人。"如果自然人可以以自己的劳动收入作为其主要生活来源,即使该人不满18周岁,也应视为是成年人,但其应该年满16周岁。

本条规定无民事行为能力人和限制民事行为能力人所立的遗嘱无效,这是考虑到他们或者因为年龄过小或者因为在精神上存在一些障碍,无法作出适当的意思表示,也无法完全明白自己所实施的法律行为的后果。为保护其财产不至于被不恰当地处置,维护其合法权益,故规定这两类人员所立的遗嘱无效。

第二,遗嘱应体现遗嘱人的真实意思。遗嘱是遗嘱人对其死亡后的财产的预先处分,遗嘱的意思表示必须真实。遗嘱应体现遗嘱人的真实意思包含两个方面的要求:一是意思表示自由,二是意思表示真实。即遗嘱意思必须是遗嘱人自愿表达出来,且表达出来的意思应该与其内心的真实想法相一致。在遗嘱人意思表示自由但不真实的情况下,如果有证据证明遗嘱人事后明知遗嘱表意不真实而放任这种不真实情况的存在,则可以推定为遗嘱人以自己的行为认可了该遗嘱的内容,追认了该遗嘱的效力。遗嘱人受胁迫和受欺诈均是导致遗嘱人意思表示不自由的原因。在遗嘱人意思表示不自由的情况下,如其受到了欺诈或胁迫,按照本条的规定,在这种情况下对遗嘱效力的认定并不以遗嘱人事后对遗嘱的态度为准,这种遗嘱由法律直接规定为无效。

本条规定的欺诈指的是,行为人故意告知遗嘱人虚假情况或者故意隐瞒真实情况,致使遗嘱人陷于错误判断并基于该错误判断而作出相应的遗嘱意思表示。因欺诈而导致遗嘱无效需要满足以下四个条件:(1)行为人在主观上有欺诈的故意,即行为人期望以欺诈的方式致使遗嘱人作出错误的意思表示;(2)行为人在客观上实施了欺诈的行为,这里的欺诈行为既包括积极的行为也包括消极的行为,积极行为指的是故意告知遗嘱人虚假情况,消极行为指的是故意向遗嘱人隐瞒真实情况;(3)遗嘱人须因该欺诈行为而陷入错误的判断;(4)遗嘱人基于这种错误的判断而订立了遗嘱。关于何为欺诈行为,《民通意见》第 68 条规定:"一方当事人故意告知对方虚假情况,或者故意隐瞒真实情况,诱使对方当事人作出错误意思表示的,可以认定为欺诈行为。"该条规定可资参照。

本条规定的胁迫指的是,行为人故意以非法的手段对遗嘱人进行威胁,导致遗嘱人因此陷入恐惧并因恐惧而作出违背其真实意愿的意思表示。因胁迫而导致遗嘱无效需要满足以下四个条件:(1)行为人在主观上须有胁迫的故意,即行为人希望用胁迫的方式让遗嘱人产生恐惧,从而致使遗嘱人订立特定的遗嘱;(2)行为人在客观上实施了胁迫的行为;(3)遗嘱人因该胁迫的行为陷入了恐惧;(4)遗嘱人因陷入了某种恐惧而作出了违背自己真实意愿的遗嘱。关于何为胁迫行为,《民通意见》第 69 条规定:"以给公民及其亲友的生命健康、荣誉、名誉、财产等造成损害,或者以给法人的荣誉、名誉、财产等造成损害为要挟,迫使对方作出违背真实的意思表示的,可以认定为胁迫行为。"该条规定可资参照。

需要注意的是,实施欺诈或胁迫行为的人并不要求是遗嘱的受益人本人,只要是遗嘱人因遭受欺诈或胁迫而订立的遗嘱即应为无效的遗嘱,至于实施欺诈和胁迫行为的人是谁则在所不问。

第三,遗嘱的内容应该合法。遗嘱只能处分遗嘱人的个人财产,不能处分他人财产,否则处分他人财产部分的遗嘱内容无效。同时,遗嘱还不得违反法律、行政法规的强制性规定,且不得违背公序良俗。比如,遗嘱人不得处分法律禁止个人持有和流转的财产。

本条还规定:"伪造的遗嘱无效。遗嘱被篡改的,篡改的内容无效。"伪造是指假借被继承人的名义订立的遗嘱。篡改是指对遗嘱人已经订立的遗嘱内容,在未经遗嘱人同意的情况下擅自作出改动。伪造的遗嘱以及遗嘱被篡改的部分均不是被继承人的真实意思表示。为了避免遗嘱人合法财产遭受侵犯、保护遗嘱人的私有财产权和意思自治,同时也是为了保护遗嘱人其他继承人的继承权,本条规定在这两种情况下,遗嘱均无效。若伪造人或篡改人不是继承人之一,在因伪造或篡改而给继承人造成损失的情况下,行为人应当承担侵权责任。若是继承人之一伪造或篡改遗嘱,不但遗嘱无效,而且伪造或篡改遗嘱的继承人还可能因此而丧失继承权。对此,《民法典》第 1125 条明确规定继承人"伪造、篡改、隐匿或者销毁遗嘱,情节严重"的,丧失继承权。

【司法适用】

本条对遗嘱人的遗嘱能力作出了规定,明确指出无民事行为能力人和限制民事行为能力人所立的遗嘱无效。如果一个自然人经特别程序被人民法院判决宣告为无民事行为能力人或者限制民事行为能力人,其在疾病痊愈后,在未经法院撤销前述行为能力宣告判决的情况下订立了遗嘱，这种遗嘱的效力应如何认定？实务中对此有两种不同的观点。一种观点认为遗嘱人的遗嘱能力应以实际情况为准，如果确有证据证明遗嘱人在订立遗嘱时已经恢复为完全民事行为能力人，则可以认定遗嘱有效，而无须法院另行撤销行为能力判决。另一种观点则与此完全相反，该观点认为在法院判决撤销宣告之前，遗嘱人所订立的遗嘱应是无效遗嘱。其理由为：自然人的民事行为能力应以有资质的司法鉴定机构的鉴定结论为准，既然其行为能力的缺失是由法院判决宣告的，那么其行为能力的恢复也应以法院的撤销判决为准。应当说，第二种观点更为合理。因为我国法律对公民行为能力的宣告和撤销规定了严格的程序，法院的判决具有很强的公信力，如果认定这种遗嘱有效，则会有损这种公信力。且遗嘱人是否痊愈也应经过一系列严格的程序来加以确定，确保其完全恢复了民事行为能力，而法院撤销判决的程序性规定能够满足这一要求。综上，在判决被撤销前订立的遗嘱应是无效的遗嘱。

在实务中还应注意，遗嘱人是否具有遗嘱能力应以其订立遗嘱时的状况为准，即只要其在订立遗嘱时是完全民事行为能力人即可。《继承法意见》第 41 条对此作出了明确的规定："遗嘱人立遗嘱时必须有行为能力。无行为能力人所立的遗嘱，即使其本人后来有了行为能力，仍属无效遗嘱。遗嘱人立遗嘱时有行为能力，后来丧失了行为能力，不影响遗嘱的效力。"本条从遗嘱人的年龄和精神健康状况方面规定了遗嘱人的遗嘱能力。在身体上有一定缺陷的人不一定是非完全民事行为能力人，如盲人、聋哑人，他们在具有完全民事行为能力的情况下也可以订立有效的遗嘱，只是需要选择与其身体状况相适应的遗嘱形式。在实务中，不能仅以遗嘱人存在身体上的某种缺陷就否认其遗嘱的效力。

在证明是否存在欺诈、胁迫的情形时，其证明标准与一般情况下的证明标准是不一样的。《民事诉讼法司法解释》第 109 条规定："当事人对欺诈、胁迫、恶意串通事实的证明，以及对口头遗嘱或者赠与事实的证明，人民法院确信该待证事实存在的可能性能够排除合理怀疑的，应当认定该事实存在。"从该条可以看出，对于是否存在欺诈、胁迫的情况的证明，应该达到"排除合理怀疑"的程度，这一标准要高于一般民事案件证据认定时的证明标准。

另需注意的是，本条第 1 款、第 2 款规定的各种无效情形与《民法典》"总则编"关于民事法律行为效力的规定相比是特殊规定，主要表现在以下几个方面：

第一，在限制民事行为能力人实施的民事法律行为的效力问题上不同。《民法典》第 145 条第 1 款规定："限制民事行为能力人实施的纯获利益的民事法律行为或者与其年龄、智力、精神健康状况相适应的民事法律行为有效；实施的其他民事法律行为经法定代理人同意或者追认后有效。"根据此规定，限制民事行为能力人实施的民事法律行为并非一律无效，而是效力待定的，该行为在经过其法定代理人同意或者追认后有效。但根据本条规定，限制民事行为能力人所立的遗嘱是无效，即使其法定代理人同意或者追认也不可以转化为有效的遗嘱。

第二，在关于受欺诈、胁迫的民事法律行为效力问题上不同。《民法典》第148条规定："一方以欺诈手段，使对方在违背真实意思的情况下实施的民事法律行为，受欺诈方有权请求人民法院或者仲裁机构予以撤销。"第149条规定："第三人实施欺诈行为，使一方在违背真实意思的情况下实施的民事法律行为，对方知道或者应当知道该欺诈行为的，受欺诈方有权请求人民法院或者仲裁机构予以撤销。"第150条规定："一方或者第三人以胁迫手段，使对方在违背真实意思的情况下实施的民事法律行为，受胁迫方有权请求人民法院或者仲裁机构予以撤销。"按照这些规定，受欺诈、胁迫而为的民事法律行为是可撤销的民事法律行为。而本条规定受欺诈、胁迫所立的遗嘱无效，即该行为是无效的民事法律行为。根据《民法通则》第58条第1款第3项规定，一方以欺诈、胁迫的手段或者乘人之危，使对方在违背真实意思的情况下所为的民事行为无效。本条规定与《民法通则》这一规定是相一致的，但是在《民法典》实施后，《民法通则》这一规定与《民法典》相抵触，应以《民法典》的规定为准。

在实务中，涉及遗嘱继承的案件时，应以本条的规定为依据，不能将继承纠纷案件中的欺诈、胁迫也作为可撤销民事法律行为对待。虽然继承欺诈也是单方欺诈的一种，依据《民法总则》欺诈可撤销但并非无效。[①] 但是，继承纠纷中，如果存在遗嘱欺诈，在遗嘱人已经死亡的情况下，遗嘱人不可能举证证明存在欺诈情形，而由其他人举证存在欺诈又极其困难，几乎不可能，故即使法律赋予其他人撤销权，这种权利也很难行使。如果放任该欺诈、胁迫行为为有效，则显然不符合遗嘱人的真实意思。在这个角度上，本条可看作"继承编"关于民事法律行为欺诈胁迫可撤销的例外或者特殊规定。

第三，除欺诈、胁迫外，《民法典》"总则编"还规定了重大误解和显失公平，但是"继承编"中对此两种情况并未涉及。在实务中，应以本条规定的几种情形来判断遗嘱是否有效，一般不得以遗嘱人存在重大误解或遗嘱显失公平为由要求确定遗嘱无效。

① 中国审判理论研究会民商事专业委员会编著：《〈民法总则〉条文理解与司法适用》，法律出版社2017年版，第266页。

【司法案例】

上诉人孔A、孔B与被上诉人孔C、孔D遗赠纠纷案[①]

诉讼结论：当事人一方提出遗嘱，另一方主张遗嘱系伪造，遗嘱人受到胁迫、欺诈的，后者应就其主张承担证明责任。

基本案情：被继承人孔某与杨某系夫妻关系，育有孔A、孔B、孔C三个子女。孔D系孔C之子。北京市某区1703号房屋所有权人登记为杨某，该房屋系杨某、孔某夫妻共同财产。孔某于2009年死亡。2012年，杨某的侄子杨某某为杨某书写代书遗嘱一份，载明："立遗嘱人杨某……特立此遗嘱如下：一、我位于北京市某区1703号房屋由我的孙子孔D继承，作为他的结婚用房，孔D对此房不得挪作他用，不准卖房和出租，如有违反，此房屋由三子孔C收回，由孔C继承……地点：某医院；见证人：王某、杨某甲、黄某、杨某某。"该代书遗嘱上签有杨某名字，在其名字上按有指纹。代书人、见证人亦在该代书遗嘱上签名。杨某于2012年死亡。孔A、孔B主张上述系孔C、孔D伪造的遗嘱。

法院认为：遗嘱必须表示遗嘱人的真实意思，受胁迫、欺骗所立的遗嘱无效。伪造的遗嘱无效。遗嘱被篡改的，篡改的内容无效。夫妻在婚姻关系存续期间所得共同所有的财产，除有约定外，如果分割遗产，应当先将共同所有的财产的一半分出为配偶所有。

首先，从形式上看，双方争议的《代书遗嘱》由立遗嘱人之亲属执笔，有四人见证，在立遗嘱人和代书人、见证人各签名处亦均有指纹捺印，符合我国法律中关于该类遗嘱形式要件的规定；从内容上看，遗嘱全文语意明确，除对其与生前配偶孔某遗留的共同财产份额处理部分系缺乏法律依据外，其他内容并未违反法律规定。

其次，本案中，孔A、孔B上诉对被继承人杨某遗嘱之真实性和法律效力提出异议，要求确认遗嘱无效。对此，法院认为：第一，孔A、孔B对遗嘱上所按指印虽有异议，但未能提供证据证明上述遗嘱系立遗嘱人受胁迫、欺骗所立或存在被伪造、篡改之情形，亦未就其所提出的代书遗嘱立遗嘱人不可以指印代替签名一节提供充分的法律依据。第二，其对被上诉人提供的各证人证言之异议，不足以证实其作为上诉人关于遗嘱并非真实有效之主要上诉主张，且其虽有质疑，但在所提交的上诉状中亦称"本案证人可以一致证明的事项仅仅有两件：一是2012年杨某要求立遗嘱说明房子由'某亮'用。二是杨某用右手大拇指按了指印"，即对前

---

① 北京市第二中级人民法院(2015)二中民终字第08215号民事判决书。

述证人证言的一致性有所认知。同时,其关于证人存在利害关系一节亦未能提供充分的事实依据。第三,孔A、孔B所称孔C曾假冒二上诉人签字将被继承人的抚恤金单独取走并占有一节,并非判断遗嘱真实与否的直接法定标准,且其不能证明所述情节与立遗嘱人杨某订立遗嘱之行为存在因果关联,其此项上诉理由不足以推翻遗嘱之效力。此外,除本案中双方争议的遗嘱外,孔A、孔B亦未能提供证据证明杨某生前订立了其他的遗嘱,或已经通过其他合法途径撤销了本案所涉遗嘱,根据《民事诉讼法解释》之规定,当事人对自己提出的诉讼请求所依据的事实或者反驳对方诉讼请求所依据的事实,应当提供证据加以证明,但法律另有规定的除外。在作出判决前,当事人未能提供证据或者证据不足以证明其事实主张的,由负有举证证明责任的当事人承担不利的后果。现孔A、孔B就其上诉主张未能提供充分的事实和法律依据,故法院对其上诉请求,不予支持。

第一千一百四十四条　遗嘱继承或者遗赠附有义务的,继承人或者受遗赠人应当履行义务。没有正当理由不履行义务的,经利害关系人或者有关组织请求,人民法院可以取消其接受附义务部分遗产的权利。

【条文主旨】

本条是关于附义务遗嘱的规定。

【条文理解】

《继承法》第21条规定:"遗嘱继承或者遗赠附有义务的,继承人或者受遗赠人应当履行义务。没有正当理由不履行义务的,经有关单位或者个人请求,人民法院可以取消他接受遗产的权利。"

2017年7月28日的民法典继承编室内稿第28条将《继承法》第21条修改为:"遗嘱继承或者遗赠附有义务的,继承人或者受遗赠人应当履行义务。没有正当理由不履行义务的,经利害关系人或者有关组织申请,人民法院可以取消其接受附义务部分遗产的权利。"该室内稿对《继承法》第21条作了如下两点修改:(1)将《继承法》第21条中规定的"经有关单位或者个人请求"修改为"经利害关系人或者有关组织申请";(2)将《继承法》第21条中规定的"人民法院可以取消他接受遗产的权利"修改为"人民法院可以取消其接受义务部分遗产的权利"。除此之外,室内稿未作其他修改。

2018年4月民法典继承编征求意见稿第26条的规定与室内稿第28条规定的内容相一致,没有任何变化。随后,2018年9月5日民法典各分编征求意见稿

第923条、2019年7月5日民法典继承编征求意见稿第923条以及2019年12月16日的民法典征求意见稿第1144条和2020年5月22日民法典送审稿第1144条又均将2017年7月28日室内稿第28条中的"申请"二字修改为"请求",即恢复了《继承法》第21条中的用语,此外,对室内稿第28条的其他内容未作别的修改。本条也对《继承法》第21条进行了修改,修改的内容与2019年12月16日民法典征求意见稿第1144条及2020年民法典送审稿第1144条对该条修改的内容一致。

本条将《继承法》第21条中规定的"经有关单位或者个人请求"修改为"经利害关系人或者有关组织请求"。该项内容在修订前后并无实质上的区别,只是修订后的用语较修订前更为规范。修订前所表述的"有关单位和个人"也能涵盖利害关系的内涵。《民法典》"总则编"将法律拟制的人分为两大类,一是法人,二是非法人组织。本条修订后,并没有使用"总则编"的相关分类,而是直接使用了"利害关系人"和"有关组织"的表述。在这里需要注意的是,这里的"有关组织"本身可能与遗嘱并无直接的利害关系,它可以是对与遗嘱有直接利害关系的人负有一定法律上义务的组织,比如对无民事行为能力人或者限制民事行为能力人负有监护职责的居民委员会、村民委员会或者民政部门。

本条将《继承法》第21条中规定的"人民法院可以取消他接受遗产的权利"修改为"人民法院可以取消其接受附义务部分遗产的权利"。虽然法律规定当事人的权利和义务应当对等,但本条作此修改并非完全基于权利与义务对等的原则,更主要还是在于体现尊重遗嘱人的自由意志以及公平的原则。遗嘱所附的义务与所附义务对应的财产价值有时并非对等,有可能义务的负担程度要高于财产价值,也有可能所附的义务会少于财产的价值。《继承法》第21条规定的是"取消他接受遗产的权利",从字面上来理解,按照这一规定,如果遗嘱受益人不履行遗嘱中规定的义务,那么其将不能享有遗嘱中涉及的全部的权利。此时,如果遗嘱中所附义务是针对遗嘱中全部财产权利而言的,那么若受益人不履行义务即取消其全部接受遗产的权利是没有疑问的。但是,如果遗嘱中所附的义务只是针对遗嘱中的部分财产权而言,其他的遗嘱内容并没有附义务,此时,如果因遗嘱受益人不履行该部分义务就取消其接受其他未附义务的遗产的权利就会显得有失公允。例如,如果遗嘱人在遗嘱中表示将其名下的一套房屋和一辆汽车遗留给继承人甲继承,但同时表示甲在继承了房屋后必须给付乙10万元。在遗嘱生效后,甲并按遗嘱人的要求向乙支付10万元,那么此时利害关系人或有关组织只能要求取消甲继承房屋的权利,而不能要求将甲继承汽车的权利也一并取消。

本条规定"遗嘱继承或者遗赠附有义务的,继承人或者受遗赠人应当履行义务”。一般来说,遗嘱是遗嘱人自由处分其财产的单方法律行为,遗嘱人可以在遗嘱中自由表达其意愿。其可以在处分财产时不附加任何的义务,也可以在遗嘱中要求遗嘱受益人必须按照其指示为或不为一定的行为。如果遗嘱人在遗嘱中明确表示遗嘱继承人或者受遗赠人在接受遗产的同时必须实施一定的行为,这种遗嘱即为附义务的遗嘱。相对于纯受益性的遗嘱而言,附义务遗嘱也称为负担遗嘱。

附义务的遗嘱不同于附条件的遗嘱。附义务的遗嘱所附的义务是遗嘱继承人或受遗赠人必须实行的某种行为,具有确定性。而附条件的遗嘱中所附的条件是否能够成就则是处于不确定的状态,该条件可能成就,也可能不成就。

在附义务的遗嘱中,取得遗产的权利和履行某种义务是一一对应、密切联系的。遗嘱人可以在遗嘱中为遗嘱继承人或者受遗赠人设定一定的义务,继承人或受遗赠人如果想要取得遗产,就必须履行相应的义务,这种义务的履行具有一定的强制性。当然,遗嘱继承人或受遗赠人也可以通过放弃取得遗产的方式不履行该义务。

本条规定“没有正当理由不履行义务的,经利害关系人或者有关组织请求,人民法院可以取消其接受附义务部分遗产的权利”。根据该规定,遗嘱继承人或受遗赠人如果接受了遗产就必须履行相应的义务,除非其有正当的理由而不履行。这里所谓的正当理由应基于一般正常的理性在个案中具体判断。通常而言,这种正当理由包括:遗嘱人所设定的义务违反了我国法律、行政法规的强制性规定;遗嘱人所设定的义务违背了公序良俗;遗嘱人设定的义务在客观上无法实现;遗嘱继承人或受遗赠人遭受了不可抗力等,这些均可以视为正当的理由。另需注意的是,如果遗嘱继承人或受遗赠人没有履行相应的义务,其并不是当然丧失取得遗产的权利,必须由利害关系人或有关组织向人民法院提出相关的请求,才能由人民法院取消其该权利。

在遗嘱继承人或受遗赠人接受遗产的权利被取消后,该部分遗产由提出请求的利害关系人或有关组织接受。这类人员在接受遗产后,也应当履行遗嘱中确定的相关的义务。关于这一点,《继承法意见》第 43 条有着明确的规定。该条内容为:“附义务的遗嘱继承或遗赠,如义务能够履行,而继承人、受遗赠人无正当理由不履行,经受益人或其他继承人请求,人民法院可以取消他接受附义务那部分遗产的权利,由提出请求的继承人或受益人负责按遗嘱人的意愿履行义务,接受遗产。”在此情况下,实际上是通过法律强制性规定的方式变更了遗嘱受益人。

【司法适用】

附义务遗嘱在生效时间点上与一般的遗嘱并无不同。通常情况下,附义务的遗嘱在遗嘱人死亡时即生效。如果该遗嘱附停止条件,则在条件成就时该遗嘱即发生法律效力。附义务遗嘱的生效与否并不取决于遗嘱继承人或者受遗赠人是否履行了遗嘱规定的义务。换言之,履行义务并不是遗嘱生效的前提,无论遗嘱继承人或受遗赠人是否履行了相应义务,该遗嘱都可以生效。

在遗嘱继承人或受遗赠人不履行遗嘱规定的义务时,该遗嘱并非当然地失去效力。根据本条规定,在此情况下,可以由利害关系人或者有关组织向人民法院提出请求,请求的事项包括两方面的内容:第一,请求人民法院取消其接受附义务部分遗产的权利;第二,请求由自己代替被取消权利的遗嘱继承人或受遗赠人的地位,在代替后,由提出请求的有关主体接受相应的遗产并履行对应的义务。即在取消遗嘱继承人或受遗赠人的这项权利时,必须经过法定的程序,由人民法院依法进行审查。经审查确定其确属无正当理由不履行义务的,依法取消其该权利,否则即应当依法对其权利进行保护。

在这里需要强调的是,遗嘱继承人或受遗赠人在不履行义务时虽然会遭受不利的法律后果,但这种法律后果并不是由人民法院强制其履行该义务,而是由人民法院依法剥夺其接受相关遗产的权利,使遗嘱继承人或受遗赠人的财产状况恢复到继承开始前的状态。在其不履行义务时,利害关系人或有关组织不得请求人民法院判决其履行义务。

遗嘱人在遗嘱中所附的义务必须是合法的,不得违反我国法律、行政法规的强制性规定,不得有违公序良俗。否则,遗嘱继承人或受遗赠人可以不履行该义务。如果是因为遗嘱人的原因导致所附的义务在法律上或事实上不能被履行,此时视为其没有附加义务,遗嘱还应是有效的,遗嘱继承人或受遗赠人可以在不履行该义务的情况下径直取得相应的遗产。

本条规定遗嘱人可以在遗嘱中为遗嘱继承人或受遗赠人设定一定的义务。但是法律并未规定遗嘱继承人或受遗赠人是应先履行义务还是先接受遗产。按照民事法律领域中法无禁止即可为的原则,遗嘱继承人或受遗赠人既可以先接受遗产,也可以先履行义务。如果其先履行了义务,但在未将义务全部履行完毕时,无正当理由不再履行,此时应该如何处理?在这种情况下,利害关系人或有关组织仍可以请求人民法院取消其接受附义务部分遗产的权利,但不应全部取消,需给其分得一定的份额。如果该遗产是可分物,则应根据遗产各部分价值的大小、遗嘱继承人或受遗赠人履行义务的情况适当对其分得一定的遗产。如果该遗产不可分割,或者分割后会减损其价值,则应将该遗产交由利害关系或有关组织取得,但取得遗产一方应根据遗嘱继承人或受遗赠人履行义务的情况对其进行适当的补偿。

附义务的遗嘱能否撤回的问题。在附义务的遗嘱中,遗嘱人在遗嘱中设定的义务既可以是要求遗嘱继承人或受遗赠人在遗嘱人生前对遗嘱人或他人履行一定的义务,也可以是要求其在遗嘱人死亡后对他人履行一定的义务。附义务遗嘱的撤回只存在于前一种情况下。此时,应该根据具体情况予以处理:第一,如果遗嘱继承人或受遗赠人尚未开始履行所附义务,遗嘱人可以随时撤回。但是从公平角度出发,如果遗嘱继承人或受遗赠人为履行遗嘱义务而进行了准备,并为此付出了一定的时间和金钱,那么遗嘱人在撤回遗嘱后应当就此对遗嘱继承人或受遗赠人进行适当的补偿。第二,如果遗嘱继承人或者受遗赠人已经履行了大部分义务,乃至履行了全部的义务,此时不应允许遗嘱人撤回遗嘱。因为,在遗嘱人为遗嘱继承人或受遗赠人设定这种义务时,相当于在二者之间达成了一项协议,这种协议是双务的,对双方均应有约束力。遗嘱继承人或受遗赠人基于这种协议履行了自己的义务,在一方已经履行了这种协议时,不应允许相对方随意反悔。如此做,一方面符合诚信原则,另一方面会从法律层面增加这种协议的可信度,有利于附义务遗嘱的推广适用。

遗嘱继承人或受遗赠人履行了部分遗嘱义务,乃至全部遗嘱义务,但遗嘱存在无效的情形,此时应如何处理? 对其分情况讨论如下:(1)因遗嘱继承人或受遗赠人的原因导致遗嘱无效的,其因履行遗嘱义务所遭受的损失应由其自行承担。比如遗嘱继承人或受遗赠人采取欺诈、胁迫的方式致使遗嘱人订立遗嘱的,或遗嘱继承人、受遗赠人伪造、篡改遗嘱,因此而导致遗嘱无效的,其应自行承担全部的损失。(2)因遗嘱人欠缺遗嘱能力或欠缺事实遗嘱能力而导致遗嘱无效的,此时应根据遗嘱继承人、受遗赠人以及遗嘱人或其监护人各自的过错程度,综合确定责任承担方式。(3)因遗嘱形式不合法而导致遗嘱无效的情况。如果在遗嘱人生前即发现了遗嘱存在无效的情形,可以要求遗嘱人对遗嘱形式进行补正。如果在遗嘱人死亡后发现遗嘱形式不合法的,若遗嘱继承人或受遗赠人对此没有过错,则应由遗嘱人的其他法定继承人根据义务履行情况、遗产价值情况对遗嘱继承人或受遗赠人进行适当的补偿。(4)因遗嘱违反了《民法典》第 1141 条关于必留份的规定而导致遗产被扣减的,遗嘱继承人或受遗赠人不得要求必留份权利人进行补偿,相关损失应自行承担。

遗嘱人有订立附义务遗嘱的自由,遗嘱继承人或受遗赠人也有接受或不接受遗嘱内容的自由。在遗嘱中所附义务超过遗产价值的情况下,遗嘱继承人或受遗赠人自愿履行遗嘱所附义务的,法律并不禁止。其在履行了相关义务后,即使遗嘱人其他法定继承人实际继承了遗嘱人的其他财产,其也不得要求其他法定继承人对其进行补偿。

【司法案例】

上诉人张某 A 与被上诉人张某 B 遗嘱继承纠纷案[①]

诉讼结论:遗嘱继承人有正当理由未履行遗嘱义务的,可以取得附义务部分的遗产。其他法定继承人若存在阻碍遗嘱继承人履行义务的情形的,可以视为遗嘱继承人有正当理由不履行遗嘱所附的义务,其可以取得附义务部分的遗产。

基本案情:张某 A、张某 B 系兄弟关系。诉争 302 号房屋系二人之父张某的个人财产。张某 A 名下有一处编号为 004 的房屋。张某生前立有遗嘱一份,主要内容有:“我去世后,302 号房屋由张某 A 个人继承,张某 B 及其他人不得继承。张某 A 给张某 B 折价款,折价款数额为 004 号房屋评估价金额的一半。”张某 B 在诉讼中不同意对 004 号房屋的价值进行评估。

法院认为:公民可以立遗嘱将个人财产指定由法定继承人中的一人或者数人继承。遗嘱继承或者遗赠附有义务的,继承人或者受遗赠人应当履行义务。张某所立的遗嘱合法有效。张某 A 作为遗嘱继承人,在享有继承权利的同时,应当履行遗嘱中被继承人为其设定的相应义务,即给付张某 B 相应折价款,折价款数额以张某 A 名下一处房产价值为参考基数。但是因本案诉讼过程中张某 B 明确表示不同意对遗嘱中所涉及的该处张某 A 名下房产进行价值评估,无法确定遗嘱中折价款具体数额,故关于遗嘱中张某 A 给付张某 B 折价款一项,本案不予处理。本案最终判决诉争 302 号房屋由张某 A 继承。

---

① 北京市第二中级人民法院(2014)二中民终字第 08716 号民事判决书。

第四章　遗产的处理

遗产处理的本质，是反映被继承人意志，实现社会财富平等保护和财产代际流传的制度。平衡继承人和遗产利害关系人利益，构建遗产分割前的遗产处理规则，实现遗产处理法律规范的体系化，形成公民财产平等保护的稳定预期，确立财富代际流传的社会经济秩序，在《民法典》编纂中具有重要价值和现实意义。

我国《继承法》与计划经济体制下社会财富较为匮乏的国情相关，在遗产处理规则上主要是参考了大陆法系国家的民法典和《苏俄民法典》。但随着社会财富的不断增长，《继承法》的遗产处理规则相对缺失、限定继承流于形式等问题突出，不利于有效保障被继承人之债权人和利益相关者的合法利益，引发诸多纠纷和法律适用的困惑。而遗产的管理状况和遗产处理规则是被继承人之债权人债权实现的关键。继承人已取得遗产所有权，同时囿于遗产分割前遗产处理规则和严格程序的缺失，继承人对遗产为任何处分均难以为被继承人之债权人所知悉并制衡，被继承人之债权人的利益难以得到有效保护。《继承法》缺失遗产分割前的遗产处理规则，导致难以规范继承人如实以继承财产清偿遗产债务，实践中不时出现继承人隐匿、私分、变卖遗产，侵害被继承人之债权人的案件。

与《继承法》相比，《民法典》"继承编"第 4 章为"遗产的处理"，本章对遗产处理的规则作了丰富和完善，体现了重大进步。本章共设 19 个条文，主要规定了遗产管理、继承开始后的通知、遗产的保管、转继承、遗产分割、遗赠扶养协议、被继承人的债务偿清、无人继承又无人受遗赠的遗产处理等，既体现了法律的传承性，也有一些进步性规定。

本章形成了以下几个新特征：

(1)本章新增了遗产管理人制度，实现了遗产与继承人财产之间的隔离。随着社会经济的快速发展，自然人死亡时遗留的个人合法财产价值越来越高，财产的形式和内容也越来越复杂多样，亟须设立遗产管理人制度以适应日益复杂的遗产纠纷问题。本章除了第935条至第936条和第1133条的规定与遗嘱执行人有关，通过第1145条至第1149条，用5个条款分别规定了遗产管理人的选任、指定、职责、遗产管理人未尽职责的民事责任、遗产管理人的报酬请求权，基本上对遗产管理人制度的主要内容作出了详细规定，填补了现行立法在遗产管理人制度上的欠缺，增强了继承法律制度的可操作性。首先，较为详尽地规定了遗产管理人的选任，适应了社会财产复杂多样性对遗产管理保值增值的需求。其次，规定了遗产管理人的职责，包括遗产清理、制作遗产清单、向继承人报告遗产情况、保管并防止遗产毁损、处理债权债务以及分割遗产等内容。将遗产清理、制作遗产清单的义务赋予遗产管理人承担，保证遗产隔离于继承人财产，以平等保护继承人和遗产利害关系人。最后，规定了遗产管理人的责任，这一规定采取过错归则原则，即遗产管理人因故意和重大过失造成损失的才应当承担民事责任。

(2)本章将转继承的规定纳入立法，提升了法律层级。本章第1152条规定的有关转继承的内容，是由《继承法意见》第52条演变而来的。继承人在继承开始以后、遗产分割前死亡，并且继承人没有丧失或放弃继承权的情况下，才发生转继承。转继承不仅存在于法定继承中，也存在于遗嘱继承中。

(3)本章完善了法定继承的适用范围，明确受遗赠人丧失受遗赠权的，遗产中有关部分也按照法定继承办理。我国《继承法》仅从继承权角度界定了继承权丧失的类型和后果，对受遗赠权的丧失未作明确规定。在我国《民法典》“继承编”的立法沿革中，直到2018年4月的征求意见稿针对法定继承适用范围的第2项规定中，才新增加了受遗赠权丧失的后果，之后的征求意见稿中均保留了该增加条款。这一方面回应了民众的诉求，吻合道义与人伦精神；另一方面也回应了司法实践的疑问，顺应了学术界和司法界的普遍观点，使得法定继承的适用范围更加完整和具体。

(4)本章扩大了遗赠扶养人范围，不再局限于集体所有制组织。遗赠扶养协议是在我国农村“五保”制度的基础上形成和发展起来的，确定遗赠扶养协议的法律地位，符合我国当前实际国情。现行条款完善了遗赠扶养协议的订立。将“公民”改为“自然人”，同时扩大“扶养人”范围，改为“继承人以外的组织或者个人”，同时保留了“扶养人”的权利义务，该规定补益了该制度设计的不足，有效填充了立法欠缺，同时有助于调动社会养老机构、民间救助机构的积极性，从而推进我国养老事业的发展，不断提升弱势群体的生存质量与人格尊严。

(5)本章规定了无人继承又无人受遗赠的遗产收归国有的具体用途，须"用于公益事业"(第1160条)，符合社会公众对无人继承又无人受遗赠遗产收归国有的后续立法规制的合理预期。

(6)本章将遗产分割后税款的缴纳、债务清偿的具体规则纳入立法。本法第1163条明确了清偿被继承人债务的顺序规则，其由《继承法意见》第62条演变而来，既提升了法律层级，又便于实务操作。

第一千一百四十五条　继承开始后，遗嘱执行人为遗产管理人；没有遗嘱执行人的，继承人应当及时推选遗产管理人；继承人未推选的，由继承人共同担任遗产管理人；没有继承人或者继承人均放弃继承的，由被继承人生前住所地的民政部门或者村民委员会担任遗产管理人。

【条文主旨】

本条是关于遗产管理人选任的规定。

【条文理解】

遗产管理人制度是《民法典》"继承编"的新增内容。遗产管理人在《继承法》中没有明确规定。《继承法意见》第44条规定："人民法院在审理继承案件时，如果知道有继承人而无法通知的，分割遗产时，要保留其应继承的遗产，并确定该遗产的保管人或保管单位。"在该条文中提及遗产保管人或保管单位，但并未明确遗产管理人制度及相关内容。《民法典》"继承编"采用5个条款规定了遗产管理人的产生、指定、职责、遗产管理人未尽职责的民事责任、遗产管理人的报酬请求权，对遗产管理人制度的主要内容作出了规定。

从继承开始到继承人接受继承期间，为了有效地保护遗产不被减损，必须设定遗产管理人，对遗产进行管理。简单地说，遗产管理人是对被继承人的财产进行妥善保存和管理分配的人。遗产管理制度作为一项综合性的遗产处理机制，它是指在继承开始后、遗产分割之前，由遗嘱指定，或继承人推选或者继承人共同担任，或法院指定的管理人承担保护和管理待继承遗产的职责，通过其对遗产实施有效的管理，使遗产在未被接受或抛弃前避免遭受损毁，保障遗产可以公平、有序地进行分配的制度。

随着社会和经济的发展，自然人死亡时遗留的个人合法财产价值越来越高，财产的形式和内容也越来越复杂多样，当前亟须设立遗产管理人制度，来解决日益复杂的遗产纠纷问题，并保障遗产利害关系人的权益。从世界法律的宏观角度上看，很多国家的法律都规定了遗产管理人制度，如《法国民法典》《德国民法典》等均有相关的条款。《民法典》“继承编”设置遗产管理人制度既是继承法律完善的需要，同时又彰显了法律的价值，对我国社会和经济的发展也具有非常重要的意义。首先，设置遗产管理人制度，有助于确保遗产分配的公平合理，确保继承人、受遗赠权利人以及债权人之间能够公平合法地进行遗产分配，避免发生权益纠纷，对维护社会的公平正义有着重要的意义。在缺乏地位独立的遗产管理人对遗产进行有效管理的情况下，继承开始后，遗产占有人或继承人转移、隐匿、侵吞遗产等危及其他遗产权利人利益的行为时有发生，从而影响遗产债务的清偿和分配效率，造成继承关系中的继承人及其他遗产权利人的利益得不到有效保障。因此，在继承法律中增设遗产管理人制度有利于平等地保护遗产权利人的利益。其次，设置遗产管理人制度，有助于确保遗产安全、完整。在被继承人死亡后、遗产分配完成前的一段时间内，遗产可以得到及时的保存、管理，从而避免减损，并继续发挥其财产效用。最后，遗产管理人制度也符合维护国家利益的需要。例如，对于被继承人依法应当缴纳的税款，以及应归国家或集体组织所有的遗产等，都需要遗产管理人依法处理。所以设置遗产管理人制度是具有重大意义的。

设置遗产管理人制度首先要明确的就是遗产管理人的选任和产生。遗产管理人的选任对于有关当事人和遗产债权人的意义重大，一旦遗产管理人选任不当，则可能会给继承当事人和遗产债权人造成难以弥补的损失。因此，有必要对遗产管理人的选任加以规定。本条款规定选任遗产管理人的程序可以分为被继承人生前指定、继承人推选、继承人共同担任、民政部门或村委会担任四种情况。

被继承人在遗嘱中指定的遗嘱执行人，其职责是按照遗嘱的要求完成遗产的管理和分割。因此，遗嘱中指定遗嘱执行人时，即应由遗嘱执行人行使遗产管理人的职责。遗嘱执行人，一般指依据遗嘱人的生前指定或者法律的规定而使遗嘱内容得以实现的个人或者组织。在《民法典》“继承编”出台前，我国《继承法》中已有关于遗嘱执行人的规定，现实生活中有些立遗嘱人在自书遗嘱或者代书遗嘱中也指定有遗嘱执行人。《民法典》“继承编”规定“继承开始后，遗嘱执行人为遗产管理人”，将遗产管理人这一制度与我国当前司法实践状况做了很好的结合，有利于遗产管理人这一制度更好地实施。但在一般意义上而言，遗产管理人的职责权限要大于遗嘱执行人，两者区别笔者将在本条之司法适用中加以解释。

没有遗嘱执行人的，在共同继承的情况下，如共同继承人对遗产管理人的选任无争议，则可以自行协商决定遗产管理人。此遗产管理人既可以是继承人中的一人或数人,也可以是继承人以外的人。如果继承人未能推选遗产管理人,则由继承人共同行使遗产管理人的职责。随着我国私人财产的种类和数额日益增加,设置遗产管理人日益显示出必要性。因此,有必要普遍设立遗产管理人制度,以提高遗产处理的效率,减少纠纷,并保护遗产债权人的利益。《民法典》"继承编"确立了"应当设立遗产管理人"这一制度,规定"没有遗嘱执行人的,继承人应当及时推选遗产管理人"。遗产管理人可以由一人担任,也可以由多人担任;既可以是继承人,也可以是继承人以外的律师、社会团体、信托公司;既可以是自然人,也可以是法人。

对于继承人不推选或怠于推选遗产管理人,或者在某些继承法律关系中,由于被继承人遗留的财产较少,其生前与他人的债权债务关系也较简单,因而没有必要专门设立遗产管理人,《民法典》"继承编"规定,"由继承人共同担任管理人",共同行使遗产管理人的职责。

如果没有继承人或者继承人均放弃继承的,为便于处理被继承人殡葬产生的费用以及被继承人生前的债务、应当缴纳的税款等,亦应设立遗产管理人,可以由被继承人生前住所地的民政部门或者村民委员会担任遗产管理人。根据本编第1160条规定:"无人继承又无人受遗赠的遗产,归国家所有,用于公益事业;死者生前是集体所有制组织成员的,归所在集体所有制组织所有。"此时由被继承人生前住所地的民政部门或者村民委员会担任遗产管理人,也便于对无人继承又无人受遗赠的遗产进行处理。

【司法适用】

遗产管理人的资格,是指是否具有遗产管理所必须具备的能力。关于遗产管理人的资格,《民法典》"继承编"未作明确规定,但依其基本精神,应认为具有完全民事行为能力的自然人才可以充当遗产管理人。《民法典》"总则编"第17条规定:"十八周岁以上的自然人为成年人。不满十八周岁的自然人为未成年人。"《民法典》"总则编"第18条规定:"成年人为完全民事行为能力人,可以独立实施民事法律行为。十六周岁以上的未成年人,以自己的劳动收入为主要生活来源的,视为完全民事行为能力人。"此外,法人或有关组织也可以充当遗产管理人,但仅限于被继承人生前住所地的民政部门或者村民委员会。

《继承法意见》第44条规定:"人民法院在审理继承案件时,如果知道有继承人而无法通知的,分割遗产时,要保留其应继承的遗产,并确定该遗产的保管人或保管单位。"本编第1151条规定:"存有遗产的人,应当妥善保管遗产,任何组织或者个人不得侵吞或者争抢。"本编第1133条第1款规定:"自然人可以依照本法规定立遗嘱处分个人财产,并可以指定遗嘱执行人。"上述遗产保管人、遗嘱执行人与遗产管理人之间的关系应如何理解？三者最明显的区分应体现在职责的不同，遗产保管人的职责是保管遗产，遗嘱执行人的职责是管理和分配遗产，遗产管理人的职责是管理、分配、处分遗产。可以看出，遗产管理人的职责最广泛、全面，其职责范围包含了遗嘱执行人和遗产保管人应尽的职责。另外就遗嘱执行人和遗产管理人之间的对比来看，二者产生的时间不同，遗嘱执行人系自然人立遗嘱时指定的，即一般在继承开始前产生；遗产管理人一般是在继承开始后产生或推选、选任。但遗嘱执行人在继承开始后，自然就成为了遗产管理人，即遗产管理人的产生范围大于遗嘱执行人。再从遗产保管人和遗产管理人的对比来看，二者主体范围不同，遗产保管人是所有存有遗产的人的统称，也包括保管有遗产的遗产管理人。遗产管理人的职责范围大于遗产保管人，或者说其职责范围包含了遗产保管人的职责，但遗产管理人的主体范围小于遗产保管人，因此遗产管理人制度也不能完全涵盖对遗产保管人的相应规定。

本条款规定，在“没有继承人或者继承人均放弃继承的”情形下，“由被继承人生前住所地的民政部门或者村民委员会担任遗产管理人”。但之前在民法典草案（2018 年 4 月及 9 月征求意见稿）中，该部分内容为：“没有继承人或者继承人均放弃继承的，由被继承人生前住所地的民政部门担任遗产管理人。”即有关村民委员会担任遗产管理人的内容系在 2019 年 7 月 5 日的征求意见稿中才确立下来的。增加由村民委员会担任遗产管理人这一规定，是考虑到我国的具体国情。在部分农村地区，村民委员会作为基层自治组织，其对所属村民的家庭关系及相关亲属情况、财产状况较为熟悉了解，由其作为遗产管理人能够有效地完成各项遗产管理人应尽的职责。同时，也考虑到本条款在处理“没有继承人或者继承人均放弃继承的”情况时，应与本编第 1160 条关于“无人继承又无人受遗赠的遗产”的处理相对应。本编第 1160 条规定：“无人继承又无人受遗赠的遗产，归国家所有，用于公益事业；死者生前是集体所有制组织成员的，归所在集体所有制组织所有。”所以本条款确定由民政部门或者由村民委员会担任遗产管理人，也便于遗产的后续处理。

【司法案例】

蒋某诉李某代位权纠纷案①

诉讼结论：《民法典》出台前尚未设立遗产管理人制度，当债务人死亡时，遗产接收人不能被认为是被代位人而适用代位权的有关规定，法院对于债权人以代位

① 江苏省苏州市吴中区人民法院（2008）吴民一初字第 1609 号民事判决书。

权起诉主张债权的不予支持。但本案所撰写的案例曾刊登于《人民司法案例》,案例评析中指出:村民委员会是目前中国无人继承又无人受遗赠遗产的最合适的遗产管理人,在没有相关法律规定的情况下,人民法院可以指定其担当遗产管理人,并规制相应的权利、义务、责任,管理费用优先从遗产中扣除。

基本案情:2007 年 1 月 4 日,曹某因经营所需向蒋某借款人民币 10 万元。同年 12 月 21 日,曹某将其妻子、母亲、岳母杀死后随即自杀身亡。12 月 24 日,李某在接受公安机关调查该起凶杀案原因时承认:其于 2006 年 5 月因买地向曹某借款人民币 10 万元,并于 2007 年 12 月初被曹某催还过,其已允诺曹某于 2007 年年底归还。嗣后,曹某之子明确表示放弃继承,曹某无其他第一顺序继承人和第二顺序继承人,曹某居住地金山村的村民委员会(以下简称金山村委会)负责接收曹某的厂房、设备等遗产并清偿了部分债务。蒋某获悉曹某死亡后,向金山村委会申报了上述债权,并告知金山村委会有关李某向曹某上述借款一事。事后,金山村委会未向李某主张此笔遗产债权,蒋某也未从金山村委会处分得遗产清偿款。2008 年 6 月 26 日,蒋某对李某提起本案诉讼,称曹某向其借款人民币 10 万元已到期,而被告李某向曹某借款人民币 10 万元亦已到期,但曹某怠于向被告李某主张债权权利;现曹某死亡,继承人之子放弃继承,接管曹某遗产的金山村委会又怠于清算,致使其对曹某的债权存在难以实现的可能,其要求代位曹某或金山村委会向被告李某主张曹某对被告李某的债权人民币 10 万元。另查明,曹某及其妻子、母亲、岳母均为金山村村民。审理中,被告李某确认,其对曹某的借款于 2007 年 5 月到期,因资金紧张且双方是多年好友,故拖欠至今,亦未与曹某讲明原委。

法院认为:曹某死亡后,其生前财产包括债权债务均应纳入遗产范围进行清算。无论曹某生前是否怠于向被告李某行使债权权利及金山村委会接管曹某遗产后是否怠于清算,均不成立代位权,故对原告蒋某的代位权请求不予支持。判决:驳回原告蒋某的诉讼请求,案件受理费由原告负担。但该案例所发表的案例评析中指出:驳回原告蒋某的代位权诉讼请求,并不等于纠纷的解决,并且由于法律没有对遗产接收人是否有义务向遗产债权人清偿遗产债务作出规定,实践中很可能会导致原告蒋某投诉无门。那么,原告蒋某的债权权利该如何实现,这是法院应该向原告蒋某释明的一个问题。法院可以指引原告向金山村委会主张本案债权,其需要克服的相关难题是:其一,金山村委会可以接收本案遗产,但必须清算遗产债权债务。其二,金山村委会可以担当无人继承又无人受遗赠遗产的清算人和管理人。其三,金山村委会清算和管理遗产可以成为一种义务,并因此课以责任。因此,法院可以建议原告蒋某向金山村委会主张遗产债权。如果金山村委会怠于清算和管理并造成损失,可以责令其予以相应赔偿。

第一千一百四十六条　对遗产管理人的确定有争议的，利害关系人可以向人民法院申请指定遗产管理人。

【条文主旨】

本条是关于遗产管理人指定的规定。

【条文理解】

在上一条中，《民法典》"继承编"规定遗产管理人的选任以继承人共同协商决定为一般原则。但在继承人协商不成时，可能会对包括继承人在内的利害关系人产生不利影响，因此本条规定了在对遗产管理人确定有争议时的处理方式，即可由人民法院指定遗产管理人。

根据本条款内容，法院指定遗产管理人须满足以下几个条件：首先，在对遗产管理人的确定发生争议时，法院可以指定。这种争议包括遗嘱未指定遗嘱执行人且继承人对选任遗产管理人有争议的，死者的债权人证实其合法权益已遭受继承人的损害或将要受到损害等情况。其次，法院指定须经利害关系人申请，否则法院不得擅自指定。此处的利害关系人既包括相关继承人，也包括遗产债权人等。

本条中利害关系人，既可指继承人中的一人或多人，也可指遗产债权人。为了维护自己的利益，遗产债权人在其利益受到或可能受到损害时，也可以向法院申请指定遗产管理人。由于上一条已经规定"继承人未推选的，由继承人共同担任遗产管理人"，可见本条的立法要旨更多在于保护其他债权人的利益。

【司法适用】

目前《民事诉讼法》中并未规定指定遗产管理人属于特别程序的案件，笔者认为利害关系人可以选择在起诉继承纠纷（含被继承人债务清偿纠纷）时，同时或者单独提出申请指定遗产管理人的诉讼请求。

本条款实际包含了对遗产债权人利益保护的内容。本编其他涉及被继承人债务处理即遗产债权人利益的法律条文主要有以下几条。第1161条规定："继承人以所得遗产实际价值为限清偿被继承人依法应当缴纳的税款和债务。超过遗产实际价值部分，继承人自愿偿还的不在此限。继承人放弃继承的，对被继承人依法应当缴纳的税款和债务可以不负清偿责任。"第1163条规定："既有法定继承又有遗嘱继承、遗赠的，由法定继承人清偿被继承人依法应当缴纳的税款和债务；超过法定继承遗产实际价值部分，由遗嘱继承人和受遗赠人按比例以所得遗产清偿。"此外，最高人民法院《关于民事执行中变更、追加当事人若干问题的规定》第10条第1款规定："作为被执行人的公民死亡或被宣告死亡，申请执行人申请变更、追加该公民的遗嘱执行人、继承人、受遗赠人或其他因该公民死亡或被宣告死亡取得遗产的主体为被执行人，在遗产范围内承担责任的，人民法院应予支持。继承人放弃继承或受遗赠人放弃受遗赠，又无遗嘱执行人的，人民法院可以直接执行遗产。”该条规定同样在执行环节保护了包括债权人在内的其他利害关系人的相应利益。

【司法案例】

案例一

黎某1、黎某2继承纠纷案①

诉讼结论：在遗嘱中明确遗嘱执行人的情况下，继承人请求人民法院变更遗嘱执行人，或请求人民法院撤销原遗嘱执行人并指定新遗嘱执行人的，不能得到人民法院支持。在遗产管理人制度确立后，一般情况下继承人也不能要求人民法院更换或撤销遗产管理人，但可就遗产分配、处置、管理等事项向人民法院提起诉讼。

基本案情：黎某3、黎某4、黎某1、黎某2是王某1与黎某5共同生育的四名子女，两人于1966年9月1日经法院调解离婚，黎某4、黎某1由黎某5携带抚养，黎某3、黎某2由王某1携带抚养。后王某1与李某2再婚，共同生育一子李某1。1976年，黎某5因交通事故死亡后，黎某4、黎某1便与王某1、李某2共同生活。2016年6月30日，李某2因病死亡。2016年8月14日，王某1因病死亡。被继承人王某1、李某2婚后于2000年4月以分割方式取得3层房屋产权，于2015年12月17日购买803房，均登记在王某1名下。2016年7月15日，王某1在广州市萝岗公证处立下三份公证遗嘱。其中第一份载明：“在我去世后，属于本人所有的现金及存款都不遗留给任何人所有，而只作为修建我王家的祖坟专用，在此，我指定由女儿黎某3、儿子黎某1作为本遗嘱的遗嘱执行人，代为负责保管该款项，并用于修建我王家的祖坟事宜。”第二份载明：“我与李某2（已故）是夫妻。803房是以王某1的名义登记产权的，依法为我与丈夫李某2（已故）的夫妻共有财产，各占二分之一产权。恐防在我去世后，他人对属我所有的上述房产发生争议，特立下此遗嘱：在我去世后，将上述房屋中属我占有的产权份额（包括我应继承李某2遗产所得的份额）中的三分之一留给黎某3、三分之二留给黎某1所有，并指定只作为黎某3、黎某1的个人财产，不作为他们各自的夫妻共有财产。”第三份载明：“我与李某2（已故）是夫妻。3层房屋是以王某1的名义登记产权的，依法为我与

① 广东省广州市中级人民法院（2019）粤01民终2865号民事判决书。

丈夫李某2(已故)的夫妻共有财产,各占二分之一产权。恐防在我去世后,他人对属我所有的上述房产发生争议,特立下此遗嘱:在我去世后,将上述房屋中属我占有的产权份额(包括我应继承李某2遗产所得的份额)全部留给黎某3、黎某1、李某1所有,且份额均等,并指定只作为黎某3、黎某1、李某1的个人财产,不作为他们各自的夫妻共有财产。"2011年5月16日,黎某2向王某1出具借条,借款40万元,借期为半年至一年内。黎某2庭审中称王某1已向其他继承人说明不要求黎某2归还该40万元。

现原告黎某2、李某1以继承纠纷起诉,提出诉讼请求为:被继承人王某1名下803房由黎某3、黎某2、李某1、黎某4分别继承1/4;被继承人王某1名下3层房屋由黎某3、黎某2、李某1、黎某4分别继承1/4;被继承人王某1名下存款分别由黎某2、李某1、黎某3、黎某4各继承1/4;取消黎某1对被继承人王某1现金及存款遗嘱执行人资格,变更为黎某2、黎某3为遗嘱执行人。对于原告要求取消黎某1对被继承人王某1现金及存款遗嘱执行人资格,原告称理由是黎某1擅自在广州市外购买墓地,严重违背王某1的遗志,不适合再作为遗嘱执行人,依法应变更遗嘱执行人为黎某3一人;黎某1提交的《代理协议》明确约定,祖坟墓地应在广州市内,而王某1生前的日记和口头交代都要求祖坟在广州市内,各继承人对此都十分清楚;但黎某1违背王某1生前遗愿,在花都墓园有大量合适墓地的情况下,擅自在惠州购买墓地。

法院认为:关于黎某2、李某1主张撤销黎某1遗嘱执行人的意见,经查黎某1已提供证据证实其购买了可供家族使用的墓地,因遗嘱未限定墓地具体的位置,故黎某1的行为可视为其已按遗嘱要求履行义务。黎某2、李某1关于请求撤销黎某1遗嘱执行人资格的请求,法院不予采纳。故一审未支持原告有关撤销黎某1遗嘱执行人资格的诉讼请求。一审判决后,黎某1不服一审判决提起上诉,请求人民法院指定黎某1为遗产的唯一执行人,理由为黎某3在遗产管理中存在过失。二审法院审理后认为,黎某1上诉请求指定其为唯一遗嘱执行人问题,这与王某1所立公证遗嘱中确定的黎某3、黎某1二人为遗嘱执行人的遗愿相悖,亦缺乏法律依据,本院亦不予支持。故二审判决:驳回上诉,维持原判。

案例二

建行合川支行诉黄某峰被继承人债务清偿纠纷案[①]

诉讼结论:被继承人债务清偿纠纷中,因继承人放弃继承导致遗产无人继承,

---

① 重庆市第一中级人民法院(2018)渝01民终4548号民事裁定书。

债权人请求保管遗产的继承人协助清偿被继承人债务的,法院可根据案件情况予以支持。在《民法典》“继承编”实施前,尚未设立遗产管理人制度,在没有继承人或者继承人均放弃继承的情况下,债权人往往难以实现债权。现设立遗产管理人制度,明确了遗产管理人选任与指定的具体方式,为债权人实现其债权利益明确了诉讼路径,增强了法律的可操作性。

基本案情:2012 年 5 月 10 日,建行合川支行与黄某平签订《个人住房贷款借款合同》《抵押贷款合同》,约定建行合川支行向黄某平发放贷款 30.4 万元,黄某平以其白塔路 296 号 3 –7 –6 的房产提供抵押担保,并办理了抵押登记。建行合川支行按约发放了贷款,黄某平亦按约归还贷款。2016 年 6 月 2 日,黄某平死亡。黄某峰系黄某平唯一法定继承人,黄某平死亡后其房屋一直由黄某峰代管。黄某峰代还几期按揭贷款后未再继续还款。现原告建行合川支行以被继承人债务清偿纠纷为由将被告黄某峰起诉至法院,诉讼请求为:请求黄某峰在继承遗产范围内偿还贷款本息、违约金及律师费等实现债权的费用;确认建行合川支行对案涉房产享有抵押权,在黄某峰不清偿上述债务时,有权以该抵押物折价或者以拍卖、变卖的价款在上述债权范围内优先受偿。被告黄某峰辩称,黄某平借款属实,但其放弃继承。

法院认为:一审法院经审理认为,黄某峰已在诉讼中明确表示放弃继承,对被继承人债务可以不负偿还责任,黄某峰不是本案适格被告,遂裁定驳回起诉。原告建行合川支行对一审结果不服,提起上诉。二审法院经审理认为,《继承法意见》第 60 条主要适用于继承纠纷,在被继承人债务清偿纠纷中,不能简单依此认定被告不适格。本案债权债务关系明确,且案涉房屋为抵押财产,在现有无人继承遗产清偿债务制度尚不健全的情况下,根据公平和诚信原则,应从黄某峰遗产保管人身份确定其责任。遂裁定撤销原裁定,指令合川法院审理本案。发回重审后,法院经审理后判决:建行合川支行在黄某平遗产范围内享有借款本金 268,015.43 元及利息 9488.85 元的债权;黄某峰对建行合川支行在处分黄某平所有的白塔路 296 号 3 –7 –6 号的房产时有相应的协助义务;驳回建行合川支行的其他诉讼请求。宣判后,双方当事人均未上诉,判决已经生效。该案例刊登于《人民法院报》2020 年 1 月 23 日第 7 版,案例评析中指出:在继承行为发生过程中,经常出现继承人放弃继承、继承人不明或无法确定、无继承人等情形,使得遗产之债权人等利害关系人权益无法得到保障。此时,被继承人债务清偿诉讼应如何推进,是司法实务亟待解决的问题。在遗产管理人制度确立前,我国并无管理无人继承遗产的专门机构,债权人另案起诉面临无适格被告的尴尬境地,必将使债权长时间无法实现。为此,一些法院从继承人保管遗产的角度,探索无人继承遗产的债务清偿问题。例如,2018年公布施行的《北京市高级人民法院关于审理继承纠纷案件若干疑难问题的解答》第25条关于实际占有、使用、收益、处分遗产的继承人配合履行被继承人生前债务的规定。本案中,黄某峰一直实际控制和管理案涉房屋,应当认定黄某峰为黄某平遗产的保管人。因黄某平与建行合川支行之间借贷、抵押的法律关系非常明确,应当对建行合川支行请求黄某峰协助清偿被继承人债务的诉讼请求予以支持。

第一千一百四十七条　遗产管理人应当履行下列职责:
(一)清理遗产并制作遗产清单;
(二)向继承人报告遗产情况;
(三)采取必要措施防止遗产毁损、灭失;
(四)处理被继承人的债权债务;
(五)按照遗嘱或者依照法律规定分割遗产;
(六)实施与管理遗产有关的其他必要行为。

【条文主旨】

本条是关于遗产管理人职责的规定。

【条文理解】

遗产管理人的职责就是遗产管理人应当完成的工作任务。本条款以列举的方式确定了遗产管理人应履行的工作任务。

1. 清理遗产并制作遗产清单

清理遗产,避免了继承人隐匿、转移遗产的可能性。遗产管理人在接管职务之后,应及时收集和清理包含被继承人的房产、车辆、公司股权、证券、存款等在内的遗产,同时查清遗产的名称、数量、地点和价值等状况,按照遗产的特性,以适合的方式将其收集和保存,以便于后续管理工作的进行。

遗产管理人清点遗产的方式包括向继承人、其他亲属、共同投资人等主体调查询问,调查时应全面认真盘点,做到不遗漏。在遗产涉及范围广、数额巨大的情况下,必要时还可委托资产评估师、房地产估价师等专业人员对遗产审核评估。

编制遗产清单,可以清查被继承人的资产和负债状况,为以后进行遗产债务清偿和遗产分割奠定基础。遗产清单应当包含以下内容:被继承人生前所有的住房等不动产和不动产权益、被继承人生前所有的动产和知识产权、被继承人生前所享有的债权、股权和其他有价证券、被继承人生前所负债务和税款等。遗产管理人在编制遗产清单时,应将被继承人财产与夫妻共同财产、家庭共同财产及其他人的财产区分开。这就保证了遗产不与继承人自己的财产相混同,从而使遗产独立出来。这里的重要问题,即为如何进行区分。首先,对于遗产与夫妻共同财产的区分。依据《民法典》“婚姻家庭编”的规定,夫妻在婚姻关系存续期间所得的财产归夫妻共同所有。因此,在确定遗产时,应从夫妻共同财产中分出一半归在世的配偶所有,另外一半才能作为被继承人的遗产。其次,对于遗产同家庭共有财产的区分。在家庭中,如果除夫妻之外还有子女、父母、外祖父母以及兄弟姐妹等其他家庭成员共同生活,则不仅会形成夫妻共同财产,还会形成家庭共有财产。在确定遗产时,也应当将此类属于其他家庭成员所有的份额从家庭共有财产中分离出来,剩余的部分才能作为被继承人的遗产。最后,遗产同其他共有财产的区分。对于合伙共有财产,当合伙人之一死亡时,如果按照合伙协议允许继承的,应当将被继承人在合伙财产中的份额分出,列入其遗产范围,被继承人在合伙财产中的份额,应当按出资比例或者协议约定的比例确定。当然,如果继承人愿意加入合伙,并且其他合伙人也同意继承人加入的,则不必对合伙财产进行分割,只须确定继承人作为新合伙人的合伙财产的份额即可。①

2. 向继承人报告遗产情况

当遗产权利人要求查阅遗产清单,并了解遗产分配情况时,遗产管理人有向该权利人报告真实情况的义务。

3. 采取必要措施防止遗产毁损

本款规定了遗产管理人妥善保管、合理管理与处分职责,这是遗产管理人“管理”遗产的核心职责。

首先,防止遗产毁损的前提是接管遗产。为便于顺利开展后续工作,遗产管理人应从临时保管人手中接管遗产。若其拒绝移交,且对遗产安全存在威胁,遗产管理人可通过诉讼方式要求交付。如果遗产管理人认为继续由相应保管人占有遗产不会影响到后续的管理与分配,则可基于效率和便捷的考虑,不要求保管人转移占有,但应随时监督其保管是否妥当。在此过程中,为保遗产不受意外损毁和灭失,遗产管理人应尽勤勉谨慎之义务。需要指出的是,遗产保管人也负有采取必要措施防止遗产毁损的义务。当遗产管理人确定后,遗产保管人应当尽快将遗产交给遗产管理人;在遗产管理人确定前或双方约定仍由保管人保管的,遗产保管人也负有采取必要措施防止遗产毁损的义务。如遗产保管人未尽到保管义务使遗产毁损的,保管人应当承担责任。

---

① 梁慧星编:《中国民法典草案建议稿附理由:继承编》,法律出版社 2013 年版,第 158 页。

其次，单纯保管不足以保持遗产价值的，遗产管理人还应实施恰当的管理与处分行为，以避免遗产毁损。遗产管理人应根据遗产的状态实施必要的管理与处分行为，具体包括：(1)遗产面临紧急情况时，遗产管理人应当采取合理措施进行处理，以保护遗产安全。如应及时修葺处于危旧状态的不动产，以避免其毁损、垮塌；及时变卖农产品等鲜活、易腐烂的物品，并保存价款等。(2)依据授权与遗嘱指示，进行合理投资以避免遗产受到损失。如续缴商业保险以确保在财产毁损时仍可取得赔付。(3)遗产管理人应及时进行公司年检以避免公司被注销等。

总而言之，遗产管理人的职责首先在于保护遗产，采用必要措施以使遗产免受毁损，这种注意程度不因是否获取报酬而不同。其次，使遗产增值不是遗产管理人的义务，除遗嘱另有约定外，遗产管理人不负有使遗产增值的义务。最后，遗产管理人由于进行遗产管理而熟知遗产情况，为避免其滥用职权，发生不公平交易，遗产管理人非经遗嘱授权或遗产利益相关人同意，不可进行与自己有实质利益相关的交易。

4. 处理被继承人债权债务

遗产管理人应按照债权人的申报，确认债权，并予以清偿；对遗留债务进行追讨，必要时通过诉讼请求债务人偿还。首先，对于清偿遗产债务。通常遗产债务主要包括遗产管理期间支出的各种费用、国家税款、被继承人生前的各种债务等。如果出现遗产不足以支付债务的情况，在遗产债务是同一类的情形下，遗产管理人应在支付相关税费、管理费等之后，按比例分割遗产、支付债权人的债权。在债务是不同种类的情况下，则将按法律规定的优先顺序偿还。遗产管理人对遗产债务的偿还方式，包括变卖遗产、公开拍卖遗产或直接以遗产折抵等。对于尚未到期的遗产债务，遗产管理人应尽量与债权人协商提前终止债务关系。其次，对于追讨遗产债权。遗产管理人在接管遗产后，得知被继承人尚存在债权的，如有即将到期的借款、应收取的租金等，应当及时进行追讨。如果债权没有到期，债务人又不同意提前偿还的，可以将相应的债权作为遗产分配给遗产权利人，由这些权利人在到期后向债务人收取。对于被继承人的债务人不能及时偿还债务的，可以赋予遗产管理人以自身名义进行诉讼的权利，直至遗产管理人向债务人追讨到债权为止。

5. 按照遗嘱或者依照法律规定分割遗产

将遗产按照一定次序合理分配是整个遗产管理活动的最终目的。在进行遗产分配时，遗产管理人作为“公共管理人”，应遵循相应分配顺序，做到公平、透明。分割应当包括切割和分配两部分内容，一是按照遗嘱或法律规定合理计算每位继承人的遗产继承份额；二是将应得继承份额及时分配给各继承人。在这一过程中应当注意以下几点：(1)《民法典》“继承编”第 1130 条、第 1159 条及《继承法意见》第 57 条已经确认了酌定分配遗产人的权利，基于这部分人群的特殊性，应分给他们适当遗产，以保护弱者利益并发扬良好社会风气。(2)在支付必要费用、缴纳税款与清偿债务、酌定分配遗产后，遗产管理人应将剩余遗产在继承人与受遗赠人之间分配。本着尊重遗嘱的原则，受遗赠人与遗嘱继承人的分配次序应位于其他法定继承人之前，之后再按照《民法典》“继承编”中有关法定继承人的条文按序分配。至于遗嘱继承人与受遗赠人之间的先后顺序问题，由《民法典》“继承编”第 1163 条以及《继承法意见》第 62 条可以看出我国司法中将二者同等对待的态度。因此在分配遗产时，若剩余遗产不足够全额分配给遗嘱继承人与受遗赠人，则应按照比例进行分配，这也是对被继承人意志的遵从。(3)若遗产无人继承又无人受遗赠的，应将剩余财产上交国家用于公益事业或归集体所有。

6. 实施与管理遗产有关的其他必要行为

包括事实上和法律上的管理，必要的处分权和财产利益的保存。这些行为包括：(1)对于被继承人生前尚在进行的营业和商业活动，原则上不可过多参与其中，但应实施必要的获取营业收益、支付职工工资等行为，若被继承人遗嘱中有所安排，则也应当按照被继承人意志进行处理。(2)其他必要的管理与处分，如聘请专业的遗产管理辅助人员、租赁、抵押遗产、进行不动产转移登记等。为更好地进行管理，遗产管理人具有适当的自由裁量权利，但应以维护遗产完整与安全为目的，以不改变遗产的性质为宜。(3)起诉或应诉。在必要的情况下，遗产管理人在法院诉讼理应要用原告的身份提起诉讼，或以被告的身份应诉。

【司法适用】

遗产管理人在编制遗产清单时，应将被继承人财产与夫妻共同财产、家庭共同财产及其他人的财产区分开。此处涉及的相关法律规定如下。本编第 1153 条规定：“夫妻共同所有的财产，除有约定的外，遗产分割时，应当先将共同所有的财产的一半分出为配偶所有，其余的为被继承人的遗产。遗产在家庭共有财产之中的，遗产分割时，应当先分出他人的财产。”《民法典》“婚姻家庭编”第 1062 条规定：“夫妻在婚姻关系存续期间所得的下列财产，为夫妻的共同财产，归夫妻共同所有：(一)工资、奖金、劳务报酬；(二)生产、经营、投资的收益；(三)知识产权的收益；(四)继承或者受赠的财产，但是本法第一千零六十三条第三项规定的除外；(五)其他应当归共同所有的财产。夫妻对共同财产，有平等的处理权。”《民法典》“婚姻家庭编”第 1063 条规定：“下列财产为夫妻一方的个人财产：(一)一方的婚前财产；(二)一方因受到人身损害获得的赔偿或者补偿；(三)遗嘱或者赠与合同中确定只归一方的财产；(四)一方专用的生活用品；(五)其他应当归一方的财产。”《民法典》“物权编”第 303 条规定：“共有人约定不得分割共有的不动产或者动产，以维持共有关系的，应当按照约定，但是共有人有重大理由需要分割的，可以请求分割；没有约定或者约定不明确的，按份共有人可以随时请求分割，共同共有人在共有的基础丧失或者有重大理由需要分割时可以请求分割。因分割造成其他共有人损害的，应当给予赔偿。”《民法典》“合同编”第 977 条规定：“合伙人死亡、丧失民事行为能力或者终止的，合伙合同终止；但是，合伙合同另有约定或者根据合伙事务的性质不宜终止的除外。”

遗产管理人的具体职责，最高法院将在司法解释和司法政策中进一步明确。

【司法案例】

李乙诉某电视台遗嘱继承纠纷案①

诉讼结论：李乙以遗嘱执行人身份，并以立遗嘱人李甲生前委托其领取在被告处的款项为由，起诉要求从被告处领取李甲死后的丧葬费、抚恤费、住院补助费三项费用。该案审理时，尚未设立遗产管理人制度，法院认为李甲死亡后，单位发放的丧葬费和抚恤金等费用均不属李甲的遗产，而是对李甲近亲属的财产性补偿，因此李甲的继承人享有向电视台主张权利的主体资格。因李乙不是适格的原告，故法院裁定驳回李乙的起诉。

基本案情：李甲生前系某电视台的职工。2014 年 6 月 9 日，李甲立公证遗嘱记载：“……我死后相关事宜全部委托给我二姐李乙负责办理。我本人委托我二姐李乙作为本遗嘱执行人。”同日，李甲向某电视台相关领导致委托书称：“为了我去世后能够保证我儿的合法权益，减少家庭矛盾，处理好身后事，我请求台领导同意我委托我二姐李乙到台里办理我的身后事宜，监管这些费用的合理用途。请求郭某某（某电视台工作人员）协助我二姐办理。其他任何人包括我的妻子不能参与此事情。”同年 8 月 19 日，李甲因病去世。现李乙对某电视台提起诉讼称，其虽不是遗产继承人，但系遗嘱执行人并且已经按遗嘱及委托书内容为李甲办理了一切后事；因遗嘱及委托书内容均系李甲安排身后事宜，故李甲死后该遗嘱和委托书效力应当延续至身后事处理完毕时止，以体现李甲的意愿；故其有权代表李甲执行遗嘱及委托书内容，领取在被告处的相应款项，但是取款后各继承人如何处理继承遗产，不是本案的内容。

法院认为：本案中被继承人李甲在公证遗嘱中指定自己的遗嘱执行人为李乙，李乙以自己的名义向法院提起诉讼，要求以遗嘱执行人的身份从被告处领取

① 成都市成华区人民法院（2015）成华民初字第 1544 号民事裁定书。

李甲死后的丧葬费、抚恤费、住院补助费三项费用，该做法在我国目前尚无法律依据，也与我国《继承法》第2条规定所衍生出来的法意相悖，同时抚恤金不属于死者遗产而是对于死者近亲属的精神抚慰。综上，李乙以遗嘱执行人的身份使用自己的名义作为原告提起诉讼不当，所涉遗产的诉讼权利提起人仍应当是死者的继承人，李乙不是本案的适格原告。李乙诉称为李甲办理医疗费用结算及丧葬费用垫付有大额费用，可以与李甲继承人协商解决或者另案起诉。因此法院裁定：驳回李乙的起诉。

第一千一百四十八条　遗产管理人应当依法履行职责，因故意或者重大过失造成继承人、受遗赠人、债权人损害的，应当承担民事责任。

【条文主旨】

本条是关于遗产管理人未尽职责的民事责任的规定。

【条文理解】

遗产的管理与分配涉及诸多主体的利益，遗产管理人在进行清偿债务、分割遗产时，若处置不当，反而会引发继承纠纷，背离制度设计之目的。特别是在继承人担任遗产管理人时，由于事关自己的继承利益，继承人虽可能更加尽职，但也存在滥用权利、监守自盗的风险。而设定法律责任，可使利害关系人在因遗产管理人的不当行为受到损害后主张赔偿时有法可依，同时也促使遗产管理人更加恪尽职守。

关于遗产管理人的赔偿责任原则，学界有不同观点。有学者认为遗产管理人承担的是损害赔偿责任①；而另一些学者却有不同意见，在其建议稿中针对继承人仅规定了无限清偿责任②。本编采用了以过错作为责任认定标准的损害赔偿责任原则。

对于遗产管理人过错的认定，应以是否尽到善良管理人义务为标准进行判断。所谓善良管理人义务是指遗产管理人应当忠实、谨慎地履行法律义务，一般情况下应做到及时通知、报告、保管等。遗产管理人在对遗产进行管理时，应当及时通知遗产继承人及遗产利益相关人，并将遗产管理的情况及时报告遗产权利人，对被继承人的遗产负有妥善保管的义务。

---

① 梁慧星编：《中国民法典草案建议稿附理由：继承编》，法律出版社2013年版，第188页。

② 杨立新等：《〈中华人民共和国继承法〉修正草案建议稿》，载《河南财经政法大学学报》2012年第5期。

对于遗产管理人过错程度的认定，应以故意或重大过失为限。所谓重大过失即行为人欠缺一般人具有的起码注意，行为人只要稍加注意，损失本不会发生。由于遗产管理人系为继承人以及其他遗产利益相关人的利益而履行遗产管理的义务，若责任过重，即便是设立了遗产管理人制度，也无人敢担任遗产管理人一职，该制度便形同虚设，不利于遗产管理人制度的实施。因此，该条规定只有在故意或重大过失的情形下造成继承人、受遗赠人、债权人损害的，遗产管理人才有可能承担责任，如果只是一般轻微过失，则无须担责。

遗产管理人承担责任的方式，根据《民法典》"总则编"的规定，应包括返还财产、恢复原状、赔偿损失等方式。如果遗产管理人非法将遗产占为己有，对遗产造成损失，导致继承人、受遗赠人、债权人的合法权益受损，遗产管理人应当承担返还财产的责任后果。如果遗产管理人在管理遗产的过程中，违反了善良管理人义务或因个人故意或重大过失对遗产造成损坏的，遗产管理人应当承担恢复原状的民事责任。如果遗产管理人在管理遗产的过程中，因私自转移、处分遗产对遗产造成损失，为保障继承人、受遗赠人、债权人的合法权益，遗产管理人应当承担赔偿遗产损失的责任。

【司法适用】

对于民事责任的承担方式，《民法典》"总则编"第 179 条规定："承担民事责任的方式主要有：（一）停止侵害；（二）排除妨碍；（三）消除危险；（四）返还财产；（五）恢复原状；（六）修理、重作、更换；（七）继续履行；（八）赔偿损失；（九）支付违约金；（十）消除影响、恢复名誉；（十一）赔礼道歉。法律规定惩罚性赔偿的，依照其规定。本条规定的承担民事责任的方式，可以单独适用，也可以合并适用。"《民法典》"物权编"第 237 条规定："造成不动产或者动产毁损的，权利人可以依法请求修理、重作、更换或者恢复原状。"第 238 条规定："侵害物权，造成权利人损害的，权利人可以依法请求损害赔偿，也可以依法请求承担其他民事责任。"第 239 条规定："本章规定的物权保护方式，可以单独适用，也可以根据权利被侵害的情形合并适用。"《民法典》"侵权责任编"第 1184 条规定："侵害他人财产的，财产损失按照损失发生时的市场价格或者其他合理方式计算。"

【司法案例】

李某等诉陈某返还财物案①

诉讼结论：原告主张被告作为遗产保管会负责人，故意隐瞒被继承人的遗产，

---

① 浙江省鄞县人民法院（1993）鄞民初字第 153 号民事判决书。

给原告造成了经济损失,故起诉要求赔偿。但法院认为被告既不具备侵占被继承人遗产的故意,也不存在侵占被继承人遗产的事实,更谈不上两者的客观联系及被告的违法性,因而,被告的行为不构成对四原告财产的侵权,法院判决驳回四原告的诉讼请求。

基本案情:四原告系同胞兄弟姐妹,与被告陈某系亲戚。四原告之父母和被告均在新中国成立前去台湾谋生。1976 年,四原告之母死亡。1985 年 9 月 15 日,四原告之父李某年也患病死亡,生前没有留下遗嘱。因李某年的子女均在大陆,即由陈某和李某年生前好友等六人负责料理了丧事,并组成亲属会议,推选陈某负责申报遗产,缴纳遗产税和管理遗产。9 月 16 日,被告等人从台湾第一商业银行提取李某年私人存款 400 万新台币,用于支付各种费用。1986 年 3 月 12 日,陈某负责申报了李某年的遗产,同年 7 月 21 日,“台北国税局”通知陈某缴纳遗产税 254.2192 万新台币,11 月 25 日,遗产税缴纳完毕。1987 年 4 月 9 日,“台北国税局”以陈某在申报李某年遗产时,未将其他银行存款 187.0094 万元和 6 家单位股票78.5773万元进行申报,漏税 94.3716 万新台币为由,决定罚款 95 万新台币,并向台湾法院提出控告。同年 9 月 23 日,台湾法院作出罚款 95 万新台币的裁定,并限 10 日内交纳完毕。之后,陈某用原提取的存款缴纳了该项罚款,并将李某年财产注册中所有存款、股票取出。股票兑换成现金。1988 年 4 月,陈某决定回大陆定居,经与全体亲属会议会员协商,决定将李某年的不动产——两幢房屋交由在台亲属会议成员保管,将剩余的 240 万新台币中的一半 120 万新台币以劳务费名义分给李某年患病 3 个月期间照顾和死后料理丧事的 6 个人,每人分给 20 万新台币。陈某也得到 20 万新台币(折合人民币 4 万元),另一半 120 万新台币折合 4 万美元,以旅游支票的方式带回大陆,交给了原告。以后,四原告因内部分配等问题及其他原因,向鄞县人民法院提起诉讼,要求陈某返还分得的劳务费人民币 4 万元,鄞县人民法院经审理后以(1991)鄞民字第 467 号调解书调解,由被告返还给四原告人民币2.6万元。现原告再次起诉被告,称被告陈某在台湾居住时,被推举为四原告之父李某年的遗产保管会负责人,故意隐瞒李某年的那份遗产,被台湾有关方面罚 95 万新台币,给四原告造成很大的经济损失,要求被告偿还四原告人民币 228 万元,利息 9.2 万元。被告辩称,他虽在新中国成立前和四原告之父李某年同去台湾,并居住台湾多年,但平日甚少往来,对李某年的财产并不知情;李某年去世后,他作为财产保管会负责人,向台湾有关方面申报了李某年的不动产,后接到台湾有关方面罚款通知,才知李某年尚有股票及存款;罚款 95 万新台币是被台湾有关方面收取的,他没有侵占遗产的行为;四原告要求被告偿还该款没有道理,请求法院驳回原告的诉讼请求。

法院认为：李某年死亡后，因其在台湾无继承人，被告陈某与其他五位亲属会议成员管理李某年的遗产，实际上是代替四原告管理财产，这种委托管理旨在维护四原告的财产利益。陈某等未能及时发现李某年所置的股票及其他银行存款，并非陈某的过错。陈某本人没有取得被罚的95万新台币，也就是没有占有他人财物的行为。所罚之款也被台湾有关方面收缴，四原告要求被告偿还此款，不合法也不合理，因此，法院不予支持。

第一千一百四十九条　遗产管理人可以依照法律规定或者按照约定获得报酬。

【条文主旨】

本条是关于遗产管理人报酬的规定。

【条文理解】

遗产管理人有无权利请求报酬，各国规定并不一致。多数国家规定遗产管理人有权取得报酬，但也有少数国家和地区规定遗产管理人一职具有无偿性，不能索取报酬。按照本章第1147条、第1148条之规定，担任遗产管理人要承担相应的法律义务，在遗产管理人违反其法定义务时，还应当承担损害赔偿的责任。按照权利与义务相一致的原则，既然遗产管理人承担了相应的法定义务与责任，有必要赋予其取得报酬的权利。并且，遗产管理人在管理遗产的过程中付出了相应的劳动和时间，其有权利获得一定的报酬，这不仅是对遗产管理劳动价值的承认，也能够促使遗产管理人积极、妥善地管理遗产事务。

对于遗产管理人报酬金额的确定，如被继承人遗嘱中已确定给予其报酬金额，或者继承人与遗产管理人之间另有约定的，应按照约定金额计算；没有约定的，可以依据遗产管理人的工作量、管理的难易程度以及遗产的数额等诸多方面的因素，综合予以考量。我国台湾地区"民法典"规定，遗产管理人的报酬可以从劳务付出量和其与被继承人关系远近两方面来确定。即多劳多得，以及和被继承人的关系疏远的遗产管理人可以获得较多的劳动报酬。在遗产管理人就是继承人时，考虑到继承人某种程度上是为自己管理遗产，故一般是无须取得报酬的，但是若继承人或者受遗赠人愿意支付给其酬劳的则不受限制。

【司法适用】

如被继承人遗嘱中记载给予遗产管理人一定金额的报酬，或者继承人与遗产管理人之间约定由遗产管理人获得一定金额的报酬，则遗产管理人有权按照约定获得报酬。此时,遗产管理人因遗嘱合同享有债权。《民法典》“总则编”第118条规定:“民事主体依法享有债权。债权是因合同、侵权行为、无因管理、不当得利以及法律的其他规定,权利人请求特定义务人为或者不为一定行为的权利。”第119条规定:“依法成立的合同,对当事人具有法律约束力。”

对于没有约定报酬的,应如何考量计算报酬,目前尚未出台相关的司法解释或者其他规定。但参考破产管理人报酬的相关规定,可以看到确定报酬一般可以考量的因素主要有遗产的数额、管理工作的复杂性、勤勉程度、实际贡献、风险和责任、当地的收入与物价水平等。最高人民法院《关于审理企业破产案件确定管理人报酬的规定》第9条规定:“人民法院确定或者调整管理人报酬方案时,应当考虑以下因素:(一)破产案件的复杂性;(二)管理人的勤勉程度;(三)管理人为重整、和解工作做出的实际贡献;(四)管理人承担的风险和责任;(五)债务人住所地居民可支配收入及物价水平;(六)其他影响管理人报酬的情况。”

【司法案例】

向某琼等人诉张某霞等人执行遗嘱代理合同纠纷案①

诉讼结论:原告向某琼、熊某浩、熊某称其是熊某武的遗产继承人,熊某武生前在遗嘱中指定被告张某霞为遗嘱执行人,熊某武去世后,原告曾被张某霞误导与其签订了执行遗嘱代理协议,现起诉要求撤销或宣告两份执行遗嘱代理协议无效等。本案二审法院认为张某霞作为熊某武指定的遗嘱执行人,与继承人熊某浩、熊某等人就执行遗嘱的相关事项签订协议并不属于违反《律师法》“双方代理”条款的无效行为。张某霞一方面作为遗嘱执行人执行被继承人熊某武的遗嘱,另一方面作为继承人熊某浩、熊某委托代理人,执行的也是这份遗嘱,其实两个行为之间目标和利益是一致的,不存在冲突,故判决执行遗嘱协议书有效。

基本案情:1997年2月23日,原告向某琼之夫、熊某浩和熊某之父熊某武请当时任甲律师事务所律师的被告张某霞见证并代书了遗嘱,遗嘱对其所有的现金、企业、房产等财产向各法定继承人和其他人进行了分配,并聘请张某霞为终身法律顾问,指定张某霞为遗嘱执行人。该遗嘱一式7份,全部由张某霞保管,继承开始由张某霞负责实施。

1997年2月28日,熊某武去世。1997年3月1日和4月14日,张某霞分别与熊某、熊某浩签订协议书。协议根据熊某武的遗嘱主要约定以下事项:张某霞要遵照遗嘱的规定办好各种手续;熊某浩、熊某聘请张某霞担任法律顾问、财务顾

① 案例来自《中华人民共和国最高人民法院公报》2004年第1期。

问,维护熊某浩、熊某合法权益,全权委托张某霞对继承的企业财产进行审计,保障熊某浩、熊某两人的权益得到充分兑现;律师应收遗嘱析产代理费按国家规定从遗产中扣除。因向某琼为精神病患者,其民事行为由熊某浩代理。

1997年4月22日,张某霞分别向向某琼、熊某浩出具了甲律师事务所收到15万元、3万元律师遗嘱析产代理费的收款收据,但其所收到的18万元未交甲律师事务所。1997年4月7日,张某霞向熊某出具了"情况说明",情况说明中称执行遗嘱全部费用已交清。张某霞在庭审中承认实际收取了熊某2万元现金,没有出具收据。1997年4月底,张某霞按照熊某武遗嘱将遗产全部分配完毕。张某霞在1997年3月至4月执行遗嘱期间共领取乙公司工资、补贴、顾问费等共计3048元,并报销了差旅费。法院另查明:甲律师事务所为合作制律师事务所,由张某、张某录、张某霞、冯某义4人申报,1994年7月25日经陕西省司法厅批准成立。1998年1月1日,张某、张某录退出甲律师事务所。1998年3月24日,甲律师事务所经清产后移交宝鸡县司法局。

现原告向某琼、熊某浩、熊某将张某霞以及张某、张某录和冯某义起诉至法院,原告诉称,熊某武生前在遗嘱中指定被告张某霞为遗嘱执行人,熊某武去世后,张某霞未积极按遗嘱人嘱托分割遗产交付给各继承人,而是误导原告与之签订了执行遗嘱代理协议,并扣收所谓执行遗嘱代理费22.9万元,致使原告的合法财产权益受到损害,故请求撤销或宣告两份执行遗嘱代理协议无效,判令张某霞返还22.9万元代理费,并由原张某霞所在律师事务所的合作人承担连带责任。

一审法院认为:《律师法》第34条规定:"律师不得在同一案件中,为双方当事人担任代理人。"根据《民法通则》第58条第1款第5项的规定,违反法律或者社会公共利益的民事行为无效。第61条规定:"民事行为被确认为无效或者被撤销后,当事人因该行为取得的财产,应当返还给受损失的一方。有过错的一方应当赔偿对方因此所受的损失,双方都有过错的,应当各自承担相应的责任。"被告张某霞与原告熊某浩、熊某以协议书的形式签订代理合同,其实质内容源于熊某武生前遗嘱。张某霞作为律师接受熊某武生前嘱托担任其遗产执行人,应视为与熊某武生前形成了委托代理关系,张某霞在执行遗嘱时从遗产中扣收代理费,不仅违背了立遗嘱人生前嘱托,使继承人财产受到损失,而且违反了《律师法》的禁止性规定,故原告主张张某霞执行遗嘱代理协议无效的请求,应予支持。张某霞作为执业律师,理应知道我国法律对律师执业活动的规定,但在与各原告签订合同时,未按法律规定执业,有缔约上的过失,应对合同无效承担全部责任,因无效合同取得的20万元应予返还。原告熊某主张返还4.9万元,但张某霞只承认收取了2万元,因熊某不能提供证据证明其主张,故对熊某关于张某霞收取4.9万元代理费用的主张不予支持。甲律师事务所1998年3月24日清产后即应视为依法解散，鉴于其收费一直采取所内统一开票、律师个人收取的办法，张某霞又是本案争议财产的实际占有人，故返还代理费的民事责任应由张某霞承担，各原告主张甲律师事务所所有合作人均承担连带责任的请求不予支持。据此，一审法院判决：一、被告张某霞与熊某浩、熊某签订的执行遗嘱协议书无效；二、被告张某霞返还原告向某琼人民币3万元，返还原告熊某浩人民币15万元、返还原告熊某人民币2万元。三、驳回原告向某琼、熊某浩、熊某其他诉讼请求。后张某霞提起上诉。

二审法院审理认为，本案双方当事人的争议焦点是：张某霞作为遗产执行人与部分遗产继承人就执行遗产相关事宜签订的委托代理协议是否有效。《民法通则》和《继承法》均没有对遗嘱执行人的法律地位和遗嘱执行人的权利义务作出明确规定。只要不违反法律的禁止性规定，民事主体有权处分自己权利。张某霞作为熊某武指定的遗嘱执行人，在熊某武没有明确其执行遗嘱应得到报酬的情况下，与继承人熊某浩、熊某等人就执行遗嘱的相关事项签订协议，并按照该协议的约定收取遗嘱执行费，不属于《律师法》第34条禁止的律师在同一案件中为双方当事人代理的情况。一审判决根据《律师法》第34条的规定认定当事人之间的协议无效，属适用法律错误，应予纠正。熊某浩等人与张某霞签订的委托代理协议是否有效，应依据《合同法》的规定审查。熊某浩等人虽主张与张某霞签订委托代理协议是受张某霞的误导，但却无法提供相应证据证明该协议是在违背其真实意思表示的情况下签订的，或者该协议是法律规定的无效合同或可撤销合同，故对其要求撤销或宣告两份委托代理协议无效的主张，依法不予支持。综上，二审法院判决：一、撤销宝鸡市中级人民法院的民事判决；二、宝鸡县正达律师事务所张某霞与熊某浩签订的执行遗嘱协议书有效；三、驳回向某琼、熊某浩的诉讼请求。

第一千一百五十条　继承开始后，知道被继承人死亡的继承人应当及时通知其他继承人和遗嘱执行人。继承人中无人知道被继承人死亡或者知道被继承人死亡而不能通知的，由被继承人生前所在单位或者住所地的居民委员会、村民委员会负责通知。

【条文主旨】

本条是关于继承开始后的通知的规定。

【条文理解】

所谓继承开始的通知，通俗地讲，就是指将被继承人死亡以及因死亡而引起的继承开始的这一事实通知给继承人和遗嘱执行人的情形。通过该条规定，要求相关人员将被继承人死亡的事实通知继承人或者遗嘱执行人，以便保护相关继承人的利益，从而保证继承的顺利进行。被继承人死亡时，并非所有的继承人都能够知道被继承人已经死亡，有的人甚至还不知道自己被指定为继承人，这就有一个继承开始通知的问题，即需要将被继承人死亡的事实通知给继承人和遗嘱执行人，以便继承人及时行使继承权，遗嘱执行人及时执行职务。

继承开始通知的义务主体包括两类，一是知道被继承人死亡的继承人；二是被继承人生前所在单位或者住所地的居民委员会、村民委员会。后一种情况履行义务有一个前提条件是继承人中无人知道被继承人死亡或者知道被继承人死亡而不能通知。此处所称的知道被继承人死亡而不能通知的情形，应是指继承人作为无行为能力或者限制行为能力的人时知道被继承人死亡而不能通知的情形。继承活动属于民事活动，一般应以当事人自决为原则，但如果民事主体不能及时参与继承活动或因种种原因缺位，则会影响遗产管理、流转秩序的连贯性，此时由外来力量在一定程度和范围内干预继承活动是必要的。因此，本条中规定继承通知的义务人，在出现“继承人中无人知道被继承人死亡或者知道被继承人死亡而不能通知的”这一情形时，应由被继承人生前所在单位或者住所地的居民委员会、村民委员会作为通知义务人履行通知的义务。之所以规定由被继承人生前所在单位担任通知义务人，是因为长期以来我国存在企业办社会的状况，被继承人生前所在单位负担职工的生养死葬被认为是天经地义的事情，所以由被继承人所在单位负责继承开始的通知义务也是理所应当的。之后，随着企业改革的深化，这种情况已经发生了变化。但是在当前社会，对于一些在国企、政府部门工作的人员，单位一般仍留存有该工作人员详细的家庭及亲属信息和联系方式的相关记录，由单位作为通知义务人，其有能力和条件完成通知的义务。对于在私企或其他性质的单位工作的人员，考虑到被继承人死亡可能发生在其工作期间，单位可能成为知晓被继承人死亡这一事实的最早的知情人，所以设定单位作为通知义务人，也具有一定的现实必要性。另外，由于我国民事生活组织化程度高，群众自律组织职能发达，所以由被继承人生前住所地的居民委员会、村民委员会担任通知义务人也是比较合理并符合我国国情的。

在通知的时间和方式上，一般要求负有通知义务的继承人或相关单位应当及时向其他继承人发出通知。通知的方式以能将被继承人死亡、继承开始的事实传达到继承人为准，一般以口头通知为主，如通过电话通知，也可以采取书面方式如电报、传真、快递等,甚至还可以采取公告的方式。

不履行通知义务给他人造成损失的,应承担相应的民事责任。此条所规定的通知,对于通知人来讲,特别是对知道被继承人死亡的继承人来讲,是一个义务性的规定。如果故意隐瞒继承开始的事实,并给其他继承人造成损失的,应当承担相应的民事法律责任。该种责任既可构成侵害继承权的责任,又可构成侵害财产权的责任。因我国采取了当然继承主义的立法例,因而继承开始后客观继承权即转化为主观继承权,当通知义务人违反通知义务,导致主观意义的继承权不能行使或者不能及时行使时,有过错的义务人应当对由此造成的损害承担赔偿责任。当然,由于继承开始后,遗产已当然地转归继承人所有,违反通知义务并由此造成继承人财产损失的赔偿责任也属于侵害财产权的民事责任。①

继承开始的通知是继承人行使继承权的一个重要的前提条件,亦是继承开始的一个不可缺少的环节。这个前提条件和环节非常重要,它能够确保"继承编"所规定的"保护自然人的继承权"的立法目的得以全面准确地实施。只有当享有继承权的人知道被继承人死亡这一事实时,才能够行使继承法律所规定的一些权利,如参与继承、对其所享有的继承权进行处分等。反之,则无法行使继承法律所规定的一些权利,如没有办法参与继承、没有办法对其所享有的继承权进行处分等。

【司法适用】

本条与《继承法》第 23 条内容一致,并无改动。关于继承开始的时间,本编第 1121 条规定:"继承从被继承人死亡时开始。相互有继承关系的数人在同一事件中死亡,难以确定死亡时间的,推定没有其他继承人的人先死亡。都有其他继承人,辈份不同的,推定长辈先死亡;辈份相同的,推定同时死亡,相互不发生继承。"

现实中,也确实存在无法通知到部分继承人的情形。《继承法意见》第 44 条规定:"人民法院在审理继承案件时,如果知道有继承人而无法通知的,分割遗产时,要保留其应继承的遗产,并确定该遗产的保管人或保管单位。"即此时,法院在审理继承案件时,应保留未通知到的继承人的遗产份额,并确定该部分遗产的保管主体,以保障保留的该部分遗产能够妥善保存,待后续该继承人可以联系到、通知到或者出现时,能够确保其继承的权利不被侵犯,其应获得的遗产能够完整移交。

---

① 王利明等:《中国民法典学者建议稿及立法理由(人格权编·婚姻家庭编·继承编)》,法律出版社 2005 年版,第 484 页。

【司法案例】

高某某诉重庆某学院其他人格利益赔偿纠纷案①

诉讼结论：原告高某某之子朱某某系重庆某学院的退休教师，2003 年 7 月 16 日，朱某某跳楼死亡，被告重庆某学院未通知朱某某的亲属，于次日将朱某某的遗体火化，高某某认为被告行为致使其不能与朱某某的遗体作临终最后诀别，故起诉要求重庆某学院赔偿死亡赔偿金、丧葬费、精神损害抚慰金、交通及食宿费。二审法院最终判决支持了原告部分精神损害抚慰金的诉讼请求。法院认为在我国的传统文化和善良风俗中，生者对死者的悼念和缅怀是一种约定俗成的习惯，重庆某学院违反此习惯（社会公德）在未通知高某某的情况下将朱某某的遗体火化侵害了高某某的其他人格利益。

基本案情：死者朱某某未娶妻生子，其父亲已故，高某某系死者朱某某的母亲，死者朱某某系重庆某学院的退休教师。2003 年 7 月 14 日，朱某某到重庆医科大学附属第一医院门诊，被诊断为患直肠癌。当天，朱某某向其单位重庆某学院离退休管理处反映了自己患病的情况，管理处干部劝朱某某住院治疗，朱某某也同意住院。次日，朱某某将自己的存折交由离退休管理处保管，管理处负责人及其他干部又对朱某某进行宽慰、安抚。同月 16 日 9 时 30 分左右，朱某某从重庆某学院的教职工宿舍楼顶跳下，并当即死亡。重庆市公安局南岸区分局接重庆某学院报案到现场勘查认为朱某某系自坠死亡，不属于刑事案件，其对死亡尸体检验鉴定结论为：死者朱某某系高坠造成颅脑及内脏挫碎及多处骨折等严重损伤而当即死亡。次日，重庆某学院将朱某某的遗体送去火化。

同年 7 月 19 日，重庆某学院将朱某某死亡及已火化的情况以书信方式告知朱某某的兄弟朱某。次月上旬，朱某受高某某的委托从云南到重庆与重庆某学院办理了死者朱某某的遗物及抚恤金等交接、领取手续。高某某在 2004 年 7 月 8 日向重庆市教委投诉：朱某某死亡后，重庆某学院未通知高某某及高某某的子女到重庆，重庆某学院擅自将遗体火化，并且认为朱某某的死因不明，死后财产不明，抚恤金、丧葬费计算标准不公开，重庆某学院应承担高某某来重庆的交通、住宿费及其他相关补偿等。2005 年 1 月，高某某又向重庆市教委、重庆市委和市府、教育部等部门投诉以上内容。2005 年 2 月，重庆市教委将高某某投诉的信件转重庆某学院处理。重庆某学院于同月 24 日向高某某复函。2005 年 5 月，高某某又以同样内容向重庆市教委投诉。

---

① 重庆市第五中级人民法院（2006）渝五中民终字第 225 号民事判决书。

高某某于2006年4月28日向一审法院起诉,请求被告重庆某学院赔偿朱某某死亡赔偿金13,028元,丧葬费3079元,精神损害抚慰金40,000元,交通、食宿费5197元,共计61,304元。高某某诉称,朱某某跳楼死亡后重庆某学院未通知朱某某的亲属,于次日越权将朱某某的遗体火化,致使其不能与朱某某的遗体作临终最后诀别,重庆某学院应当赔偿其精神损害抚慰金;重庆某学院对朱某某的死亡有防范不当的过错,应当赔偿部分死亡赔偿金;重庆某学院处理朱某某的丧事,没有经过高某某的同意,其对重庆某学院支出的丧葬费不予认可;故请求判决重庆某学院赔偿朱某某死亡赔偿金、丧葬费、精神损害抚慰金、交通及食宿费。

法院认为:一审法院经审理认为,重庆某学院系高某某之子朱某某的单位,因朱某某终生未娶妻生子,朱某某将重庆某学院视为其家。在朱某某生病后,朱某某将其生病的情况告知重庆某学院离退休管理处,重庆某学院对其进行了宽慰、支持其住院。后朱某某跳楼自杀,其死亡后,因朱某某无妻无子,在其身边无亲人的情况下,重庆某学院作为其单位出于对职工的关心,处置了死者的遗体,其主观上无恶意,更无非法利用遗体的行为。后重庆某学院将朱某某死亡及火化的事实告知死者的亲人,重庆某学院与死者的亲人进行了遗物的交接,重庆某学院尽了一个善良管理人的义务。但重庆某学院在未通知死者亲人的情况下,将死者遗体火化,违背了中国传统的丧葬习俗,其行为欠妥。但高某某精神上的重大痛苦是其子死亡的客观事实造成的,并非重庆某学院侵权行为造成,故重庆某学院的侵权行为并未造成严重后果,高某某请求重庆某学院赔偿精神损害抚慰金不符合法律规定,不予支持。另朱某某系完全民事行为能力人,其对自己的行为产生的后果承担法律责任,故高某某诉称重庆某学院对朱某某的死亡有防范不当的过错的理由不成立,不予采信。高某某的其他诉讼请求于法无据,予以驳回。因此一审法院判决:驳回高某某的诉讼请求。高某某不服一审判决提起上诉。

二审法院认为,朱某某跳楼死亡后,重庆某学院未通知其母高某某及其他近亲属,于次日将朱某某的遗体火化,使高某某作为母亲未能在儿子死亡后的第一时间得知此消息,丧失了进行遗体告别的权利,这对死者近亲属是不负责任的。在我们国家几千年形成的传统文化和善良风俗中,生者对亡者的悼念和缅怀是一种约定俗成的习惯,这种习惯应当受到人们的尊重。重庆某学院应当以一个善良人的注意义务,将朱某某的死讯及时告知其亲属。重庆某学院的做法侵害了其母高某某的其他人格利益。这种其他人格利益属于最高人民法院《关于确定民事侵权精神损害赔偿责任若干问题的解释》规定的人格权范畴。该解释明确规定违反社会公共利益、社会公德、侵害他人人格利益,构成侵权。由于近亲属间特定的身份关系,自然人死亡后,其人格要素对其仍然生存着的配偶、父母、子女和其他近亲属会发生影响，并构成生者精神利益的重要内容。本案中，尽管重庆某学院对朱某某遗体火化不存在故意侵权行为，但其未通知其亲属的过失行为给高某某精神上造成的痛苦是显而易见的，其过失行为侵害了高某某的其他人格利益。一审法院判决未主张重庆某学院赔偿高某某精神损害抚慰金不当。高某某请求精神损害抚慰金的主张符合法律规定，二审法院酌情主张精神损害抚慰金。由于朱某某的死亡非重庆某学院的人身侵权行为造成，故二审法院对高某某上诉要求重庆某学院赔偿丧葬费、交通食宿费、伙食补助费、误工费的请求不予支持。一审判决认定事实清楚，审判程序合法，但适用法律及确定案由不当。故二审法院判决：一、撤销一审民事判决；二、由被上诉人重庆某学院在本判决生效后五日内赔偿上诉人高某某精神损害抚慰金 10,000 元；三、驳回上诉人高某某的其他诉讼请求。

第一千一百五十一条　存有遗产的人，应当妥善保管遗产，任何组织或者个人不得侵吞或者争抢。

【条文主旨】

本条是关于遗产保管的规定。

【条文理解】

本条中所称的存有遗产的人，是指在被继承人死亡后，实际控制被继承人的遗产的人。遗产的保管人是指对被继承人遗产负责保存和管理的人。遗产保管人可以是继承人，也可以是遗嘱执行人或者遗产管理人，还可以是继承人、遗嘱执行人、遗产管理人以外的其他人。其他人保管遗产的情形包括：(1)保管现金、金库等财产的商业银行；(2)保管股票等证券财产的证券公司、基金公司；(3)保管其他金融资产的信托公司、保险公司等机构；(4)死者生前所在单位或者遗产所在地的基层组织；(5)临时占有被继承人的动产、生活资料等物品的个人或组织。我国的遗产保管人绝大多数是死者遗产的法定继承人，或者死者的其他亲友，或者死者生前的所在单位。此种遗产保管人可能是一人，也可能是数人。在遗产保管人同时有数人的情况下，可以由存有遗产的保管人相互协商、共同确定，以解决遗产的管理事务。如果数个继承人都存有遗产，则应当以存有主要遗产的继承人为遗产的主要保管人。在遗产比较分散的情况下，以各自负责保管存放在自己处的遗产为宜，避免发生争执和意外。

继承开始后，原属于死者的一切财产都归继承人所有。但继承人并不一定现实地占有遗产，即使占有遗产也可能放弃继承权，而且由于遗产尚未分割，各人可以分得多少遗产也尚未确定。并且一般来说,从被继承人死亡到确定遗产管理人,再到遗产完成分割是有一段时间的。在这段时间里,属于遗嘱继承的,需要确认遗嘱的法律效力,还要通知遗嘱继承人和遗嘱执行人;属于法定继承的,需要通知法定继承人,法定继承人还要作出接受或者放弃继承的表示。因此,考虑到这段时间的存在,需要对遗产分割完成前的相应事项进行规定。比如前一条款中规定了继承开始的通知,本条中规定了妥善保管遗产的制度。如果不确定遗产保管的要求,难免会有遗产被侵占、损毁的事件发生,也有可能遗产被某个继承人或者其他利害关系人隐匿和侵吞等,从而损害继承人、受遗赠人、酌情分得遗产人的利益。在无人继承、无人受遗赠时,遗产被侵害的可能性更大。为了维护全体继承人、受遗赠人或者被继承人的债权人等相关权利人的利益,从被继承人死亡到选任遗产管理人,再到遗产分割的这段时间,对遗产必须加以妥善保管。

在此需要进一步说明的是,存有遗产的人和遗产保管人有时是同一个人,有时不是同一个人。在存有遗产的人承担了妥善保管遗产的职责时,二者就是同一个人。在存有遗产的人不愿意承担或者已表明放弃妥善保管遗产的职责时,二者就不是同一个人。存有遗产的人在没有成为遗产保管人时,应当及时地将遗产交付给遗产保管人进行保管。总体来讲,按照本条规定,凡是存有遗产的人,均应当妥善保管遗产,这是一条原则性的规定。存有遗产的人如果不愿意管理遗产就应当依法将遗产交给他人进行保管。但是,其在没有交出之前就必须履行本条规定的妥善保管遗产职责。

同时,也要说明存有遗产的人与遗产管理人的关系,存有遗产的人不一定是遗产管理人。在尚未选任出遗产管理人之时,实际控制被继承人的遗产的人即为存有遗产的人。在选任确定遗产管理人之后,存有遗产的人可以与遗产管理人进行遗产交接,由遗产管理人负责保管、控制被继承人的遗产,交接后遗产管理人即成为遗产保管人。如果根据遗产的实际情况,暂不适宜交接的,也可仍由原遗产保管人继续保管遗产,直至遗产分割完成,由获得遗产的继承人、受遗赠人或者其他权利人直接获得遗产,办理交接。

存有遗产的人的职责为妥善保管遗产。遗产保管人不得擅自对遗产进行使用、收益和处分,应对遗产妥善保管,非经全体继承人同意,不得使用和处分遗产。该条法律规定提及的妥善保管遗产是指尽到善良管理人的责任。考虑到本编第1147条专门就遗产管理人制度进行了规定,并明确遗产管理人的职责包括:“(一)清理遗产并制作遗产清单;(二)向继承人报告遗产情况;(三)采取必要措施防止遗产毁损、灭失;(四)处理被继承人的债权债务;(五)按照遗嘱或者依照法律规定分割遗产;(六)实施与管理遗产有关的其他必要行为。”此处对于存有遗产的人妥善保管遗产的职责应与遗产管理人的职责加以区分，本条中规定的应当妥善保管遗产，仅强调妥善保管这一职责。遗产保管人对于遗产的权利限于保管，没有使用、处分、收益的权利。妥善保管包括应当对遗产进行必要的检查和巡视，及时发现有无损毁、腐烂、变质等，如需要采取一定措施的，从利于维护其他继承人的合法权益出发，在与遗产管理人或者继承人、受遗赠人、其他相关权利人进行沟通协商，经遗产管理人或者继承人、受遗赠人同意的情况下，也可以先作价出卖，将所卖价款列入遗产；需要维修的，要及时维护、修理和保养等。本条款中规定的妥善保管的职责与遗产管理人"采取必要措施防止遗产毁损"的职责会有重合之处。但整体而言，本条款着重强调遗产的"保管"，遗产管理人的职责着重强调遗产的"管理"。"管理"是综合的、动态的活动，"保管"只是一种事实状态的保持。管理包含着保管的内涵，管理的主体自然有义务保证所管理物的完整性。在遗产管理人选任完成之后，存有遗产的人可以将保管遗产的职责移交遗产管理人，由遗产管理人按照本编第 1147 条的规定履行包括保管遗产在内的遗产管理人的职责。但在确定遗产管理人之前，存有遗产的人必须尽到妥善保管遗产的职责，以防止遗产的损毁、散失，防止遗产被他人非法侵犯，保障后续分割遗产能够顺利进行。

本条款所提及的侵吞，就是指秘密的、不为他人所知的暗中占有遗产的情形。所谓争抢，就是指公开的争相抢占遗产的情形。上述两种情况均属于违法行为。只要有上述情况之一，继承人以及遗产债权人均可以依法向人民法院提起民事诉讼，要求侵权人返还遗产；原物已经不在且返还财产不可能的，可以要求折价赔偿。对于故意隐匿、侵吞或者争抢遗产的继承人，可以酌情减少其应继承的遗产。

遗产的保管人负有义务的同时，也享有一定的权利，主要包括保管期间得排除他人对遗产的不法之侵害、遗产分割时得于遗产中扣除或请求相关权利人支付其所支出的必要的保管费用等。对于因遗产保管而花费的费用，如保护、清理、保管遗产所必需的运输费、劳务费、贵重物品的保管费等，应从遗产的现金中支付，或由继承人、受遗赠人分担。对无因管理遗产所花去的费用，也应当从遗产中扣除或由继承人、受遗赠人支付。但遗产的保管为无偿行为，保管人不得向遗产的有关权利人请求支付报酬。

【司法适用】

本条是由《继承法》第 24 条演变而来的。《继承法意见》第 44 条规定："人民法院在审理继承案件时，如果知道有继承人而无法通知的，分割遗产时，要保留其应继承的遗产，并确定该遗产的保管人或保管单位。"按照上述规定内容可知，遗产保管人有两种产生方式：首先，存有遗产的人是遗产保管人。存有遗产的人可以是继承人、受遗赠人、遗嘱执行人，也可以是其他任何组织和个人。也就是说，遗产保管人的确定是基于其现实的占有遗产的状态，至于遗产保管人到底是继承人还是其他人员，法律没有明确限制。其次，由法院确定遗产保管人。遗产分割时，如果知道有继承人却无法通知其受领遗产，法院则应当保留其份额，并为其保留的份额确定保管人或者保管单位。依照我国习惯的做法，法院确定的保管人可以是遗嘱执行人、遗产管理人或者与遗产、继承人、死者有密切关系的人，当然，也可以是其他任何人。保管单位通常应当是死者或者继承人的所在单位、死者生前住所地或者继承人住所地的居民委员会和村民委员会。该种规定是类似于提存的一种方式，将无法通知的继承人应继承的份额提取并对这一部分遗产进行保管，保管的对象也是特定的。

《继承法意见》第59条规定："人民法院对故意隐匿、侵吞或争抢遗产的继承人，可以酌情减少其应继承的遗产。"该条款规定存有遗产的继承人不得故意隐匿、侵吞或者争抢遗产。当然，如果有继承人以外的个人或组织非法侵占、损坏遗产的，也应追究其法律责任。

【司法案例】

案例一

李老大诉李老二、李老三遗嘱继承纠纷案①

诉讼结论：老人生前立下遗嘱，财产由三个儿子平分，并指定外甥周某作为遗嘱执行人。老人去世后，其外甥周某在未经三兄弟全部同意的情况下，将30万元遗产在老人的多位亲属之间进行了处置分配。此举引发老人大儿子不满，遂诉至法院。法院判决：本案第三人周某返还李老汉遗产13.5万元给原告李老大、被告李老三二人，其中支付给原告李老大5.5万元，支付给被告李老三8万元。

基本案情：李老大与李老二是亲兄弟，与李老三是同父异母兄弟。2013年7月，李老汉立下遗嘱，遗产由三个儿子平均分配；同日，他又通过书面协议指定外甥周某担任遗嘱执行人，同时将50万元资金交由其托管，用于支出自己的生活费、医疗费及丧葬费，托管结束后的余额作为遗产，由三位继承人平均分配。两年后，李老汉病故。丧事料理结束完毕，在周某处尚余款项30万元。之后，周某汇款5万元给李老二，用于给李老汉前妻买墓地；汇款6万元给李老三，用于今后为李老汉周年及三周年纪念事宜。至于剩余的19万元，周某在与李老二商量后，将

① 本案例参见杨晓军、艾家静：《遗嘱执行人擅自分配引兄弟阋墙》，载《人民法院报》2018年10月11日，第3版。

其中的16万元分给了李老汉四个妹妹的家人，每户4万元，剩余3万元给了李老二。“舅舅生前常对我说，他这一辈子最对不起的是四个妹妹，他最困难的时候，是四个妹妹在照顾他。”周某在庭审时解释称。然而，李老大对此并不认可，遂将李老二、李老三诉上法院。他认为：“办理丧事的钱是表弟在管，既然有剩余，就应该由三个继承人平分。”在案件审理过程中，对于周某汇给被告李老三的6万元，原告李老大、被告李老二均表示认可；但对于给李老汉前妻买墓地的5万元，被告李老三表示，其没有义务，对此不予认可。

法院认为：遗产是公民死亡时遗留的个人合法财产。公民可以依照《继承法》的规定立遗嘱处分个人财产，并可以指定遗嘱执行人；公民可以立遗嘱将个人财产指定由法定继承人的一人或者数人继承。继承开始后有遗嘱的，按照遗嘱继承办理。存有遗产的人，应当妥善保管遗产，任何人不得侵吞或者争抢。本案中，周某作为保管人，擅自处分李老汉遗产，既未提供相应证据证明系被继承人的意思表示，也没有征得全体遗嘱继承人的同意，应当在扣除支付李老三的6万元后，将剩余的李老汉遗产24万元，平均返还三位遗嘱继承人。又鉴于原告李老大对于为其母买墓地的5万元予以认可，故该款项应由原告与被告李老二两人平均分担。因此在其可继承的部分遗产中，应扣除被告李老二购买上述墓穴的一半款项2.5万元。法院最终判决：本案第三人周某返还李老汉遗产13.5万元给原告李老大、被告李老三二人，其中支付给原告李老大5.5万元，支付给被告李老三8万元。

案例二

臧某、秦某1继承纠纷案①

诉讼结论：存有遗产的人，应当妥善保管遗产，任何人不得侵吞或者争抢。本案中被告保管有被继承人的部分遗产，原告起诉要求被告返还侵占的遗产，法院根据原、被告双方各自保管的被继承人遗产数额，判决由被告返还原告部分遗产。

基本案情：臧某与秦某1、秦某2、秦某雨之父秦某礼于某年某月某日登记结婚，二人均系再婚，秦某礼于2019年2月18日去世。臧某主张，秦某1、秦某2、秦某雨侵占其应分得的秦某礼的遗产30,000元，并提供秦某雨于2019年1月20日代书的遗嘱一份予以佐证。该遗嘱内容为：“我叫秦某礼，因有病了不能管理家务，把家中的事说一下，家中有十万元钱，分给臧某叁万，某雨贰万，某珍、某红、某鹏各人壹万元，还有贰万元给某雨保管，给父亲办后事，我走后还有贰拾个月的工

① 山东省日照市中级人民法院(2019)鲁11民终2066号民事判决书。

资，给臧某和我的儿女平均分，各占一半，余下的钱留给秦某雨处理各方面的人情等事情，留村房屋留给秦某雨秦某礼臧某秦某雨代书。”秦某礼、臧某在自己名字处按印。臧某与秦某1、秦某2、秦某雨对该遗嘱的真实性无异议。

秦某雨称其父秦某礼自2018年春身患重病，为了住院方便，秦某礼将工资卡、身份证、医保卡交由其保管。诉讼过程中，臧某申请一审法院依职权调取被继承人秦某礼银行存款情况及支取情况（工资卡开户行为五莲农商银行及个人存款，医保卡开户行为中国银行及个人存款，中国邮政储蓄银行个人存款，时间自2018年12月1日至今）。经一审法院查询，2019年秦某礼在五莲农商银行的定期存单8张被支取，总金额共计101,000元；支取时间分别为2019年2月18日支取存单5张，支取金额为71,000元；2019年2月22日支取存单2张，支取金额为20,000元；2019年3月19日支取存单1张，支取金额为10,000元。截至2019年1月20日，秦某礼五莲农商银行的活期存款共有6399.31元，医保卡中国银行账户内有279.54元，中国邮政储蓄银行账户在该时间段内无存取款信息。对一审法院调取的上述银行存取款明细，臧某质证称：(1)2018年12月10日秦某礼五莲农商银行账户内有活期存款10,000余元，后连续汇入3个月的工资，每月工资5289元；(2)2019年2月22日臧某支取的2张存单，共计20,000元，是秦某礼于2018年12月10日所赠，与本案主张的30,000元无关；(3)秦某礼系退休教师，生前享受医保，报销比例达93.5%，因臧某系文盲，秦某礼住院期间的交费、住院、报销等事项均由秦某雨代办。秦某1、秦某2、秦某雨质证称，对于臧某支取的20,000元予以认可，自从秦某1、秦某2、秦某雨父亲生病后住院费用花了十余万元，有很多系秦某雨垫付，秦某雨确实多次从秦某礼的银行卡中取款用于交住院费，详细的支取记录记不清；从存单上支取的钱款系其父亲秦某礼生前赠与秦某雨及秦某礼住院期间由秦某雨垫付的各种开支。现臧某以继承纠纷为由起诉，其提出诉讼请求为：判令秦某1、秦某2、秦某雨返还侵占臧某应分得的遗产30,000元；诉讼费由秦某1、秦某2、秦某雨承担。

法院认为：一审法院经审理认为，存有遗产的人，应当妥善保管遗产，任何人不得侵吞或者争抢。本案中，臧某主张秦某1、秦某2、秦某雨侵吞其应分得的遗产30,000元，并提供遗嘱一份予以佐证。臧某提交的遗嘱与(2019)鲁1121民初1391号案件中秦某雨提交的遗嘱内容一致，系臧某之夫秦某礼的真实意思表示，合法、有效。秦某雨认可其自2018年持有被继承人秦某礼的银行卡、身份证及医保卡，其称提取的定期存款81,000元是秦某礼的生前赠与及其垫付的秦某礼的医疗费开支。对此，臧某不予认可，秦某雨亦未提供证据证实，对秦某雨的该项辩解意见，一审法院不予采信。最终，一审法院判定秦某礼遗嘱中记载的臧某应分得的遗产30,000元,其中20,000元已由臧某支取、占有,秦某雨应当将其侵占的遗产10,000元返还臧某。一审法院判决:一、秦某雨返还臧某10,000元,于判决生效后十日内付清;二、驳回臧某的其他诉讼请求。原、被告不服一审判决,均提起上诉。

二审法院认为,根据一审法院调取的被继承人秦某礼在五莲农商银行及中国银行存取款明细,至2019年1月20日遗嘱签订时秦某礼名下共有存款107,678.85元,该数额与遗嘱中载明的遗产100,000元相符。其中,由臧某于2019年2月22日支取20,000元,由秦某雨支取81,000元。臧某主张其支取的20,000元系秦某礼于2018年12月10日给付,与遗嘱中的30,000元无关,秦某1、秦某2、秦某雨不认可,且根据秦某礼与臧某、秦某雨等人在签订遗嘱时的录音中,秦某礼陈述"前面给你的钱多少我不讲究了,但是也得作数""我早已经给你2万,你拿着了"等内容,能够认定该20,000元包含在遗嘱中臧某应分得的30,000元范围内。臧某主张截至2019年1月20日遗嘱签订时秦某礼名下存款至少123,000元,无有效证据证明,本院不予采信。秦某1、秦某2、秦某雨主张秦某礼在签订遗嘱之前已多次给臧某4万余元,亦未提交证据证实,本院亦不予采信。秦某1、秦某2、秦某雨关于要求臧某退回多占的30,000元遗产的主张,业经(2019)鲁1121民初1381号生效民事判决认定,其相关主张无依据,不应支持。综上,秦某礼遗嘱中载明的臧某应分得的遗产30,000元,其中20,000元已由臧某支取,余款10,000元,遗产持有人秦某雨应当返还臧某。故二审法院最终判决:驳回上诉,维持原判。

第一千一百五十二条　继承开始后,继承人于遗产分割前死亡,并没有放弃继承的,该继承人应当继承的遗产转给其继承人,但是遗嘱另有安排的除外。

【条文主旨】

本条是关于转继承的规定。

【条文理解】

转继承又称再继承、连续继承,是指被继承人死亡后,继承人还没有来得及接受遗产就死亡了,其所应继承的遗产份额转归其继承人继承。在转继承法律关系中,最初留有遗产的人为被继承人;在被继承人死亡之后,在实际取得遗产之前死亡的继承人为被转继承人;有权承受被转继承人遗产份额的人为转继承人。继承人在继承开始以后、遗产分割前死亡,并且继承人没有丧失或放弃继承权的才发生转继承。在转继承中,继承人不仅可以是被继承人的子女,也可以是配偶、父母、兄弟姐妹、祖父母、外祖父母等有继承权的人。转继承不仅存在于法定继承中,也存在于遗嘱继承中。

无论是第一继承顺序的继承人,还是第二继承顺序的继承人,也无论是法定继承人,还是遗嘱继承人,只要是继承开始后取得继承既得权的实际继承人,如果在遗产分割前死亡,即可以成为被转继承人。转继承的实质是由于被继承人和继承人的先后死亡,而发生多次继承。在转继承关系中,被转继承人同时具有继承人和被继承人的双重地位。作为继承人,他有权继承被继承人的遗产。作为被继承人,应当将他的遗产(包括原有财产中的遗产和继承所得财产中的遗产)转由他的继承人继承。这里所说的"继承人"既可以是被转继承人的法定继承人,也可以是被转继承人的遗嘱继承人。被继承人的继承人死亡,是转继承关系发生的基本事实依据。对此,必须明确以下几点:一是该继承人必须在继承开始时尚生存;二是该继承人必须在继承开始后取得继承既得权,成为实际继承人;三是该继承人必须在遗产分割前死亡。

转继承为本位继承,但转继承的客体究竟是继承权还是遗产份额,学说上尚有不同主张:一种观点认为,转继承只是继承遗产权利的转移,因而不应将被转继承人应继承的遗产份额视为其同配偶的共同财产;另一种观点认为,转继承只是被转继承人应继承的遗产份额转由其继承人接受,因此应将被转继承人应继承的遗产份额作为与配偶的共同财产。

目前司法实践中的主流观点是上述第二种观点,即转继承的客体是遗产份额而非继承权。首先,继承权是具有人身专属性的财产权利,不能转让、继承。继承权是从被继承人的财产权利到继承者财产权利的中间过渡形式,其包含对遗产的权利,也包括社员权。虽然继承权本身不能继承,但其中包含的对遗产的权利可以继承。其次,将被转继承人应继承的遗产份额视为同配偶的共同财产更符合我国《民法典》"婚姻家庭编"和"继承编"的规定。我国采取当然继承主义,继承开始后,继承人没有表示放弃继承的,就视为接受继承,被继承人原享有的财产权利义务在继承开始时就由继承人承受,在被继承人死亡后、遗产分割前,继承人应得的遗产份额也就已经是继承人的财产。根据《民法典》"婚姻家庭编"第 1062 条和第 1063 条规定,除夫妻另有约定外,夫妻一方继承所得的财产为夫妻在婚姻关系存续期间所得的财产,归夫妻共同所有。本编第 1153 条第 1 款也规定,夫妻共同所有的财产,除有约定的外,遗产分割时,应当先将共同所有的财产的一半分出为配偶所有,其余的为被继承人的遗产。因此,在转继承中,应先将被转继承人应继承的遗产份额作为同配偶的夫妻共同财产进行分割,属于被转继承人的部分,再由其合法继承人继承。

因此,按照转继承的客体是遗产份额的观点,涉及转继承时,需要注意对于不同财产制下的转继承的处理。自继承开始,遗产转归继承人所有。无论是继承人单独继承遗产还是享有一定的遗产份额,在被继承人死亡时,继承人如有配偶存在,其所继承的遗产是属于个人所有财产还是夫妻共有财产,会由于转继承适用的范围不同、夫妻双方在婚姻关系存续期间所采用的夫妻财产制不同而出现不同的处理结果,需要具体问题具体分析。

首先,被转继承人作为法定继承人时遗产的处理。无论因何种情况发生法定继承,被转继承人是被继承人的法定继承人。此时如果该继承人与其配偶采用法定夫妻共同财产制,则只要在被继承人死亡时,继承人与其配偶的夫妻关系仍然处于存续状态中的,即使在遗产实际分割前一方死亡或者双方离异,其在继承开始时取得所有权的遗产份额,仍应依法列入继承人与其配偶的夫妻共同财产。因此在转继承时,被转继承人应继承的遗产份额中的一半应为配偶的财产,另一部分才可由转继承人继承。如果被转继承人与配偶约定实行分别财产制或采用混合财产制,则被继承人应继承的遗产份额为个人所有财产,在被转继承人死亡时,直接列入被转继承人的遗产,由其合法继承人继承,其配偶无权主张分割夫妻共有财产。

其次,被转继承人作为遗嘱继承人时遗产的处理。假如被转继承人为某合法有效遗嘱中指定的遗嘱继承人,则其继承的遗产份额的归属还要取决于立遗嘱人的意愿。如果立遗嘱人在遗嘱中确定该遗产份额是只归遗嘱继承人一方的财产,那么该项财产就成为法定夫妻财产制中的个人所有财产,而不是夫妻共同所有财产,因此在转继承发生时,该遗产份额全部由转继承人继承。如果遗嘱人在遗嘱中虽未明确指定该财产只归遗嘱继承人一方所有,但夫妻双方又约定实行分别财产制或约定婚姻关系存续期间继承的财产或婚前财产归各自所有,则被转继承人继承的遗产份额仍将全部成为其遗产,由转继承人继承,而不发生分割夫妻共同财产的情形。如果立遗嘱人未在遗嘱中明确指定该遗产份额只归遗嘱继承人一方所有,且夫妻双方又无财产约定,则该遗产份额为法定夫妻共同所有财产,则被转继承人继承的遗产份额仍为夫妻共同所有财产。在发生转继承人时,遗产份额中的一半应为配偶的财产,另一半才可以作为被转继承人的遗产由其继承人继承。①

① 杨心忠等:《婚姻家庭纠纷裁判精要与规则适用》,北京大学出版社 2014 年版,第 226 ~ 227 页。

从本条规定来看，对于转继承的发生，应当具备的条件包括：第一，被转继承人于继承开始后、遗产分割前死亡。转继承是因继承人于未实际取得被继承人的遗产前死亡而发生的法律现象。继承人对遗产的权利是体现在应继承的份额上，而不是体现在对具体遗产的所有权上，继承人于继承开始后、遗产分割前死亡，继承人应当承受的遗产份额由其继承人继承。如果继承人在继承开始前死亡，则发生代位继承；如果继承人在遗产分割之后死亡，也不会发生转继承，因其所得的遗产已经确定并具体接受，继承权已转化为特定财产的单独所有权，继承人死亡，其继承人可直接继承。第二，被转继承人未丧失继承权或放弃继承权。转继承是应继承份额的转移，是将被转继承人继承下来的遗产应继份额转由其继承人承受，因此，转继承必须建立在被转继承人接受继承、享有遗产应继份额的基础上。如果丧失或放弃继承权，则被转继承人不能再继承被继承的遗产，因而也就不可能发生转继承。

在司法实践中，转继承与代位继承时常容易被混淆。转继承与代位继承有相似之处，但转继承与代位继承是完全不同的法律制度，二者有着根本性的区别，主要在以下几个方面：第一，性质不同。转继承是两个本位继承的连续，首先是继承人直接继承被继承人的遗产，其次是由转继承人直接取得被转继承人的遗产，可见，转继承具有连续继承的性质。而代位继承与本位继承相对应，是由代位继承人继承被继承人的遗产而非被代位继承人的遗产，代位继承实际上是一次性继承，具有替补的性质，代位继承又被称为“间接继承”“替补继承”。第二，发生条件不同。转继承发生在继承开始之后、遗产分割前继承人死亡的情形；而代位继承则发生在继承人先于被继承人死亡的情形。第三，主体不同。在转继承的情况下，享有转继承权的人并不仅仅局限于被转继承人的晚辈直系血亲，还包括被转继承人的其他法定继承人，如配偶、父母、兄弟姐妹、祖父母、外祖父母；而代位继承人只能是被继承人的子女的直系晚辈血亲或被继承人的兄弟姐妹的子女。第四，适用范围不同。转继承不仅适用于法定继承，也适用于遗嘱继承；而代位继承只适用于法定继承，是法定继承的特殊方式和补充。

【司法适用】

《继承法》条文中并无关于转继承的规定，本条是由《继承法意见》第 52 条演变而来的。《继承法意见》第 52 条规定：“继承开始后，继承人没有表示放弃继承，并于遗产分割前死亡的，其继承遗产的权利转移给他的合法继承人。”

注意将本条款与本编第 1128 条关于代位继承的规定相区分。第 1128 条规定：“被继承人的子女先于被继承人死亡的，由被继承人的子女的直系晚辈血亲代位继承。被继承人的兄弟姐妹先于被继承人死亡的，由被继承人的兄弟姐妹的子女代位继承。代位继承人一般只能继承被代位继承人有权继承的遗产份额。”转继承与代位继承的区别已在本条的条文理解中得到详细阐述。

【司法案例】

案例一

黄某与邹某等转继承纠纷案①

诉讼结论：原告黄某称其母亲张某1系张某2与邹某之女，与张某系兄妹关系，张某2于2008年8月8日去世，张某1于2012年12月3日去世。张某2去世时未留有遗嘱，且对遗产未进行分割，黄某系张某1唯一子女，故起诉要求继承张某2所有的银行存款及其与邹某的夫妻共同财产中应由张某1继承的部分，继承341号房屋。一审法院判决：一、张某2之遗产人民币一万六千六百三十元八角八分，由黄某、张某各继承五千五百四十三元六角二分，邹某继承五千五百四十三元六角四分，邹某于本判决生效后七日内将上述款项分别支付黄某及张某；二、驳回黄某其他诉讼请求。上诉后，二审维持原判。

基本案情：张某2与邹某系夫妻关系，双方育有张某、张某3、张某1三名子女。张某1与黄某1育有一子黄某，双方于2010年9月8日经本院判决离婚。张某3于2002年11月19日因死亡注销户口。张某2于2008年8月8日去世，张某1于2012年12月去世。经查，张某2账号开户行为农业银行存折，至2008年8月8日账户余额为2600.43元，邹某账号为××××，开户行为工商银行存折，至2008年8月8日账户余额为30,661.32元。老干部服务管理局营房处出具住房证明，内容为：“我局离休老干部张某2(已故)，配偶邹某(身份证)同志经组织批准安置在341室现住房一套，该房为军产房。”黄某对上述证据的真实性无异议，但认为张某2、邹某另有存款，且应对房屋居住权进行分割。黄某称张某2、邹某另有存款，未向法院出具证据。另查，张某3无子女，亦无遗产可供继承。现原告黄某以转继承纠纷为由起诉至法院，黄某诉称，张某2去世时未留有遗嘱，且对遗产未进行分割，黄某系张某1唯一子女，现要求继承张某2所有的银行存款及其与邹某的夫妻共同财产中应由张某1继承的部分，继承341号房屋；另主张黄某尚未成年，应多分遗产。

法院认为：一审法院经审理认为，张某2于2008年8月去世，未留有遗嘱，故其遗产应由邹某、张某、张某1按照法定继承的原则进行继承。张某1去世后，其应继承张某2的遗产份额由黄某进行转继承，故黄某要求继承张某2之遗产，法

① 北京市第一中级人民法院(2014)一中少民终字第9443号民事判决书。

院支持。首先确定遗产范围,341 室现住房一套系军产房,不属于张某 2 之遗产,故不应作为遗产参与分配。张某 2 名下之存款以及邹某名下的存款均应析出一半归邹某个人所有,另一半为张某 2 之遗产,数额为 16,630.88 元,应由其继承人按照法定继承的原则进行处理。关于黄某要求多分遗产的主张,法院认为,其继承的遗产限于张某 1 应继承的范围,故其要求多分遗产的主张,法院不予支持。综上所述,一审法院判决:一、张某 2 之遗产人民币一万六千六百三十元八角八分,由黄某、张某各继承五千五百四十三元六角二分,邹某继承五千五百四十三元六角四分,邹某于本判决生效后七日内将上述款项分别支付黄某及张某;二、驳回黄某其他诉讼请求。判决后,黄某提起上诉。二审法院认为,本案中被继承人张某 2 生前无遗嘱,故其遗产应由法定继承人邹某、张某、张某 1 继承。因张某 1 在张某 2 死亡后亦死亡,张某 1 生前无遗嘱,张某 1 应当继承张某 2 的遗产份额,转由张某 1 的法定继承人黄某继承。原审法院查明,张某 2 名下之存款以及邹某名下的存款共计为 16,630.88 元。双方同意原审法院判决其中 50% 为张某 2 之遗产,由邹某、张某、黄某继承,本院不持异议。341 室现住房一套系军产房,不属于张某 2 之遗产,原审法院驳回黄某要求将其作为遗产进行继承的诉讼请求,并无不当,本院予以维持。黄某上诉要求享有 341 号房屋的使用权,依据不足,本院不予支持。故二审判决:驳回上诉,维持原判。

案例二

李某某与莫某某转继承纠纷案①

诉讼结论:原告主张黄某某系亡者李某甲的继承人之一,李某甲去世后黄某某也已于 2017 年 3 月去世,原告系黄某某的继承人,现李某甲的工亡赔偿款项均在被告处,故起诉要求被告返还遗产。法院经审理酌情支持了原告的诉讼请求。

基本案情:原告称其为被继承人黄某某的继承人,被告莫某某和李某甲系夫妻关系,李某甲于 2013 年 10 月 24 日死亡,李某甲的法定继承人共五人,其中有黄某某,系亡者李某甲和原告的生母。2013 年 10 月 25 日就李某甲工亡一事与甲生态矿业有限公司达成赔偿协议,共计赔偿 695,000 元,所有赔偿款全部支付到被告莫某某提供的银行账户上,由被告支配占有。黄某某于 2017 年 3 月因病死亡,在黄某某生前,被告一直未向黄某某支付赔偿款中黄某某应继承的份额。黄某某现在去世后,应继承的份额由原告继承,但被告分文未付,故起诉要求被告返还原

① 陕西省周至县人民法院(2017)陕 0124 民初 1432 号民事判决书。

告应继承遗产80,000元。

法院认为：本案中黄某某作为死者李某甲的生母，虽然与李某甲生前没有共同生活，但在李某甲死亡赔偿协议中作为五人之一获得赔偿，应当享有一定的份额，因原告对黄某某尽了生养死葬的义务，虽不能全额获得黄某某的赔偿份额，但应适当予以考虑，被告分文不付与法不符，对原告的诉讼请求应酌情予以支持。至于被告辩称给原告的钱18,000元及原告放弃索款证据不足，不予采信。

第一千一百五十三条　夫妻共同所有的财产，除有约定的外，遗产分割时，应当先将共同所有的财产的一半分出为配偶所有，其余的为被继承人的遗产。

遗产在家庭共有财产之中的，遗产分割时，应当先分出他人的财产。

【条文主旨】

本条是关于遗产的确定的规定。

【条文理解】

本条中包含遗产分割时涉及夫妻共有财产时如何处理的相关内容。在遗产继承中，应当正确确定遗产的范围，只有被继承人的个人财产才属于遗产。被继承人通常为家庭成员，家庭财产和夫妻共有财产中属于被继承人的那一部分才为遗产。故在遗产分割中，应将遗产从夫妻共有财产中区分开来。同样地，应将被继承人的财产与他人的财产区分开。

共有关系在实际生活中有这样一些具体表现形式：第一，夫妻共有，即在夫妻关系存续期间所得的财产为夫妻共有财产。第二，家庭共有，即家庭成员基于家庭共同生活关系经共同劳动而形成的家庭财产共有关系。第三，共同购置而形成的财产共有关系，即两个或两个以上的公民共同出资而购买某项财产而形成的共有关系。第四，因合伙经营通过签订合伙合同、共同投资而形成的财产共有关系。第五，共同投资举办企业而形成的企业共有关系，一般表现为按股份额的多少而按份额享有权利和承担义务。根据我国私营企业的规定，公民个人可以投资兴办有限责任公司形式的企业。第六，因继承而形成的财产共有关系。

从上述共有关系的表现形式可以看出，涉及遗产与共有财产的区分，主要包括三个方面：

一是遗产与夫妻共有财产的区分。在夫妻关系存续期间死亡的被继承人，婚姻关系存续期间属于其个人的财产当然属于遗产，属于夫妻的共同财产并非都是遗产，夫妻共同财产中属于被继承人的部分才是遗产。依照《民法典》"婚姻家庭编"第1063条的规定，被继承人的个人财产包括："（一）一方的婚前财产；（二）一方因受到人身损害获得的赔偿或者补偿；（三）遗嘱或者赠与合同中确定只归一方的财产；（四）一方专用的生活用品；（五）其他应当归一方的财产。"被继承人的个人财产当然为遗产。除上述属于个人财产的外，其他夫妻关系存续期间所得的财产都为夫妻共同财产，包括："（一）工资、奖金、劳务报酬；（二）生产、经营、投资的收益；（三）知识产权的收益；（四）继承或者受赠的财产，但是本法第一千零六十三条第三项规定的除外；（五）其他应当归共同所有的财产。"夫妻在婚姻关系存续期间所得的共同所有的财产，除有约定的以外，如果分割遗产，应当先将共同所有的财产的一半分出为配偶所有，其余的为被继承人的遗产。

二是遗产与家庭共同财产的区分。遗产在家庭共有财产之中的，遗产分割时还应当先分出他人的财产。家庭共有财产主要包括：家庭成员共同劳动积累的财产；家庭成员共同继承、受赠的财产等。家庭成员的共有财产中属于个人财产份额的确定，不适合采用平均主义，一般应当按照家庭成员的贡献大小、出资多少、应继承的份额等因素来确定。但是，应当注意的是，家庭成员的个人财产不属于家庭共同财产的，家庭成员的个人财产当然为遗产。

三是遗产同其他共有财产的区分。财产共有关系除夫妻共同财产、家庭共同财产之外，还存在其他形式，如合伙共有财产等。当合伙人之一死亡时，应当按照被继承人的出资比例或协议约定的比例，将被继承人在合伙中的财产份额分出来，列入其遗产范围。

在前述这些具体的共有关系中，夫妻共有和家庭共有一般是共同共有，最后一种共有关系一般是按份共有。当共有关系中共有人之一死亡时，继承开始的一个关键问题就是确定遗产的范围。对于共同购置的财产，共有人之一死亡时，应当按照出资比例或共有人之间的约定，将应属于其他共有人的财产从共同购置的财产中分离出去，剩余部分才是被继承人的遗产，由其继承人继承。对于通过合伙合同而形成的共有关系，在共有人之一死亡时，一般应结束这种合伙关系，被继承人原来的投资及应分得的利润、积累应从合伙事业的全部财产中分离出来，由被继承人的继承人继承。对于共同投资举办有限责任公司和股份有限公司而形成的企业共有关系，股东之一死亡时，被继承人的股权可由其继承人继承，也可将其股份出卖，将所得的财产作为遗产用于继承。

【司法适用】

本条是由《继承法》第 26 条演变而来的。民法典继承编(草案)征求意见稿发布后,有部分学者曾建议删除该条款,认为《继承法》第 26 条在《继承法》制定的年代具有一定的意义,但在当今社会,这些内容已经属于法律常识性内容,并无实质意义,立法上无须再加以规定,应予删除。最终本编还是保留了该条款。

本条款提及共有财产。涉及夫妻共同财产的法律规定包括《民法典》"婚姻家庭编"第 1062 条的规定:"夫妻在婚姻关系存续期间所得的下列财产,为夫妻的共同财产,归夫妻共同所有:(一)工资、奖金、劳务报酬;(二)生产、经营、投资的收益;(三)知识产权的收益;(四)继承或者受赠的财产,但是本法第一千零六十三条第三项规定的除外;(五)其他应当归共同所有的财产。夫妻对共同财产,有平等的处理权。"《民法典》"婚姻家庭编"第 1063 条规定:"下列财产为夫妻一方的个人财产:(一)一方的婚前财产;(二)一方因受到人身损害获得的赔偿或者补偿;(三)遗嘱或者赠与合同中确定只归一方的财产;(四)一方专用的生活用品;(五)其他应当归一方的财产。"另外,涉及共有的法律规定还有《民法典》"物权编"第 303 条规定:"共有人约定不得分割共有的不动产或者动产,以维持共有关系的,应当按照约定,但是共有人有重大理由需要分割的,可以请求分割;没有约定或者约定不明确的,按份共有人可以随时请求分割,共同共有人在共有的基础丧失或者有重大理由需要分割时可以请求分割。因分割造成其他共有人损害的,应当给予赔偿。"

关于遗产共有形态的规定。在继承开始后,遗产归继承人共有,但该共有是共同共有还是按份共有,域外立法例有不同的规定。在我国,关于遗产共有的形态,《民通意见》第 177 条将遗产共有解释为共同共有:"……继承开始后,继承人未明确表示放弃继承的,视为接受继承,遗产未分割的,即为共同共有……"但在《物权法》颁布后,该条解释被废止,其理由为"与物权法有关规定冲突"。在《民法典》"继承编"的编纂过程中,关于遗产共有的形态,民法继承编(草案)室内稿(2017 年 7 月)第 34 条规定:"继承人有数人的,遗产在分割前由全体继承人共同共有。"但民法典继承编(草案)2018 年 4 月和 9 月的征求意见稿将该条款删除,并没有就遗产共有的形态加以规定。在理论上,学者间对遗产共有的形态存在不同的认识。有学者认为,遗产共有应为按份共有;也有学者认为,遗产共有应为共同共有;还有学者认为,有共有家庭生活关系的继承人对遗产的共有为共同共有,否则应为按份共有,但继承人有特别约定的除外。

【司法案例】

案例一

马某萍诉唐某珍继承纠纷案①

诉讼结论：原告马某萍丈夫去世后，起诉要求分割遗产，但因遗产包含在夫妻共同财产以及家庭共有财产之中，应当先分出他人的财产。法院经审理后判决：一、东边两间土木结构的住房（含该房后之夹道房）、箱柜等木制家具16件、金狮牌自行车一辆、收录机一台、汤姆逊牌20英寸彩电一台、铝制洗衣盆一个、小胶车底盘一副、手扶拖拉机头赔偿费2300元、手扶拖拉机拖斗一个、杨木桁条16根以及死者史某华和原告马某萍的个人衣物归原告马某萍所有。二、外债5260.65元再加埋葬费超支的512元，合计5772.65元由原告马某萍从所分得的上述财产中清偿。三、西边两间土木结构的住房（含房后的夹道）、煤房一间、圈棚一间、箱柜等木制家具11件、标准牌缝纫机一台，飞鸽牌自行车一辆、毛皮衣两件、手表三块、水晶石眼镜一副、缎被面一条、布料两块等以及被告唐某珍的衣物归其所有。

基本案情：原告马某萍称其与被告唐某珍系婆媳关系，1988年2月原告与被告次子史某华结婚并与公婆共同生活，1989年元月公爹史某玉病逝，被告唐某珍于1989年6月改嫁，1990年11月因与后夫不和离婚返回家中，1990年10月14日原告丈夫史某华因车祸死亡，故起诉要求分割遗产。

法院认为：交通事故所涉及的一次性家庭补偿费用3000元和家庭困难补助费1000元不属遗产，不能继承。史某华死亡时，其母唐某珍已再嫁，其兄史某忠已分家另过，因此都不属事故发生时的家庭成员。家庭补偿费和困难补助费归马某萍所有，其权属明确，不作判决。被继承人史某玉1989年元月病故，史某玉之妻唐某珍、长子史某忠、次子史某华是第一顺序的法定继承人。长子史某忠于1983年结婚，现要求将父母给他两间土木结构的房屋和一套家具确认归己所有，对父亲史某玉的遗产除一条地毯外不再主张。前一项要求合乎法律规定，予以支持。关于地毯的归属，没有证据证明被继承人史某玉把地毯给了史某忠，因此不能认定地毯属史某忠所有，而应将该物列为史某华与被继承人夫妇的共有财产。史某忠为丧事垫付的384.5元应从肇事赔偿费用中付给史某忠。被继承人史某玉次子史某华是1988年结婚，后一直同被继承人夫妇生活在一起。他与本案原告马某萍承担了家庭的主要生产劳动，并对已瘫痪的父亲史某玉、年迈的母亲唐某珍尽了赡养义务。根据《继承法》第26条第2款关于“遗产在家庭共有财产之

① 宁夏回族自治区贺兰县人民法院(91)贺法民字第55号民事判决书。

中的,遗产分割时,应当先分出他人的财产”的规定,本案应首先分家析产,分出被继承人史某玉夫妇的财产和史某华的财产,然后再根据《继承法》第26条第1款关于“夫妻在婚姻关系存续期间所得的共同所有的财产,除有约定的以外,如果分割遗产,应当先将共同所有的财产的一半分出为配偶所有,其余的为被继承人的遗产”的规定,分出被继承人史某玉的遗产由唐某珍、史某华继承。被继承人史某华因车祸死亡,根据《继承法》第10条的规定,其母亲唐某珍、妻子马某萍是第一顺序的法定继承人。根据《继承法》第26条的规定,被继承人史某华和马某萍共同财产的一半应为马某萍所有,其余的为史某华的遗产,由马某萍与唐某珍共同继承。史某华在其父史某玉死亡后、遗产分割前死亡,他应继承其父史某玉的遗产份额应由他的继承人承受。史某玉死亡后,其遗产没有分割仅转变为其妻唐某珍和次子史某华的共有财产,史某华已实际上享有了对其父遗产的继承权。所以当史某华死亡时,其继承人便有权依法取得原应由史某华继承的遗产。

案例二

王某1诉李某、王某2、高某继承纠纷案[①]

诉讼结论:夫妻共同所有的财产,除有约定的外,遗产分割时,应当先将共同所有的财产的一半分出为配偶所有,其余的为被继承人的遗产。本案中,李某与被继承人王某3系夫妻关系,被继承人王某3名下的银行账户以及机动车一辆应认定为夫妻共同财产,抑或是王某3的遗产,再或是李某的个人财产即为本案争议焦点。二审法院最终认定王某3名下的银行账户内存款部分属于夫妻共同财产,机动车一辆属于二人婚前的共同财产,分出应属李某的份额之外,其余部分为被继承人王某3的遗产。

基本案情:法院经审理查明,王某1系被继承人王某3与其前妻之女,1992年8月28日被继承人王某3与前妻协议离婚。王某2、高某系被继承人王某3父母,李某与被继承人王某3系夫妻关系。被继承人王某3与李某结婚前在抚顺经济开发区购买两室一厅113.804平方米的房屋一处,于2001年9月6日办理房屋所有权证,所有权人为王某3。李某自述与被继承人王某3在2006年左右确认恋爱关系。2013年8月19日被继承人王某3结婚前在抚顺经济开发区购买的房屋因动迁给付补偿款432,455.20元、过渡期安置补助13,500元、搬迁费300元、配套费补贴29,133.82元、无照房(282平)补偿112,800元,合计补偿款588,189.02元。上述补偿款由李某签字分两次领取,即2013年11月4日李某领取288,189.02

---

① 辽宁省抚顺市中级人民法院(2019)辽04民终1542号民事判决书。

元和2013年12月9日李某领取300,000元。2014年4月29日被继承人王某3购买号牌号码为辽A×××××号小型普通客车一辆,该车价税合计213,000.00元,购买该车时李某一同前去,其中212,000元和车辆购置税18,205元是使用李某建设银行卡号为62×××66的银行卡账户支付,机动车统一销售发票购货人记载为王某3,案涉车辆登记在被继承人王某3名下。××××年××月××日李某与被继承人王某3登记结婚,2016年6月6日被继承人王某3去世。

被继承人王某3去世后,遗有涉案财产如下:坐落于抚顺市顺城区,产权证号为SF××××××,建筑面积67.01平方米房屋一处;截至2018年4月15日建设银行存款17,116.82元;号牌号码为辽A×××××号小型普通客车一辆。在原一审审理过程中,王某1与李某对于案涉房屋市值确定为255,000.00元,现李某表示已收到王某1给付的房屋折价款255,000.00元÷4即63,750.00元,同意案涉房屋所有权归王某1所有。王某2、高某对此未提出异议,现各方当事人均同意按原达成的协议履行。2016年9月19日,某机动车鉴定评估有限公司出具评报字(2016年)第0901号评估报告书,对案涉车辆评估价格为160,000.00元。鉴定费6400.00元,由王某1预付。

截至2018年4月15日被继承人王某3名下建设银行卡存储情况如下:卡号为62×××77存款余额为35.96元;卡号为62×××12存款余额为13,240.63元;卡号为62×××45存款余额为3840.23元;合计17,116.82元。以时间为节点,卡号为62×××77存款余额在被继承人王某3与李某登记结婚前的某年某月某日为48.83元,婚姻存续期间截至2016年3月21日为49.63元;卡号为62×××12存款余额在被继承人王某3与李某登记结婚前的××××年××月××日为12,494.46元,婚姻存续期间截至2016年5月18日为12,757.16元;卡号为62×××45存款余额在被继承人王某3与李某登记结婚前的××××年××月××日为8577.98元,婚姻存续期间截至2016年5月30日为2229.12元;被继承人王某3死亡后,其名下银行卡贷方发生额和借方发生额情况如下:2016年6月13日,被继承人王某3卡号为62×××45银行卡转入被继承人单位给付工资2426.77元,2016年6月24日转入被继承人单位给付奖金1019.00元。在2016年7月16日被继承人王某3卡号为62×××45银行卡被原告分两次从提款机取款合计5600.00元。2016年10月26日被继承人王某3卡号为62×××45银行卡转入人寿保险公司的2500元,2017年1月13日被继承人王某3卡号为62×××45银行卡转入人寿保险公司的1250元。2017年1月30日被继承人王某3卡号为62×××12银行卡贷方发生额为252.02元,2018年1月31日被继承人王某3卡号为62×××12银行卡贷方发生额为231.45元。

现当事人之间因遗产分割问题产生纠纷，王某1以继承纠纷为由将李某、王某2、高某诉至法院，诉讼请求为：请求法院依法分割被继承人王某3遗产存款：账户：62×××45，存款76.67元；账户：62×××77，存款50.43元；账户：62×××12，存款12,757.16元；请求法院依法分割被继承人王某3遗产房产（坐落于顺城区所有权证编号为SF××××××，建筑面积67.01平方米房屋一处）经双方协商，已经达成协议，按照原协议执行，并且已经履行完毕；请求法院依法分割被继承人王某3遗产车辆一台，车辆号码：辽A×××××，车辆型号：北京现代牌；请求判令李某、王某2、高某承担本案诉讼费、保全费、评估费。李某辩称，不同意王某1按遗产分割车辆的主张，认为涉案车辆不是被继承人王某3遗产，本案在审理中，当事人对涉案车辆是否按遗产分割各执己见，经调解没有达成协议。

法院认为：对于本案中遗产与夫妻共同财产的区分这一争议焦点部分，一审法院认为，关于被继承人王某3银行卡中存款的继承问题，可按时间节点因素为主综合其他相关因素公平合理地予以认定，即被继承人王某3和李某结婚之前的存款及收入认定为王某3个人财产，被继承人王某3和李某结婚之后的存款及收入认定为夫妻共同财产。因为银行卡中存款账户余额是动态变化的，认定时还应该考虑被继承人王某3和李某结婚登记到因病死亡这段时间借方和贷方发生额、银行卡中的账户余额等因素。截至2018年4月15日被继承人王某3名下银行卡存储账户余额合计为17,116.82元，加上王某1取出的5600元总计为22,716.82元。其中卡号为62×××77存款在被继承人王某3和被告李某结婚前后没有借方发生额和贷方发生额，存款余额减少为35.96元是因为收取账户管理费，故该款应认定为被继承人王某3个人遗产；卡号为62×××12存款余额从被继承人王某3和李某结婚前的12,494.46元到被继承人王某3去世时的12,757.16元，几个月内存款余额仅有小额增加没有较大变动，结合前述理由认定其中12,494.46元为被继承人王某3个人遗产，其余部分应视为夫妻共同存款；卡号为62×××45存款余额从被继承人王某3和李某结婚前的8577.98元变为被继承人王某3去世时的2229.12元，减少的数额应视为在被继承人王某3与李某婚姻存续期间被继承人王某3的正常消费支出，故结合前述理由认定其中2229.12元为被继承人王某3个人遗产，被继承人王某3去世后的贷方发生额（包括原告取出的5600元）应视为夫妻共同存款。具体为35.96元、12,494.46元、2229.12元认定为被继承人王某3个人遗产，余款应认定为夫妻共同财产，李某先分得一半为3978.64元，其余部分款项按被继承人遗产平均分割即各继承人取得被继承人款项为（14,759.54元+3978.64元）÷4=4684.55元，李某继承分得款项金额为3978.64元+4684.55元=8663.19元。

本案双方争议的焦点是案涉车辆的权属问题，李某提出购车时是其拿的钱，又交纳过车辆保险的问题，并提供银行转账为证证明案涉车辆归自己所有。王某1提出李某用银行卡出资购买车辆，其款项也是王某3存放于李某处的钱款即李某取出的王某3婚前的房屋动迁补偿款，王某1也提供了通过银行卡交纳过车辆保险费的证据来证明案涉车辆是归王某3的。银行转账是付款的方式之一，最终该款的来源和最终出资人是李某还是被继承人王某3，存在多种可能，因被继承人已死亡，该问题已经无法查证落实和最终唯一确认。双方对购车款的争议最终实质是案涉车辆的权属问题，该问题应该依法予以确认，经查案涉车辆于2014年4月29日购买后登记在被继承人王某3的名下，虽然购车款是从李某的账户支取，但考虑到车辆属于特殊的不动产，发生权属争议时确认的依据首先应以登记为准，有足够的证据能够证明实际权属与登记不一致的除外。王某1提供商业车险保险单抄单机动车交通事故责任强制保险单超单，证据显示，保险费的交纳人是王某3，用卡号尾号2112的银行卡缴纳费用，并提供银行卡客户交易查询单据作为证明，故李某提出以银行卡交费来证明车辆所有权的问题，不能作为唯一充分的证据。另查明，被继承人王某3，在李石开发区有住房，动迁后补偿款由李某领取，时间均在双方结婚登记之前，说明李某婚前占有过被继承人王某3的财产，所以购买汽车时，用李某的银行卡转款不能唯一地证明该购车款的来源一定是李某的资金支付，故李某的主张，因不能提供充分证据，一审法院不予支持。根据《物权法》的规定结合本案实际情况综合分析考虑，案涉车辆应视为被继承人王某3的遗产，一审法院依法对争议车辆予以分割，考虑到各方的实际情况，一审法院将争议车辆所有权判归王某1所有，王某1需依照评估报告评估金额给付李某、王某2、高某相应的车辆折价款即（160,000.00元÷4＝40,000.00元），鉴定费用由各方平均负担。

综上，一审判决：一、坐落于抚顺市顺城区，建筑面积67.01平方米，产权证号为SF×××××××号房屋归原告王某1所有。二、原告王某1自本判决生效后十日内一次性支付被告王某2、高某房屋折价款各63,750元。三、截至2018年4月15日被继承人王某3名下银行存款17,116.82元及原告处的5600元归原告王某1所有。四、原告王某1自本判决生效后十日内一次性给付被告李某应分得和继承的8663元；原告王某1自本判决生效后十日内一次性给付被告王某2、高某继承的4684元。五、辽A×××××号小型普通客车归原告王某1所有。六、原告王某1自本判决生效后十日内一次性支付被告李某、被告王某2、高某车辆折价款各40,000元。七、车辆评估费6400元，由原告王某1、被告李某、王某2、高某各自负担1600元。李某对一审判决不服，提起上诉。

二审法院认为,本案双方争议的焦点一是被继承人银行存款的分割,二是登记在被继承人名下涉案车辆的分割。关于焦点一,上诉人要求按照夫妻共同财产继承的三张银行卡均是被继承人在婚前便已使用且均有款项结余的,即上诉人所主张的银行存款中有被继承人婚前个人财产。对此,上诉人仅以双方在结婚登记前已共同生活多年为由主张对存款结余绝对按照夫妻共同财产属性予以分割缺乏事实和法律依据,本院无法支持。一审法院综合各时间节点、银行卡余额变化及双方婚姻时间长短等因素对被继承人的银行存款进行的分割并无不当,本院予以确认。关于焦点二,双方对系由上诉人的银行卡支付的购车款一事并无异议,且该行为发生在上诉人同被继承人登记结婚之前。被上诉人主张上诉人银行卡中的钱款系被继承人的动迁补偿款,因"钱"为种类物,上诉人动迁补偿款的领取同车辆的购买行为相隔数月,依据现有证据无法认定双方之间的关联性,故对被上诉人的该项辩称理由,本院无法采信。同时,因双方对动迁补偿款的归属存在争议,被上诉人明确表示对此节将另案处理,故本院对此不作评判。因上诉人同被继承人购买车辆的行为发生在双方结婚登记之前,上诉人仅以当日忘带身份证为由解释其将自己购买的车辆登记在被继承人名下缺乏说服力。此外,按上诉人自述其同被继承人于 2005 年已共同生活直到 2016 年才办理登记手续,双方共同生活期间购买的涉案车辆,虽是从上诉人的银行卡支付价款,但该款项并不能排他性地认定为上诉人个人所有。故综合以上因素,将涉案车辆认定为上诉人同被继承人共同共有更为妥当。按照一审法院的评估价格 16 万元,上诉人占有八分之五的份额,其他被上诉人各占八分之一,故涉案车辆归上诉人较为适宜,由上诉人分别支付三被上诉人每人 2 万元车辆折价款。故二审法院最终判决:一、维持抚顺市顺城区人民法院(2017)辽 0411 民初 1527 号民事判决第一项、第二项、第三项、第四项、第七项及案件受理费、保全费部分。二、撤销抚顺市顺城区人民法院(2017)辽 0411 民初 1527 号民事判决第五项、第六项。三、辽 A×××××号小型普通客车归上诉人李某所有,上诉人李某于本判决生效之日起十日内给付被上诉人王某 1、被上诉人王某 2、被上诉人高某车辆折价款各 2 万元。

第一千一百五十四条　有下列情形之一的,遗产中的有关部分按照法定继承办理:

(一)遗嘱继承人放弃继承或者受遗赠人放弃受遗赠;

(二)遗嘱继承人丧失继承权或者受遗赠人丧失受遗赠权;

(三)遗嘱继承人、受遗赠人先于遗嘱人死亡或者终止;

（四）遗嘱无效部分所涉及的遗产；
（五）遗嘱未处分的遗产。

【条文主旨】

本条是关于法定继承适用范围的规定。

【条文理解】

本条由《继承法》第 27 条演变而来。法定继承是指根据法律直接规定的继承人的范围、继承人继承顺序、继承人继承遗产的份额及遗产的分配原则继承被继承人遗产的一种继承方式。我国继承制度自古以来都是以法定继承为主，这与我国长期的家族主义思想紧密相连。家族作为社会基本组成部分，财产为成员共享，且由家长统一支配。我国社会主义法制体系下的法定继承依旧将法定继承放在了重要位置。法定继承是相对于遗嘱继承而言的，是遗嘱继承以外的依照法律规定将遗产转移给继承人的一种遗产继承方式，是对遗嘱继承的补充和限制。在法定继承中，继承人的范围、继承人继承顺序、继承人继承遗产的份额及遗产的分配原则均是由法律直接规定的，因此法定继承并不直接体现被继承人的意志，仅是依推定的被继承人的意思将其遗产由其近亲属继承。本编第 2 章专门对法定继承进行了具体规定。

法定继承是现实生活中最主要的继承方式，根据本条规定，法定继承的适用范围主要包括：（1）遗嘱继承人放弃继承或者受遗赠人放弃受遗赠；（2）遗嘱继承人丧失继承权或者受遗赠人丧失受遗赠权；（3）遗嘱继承人、受遗赠人先于遗嘱人死亡或者终止；（4）遗嘱无效部分所涉及的遗产；（5）遗嘱未处分的遗产。

其中，本条第 2 款增列了“受遗赠人丧失受遗赠权”的规定。1985 年的《继承法》仅从继承权角度界定了继承权丧失的类型和后果，对受遗赠权的丧失未作明确规定。在我国《民法典》“继承编”的立法沿革中，2018 年 4 月的征求意见稿在针对法定继承适用范围的第 2 项规定中新增加了受遗赠权丧失的后果，之后的征求意见稿中均保留了该增加条款。笔者亦赞同此种作法。一方面，这回应了民众的诉求。受遗赠人是继承人以外的人，与遗嘱人不具有法定扶养关系。如果受遗赠人实施了“丧失继承权”法定事由的任何一项行为，不仅有可能构成犯罪或侵权，也将伤害遗嘱人及其继承人的情感，有违公序良俗与诚信风范。剥夺其受遗赠权，吻合道义与人伦精神。另一方面，这也回应了司法实践的疑问。在社会生活中，丧失继承权的事由，通常发生在继承开始之前或之后。如果是在继承开始之前发生，那么将直接引发丧失继承权的后果；如果是在继承开始之后发生的，法学界和实务界对如何处理这一问题争议较大。依据当然继承原则,继承开始之时,遗产权益即概括转移给被继承人,故继承人丧失继承权的效力应溯及继承开始之时。如果丧失继承权的效力不溯及继承开始之时,则丧失继承权的立法目的无以实现。该规定符合将继承权划分为既得继承权与期待继承权的基本理论,且其丧失继承权仅是指既得继承权的丧失,因此该规定顺应了学术界和司法界的普遍观点,使得法定继承的适用范围更加完整和具体。

【司法适用】

1. 关于法定继承、遗嘱继承、遗赠、遗赠扶养协议的先后顺序

本编第 1123 条的规定:“继承开始后,按照法定继承办理;有遗嘱的,按照遗嘱继承或者遗赠办理;有遗赠扶养协议的,按照协议办理。”该规定明确了法定继承、遗嘱继承、遗赠和遗赠扶养协议的先后顺序为:遗赠扶养协议〉遗嘱继承、遗赠〉法定继承,具体如下:

第一,有遗赠扶养协议的,按照遗赠扶养协议办理。本编第 1158 条规定:“自然人可以与继承人以外的组织或者个人签订遗赠扶养协议。按照协议,该组织或者个人承担该自然人生养死葬的义务,享有受遗赠的权利。”《继承法意见》第 5 条规定:“被继承人生前与他人订有遗赠扶养协议,同时又立有遗嘱的,继承开始后,如果遗赠扶养协议与遗嘱没有抵触,遗产分别按协议和遗嘱处理;如果有抵触,按协议处理,与协议抵触的遗嘱全部或部分无效。”由于遗赠扶养协议体现了双方当事人的意愿,关涉扶养义务人和被继承人生前的利益,所以遗赠扶养协议优先于任何一种继承方式。因此继承开始后,在有遗赠扶养协议的情况下,应当首先按照遗赠扶养协议办理。

第二,有遗嘱的,按照遗嘱继承或者遗赠办理。本编第 1133 条规定:“自然人可以依照本法规定立遗嘱处分个人财产,并可以指定遗嘱执行人。自然人可以立遗嘱将个人财产指定由法定继承人中的一人或者数人继承。自然人可以立遗嘱将个人财产赠与国家、集体或者法定继承人以外的组织、个人。自然人可以依法设立遗嘱信托。”遗嘱在先原则体现了对死者意志的尊重,体现了法律保障个人自由、独立与尊严的价值目标。因此,继承开始后,有遗嘱的,应当按照遗嘱继承或者遗赠办理。

第三,按照法定继承办理。即存在本条规定情形之一的,遗产中的有关部分按照法定继承办理。

2. 司法实践中法定继承的适用

第一,遗嘱继承人放弃继承或者受遗赠人放弃受遗赠。所谓放弃继承、受遗赠就是指继承人、受遗赠人作出的不接受遗产的意思表示。本款规定了两种情

况,一是遗嘱继承人放弃继承涉及的遗产处理,二是受遗赠人放弃受遗赠涉及的遗产处理。继承权和受遗赠权的放弃是继承人或受遗赠人对自己权利的一种处分,而放弃继承和放弃受遗赠均是单方民事法律行为。即在放弃继承中,无须他人同意,依照放弃继承的人的单方意思表示即可成立,这种单方法律行为一旦成立就发生本条规定的法律效果即发生继承权消灭的效果。因此,在遗嘱继承中,遗嘱继承人一旦作出放弃继承权的意思表示,就会发生继承权消灭的效果,均不得变更、撤销。在这种情况下,遗嘱继承人放弃继承的遗产,不再按照遗嘱继承处理,而是按照法定继承的有关规定进行处理。同样,在放弃受遗赠中,无须他人同意,依照放弃受遗赠人的单方意思表示即可成立,这种单方法律行为一旦成立就发生继承权消灭的效果,均不得变更、撤销。因此,在这种情况下,受遗赠人放弃受遗赠遗产的,不再按照遗赠继承的方式处理,而是按照法定继承的有关规定办理。需要注意的是,其他遗嘱继承人或受遗赠人未放弃的部分,仍依照遗嘱继承处理,不能适用法定继承。

在司法实践中,关于继承权和受遗赠权的放弃,本编第 1124 条规定:"继承开始后,继承人放弃继承的,应当在遗产处理前,以书面形式作出放弃继承的表示;没有表示的,视为接受继承。受遗赠人应当在知道受遗赠后六十日内,作出接受或者放弃受遗赠的表示;到期没有表示的,视为放弃受遗赠。"据此,继承人放弃继承的意思表示,应当在继承开始后、遗产分割前作出。受遗赠人放弃受遗赠权的意思表示应当在知道受遗赠后的六十日内作出,放弃受遗赠的,自继承开始时即丧失受遗赠权,其受遗赠的财产按照法定继承处理。《继承法意见》第 8 条规定:"法定代理人代理被代理人行使继承权、受遗赠权,不得损害被代理人的利益。法定代理人一般不能代理被代理人放弃继承权、受遗赠权。明显损害被代理人利益的,应认定其代理行为无效。"也就是说,如果确实因为某种原因,需要由法定代理人代为作出放弃继承或者受遗赠的意思表示的,必须是在接受继承或遗赠明显对继承人或受遗赠人不利时,方可作出,否则其放弃的意思表示将不发生法律效力。根据《继承法意见》第 48 条的规定:"在诉讼中,继承人向人民法院以口头方式表示放弃继承的,要制作笔录,由放弃继承的人签名。"

第二,遗嘱继承人丧失继承权或者受遗赠人丧失受遗赠权。该款增列了"受遗赠人丧失受遗赠权"的规定。继承权的丧失,就是指依照法律规定在发生法定事由时取消继承人继承被继承人遗产的资格。根据本编第 1125 条规定:"继承人有下列行为之一的,丧失继承权:(一)故意杀害被继承人;(二)为争夺遗产而杀害其他继承人;(三)遗弃被继承人,或者虐待被继承人情节严重;(四)伪造、篡改、隐匿或者销毁遗嘱,情节严重;(五)以欺诈、胁迫手段迫使或者妨碍被继承人设立、变更或者撤回遗嘱,情节严重。继承人有前款第三项至第五项行为,确有悔改表现,被继承人表示宽恕或者事后在遗嘱中将其列为继承人的,该继承人不丧失继承权。受遗赠人有本条第一款规定行为的,丧失受遗赠权。”结合本条规定,受遗赠人丧失受遗赠权适用关于丧失继承权的规定。也就是说,只要出现本条规定的任何一个法定情况,遗嘱继承人就没有了继承权,受遗赠人就丧失了受遗赠权,没有了继承权和受遗赠权,就无法按照遗嘱继承或者遗赠继承处理继承问题,而应该按照法定继承方式办理继承问题。

第三,遗嘱继承人、受遗赠人先于遗嘱人死亡或者终止。本编第 1121 条第 1 款规定:“继承从被继承人死亡时开始。”遗嘱继承人、受遗赠人接受遗产是基于遗嘱产生的后果,只有在遗嘱人死亡后才开始享有继承遗产的权利。由于遗嘱是被继承人生前作出的死后生效的一种单方行为,因此只有在继承开始时尚生存的人,才有继承或受遗赠能力。如果遗嘱继承人、受遗赠人先于被继承人死亡,则其将因为不具有继承能力或受遗赠能力而不能继承、受遗赠。这种情况下,遗嘱中指定由其继承、受赠与的财产部分适用法定继承进行处理。需要明确的是,此种情况不同于一般的法定继承,本编第 1128 条规定:“被继承人的子女先于被继承人死亡的,由被继承人的子女的直系晚辈血亲代位继承。被继承人的兄弟姐妹先于被继承人死亡的,由被继承人的兄弟姐妹的子女代位继承。代位继承人一般只能继承被代位继承人有权继承的遗产份额。”也就是说,在法定继承中,继承人死亡后,继承人的直系晚辈血亲可以代位继承。但在遗嘱继承中,遗嘱继承人、受遗赠人的直系晚辈血亲不存在代位继承的问题。

第四,遗嘱无效部分所涉及的遗产。继承法律理论通说认为,遗嘱属于要式法律行为,法律要求订立遗嘱必须依法定方式为之,否则不生效力,系实行“遗嘱形式强制原则”。关于继承,各国立法一般也都规定遗嘱为严格的要式行为,且大多数国家认为,凡遗嘱不符合法定的形式要件即为无效。遗嘱是一种经由理智形成的意愿表达,遗嘱形式法定的功能和使命就是保证遗嘱确为遗嘱人的真实意思表示以及提醒遗嘱人谨慎行事,以昭慎重。总之,遗嘱形式法定对于确保遗嘱人意思表示的真实性具有重要意义。

遗嘱的有效要件包括形式要件和实质要件。

遗嘱的形式是立遗嘱人表达自己处分其财产的意思表示,如果遗嘱的形式不符合法律规定,则不能认定为有效。遗嘱的形式包括自书遗嘱、代书遗嘱、打印遗嘱、录音遗嘱、口头遗嘱、公证遗嘱。本编第 1134 条规定:“自书遗嘱由遗嘱人亲笔书写,签名,注明年、月、日。”第 1135 条规定:“代书遗嘱应当有两个以上见证人在场见证,由其中一人代书,并由遗嘱人、代书人和其他见证人签名,注明年、月、日。”第 1136 条规定:“打印遗嘱应当有两个以上见证人在场见证。遗嘱人和见证人应当在遗嘱每一页签名,注明年、月、日。”第 1137 条规定:“以录音录像形式立的遗嘱,应当有两个以上见证人在场见证。遗嘱人和见证人应当在录音录像中记录其姓名或者肖像,以及年、月、日。”第 1138 条规定:“遗嘱人在危急情况下,可以立口头遗嘱。口头遗嘱应当有两个以上见证人在场见证。危急情况消除后,遗嘱人能够以书面或者录音录像形式立遗嘱的,所立的口头遗嘱无效。”第 1139 条规定:“公证遗嘱由遗嘱人经公证机构办理。”第 1140 条规定:“下列人员不能作为遗嘱见证人:(一)无民事行为能力人、限制民事行为能力人以及其他不具有见证能力的人;(二)继承人、受遗赠人;(三)与继承人、受遗赠人有利害关系的人。”如果遗嘱人所立遗嘱不符合上述形式要件,那么该遗嘱属于无效遗嘱。

遗嘱有效的实质要件包括以下几点。(1)遗嘱人须为完全民事行为能力人。本编第 1143 条第 1 款规定:“无民事行为能力人或者限制民事行为能力人所立的遗嘱无效。”当然,遗嘱人是否具有遗嘱能力,以遗嘱设立时为准。在设立遗嘱时,遗嘱人有遗嘱能力的,其后即使丧失遗嘱能力,遗嘱也不因此失去效力。(2)遗嘱应当是遗嘱人的真实意思表示。本编第 1143 条第 2 款、第 3 款、第 4 款规定:“遗嘱必须表示遗嘱人的真实意思,受欺诈、胁迫所立的遗嘱无效。伪造的遗嘱无效。遗嘱被篡改的,篡改的内容无效。”意思表示真实是民事行为有效的必要条件。遗嘱是否为遗嘱人的真实意思表示,原则上应当以遗嘱人最后在遗嘱中作出的意思表示为准。如果是受欺诈、胁迫立的遗嘱,该遗嘱无效;如果是伪造的遗嘱,该遗嘱无效;如果遗嘱被篡改了,篡改的内容无效。(3)遗嘱不能取消缺乏劳动能力又没有生活来源的继承人的继承权。本编第 1141 条规定:“遗嘱应当为缺乏劳动能力又没有生活来源的继承人保留必要的遗产份额。”这一规定属于强行性规定,继承人是否缺乏劳动能力又没有生活来源,应当按照遗嘱生效时该继承人的具体情况确定,如果遗嘱人未保留相应遗产份额,遗产处理时,应当为该继承人留下必要的遗产,剩余部分才可以参照遗嘱确定的分配原则处理。(4)遗嘱中所处分财产须为遗嘱人的个人合法财产。遗嘱人只能就遗嘱人个人的合法财产作出处置,如果处分了属于国家、集体或第三人所有的财产,则遗嘱的该部分内容应认定为无效。(5)遗嘱不得违背公序良俗。《民法典》“总则编”第 153 条第 2 款规定:“违背公序良俗的民事法律行为无效。”遗嘱若损害了公序良俗,则也不能认定为有效。

遗嘱继承的前提是存在合法有效的遗嘱。如果遗嘱全部无效,遗嘱继承人、受遗赠人就完全丧失了继承死者财产的权利,该种情况下,死者的遗产全部按照法定继承办理;如果遗嘱属于部分无效,则该无效部分涉及的遗产应适用法定继承办理。

第五,遗嘱未处分的遗产。如果被继承人生前没有立遗嘱,则其全部遗产适用法定继承;如果被继承人通过遗嘱处分部分遗产,则剩余遗产适用法定继承。

【司法案例】

王某1与王某2、王某3继承纠纷案①

诉讼结论:遗嘱无效,被继承人的遗产应当按照法定继承处理。

基本案情:王某5、叶某生育王某3、王某1、王某6和王某2四子女。王某5于1999年11月29日死亡,叶某于2014年8月17日死亡,王某6于2018年4月6日死亡。王某6与苏某1于1987年4月登记结婚,未生育子女。苏某1与前妻生育一女苏某2。1989年王某6与苏某1经北京市东城区人民法院和北京市中级人民法院调解离婚,因苏某2与王某6未形成抚养关系,苏某2由苏某1自行抚养。××号房屋由叶某在2000年11月签订《房屋买卖契约》购买,折算了叶某和王某5工龄各42年,房屋产权于2014年1月23日登记至王某6名下。王某2和王某3均称××号房屋原属于王某5、叶某所有,在叶某死亡前过户给了王某6,属于王某6个人财产。王某1称××号房屋原属叶某所有,叶某有遗嘱指定房屋由其和王某6共有,就此提交了2005年元月叶某所立的《遗嘱》,《遗嘱》内容为:"考虑到二女儿王某6至今无房可住……我的大女儿王某1……为照顾我只好来京,也无房可住。故此,在我去世后,愿将我名下的两处房子赠与她俩共有……两处房子具体情况如下:1.二外宿舍××2号……2.二外宿舍××3号……"王某1称该《遗嘱》为叶某自书遗嘱,王某3和王某2不予认可,但不申请笔迹鉴定。2018年4月4日,王某6签字按手印立《遗嘱》,指定××号房屋由王某1继承。王某2、赵某作为见证人签字。王某2和王某1均称该遗嘱由王某1代书。王某2称王某6不做公证遗嘱,该遗嘱是在王某6意识不清的情况下做出的,不符合法律规定,应属无效遗嘱。王某1称遗嘱是在家写好,拿去医院让王某6签字的,遗嘱合法有效。王某3不予认可。王某1另提交了两份自认未成立的遗嘱,以证明王某2存在欺骗行为。王某2和王某3均不认可。

法院认为:本案所涉2005年《遗嘱》系自书遗嘱,但该《遗嘱》仅注明"2005年元月",未注明具体日期,不符合法律关于自书遗嘱的形式要求,不符合我国《继承法》关于自书遗嘱之规定,应属无效。代书遗嘱应当有两个以上见证人在场见证,由其中一人代书,注明年、月、日,并由代书人、其他见证人和遗嘱人签名。无行为

---

① 北京市第三中级人民法院(2019)京03民终13293号民事判决书。

能力人、限制行为能力人，继承人、受遗赠人，与继承人、受遗赠人有利害关系的人，不能作为遗嘱见证人。本案所涉2018年4月4日的《遗嘱》，无代书人签名，且两名见证人系与继承人有利害关系的人，不能作为遗嘱见证人，且根据双方关于立《遗嘱》前后过程的陈述，也难以认定该《遗嘱》系被继承人的真实意思表示，故该代书遗嘱不符合我国《继承法》关于见证人的规定。王某1作为遗嘱所涉继承人进行代书并见证，有悖于我国《继承法》关于代书遗嘱之相关法律规定。故2018年《遗嘱》不符合我国《继承法》关于代书遗嘱的形式要件，该代书遗嘱无效。王某1据此主张其应当继承涉案××号房屋，缺乏依据，本院不予采纳。由于该两份遗嘱均系无效遗嘱，故被继承人的遗产应按照法定继承办理。法院根据王某2、王某3、王某1与被继承人共同生活情况，对被继承人所尽扶养义务情况，并结合房屋的价值及王某2、王某3主张的数额，最终判决王某1继承涉案房屋，并支付王某2和王某3相应补偿款。

第一千一百五十五条　遗产分割时，应当保留胎儿的继承份额。胎儿娩出时是死体的，保留的份额按照法定继承办理。

【条文主旨】

本条是关于胎儿预留份的规定。

【条文理解】

本条由《继承法》第28条演变而来，赋予胎儿一定的继承能力。其中将“出生”改为“娩出”，表述更为严谨，也符合“总则编”第16条的规定，是可取的。这里的胎儿是指生父死亡时尚在母腹中未出生的胚胎。胎儿在民法上处于一种特殊的地位，随着人权保护的发展，胎儿的权益保护问题在近年来受到越来越多的关注，针对胎儿继承能力的争论实质上为对胎儿主体地位的争论。胎儿虽然不是独立的自然人，但其与自然人之间密不可分的关联性决定了法律必须介入其权益的保护。在学说上，关于胎儿的继承能力有肯定说和否定说两种观点。肯定说认为胎儿具有附解除条件的人格，在继承开始的时候就如同已经出生，其具有继承能力，如果出生时为死产，其权利能力溯及地消灭。否定说则认为胎儿不具有继承能力，但法律采取一定措施保护胎儿出生后的合法权益。尽管胎儿继承能力的问题在理论界存在较大争议，然而从立法上看，多数国家是肯定胎儿具有继承能力的，无论是采用“概括主义”还是采用“特殊主义”。“概括主义”往往规定胎儿以将来非死产者为限，对于其个人利益的保护视为其已出生。“特殊主义”是在有关胎儿具体利益的保护事项上仅规定其享有相应的能力。① 我国"继承编"关于胎儿预留份的规定，属于特殊主义的立法模式，为遗产处理提供了解决对策或指导原则。

《民法典》"总则编"第16条已经作出明确规定："涉及遗产继承、接受赠与等胎儿利益保护的，胎儿视为具有民事权利能力。但是胎儿娩出时为死体的，其民事权利能力自始不存在。"该条规定对胎儿利益采取了概括性的保护方式，也是值得称道的创新之处，象征着我国民法在胎儿的民事权利能力问题上取得了重要突破，使得胎儿在维护继承权益时能够作为民事主体出现。据此，自然人的民事权利能力始于出生，胎儿尚未出生，原则上不具有民事权利能力，但是为了保护胎儿的继承遗产、接受赠与等权利，有必要针对胎儿需要保护的利益，赋予胎儿一定民事权利能力。本条即涉及胎儿利益的保护，但是胎儿出生时为死体的，其民事权利能力自始不存在。

保护胎儿继承权益的重要性不言而喻，它符合我国民法理论的价值追求，以人为本的根本理念和对于弱势群体的倾斜保护要求。我国法律重视对胎儿合法继承权益的保护，充分体现了我国法律对于基本人权的高度尊重。保护胎儿继承权益关系到其在被孕育期间及出生后的生存问题，赋予胎儿民事权利能力的目的在于通过对胎儿继承权益的保护来保障胎儿在被孕育期间及出生后未来数年内的生存与发展。保护胎儿继承权益符合司法实践维护公平正义的需要，司法实践的发展为胎儿继承权益的保护提供了稳定、成熟的环境，同时也使得胎儿父母、其他近亲属等保护胎儿继承权益的法律认知、法律意识逐渐增强，社会公平、正义正在逐步实现。

胎儿的继承权益，主要是指胎儿在被孕育的过程中发生了继承事件，如胎儿父亲死亡或胎儿祖父母死亡等，胎儿由此作为被继承人子女或孙子女、外孙子女的身份而享有的继承、代位继承等权利。胎儿依照法律规定行使权利或采用法定手段阻碍侵权行为等，从而获取相关继承利益。关于胎儿继承权益的范围，包括继承权利和继承利益两个方面。民事权利主体行使继承权的前提是依据法律规定或被继承人生前所立的合法有效的遗嘱，权利内容主要是承受被继承人的遗产。由此，继承权利主要包括接受或放弃继承遗产的权利、取得遗产的权利以及继承权利受到侵害时的恢复请求权。而继承利益主要是行使继承权利所获取的财产利益，包括因法定继承、遗嘱继承或者遗赠获取的遗产等，如存款、股票、股权、车辆、房产等。需要说明的是，继承利益在一定程度上为财产性权利，因继承

① 王歌雅：《〈民法典·继承编〉的编纂理念与制度构想》，载《求是学刊》2018年第6期。

利益衍生于继承人的身份以及继承人与被继承人的关系，依附于身份关系存在，需要以身份关系行使，因此继承利益建立在享有继承权的继承人身份基础上。

为胎儿保留的继承份额，原则上应当按照法定继承的遗产分配原则确定。但是，关于胎儿保留份额的处理，依据胎儿娩出时是死体还是活体而不同。(1)若胎儿娩出时是活体，则该保留份额为该胎儿所有，可由其法定代理人代为保管。(2)若胎儿娩出不久即死亡，则该保留份额为该胎儿所有，由其法定继承人依照法定继承有关法律规定予以继承。(3)若胎儿娩出时即为死体，因胎儿的预留份是为维护胎儿出生后的生存和生活利益，因此如果出生即为死体，显然不能满足法律的目的，不能受法律的特殊保护，不能实际享有为其保留的预留份额，为胎儿保留的继承份额仍然属于被继承人的遗产，应当由被继承人的继承人予以行分割。

【司法适用】

根据《继承法意见》第45条的规定："应当为胎儿保留的遗产份额没有保留的应从继承人所继承的遗产中扣回。为胎儿保留的遗产份额，如胎儿出生后死亡的，由其继承人继承；如胎儿出生时就是死体的，由被继承人的继承人继承。"在司法实践中，对胎儿预留份额的保护，应注意在遗产分割时，无论是在适用法定继承情形下，还是在适用遗嘱继承情形下，继承人均应当为胎儿保留其应继承的份额，该份额应当按照法定继承的遗产分配原则确定。在胎儿是多胞胎的情形下，如果仅保留了一份继承份额，则应从继承人继承的遗产中扣回其他胎儿的继承份额。

法院在审理相关继承权、遗赠等案件中亦应注意保留胎儿的继承权份额和保护其接受赠与等权利。需要注意的是，预留权利以胎儿出生时存活为必要条件，如果胎儿离开母体未能存活，则其民事权利能力自始不存在。该种情形下，胎儿便没有诉讼资格，不能成为诉讼主体。如果胎儿在未出生时有人对其进行赠与或者遗赠，法院在审理案件时须注意，在胎儿未出生时不应确定该赠与或遗赠的有效性，而要在胎儿出生后为活体时，再行确定效力。另外，如果胎儿出生时为活体，不久便死去，那么该赠与或者遗赠将发生继承的效力，而不是直接确定该赠与或遗赠本身无效。

此外，需要注意的是，在司法实践中，常常会发生胎儿继承权益受损害的现象。主要表现在：(1)在法定继承中未保留胎儿继承份额。在实践中当事人多会提起法定继承纠纷诉讼，主要表现为在胎儿出生前，胎儿应继承的份额被其他继承人不合理剥夺，其中侵害胎儿继承份额的不仅是其他继承人，在某些案件中胎儿的母亲也成了侵权主体之一。(2)在遗嘱中未保留胎儿的遗产份额。在实践中当事人多会提起遗嘱继承纠纷，主要表现为被继承人在作出遗嘱时未考虑胎儿的遗产份额，损害了胎儿的合法权益，因此遗嘱涉及部分无效。胎儿在出生后，可以作为原告对被继承人的遗嘱提出异议，要求确认遗嘱无效，当然此种情况同样建立在胎儿已经出生的基础上，赋予胎儿对于其出生前侵犯其继承权的遗嘱主张无效的权利。(3)胎儿应继承的遗产份额"留而不给"。胎儿虽未出生，但有必要为其保留相应的财产份额，待胎儿出生并确认为活体后可向其他继承人主张权利。但是待胎儿出生后，可能存在其他继承人实际上已将财产挥霍或转移的现象，胎儿成为民事主体后的合法权益实际上已无法实现。除此之外，胎儿在孕育期间所产生的合理的受抚养费用等均未被考虑在此类裁判的范围内，该部分合法权益自始至终无法进行追诉。从目前的司法实践看，即便是在《民法总则》颁布实施之后，多数案例仍是胎儿在出生之后作为原告主张遗产份额的返还，损害胎儿继承权益的现象仍未见消减。

【司法案例】

案例一

李某、郭某阳诉郭某和、童某某继承纠纷案①

诉讼结论：夫妻关系存续期间，双方一致同意利用他人的精子进行人工授精并使女方受孕后，男方反悔，而女方坚持生出该子女的，无论该子女是否在夫妻关系存续期间出生，都应视为夫妻双方的婚生子女。如果夫妻一方所订立的遗嘱中没有为胎儿保留遗产份额，该部分遗嘱内容因违反《继承法》第 19 条的规定应被认定为无效。分割遗产时，应当依照《继承法》第 28 条的规定，为胎儿保留继承份额。

基本案情：1998 年 3 月 3 日，原告李某与郭某顺登记结婚。2002 年，郭某顺以自己的名义购买了涉案建筑面积为 45.08 平方米的 306 室房屋，并办理了房屋产权登记。2004 年 1 月 30 日，李某和郭某顺共同与南京军区南京总医院生殖遗传中心签订了人工授精协议书，对李某实施了人工授精，后李某怀孕。2004 年 4 月，郭某顺因病住院，其在得知自己患了癌症后，向李某表示不要这个孩子，但李某不同意人工流产，坚持要生下孩子。5 月 20 日，郭某顺在医院立下自书遗嘱，在遗嘱中声明他不要这个人工授精生下的孩子，并将 306 室房屋赠与其父母郭某和、童某某。郭某顺于 5 月 23 日病故。李某于当年 10 月 22 日产下一子，取名郭某阳。原告李某无业，每月领取最低生活保障金，另有不固定的打工收入，并持有夫妻关系存续期间的共同存款 18,705.4 元。被告郭某和、童某某系郭某顺的父母，居住在同一个住宅小区的 305 室，均有退休工资。2001 年 3 月，郭某顺为开店，曾向童

---

①　最高人民法院指导案例 50 号。

某某借款 8500 元。

法院认为：登记在被继承人郭某顺名下的 306 室房屋，已查明是郭某顺与原告李某夫妻关系存续期间取得的夫妻共同财产。郭某顺死亡后，该房屋的一半应归李某所有，另一半才能作为郭某顺的遗产。郭某顺在遗嘱中，将 306 室全部房产处分归其父母，侵害了李某的房产权，遗嘱的这部分应属无效。郭某顺在立遗嘱时，明知其妻子腹中有胎儿而没有在遗嘱中为胎儿保留必要的遗产份额，该部分遗嘱内容无效。分割遗产时，应当为该胎儿保留继承份额。综上，在扣除应当归李某所有的财产和应当为胎儿保留的继承份额之后，郭某顺遗产的剩余部分才可以按遗嘱确定的分配原则处理。

案例二

马某 1、马某 2 诉王某、石某法定继承纠纷案[①]

诉讼结论：遗产分割时，应当保留胎儿的继承份额。《继承法》所说的子女，包括婚生子女、非婚生子女、养子女和有抚养关系的继子女。王某某与马某 1 于 2017 年 8 月 18 日登记结婚时，王某某对马某 1 已怀胎 7 个月是明知的，王某某死亡，马某 2 出生，即使马某 2 与王某某无血缘关系，也视为双方的婚生子，所以马某 2 是王某某的合法继承人，马某 2 诉讼主体适格。

基本案情：2014 年 2 月 10 日，被继承人王某某与阿克苏新城建房地产开发有限公司签订商品房买卖合同，王某某支付首付款 124, 972 元，并办理银行按揭贷款 243, 000 元，期限为 12 年。王某某与马某 1 于 2015 年 2 月 15 日登记结婚，2016 年 3 月 31 日双方协议离婚，离婚协议书约定：各自名下的存款保持不变，房屋为婚前财产；婚前各方各自的财产归各自所有；双方确认在婚姻关系存续期间没有发生任何共同债务，任何一方如对外负有债务的，由负债方自行承担。2017 年 8 月 18 日被继承人王某某与马某 1 再次登记结婚，2017 年 9 月 9 日被继承人王某某病逝，2017 年 10 月 7 日马某 2 出生。马某 1 从 2017 年 10 月 21 日偿还房屋按揭贷款至今，并使用该房屋。王某某去世后，住房公积金余额 23, 298. 09 元，生前月缴存额 1200 元，王某、石某领取被继承人王某某抚恤金 60, 234 元、丧葬补助金 9840 元、社保返还金 53, 850. 02 元共计 123, 564 元。2017 年 9 月 16 日王某、石某将王某某工资卡中 20, 393. 84 元转入石某账户。2017 年 9 月 24 日王某、石某取走王某某交通银行卡中 760 元。现马某 1、马某 2 起诉王某、石某，要求继承分割王某某位于阿克苏市 × × 区房屋；抚恤金 60, 234 元、丧葬补助金 9480 元、养

① 新疆维吾尔自治区阿克苏地区中级人民法院（2019）新 29 民终 669 号民事判决书。

老金共计123,564元;住房公积金余额23,298.09元;工资卡存款20,393.84元、交通银行卡金额760元。

法院认为:本案争议的焦点:(1)关于马某2是否为适格的原告。庭审中,王某、石某称马某1怀孕马某2是2017年1月,而被继承人王某某于2016年7月患有恶性肿瘤,所以对马某2是否为王某某的儿子表示质疑,并申请亲缘鉴定。经询问,亲缘鉴定并不能得出唯一的排他性结论。《继承法》第10条规定:"遗产按照下列顺序继承:第一顺序:配偶、子女、父母……本法所说的子女,包括婚生子女、非婚生子女、养子女和有抚养关系的继子女……"第28条规定:"遗产分割时,应当保留胎儿的继承份额,胎儿出生时是死体的,保留的份额按照法定继承办理。"王某某与马某1于2017年8月18日登记结婚时,王某某对马某1已怀胎7个月是明知的,王某某死亡,马某2出生,即使马某2与王某某无血缘关系,也视为双方的婚生子,所以马某2是王某某的合法继承人,马某2诉讼主体适格。本案被继承人王某某的法定继承人为马某1、马某2、王某、石某。(2)阿克苏市××区房屋是王某某个人遗产还是夫妻共同财产。马某1、马某2称该房屋首付款中60,000元系王某某向他人借款,且在第一次结婚后由马某1与王某某共同偿还,该房屋系夫妻共同财产,王某、石某否认,称该房屋首付款系王某、石某、王某某共同出资,双方提交的证据均不足以证明各自的观点,根据马某1与王某某签订的离婚协议书,马某1对该房屋系第二次结婚前王某某的个人婚前财产是明知的,所以对马某1、马某2主张该房屋系夫妻共同财产不予采信。截止王某某去世时,王某某已支付购房款173,035.55元。被继承人王某某所留遗产为银行按揭不动产,该不动产由马某1实际使用并自愿支付房屋按揭贷款至今,所以法院确认在马某1付清该房屋按揭贷款之日,该房屋所有权由马某1取得。同时,马某1应向其他继承人马某2、王某、石某各补偿43,258.88元。关于抚恤金如何分割。《继承法》第3条中规定:遗产是公民死亡时遗留的个人合法财产。抚恤金是死者生前所在单位按照国家有关规定,在死者死亡后,向死者配偶、直系亲属和死者生前所扶养的人发放的具有精神安慰和物质补偿性质的金钱给付,目的在于优抚、救济死者家属,特别是用来优抚那些依靠死者生活的未成年人和丧失生活来源、生活困难的近亲属。因此,抚恤金60,234元不属于王某某的遗产。王某某死亡后,马某2出生,马某2缺乏劳动能力又没有生活来源,所以法院确认马某2获得的抚恤金为20,000元,马某1、王某、石某各分得13,411.3元。关于丧葬补助金9480元,双方均认可丧葬费由王某、石某操办,所以法院确认丧葬费归王某、石某所有。关于养老金账户金额53,850元,各继承人分别继承13,462.5元。关于住房公积金余额23,298.09元,马某1与继承人王某某登记结婚近一个月,其中月缴1200

元的一半600元归马某1所有，另22,698.09元为王某某个人遗产，各继承人各分得5674.5元。关于继承人王某某工资卡存款20,393.84元。王某、石某称其于2017年9月16日取走的20,393.84元用于王某某治疗疾病，结合双方的当庭陈述和实际产生的医疗费，法院对该抗辩意见不予采信。根据法律规定，婚姻关系存续期间的工资收入系夫妻共同财产，双方均认可被继承人王某某2017年8月工资收入为1897元，其中一半即948.5元为马某1所有，所以19,445.34元系王某某个人遗产，各继承人各分得4861.3元。王某、石某称其取走的继承人王某某交通银行卡760元用于支付9月份房屋按揭款，结合9月份房屋按揭款支付时间，法院对王某、石某的抗辩意见不予采信。所以760元系继承人王某某死亡时遗留的个人遗产，各继承人分得190元。马某1、马某2未提交证据证明被继承人王某某医保卡余额5000元，所以对马某1、马某2要求分割医保卡余额的诉讼请求法院不予支持。综上所述，对马某1、马某2要求继承的份额依法核算后予以支持。

第一千一百五十六条　遗产分割应当有利于生产和生活需要，不损害遗产的效用。

不宜分割的遗产，可以采取折价、适当补偿或者共有等方法处理。

【条文主旨】

本条是关于遗产分割原则和方法的规定。

【条文理解】

本条保留了《继承法》第29条的规定。遗产分割的恰当与否直接关系到遗产效力的发挥，不单单与继承人有利害关系，对社会生产和公共利益的维护也具有十分重要的意义。继承法律中的遗产分割，是指所有符合继承法律要求的继承人之间按照法律规定，就应当继承的份额对遗产所进行的分配。这种分配以消灭遗产的共同所有关系为目的，最终是为了将遗产上所存在的权利义务分别归属于各个继承人。因此，为了使遗产分配更为合理，本条第1款规定了遗产分割的原则，即物尽其用、财尽其值原则，使得遗产作为一种社会资源尽可能释放出经济效用，促进生产、方便生活。对于生产资料的分割要从有利于生产的目的出发，充分考虑生产的需要和财产的用途，将生产资料尽量分配给具有生产经营能力的人；对于生活资料的分割也要考虑继承人的实际需要，尽量照顾有特殊需要的人。受照顾分得生产资料和生活资料的人，应当采取折价付款的方式对其他继承人予以补偿。在遗产分割时，对于不宜分割的遗产，不得损害其效用及经济价值。人民法院在分割遗产中的房屋、生产资料和特定职业所需的财产时，应当坚持有利于发挥遗产的实际效用、有利于促进生产和生活的需要、兼顾各继承人的利益的原则，从而促进整个社会财富的增加。

此外，关于遗产分割的其他原则，结合相关法律条文的规定，可以归纳如下。(1)协商分割。本编第1132条规定："继承人应当本着互谅互让、和睦团结的精神，协商处理继承问题。遗产分割的时间、办法和份额，由继承人协商确定；协商不成的，可以由人民调解委员会调解或者向人民法院提起诉讼。"(2)保留胎儿预留份原则。本编第1155条规定："遗产分割时，应当保留胎儿的继承份额。胎儿娩出时是死体的，保留的份额按照法定继承办理。"(3)同一顺序继承人均等原则。根据本编第1130条的规定，同一顺序继承人继承遗产的份额，一般应当均等。对生活有特殊困难又缺乏劳动能力的继承人，分配遗产时，应当予以照顾。继承人协商同意的，也可以不均等。(4)权利义务相一致原则。比如，根据本编第1130条的规定，对被继承人尽了主要扶养义务或者与被继承人共同生活的继承人，分配遗产时，可以多分；有扶养能力和有扶养条件的继承人，不尽扶养义务的，分配遗产时，应当不分或者少分。又比如，本编第1131条规定："对继承人以外的依靠被继承人扶养的人，或者继承人以外的对被继承人扶养较多的人，可以分给适当的遗产。"

本条第2款则规定了不宜分割遗产的处理办法。遗产分割时应坚持的分割方法，就是指继承人取得遗产应继承份额的具体分配方法。本条中不宜分割的遗产主要是指对遗产本身进行实物分割，可能会改变遗产本身的性质或者损害遗产实际效用的情况。通常，对遗产的分割可以根据具体情形采用实物分割、变价分割、补偿分割和保留共有分割四种方式。(1)实物分割。适用该种方式可以是可分物，也可以是不可分物。遗产分割在不违反分割原则的情况下，可以采取实物分割的方式。对于可分物，可以进行总体的实物分割；对于不可分物，则只能作个体实物分割。(2)变价分割。如果遗产不宜适用实物分割的方式，或者继承人均不愿意取得该种遗产，则可以将遗产进行变卖，换取价金，然后由继承人根据相应的继承比例对价金进行分割。使用变价分割的方式分割遗产，实际上是对遗产的处分，所以针对遗产的变价应当经过全体继承人的同意。(3)补偿分割。针对不宜实物分割的遗产，如果有继承人愿意取得该遗产，则由该继承人取得所有权，然后，由取得遗产所有权的继承人按照其他继承人的继承比例，分别对其他继承人补偿相应的价金。(4)保留共有。针对不宜实物分割的遗产，如果继承人均愿意取得该遗产，或者继承人基于某种生产或生活的目的，愿意继续保持遗产共有状况，则可以采用保留共有的分割方式，即所有继承人对该遗产享有共有权，其共有份额按照应继承的比例确定，但此时继承人之间就不再是原来的遗产共有关系，而是将变成普通的财产按份共有关系。

【司法适用】

《继承法意见》第58条规定："人民法院在分割遗产中的房屋、生产资料和特定职业所需要的财产时，应依据有利于发挥其使用效益和继承人的实际需要，兼顾各继承人的利益进行处理。"

《民通意见》第90条规定："在共同共有关系终止时，对共有财产的分割，有协议的，按协议处理；没有协议的，应当根据等分原则处理，并且考虑共有人对共有财产的贡献大小，适当照顾共有人生产、生活的实际需要等情况。但分割夫妻共有财产，应当根据婚姻法的有关规定处理。"第91条规定："共有财产是特定物，而且不能分割或者分割有损其价值的，可以折价处理。"第92条规定："共同共有财产分割后，一个或者数个原共有人出卖自己分得的财产时，如果出卖财产与其他原共有人分得的财产属于一个整体或者配套使用，其他原共有人主张优先购买权的，应当予以支持。"

在司法实践中，如果遗嘱中已经对遗产分割方式进行了明确，则应当按照遗嘱指定的方式进行遗产分割。需要注意的是，须遵守以下三个要件：一是必须以遗嘱的方式进行，这是为保障被继承人的意思表示的确定性所必需的。二是不得违反本法中关于缺乏劳动能力而又无生活来源的继承人的必要遗产份额以及胎儿应当继承份额的规定。三是不得损害债权人的利益。如果被继承人生前负有债务，被继承人立下遗嘱指定遗产由谁继承、如何分割时，还必须指定债务如何清偿，如果未指定清偿债务，将全部遗产指定分割给各继承人，这种损害债权人利益的遗嘱指定应属无效，但遗嘱人将遗产指定分割给各继承人后，还有偿还债务能力的，该遗嘱指定应当有效。

如果遗嘱中没有指定遗产分割方式，则按照本编第1132条的规定处理。即在通常情况下，继承人可以按照下列方式解决：(1)由继承人协商。此种方法完全以各继承人的意思表示为准，只要各共同继承人意思表示一致，协议就发生效力(当然不能违反法律的规定)。(2)对于协商不成的，可以向人民调解委员会申请，通过调解确定分割方式，该种调解是在向人民法院起诉之前解决民事纠纷的主要办法，许多继承纠纷也是通过该种方式解决。(3)共同继承人协商不成或者经人民调解委员会调解不成的，可以向人民法院提起诉讼，由人民法院确定遗产的分割方式。

在继承纠纷的司法审判实务中，很少有单纯的针对遗产分割方法的诉讼，相关诉讼往往会与继承权的有无、遗产范围、应继承份额以及如何分割的问题联系在一起。人民法院在诉讼中，一般会以彻底解决纠纷为原则，对继承问题作出全面裁判。遗产分割的诉讼,是结束遗产共有关系的诉讼。请求分割遗产的继承人应以其他共同继承人为被告。如果只有一人主张分割,其他人不同意分割,则主张分割的继承人也应当将其他共同继承人作为共同被告进行起诉。如果其他继承人仍然愿意继续维持共有关系,法院在裁判时,可以将请求分割的继承人应当继承的财产分割开来,其他继承人的应继份无强迫分割的必要。

【司法案例】

上诉人王某1与王某2、王某3、杨某继承纠纷案①

诉讼结论:遗产分割应当有利于生产和生活需要,不损害遗产的效用。不宜分割的遗产,可以采取折价、适当补偿或者共有等方法处理。

基本案情:王某3、王某2、王某1系王某、唐某之子女。王某于1995年10月24日死亡,唐某于2018年12月11日死亡。王某2系二级精神残疾人。1992年3月20日,唐某将位于原乐至县人民医院集资建房1套移交给王某2,该移交书由王某书写,唐某、王某3、王某2、王某1均在上面盖章或手印。同日,该房产权证变更为王某2。王某2、杨某于××××年××月××日登记结婚。唐某与王某2、杨某用原乐至县人民医院集资房的租赁费、王某去世的抚恤金于××××年购买位于乐至县天池镇东街167号住房1套,建筑面积98.90平方米,所有人:唐某。为了保障王某2生活,2001年,王某2所有的位于原乐至县人民医院集资房,卖得28,500元,做菜生意挣了一部分钱,唐某和王某2共同生活省下的钱,共计10万多元购买位于乐至县天池镇川鄂中路的门市1个,所有人:唐某。唐某生前病重后,由杨某、王某3及保姆等照顾护理。王某3向法庭出具书面情况说明一份证实:王某2、王某3、王某1之母确实口头告知王某2、王某3、王某1、杨某,位于乐至县天池镇东街167号建筑面积为98.9平方米房屋一套归原告王某2、杨某所有;位于乐至县天池镇川鄂中路建筑面积为32.87平方米的营业门市一个归原告王某2所有。庭审中,王某3放弃了继承权。

法院认为:本案争议焦点有两个,即案涉房屋是否是唐某的遗产和唐某的遗产应如何分配。

一、案涉房屋是否是唐某的遗产。从本案查明的事实来看,王某2、杨某于××××年××月××日登记结婚,婚后与唐某共同生活。××××年唐某与王某2、杨某用房屋租赁费、王某去世的抚恤金共同购买位于乐至县天池镇东街167号住房1套,购房时杨某已与王某2结婚,房屋租赁费等均应为王某2与杨某的婚

① 四川省资阳市中级人民法院(2019)川20民终965号民事判决书。

后共同财产，故该住房应归唐某、王某2、杨某共同所有。2001年，王某2所有的原乐至县人民医院集资房卖得28,500元、杨某做菜生意的收入、共同生活省下的钱，共计10万多元购买了案涉门市。综上所述，该门市系王某2、杨某婚后与唐某共同所买，应为唐某、王某2、杨某共同所有。王某2、杨某在一审起诉时要求判决案涉门市依照唐某遗嘱归王某2所有，因夫妻关系存续期间所继承的财产归夫妻共同所有，故王某2、杨某在一审中起诉将案涉门市确认为王某2所有包含了杨某的权利主张。一审将案涉住房认定为唐某、王某2所有，将案涉门市认定为王某2所有，均系认定不当，本院依法予以纠正。因对案涉门市和案涉住房均未约定各自份额，故应认定为三人平均所有。本院依法确认案涉住房的三分之一和案涉门市的三分之一为唐某的遗产。

二、唐某的遗产应如何分配。虽然唐某在生前曾立下口头遗嘱，将案涉住房由王某2和杨某继承、案涉门市由王某2继承，虽然系其真实意思表示，但该口头遗嘱无效。唐某的遗产应依照法定继承确定各自应继承的份额。王某3在一审中表示自愿放弃继承权，在二审中又表示一审中是表示将其应继承的份额给予王某2，因其在一审中已放弃权利，对一审又未提起上诉，故对其二审中主张继承权本院不予支持。依照《继承法》第14条的规定，杨某应当分配适当的遗产。综上所述，王某2、杨某在一审中起诉将案涉门市确认为王某2所有包含了杨某的权利主张。唐某的遗产应由王某2、杨某、王某1三人继承。依照《继承法》第29条“遗产分割应当有利于生产和生活需要，不损害遗产的效用。不宜分割的遗产，可以采取折价、适当补偿或者共有等方法处理”之规定，王某2、杨某、王某1三人可对唐某的遗产共同共有。唐某的遗产为案涉门市的三分之一和案涉住房的三分之一，王某2、杨某、王某1三人均分，各自分得案涉门市的九分之一和案涉住房的九分之一。王某2自身对案涉门市和案涉住房拥有三分之一的份额，加上继承的九分之一的份额，其共拥有对案涉门市和案涉住房九分之四的份额。同理，杨某亦拥有对案涉门市和案涉住房九分之四的份额。王某1拥有案涉门市和案涉住房九分之一的份额。

第一千一百五十七条　夫妻一方死亡后另一方再婚的，有权处分所继承的财产，任何组织或者个人不得干涉。

【条文主旨】

本条是关于再婚时对所继承遗产的处分权的规定。

【条文理解】

本条保留了《继承法》第30条的规定。根据本编第1153条的规定:“夫妻共同所有的财产,除有约定的外,遗产分割时,应当先将共同所有的财产的一半分出为配偶所有,其余的为被继承人的遗产。遗产在家庭共有财产之中的,遗产分割时,应当先分出他人的财产。”合法的配偶身份是夫妻遗产继承权的前提。而本条所称的继承事实发生在当事人婚姻关系存续期间,即离婚前发生的继承,无论是法定继承还是遗嘱继承,只有当被继承人死亡时,其名下的财产才可能成为合法遗产由生存配偶及其他合法继承人继承。如果被继承人的死亡事实发生在结婚之前或者离婚之后,那么该项财产都不能成为夫妻共同财产。如果生存配偶系离婚后再婚,尽管该遗产是在离婚后开始分割的,再婚的配偶对该项财产也不享有共有权,而仅能由其前配偶享有共有权。

根据本条规定,夫妻一方死亡后,另一方作为死者的配偶依法属于第一顺序继承人,有权依据法律的直接规定或者按照被继承人所立的合法有效遗嘱的指定取得应由其继承的遗产份额。当然,条文中的“另一方”,不仅指丧夫的妇女,也指丧妻的男子。也就是说,此处的“再婚”应作宽泛理解。生存的配偶对已故死者的遗产的继承,是基于死者生前的婚姻关系所发生的,它不以生存配偶方是否再婚为转移,即只要他(她)与已故妻子(丈夫)生前保持夫妻关系,就有权以配偶的身份继承已故妻子(丈夫)的遗产。如果在死者生前双方已经离婚,那么就无权以配偶的身份再继承死者的遗产,男女平等,不因性别的差异而有所不同,任何人不得借口寡妇已经改嫁而剥夺她对已故丈夫遗产的继承权。当然,如果生存配偶再婚后自愿放弃继承死者遗产的权利,那么法律也是允许的。但这属于生存配偶在拥有对已故死者遗产继承权的前提下对继承的放弃,与是否有继承权是两回事。如果生存配偶在再婚前就已经明确表示放弃继承权了,那么再婚后也就无权再要求继承已故前夫(前妻)的遗产了。“有权处分所继承的财产”是指有权处分通过本法规定的任何继承方式所得到的财产。在遗产分割完毕后,生存的配偶对于其依法继承的财产便享有了所有权,其有权在法律允许的范围内占有、使用、收益和处分该财产。而且这种处分权也不因配偶再婚而改变。同时还需要指出的是,生存的配偶除了可以处分所继承的财产外,还有权处分夫妻共同财产中属于自己的那一部分财产。生存的配偶如果再婚,当然有权对其取得的遗产进行处分,既可以把继承的遗产带到再婚家庭中使用,也可以赠送他人或者作其他处理,其他任何个人和单位均不得干涉或妨害。此处的“任何人”是一个宽泛的概念,包括了“家人”和“家人”以外的其他人。如果有干涉者,生存的配偶可以依据本条的规定,提出自己的权利受保护,也可以请求人民法院强制排除侵权人的干涉或妨害,以保护生存配偶的合法权益。

在某些地区，如部分农村地区，由于受封建残余思想的影响，存在妇女的继承权得不到保障、寡妇带产改嫁受到种种无理阻挠的情况。少数具有封建残余思想的人认为，寡妇已经继承了丈夫的遗产，就不能带产改嫁，如若改嫁，就不能继承丈夫的遗产，进而对寡妇带产改嫁进行干涉。这种行为是非常错误的，严重侵犯了生存配偶的财产权利和人身权利，我们应该加以反对。根据《民法典》“婚姻家庭编”的有关规定，我国实行婚姻自由的制度。婚姻自由，不仅适用于未婚的男女，也适用于已婚丧偶的男女。如果妻子去世，丈夫可以另娶，同样，如果丈夫去世，妻子也可以另嫁，这均是在行使婚姻自由的权利。而继承已故妻子或丈夫的遗产是行使继承权，带产改嫁或者带产再娶是行使对财产的所有权。这三种权利均是生存配偶方依法所享有的权利，受国家法律的保护。因此本条的规定有助于切实保护生存配偶尤其是妇女的合法权利，也是“继承权男女平等”原则的具体体现。

【司法适用】

在司法实践中，生存配偶再婚时，如果对其财产进行处分，不得妨碍其履行应尽的义务，需遵循以下准则：(1)生存的配偶再婚时如果携带未成年子女的，应当继续履行对未成年子女的抚养、教育义务；如果再婚时没有携带其未成年子女的，由于生存的父母对未成年的子女仍有抚养义务，因而应当妥善安排未成年子女的生活和教育，将其所继承的部分或全部财产留下作为抚养子女的生活费、教育费的部分或全部。(2)如果被继承人生前有尚未清偿的税款和债务的，应当先行缴纳税款和清偿被继承人债务，之后再处理其生存配偶带遗产再婚的问题。

“总则编”第114条规定：“民事主体依法享有物权。物权是权利人依法对特定的物享有直接支配和排他的权利，包括所有权、用益物权和担保物权。”第118条规定：“民事主体依法享有债权。债权是因合同、侵权行为、无因管理、不当得利以及法律的其他规定，权利人请求特定义务人为或者不为一定行为的权利。”

《妇女权益保障法》第34条规定：“妇女享有的与男子平等的财产继承权受法律保护。在同一顺序法定继承人中，不得歧视妇女。丧偶妇女有权处分继承的财产，任何人不得干涉。”

【司法案例】

上诉人崔某梅诉李某文所有权确认纠纷案[①]

诉讼结论：夫妻一方死亡后另一方再婚，将其继承部分变更为共有性质，不违反法律规定，应属有效。

基本案情：崔某与张某原系夫妻关系，二人共育有子女三人即原告崔某梅与被告崔某东、崔某前。崔某与张某在夫妻关系存续期间取得天津市东丽区房屋1套，该房屋登记在崔某名下。2001年12月13日，张某死亡。2003年1月27日，崔某与被告李某文登记结婚。2014年3月17日，崔某与被告李某文就天津市东丽区房屋办理产权变更登记，并签订协议1份，将上述房屋产权人变更为崔某和被告李某文名下，双方协商共同共有。2014年4月16日，天津市东丽区房屋产权登记变更权利人为崔某、李某文，共有情况：共同共有。2016年11月12日，崔某死亡。另查，崔某、张某生前均未留有遗嘱，崔某、张某的父母均先于其死亡。诉讼中，原告于2017年5月8日向一审法院提出申请，请求对2014年3月17日变更登记申请书及协议中“崔某”签名是否为其本人书写进行司法鉴定。2017年10月19日，天津市中慧物证司法鉴定所出具司法鉴定意见书，对变更申请书中崔某签名字迹与样本签名字迹倾向认为同一人所书写，无法判断协议落款崔某签名与样本签名是否为同一人所书写。

法院认为：不动产权登记簿虽然是权利人享有不动产物权的证明，但并不具有绝对的证据力，不动产登记簿的推定力只及于权利，不及于事实。按照我国《婚姻法》相关规定，在夫妻关系存续期间取得的财产，除双方约定归一方或按照法律规定归一方所有外，归夫妻共同所有。诉争房屋虽原登记在崔某名下，但该房屋系崔某与张某在夫妻关系存续期间取得，应属于夫妻共同财产。张某死亡后，其享有的诉争房屋份额应作为遗产处理，张某生前未留有遗嘱，由其继承人崔某、崔某梅、崔某东、崔某前按照法定继承份额予以继承。2014年3月，崔某变更诉争房屋产权登记的行为中，涉及张某遗产部分中应当由原告崔某梅及被告崔某东、崔某前继承的份额，未经权利人追认，应属无效。崔某享有的诉争房屋部分及其应当继承张某遗产的部分，由崔某与李某文共同共有。崔某死亡后，其享有的诉争房屋的份额，作为遗产，由原、被告按照法定继承份额予以继承。具体计算为，诉争房屋由崔某、张某各享有50%的份额，张某死亡后，其享有的50%份额由崔某、崔某梅、崔某东、崔某前各继承12.5%的份额；崔某处分的诉争房屋中50%份额

① 天津市第二中级人民法院(2018)津02民终201号民事判决书。

及其继承的12.5%份额,归崔某与李某文共同共有;崔某死亡后,其享有的诉争房屋31.25%份额,由原告、被告各继承7.8125%。原告虽主张2014年3月变更诉争房屋产权登记的行为中并非崔某本人签字,但未能提供充分证据予以支持,故其要求享有诉争房屋28%份额,依据不足,不予支持。法院最终判决涉案房屋由原告崔某梅与被告崔某前、崔某东、李某文共同共有,其中原告崔某梅与被告崔某前、崔某东各享有20.3125%份额,被告李某文享有39.0625%的份额。

第一千一百五十八条　自然人可以与继承人以外的组织或者个人签订遗赠扶养协议。按照协议,该组织或者个人承担该自然人生养死葬的义务,享有受遗赠的权利。

【条文主旨】

本条是关于遗赠扶养协议的规定。

【条文理解】

本条由《继承法》第31条演变而来。遗赠扶养协议,是指自然人与继承人以外的组织或者个人签订的关于扶养人扶养受扶养人、受扶养人将财产遗赠给扶养人的协议。遗赠扶养协议是我国法律规定的有自己特色的遗产转移方式,也是民间实践经验的总结和肯定,是我国继承法律立法的一个重大突破和有益探索。遗赠扶养协议是在我国农村"五保"制度("五保户"包括保吃、保穿、保住、保医、保葬)的基础上形成和发展起来的,目的是解决无法定扶养人或法定扶养人无扶养能力的人的生活保障问题。本条规定确定了遗赠抚养协议的法律地位,符合我国当前实际国情,既可以借助集体或个人的力量弥补社会救济的不足,帮助、扶养孤老病残,帮助老年人安度晚年,又可以减轻国家负担,填补传统的社会保障制度之不足,更有利于减少纠纷,促进社会的安定团结。

《继承法》第31条规定了遗赠扶养协议,虽然明确了种类与效力。现行条款则完善了遗赠抚养协议的订立。将"公民"改为"自然人",同时扩大"扶养人"范围,改为"继承人以外的组织或者个人",同时保留了"扶养人"的权利义务,该规定补益了该制度设计的不足,有效填充了立法欠缺。由此,本条规定一方面延续了《继承法》的规定,有利于满足民众对生养死葬的现实需要和民俗需要;另一方面有助于增加遗赠扶养协议的主体,调动社会养老机构、民间救助机构的积极性,从而推进我国养老事业的发展,不断提升弱势群体的生存质量与人格尊严。

从本条规定可以看出,根据签订主体的不同,可以将遗赠扶养协议分为两种:

一种是自然人和继承人以外的组织签订的协议,这里的组织将不再局限于“集体所有制组织”,而是包括了社会养老机构、民间救助机构等;另一种是自然人和继承人以外的个人签订的遗赠扶养协议,这种协议纯粹是自然人之间的协议。

遗赠扶养协议具有以下特征:(1)主体具有限制性。被扶养人只能是自然人。扶养人是除继承人以外的组织或个人。本条扩大了遗赠扶养人的范围,不再局限于集体所有制组织。当然,扶养人须无法定扶养义务。(2)协议内容的实现有阶段性。从协议生效时起扶养人就应履行其扶养被扶养人的义务,而关于遗赠的内容只能于被扶养人死后实现。(3)遗赠扶养协议是双方的民事法律行为。既然是协议,就应当存在协议的双方,如果仅有一方,则不能称为协议,只能属于单方法律行为,如前述条款中提到的遗赠。因此,遗赠扶养协议必须是双方的共同意思表示,须由扶养人和被扶养人双方意思表示一致才能成立。遗赠扶养协议既然是双方民事行为,其订立就应依照合同的订立程序,双方之间为一种合同关系,且双方的意思表示必须是真实有效的,不得违反法律的规定。“总则编”第 133 条规定:“民事法律行为是民事主体通过意思表示设立、变更、终止民事法律关系的行为。”第 143 条规定:“具备下列条件的民事法律行为有效:(一)行为人具有相应的民事行为能力;(二)意思表示真实;(三)不违反法律、行政法规的强制性规定,不违背公序良俗。”根据“总则编”第 144 条至第 154 条的规定,下列民事法律行为无效:无民事行为能力人实施的民事法律行为;限制民事行为能力人依法不能独立实施的民事法律行为;行为人与相对人以虚假的意思表示实施的民事法律行为;违反法律、行政法规的强制性规定的民事法律行为;违背公序良俗的民事法律行为;行为人与相对人恶意串通,损害他人合法权益的民事法律行为。而无效的或者被撤销的民事法律行为自始没有法律约束力。(4)遗赠扶养协议是诺成性民事法律行为。该协议双方意思表示一致即可成立,不以标的物的给付为成立生效要件,因此该行为系诺成性行为。(5)遗赠扶养协议是双务、有偿行为。按照协议,扶养人和被扶养人都负有相互对待给付的义务,任何一方享受权利都是以履行相应的义务为对价的,任何一方都不能无偿取得他方的财产。在协议中,既有财产的内容,同时也有涉及人身关系的扶养的内容。(6)扶养人没有法定扶养义务。根据本条规定,受扶养人只能是自然人,而扶养人可以是继承人以外的个人,也可以是组织,但不能是对受扶养人有法定扶养义务的法定继承人。

【司法适用】

关于遗赠扶养协议的效力问题。扶养协议一经签订即发生法律效力,包括对当事人双方的内部效力和对其他人的外部效力。

第一,对内效力。遗赠扶养协议是一种双务合同关系,双方均享有权利同时也负有义务,且权利和义务具有对应性。(1)扶养人的义务。扶养人的义务就是在受扶养人生前扶养受扶养人,在受扶养人死后安葬受扶养人。遗赠扶养协议中的扶养人,虽然在遗赠人生前不能主张所遗赠财产的权利,但该项权利是一种期待利益,因此遗赠人不能随意处分协议中约定的财产,或通过遗嘱等方式再行处分给继承人或其他人,否则就会侵犯扶养人的合法权益。当然如果扶养人不认真履行扶养义务的,受扶养人有权请求解除遗赠扶养协议。(2)受扶养人的义务。受扶养人的义务主要是将其财产遗赠给扶养人。一旦受扶养人在遗赠扶养协议中将财产指定遗赠给扶养人,受扶养人在生前只能对该财产占有、使用、收益,但不能处分。如果受扶养人擅自处分财产,致使扶养人无法实现受遗赠权利的,扶养人有权解除遗赠扶养协议,并可以要求受扶养人补偿其已经付出的供养费用。

第二,对外效力。主要是指被继承人的遗产处置对于继承人、受遗赠人的法律后果。遗赠扶养协议并不仅仅对协议双方具有约束力,对于协议以外的继承人或者受遗赠人均会产生一定的法律效果。本编第 1123 条规定:“继承开始后,按照法定继承办理;有遗嘱的,按照遗嘱继承或者遗赠办理;有遗赠扶养协议的,按照协议办理。”在此基础上,《继承法意见》第 5 条又进一步明确:“被继承人生前与他人订有遗赠抚养协议,同时又立有遗嘱的,继承开始后,如果遗赠扶养协议与遗嘱没有抵触,遗产分别按协议和遗嘱处理;如果有抵触,按协议处理,与协议抵触的遗嘱全部或部分无效。”据此,遗赠扶养协议的对外效力表现为遗赠扶养协议是遗产处理的依据,在遗产处理时其效力高于遗嘱继承和法定继承。也就是说,如果遗赠人将同一份财产同时设定了遗赠扶养协议和遗嘱继承,在遗赠人死亡后,根据遗赠扶养协议优先性的特点,应当首先考虑执行遗赠扶养协议,即使其法定继承人或者遗嘱继承人已经先行占有该财产,也应当将该财产移交给遗赠扶养协议中的扶养人。

关于遗赠扶养协议的解除问题,新法并没有规定,但是普遍认为遗赠扶养协议成立后即发生法律效力,双方当事人应当按照协议约定享受权利、履行义务。任何一方不得擅自变更或者解除遗赠扶养协议。“总则编”第 136 条规定:“民事法律行为自成立时生效,但是法律另有规定或者当事人另有约定的除外。行为人非依法律规定或者未经对方同意,不得擅自变更或者解除民事法律行为。”根据《继承法意见》第 56 条的规定,扶养人或集体组织与公民订有遗赠扶养协议,扶养人或集体组织无正当理由不履行,致协议解除的,不能享有受遗赠的权利,其支付的供养费用一般不予补偿;遗赠人无正当理由不履行,致协议解除的,则应偿还扶养人或集体组织已支付的供养费用。根据《继承法意见》第 43 条的规定,附义务的遗嘱继承或遗赠,如义务能够履行,而继承人、受遗赠人无正当理由不履行,经受益人或其他继承人请求,人民法院可以取消他接受附义务那部分遗产的权利,由提出请求的继承人或受益人负责按遗嘱人的意愿履行义务,接受遗产。

在司法审判实务中,法院在查明案件事实时应当严格贯彻权利与义务相一致的精神。遗赠扶养协议决定了主体的权利与义务,如果受扶养人未解除协议的,对不尽扶养义务或者通过非法手段谋夺遗赠人财产的扶养人,经遗赠人的亲属或者有关单位起诉,法院可以剥夺扶养人的受遗赠权。如果扶养人不认真履行扶养义务,致使受扶养人经常处于生活缺乏照料的状况,法院可以酌情对扶养人受遗赠的财产数额予以限制。在上述情况下,若遗赠人请求解除遗赠扶养协议的,一般情况下应予准许,扶养人要求解除的,需要根据具体情况和理由决定是否准许。若遗赠人生前未经扶养人同意,擅自将约定的遗赠财产处分给他人,扶养人可以提出解除遗赠扶养协议,并要求遗赠人补偿已经支出的扶养费用,法院一般应予支持;扶养人不要求解除扶养协议的,第三人若是善意有偿取得财产,则所有权发生转移,若非善意有偿取得,则扶养人可以在取得主张遗产的权利后,向第三人主张返还不当得利。若扶养人为了摆脱负担,不愿意再履行扶养义务而提出解除的,在遗赠人同意的情况下可以解除,在遗赠人不同意解除的情况下,应当对扶养人进行说服教育,做好扶养人的工作,一般不应准许解除。当然,如果扶养人坚决要求解除协议,并且拒不履行协议的,也可以视情况准许解除。

需要注意的是,遗赠扶养协议与遗赠人的子女等赡养义务人的赡养义务并不冲突,因为该赡养义务是法定的,除非双方的身份关系消除才可以不承担义务。因此,即使签订了遗赠扶养协议,也不能免除遗赠人的法定赡养义务人的赡养义务。当然,遗赠人的子女等赡养义务人对其遗赠以外的财产仍然享有继承权。同时,如果扶养人是自然人的,即使其与遗赠人签订了遗赠扶养协议,因为该行为并不发生收养的法律效力,因此该扶养人对自己的父母仍然有赡养扶助的义务,当然也享有互相继承遗产的权利。

除此之外,我们还需要注意遗赠扶养协议和遗赠的区别。本编第 1133 条第 3 款规定:"自然人可以立遗嘱将个人财产赠与国家、集体或者法定继承人以外的组织、个人。"由此可以看出,遗赠是指自然人通过遗嘱的方式将其个人财产赠与国家、集体或法定继承人以外的组织、个人,而在其死亡后发生效力的民事行为。据此,我们可以看出,遗赠扶养协议和遗赠均是遗赠人自愿将其财产权利于死后转移给法定继承人以外的人的法律行为,且受遗赠人的受遗赠权都是在遗赠人死亡后才能实现。但作为不同的法律制度,两者存在重要的区别:(1)遗赠扶养协议是双方法律行为,协议的成立需要遗赠人与扶养人达成一致意思表示。但是遗赠属于单方法律行为,只要有遗赠人一方的意思表示即可成立,无须受遗赠人的承诺。

(2)遗赠扶养协议是有偿行为,扶养人对受遗赠权的享有以承担扶养遗赠人的义务为前提。但是遗赠属于无偿的财产让与。当然遗赠也有单纯遗赠和附负担遗赠之分。根据本编第1144条的规定:“遗嘱继承或者遗赠附有义务的,继承人或者受遗赠人应当履行义务。没有正当理由不履行义务的,经利害关系人或者有关组织请求,人民法院可以取消其接受附义务部分遗产的权利。”附负担的遗赠是遗赠人就遗赠附加某种义务或者条件的遗赠,但遗赠中的负担不是受遗赠人接受遗赠的对价。(3)遗赠扶养协议属于诺成性法律行为,协议一经签订即发生效力。而遗赠是死因行为,虽然是在遗赠人生前作出的意思表示,但必须在遗赠人死亡后才生效力。(4)遗赠扶养协议中的扶养人必须是具有完全民事行为能力的成年人或其他组织,而遗赠中的受遗赠人则不受此限。(5)遗赠扶养协议中,扶养人在遗赠人死亡后不需要作出接受遗赠的意思表示,即可以直接根据协议的约定取得遗产。本编第1124条第2款规定:“受遗赠人应当在知道受遗赠后六十日内,作出接受或者放弃受遗赠的表示;到期没有表示的,视为放弃受遗赠。”据此,遗赠中的受遗赠人必须在法定期限内作出接受遗赠的明确意思表示,否则,视为放弃受遗赠权。

【司法案例】

上诉人吴某1诉吴某2、王某1继承纠纷案①

诉讼结论:扶养人未按照遗赠扶养协议的约定履行对被扶养人的生养死葬义务,经受益人或者其他继承人请求,人民法院可以取消他接受附义务那部分遗产的权利。

基本案情:遗赠人王某畔(1917年4月17日出生)、宫某琴(1930年5月18日出生)于××××年登记结婚,双方未生育子女。婚后双方共同购买了大崂路房屋。遗赠人的父母均先于遗赠人去世。王某4系王某畔的堂侄,王某4和吴某2系夫妻关系,二人育有一女王某1。王某2、刘某系王某4的父母,王某2、刘某自愿放弃对王某4遗产的继承。原告吴某1系宫某琴的外甥女。1997年9月19日,遗赠人王某畔、宫某琴与扶养人王某4、吴某2在青岛市四方公证处见证下签订《遗赠扶养协议》,约定如下:(1)扶养人王某4、吴某2自愿尽扶养王某畔、宫某琴的义务,生养死葬,绝不虐待与遗弃遗赠人,否则愿承担法律责任。(2)扶养人在扶养王某畔、宫某琴的过程中,主动提出不要求遗赠人提供任何保证条款。(3)扶养人保证,对于遗赠人的财产、生活等遗赠人有完全的自主权,扶养人绝不

① 山东省青岛市中级人民法院(2019)鲁02民终4234号民事判决书。

干涉。(4)扶养人与遗赠人共同商定,遗赠人任何一方先于另一方死亡,死者的个人财产全部遗留给另一方遗赠人所有,待遗赠人双方均去世后,遗赠人的所有财产均遗留给扶养人所有。(5)本协议履行中,任何一方不得擅自中止或解除本协议。如扶养人违约,遗赠人不给予任何形式的经济补偿。如遗赠人解除本协议,扶养人根据所尽的义务有要求遗赠人给予经济补偿的权利。(6)本协议履行过程中如发生争议,双方应协商解决,协商不成,任何一方均可向人民法院提起诉讼。遗赠扶养协议签订后,王某4、吴某2夫妇经过探望照顾王某畔、宫某琴夫妇。王某畔于2005年5月26日去世,王某4、吴某2夫妇支付了丧葬费用。王某畔去世后,原告一家搬进大崂路房屋与宫某琴一起居住。2007年3月11日,在见证人王某3、辛某、宋某等5人的见证下,宫某琴立有遗嘱,主要内容为:青岛市李沧区户房产是我的财产,另有存款、金首饰若干,以上财产全部由我外甥女吴某1继承,其他人不得争夺,我的养老问题由外甥女负责。经被告申请,法院依法委托青岛万方司法鉴定所对遗嘱中宫某琴签名的真实性进行鉴定,结论为遗嘱中的“宫某琴”的签名系宫某琴本人所为。被告为此而支出鉴定为4000元。宫某琴在大崂路房屋内居住过一段时间后,被原告送往养老院。后来证人王某5联系过宫某琴,宫某琴称以后不用王某5和王某4管了。2013年4月5日,王某4去世。

2015年9月30日,大崂路居委会出具监护人指定书1份,主要内容为:宫某琴系我辖区居民,丧偶无儿女;2006年起与其外甥女吴某1共同生活,2007年患脑梗塞,经抢救治疗后,身体偏瘫,无法下床,意识不清,丧失民事行为能力,被亲属送入养老院生活至今;在此8年期间,一直由吴某1照料,现指定吴某1为宫某琴法定监护人。宫某琴于2015年10月1日去世,原告支付了丧葬费用。目前涉案房屋仍由原告控制使用。宫某琴去世时留有中国农业银行存单1张(本金4万元人民币)、中国银行存单1张(本金59,788.38元人民币)。

法院认为:王某畔、宫某琴与王某4、吴某2于1997年9月19日签署的遗赠扶养协议合法有效,协议的双方均应严格按协议内容履行。王某4、吴某2一方按协议约定履行了对王某畔老人生养死葬之义务,王某4、吴某2一方有权依据协议约定享有对属于王某畔老人财产部分的受遗赠权利。但是,王某4及吴某2一方亦认可在王某畔老人去世后,客观上未履行对宫某琴老人的扶养和丧葬义务,根据《继承法意见》相关规定,原审法院依法取消王某4、吴某2一方对宫某琴老人遗产部分的受遗赠权利正确,本院予以维持。因原告仅履行了部分义务,未履行王某畔去世后对宫某琴的扶养和丧葬义务,故经宫某琴的遗嘱继承人请求,法院可以依法取消被告接受该部分遗产的权利,考虑到王某4、吴某2履行义务的情况,法院认定取消的部分为宫某琴、王某畔遗产的1/2,取消部分遗产应当由原告根据宫某琴的遗嘱继承接受。故宫某琴、王某畔的遗产应当归原告和被告及王某4的法定继承人所有,各占1/2。王某4的法定继承人共有四位,即本案四被告,因被告刘某、王某2已经主动放弃了对王某4的继承权,故被告吴某2及王某4应当享有的份额应当归被告吴某2和王某1所有。最终法院判决宫某琴名下位于青岛市的房屋由原告吴某1和被告吴某2、王某1按份共有,原告吴某1占1/2的份额,被告吴某2、王某1占1/2的份额;宫某琴名下的中国农业银行存单、中国银行存单中的款项由原告吴某1和被告吴某2、王某1按份共有,原告吴某1占1/2的份额,被告吴某2、王某1占1/2的份额。

第一千一百五十九条　分割遗产,应当清偿被继承人依法应当缴纳的税款和债务;但是,应当为缺乏劳动能力又没有生活来源的继承人保留必要的遗产。

【条文主旨】

本条是关于遗产分割时的义务的规定。

【条文理解】

随着社会经济的发展,民事案件激增,被继承人债务清偿纠纷逐步成为实务中的热点问题。本条首先规定了被继承人债务的范围,由《继承法》第33条演变而来。将"继承遗产"变更为"分割遗产",表述更加严谨且更符合客观实际。关于被继承人债务的清偿时间,我国继承法律中并没有明确规定,结合本条和司法实践,通常有两种方式:一种是先清偿债务后分割遗产,即清偿被继承人的债务一般在遗产分割前进行,继承人在遗产总额中先行清偿被继承人的应缴税款和债务,只有存在剩余遗产时,再在继承人之间进行遗产分配;另一种是先行分割遗产后再进行清偿债务。遗产债务,狭义上是指被继承人生前个人依法应当缴纳的税款和完全用来满足个人生活和生产需要而欠下的债务,而广义上遗产债务还包括继承开始后,因遗产的管理、分割以及执行遗嘱和殡葬被继承人所支出的费用。①需要注意的是,在确定被继承人债务时应当将被继承人的个人债务与家庭共同债务区别开来。被继承人的债务只能是被继承人生前以个人名义欠下的、完全用于被继承人个人需要的债务,也就是与家庭共同生活需要或者增加家庭共有财产、偿还家庭共同债务无关,只是用来满足被继承人个人某种需要而欠下的债务。否

① 梁慧星编:《中国民法典草案建议稿附理由:继承编》,法律出版社2013年版,第178页。

则，无论债务是不是以被继承人名义欠下，均属于家庭共同债务，应以家庭共有财产清偿。在家庭共有财产不足清偿的情况下，由家庭成员分担偿还责任，应由被继承人清偿的部分，才属于被继承人的债务。同时，需要注意将被继承人的债务与继承开始后因殡葬被继承人所生的债务区别开来。

其次，该条又规定了保留必留份原则，由《继承法意见》第61条演变而来。关于特留份制度和必留份制度，在几十年的继承法立法以及继承编草案的编纂过程中争论较为激烈。有的观点认为必留份不能代替特留份，"继承编"应当规定特留份制度，以此充分发挥其限制遗嘱自由功能、继承传递功能、分配调控功能和价值保持功能。而有的观点则认为必留份已经起到了特留份的作用，有了必留份的规定后，没有必要再规定特留份制度。特留份是指被继承人通过遗嘱设立遗嘱继承时，必须依法留给继承人、不得自由处分的遗产份额。特留份是一种对被继承人行使其权利、处分自己遗产的法律限制，如果遗嘱人通过遗嘱排除了特留份权利人的继承权，则处分特留份遗产的遗嘱部分无效。许多国家在继承法立法时为防止被继承人通过遗嘱处分遗产而损害享有特留份权人的继承权，专门设置特留份为限制措施。我国在关于"继承"的立法过程中，一直没有规定特留份，只有本编第1141条关于"遗嘱应当为缺乏劳动能力又没有生活来源的继承人保留必要的遗产份额"的必留份制度和本条中关于"清偿被继承人依法应当缴纳的税款和债务应当为缺乏劳动能力又没有生活来源的继承人保留适当的遗产"的必留份制度。

根据本条规定，清偿被继承人的债务，应当为需要特殊照顾的继承人保留适当的遗产。该继承人必须同时具备两个条件，一是缺乏劳动能力，二是没有生活来源，此种情况下，即使遗产不足清偿债务，也应为其保留适当遗产，然后再根据该条款的规定清偿债务。因为家庭是社会的细胞，担负着养老育幼的职能。自然人生前所担负的扶养义务，在其死亡后应该用其遗产来继续履行。因此，将遗产遗留给其家庭成员，特别是"既缺乏劳动能力又没有生活来源的人"，是对该类继承人的生活保障，也是对个人利益和公共利益的有效协调，更是中华民族赡老育幼美德的实践，当然亦是为国家、社会排忧解难的体现。

【司法适用】

在司法实践中需要准确界定被继承人生前所欠债务的范围，通常情况下，被继承人的债务主要包括：(1)依照相关规定应缴纳的税款；(2)因合同之债发生的未履行给付财物的债务；(3)因不当得利而承担的返还不当得利的债务；(4)因无因管理之债的成立而负担的偿还管理人必要费用的债务；(5)因侵权行为承担的损害赔偿债务；(6)其他债务，如合伙债务、保证债务等。

由于被继承人债务清偿方式的不同,导致清偿时间也不一,但通常在清偿被继承人债务后才开始分割遗产的情况较为常见。但是由于在被继承人死亡后,债权人可能不知道这一情况,因此,为保护债权人的利益,在清偿被继承人的债务前,继承人应当及时通知债权人。对于已到期的债务,继承人应当从遗产总额中及时清偿;对于未到期的债务,继承人既可以提前清偿,从未分割的遗产总额中扣除,也可以在分割遗产时将该部分债务分配给某一继承人,但应给予该继承人与此债务等额的遗产数额。如果遗产已经被分割,但尚未清偿债务,本编第1163条规定:“既有法定继承又有遗嘱继承、遗赠的,由法定继承人清偿被继承人依法应当缴纳的税款和债务;超过法定继承遗产实际价值部分,由遗嘱继承人和受遗赠人按比例以所得遗产清偿。”也就是说,在分配遗产时,对被继承人生前所负债务的清偿,对内对外有不同效力:如果是对内,法定继承人、遗嘱继承人、受遗赠人按其分配的遗产比例承担按份责任;如果是对外,法定继承人、遗嘱继承人、受遗赠人对债权人承担连带责任。

需要指出的是,因被继承人债务清偿纠纷提起的诉讼,根据《民事诉讼法》第21条的规定,应当由被告住所地人民法院管辖;被告住所地与经常居住地不一致的,由经常居住地人民法院管辖。

【司法案例】

上诉人张某、徐某1与李某被继承人债务清偿纠纷案[①]

诉讼结论:分割遗产,应当清偿被继承人依法应当缴纳的税款和债务。如果有证据证明继承中有缺乏劳动能力又没有生活来源的继承人,即使遗产不足清偿债务,也应为其保留适当遗产。

基本案情:被继承人徐某山于2017年3月18日死亡,被告张某、徐某1、徐某2系徐某山第一顺序继承人。(2018)辽0203民初1253号民事判决中,被继承人徐某山名下的甲公司10%的股份,被告徐某2、张某、徐某1分别继承3.33%、3.33%、3.34%;被告张某继承徐某山名下的位于大连市西岗区房屋。2016年4月20日,被继承人徐某山给原告李某出具借条一份,内容为:“今借李某人民币捌万柒千元整(87,000.00元),借款人:徐某山”。从2003年以来,甲公司购买原告稀土镁、硅铁等,甲公司付部分货款,至2016年4月20日尚欠87,000元货款未付。被继承人徐某山于2014年及2015年分别以个人名义与其他公司签订了对账单等。甲公司的章程中,原股东为被告徐某2、孙某贤和被继承人徐某山,现股东

① 辽宁省大连市中级人民法院(2019)辽02民终1261号民事判决书。

为孙某贤、徐某2、张某、徐某1,2018年11月29日变更法定代表人为孙某贤。

法院认为:涉案借条所确认债务的基础法律关系是案外人甲公司欠付被上诉人的货款,时任该公司法定代表人徐某山就该货款向被上诉人出具《借条》,借条中将涉案货款记载为借款,徐某山以借款人身份签字确认。民事主体可以通过意思表示设立、变更、终止民事法律关系,现被上诉人与徐某山以出具借条的形式将之前的货款转化为二者之间的借款,根据法律规定,当事人有权对债权债务进行变更,人民法院应尊重当事人的意思自治,故一审将案涉款项确定为徐某山的个人借款债务具有事实依据,判决被继承人徐某山欠原告李某87,000元,被告徐某2、张某、徐某1在继承遗产范围内对上述债务承担清偿责任。虽然徐某山在出具借条时为甲公司的法定代表人,但涉案借条是由徐某山个人出具,并未加盖公司印章,且借条内容亦不能体现徐某山是以公司法定代表人的身份签字确认,故上诉人主张徐某山是以法定代表人身份出具借条的主张欠缺事实依据,本院不予支持。依据《继承法意见》第61条关于继承人中有缺乏劳动能力又没有生活来源的人,即使遗产不足清偿债务,也应为其保留适当遗产的规定,本案现有证据并不能证明上诉人徐某1对于案涉被继承人债务的清偿存在前述法律规定的情形,但如存在上诉人徐某1继承的遗产不足清偿债务的情况,应当为其保留必要的维持正常生活的遗产份额。最终二审法院判决驳回上诉,维持原判。

第一千一百六十条　无人继承又无人受遗赠的遗产,归国家所有,用于公益事业;死者生前是集体所有制组织成员的,归所在集体所有制组织所有。

【条文主旨】

本条是关于无人继承遗产归属的规定。

【条文理解】

本条由《继承法》第32条演变而来。增加了"用于公益事业"的规定,符合社会公众对无人继承又无人受遗赠遗产收归国家所有的后续立法规制的合理预期。无人继承又无人受遗赠的遗产,是指没有继承人亦没有受遗赠人承受的遗产。[①] 在被继承人死亡后,其遗产应当由继承人继承或者由受遗赠人受遗赠,以此将被继承人生前的财产转移给继承人或者受遗赠人所有。如果出现无人继承或者无人受遗赠,因为被继承人已经死亡,无法成为遗产的主体,故需要确定该财产的归

① 魏振瀛:《民法》,北京大学出版社、高等教育出版社2003年版,第639页。

属。关于无人承受遗产的处理,各国继承法均有规定,且均采用无人承受的遗产归国家所有的做法。① 但各国法律在国家取得遗产的地位上存在不同的看法,有的认为国家是作为无人承受遗产的法定继承人而取得遗产的,有的则认为国家有优先取得无人承受遗产的权利。我国的规定则不同,根据本条规定,我国是按照被继承人的身份来确定无人承受遗产的归属。如果死者生前是普通个人,即国家机关或全民所有制单位的职工、城镇个体劳动者、无业居民等的,其无人承受的遗产归国家所有,用于公益事业;如果死者生前是集体所有制组织成员的,其无人承受的遗产归所在集体所有制组织所有。无人继承又无人受遗赠的遗产收归国家所有或集体所有,是我国遗产继承中决定遗产最后归属的一条重要原则。我国《民法典》"继承编"之所以保留该条规定,是因为充分考虑到我国的国情。目前我国存在两种公有制,即全民所有制和集体所有制,而且集体所有制组织成员的比例相当大,尤其是在农村,绝大多数农民属于集体所有制组织的成员。集体所有制组织成员的生活、劳动均依赖于集体所有制组织。在无人继承又无人受遗赠的遗产中,有的财产,如涉及"五保户"的某些财产,就是由集体组织照顾的,也是集体生产组织成员的劳动成果。因此,被继承人生前属于集体组织成员的无人继承又无人受遗赠的遗产,理所应当归所在集体组织所有。

无人继承又无人受遗赠的遗产,是确定的无继承人继承也无受遗赠人受遗赠的遗产,主要包括以下情形:(1)被继承人没有法定继承人,又未立遗嘱,也没有指定受遗赠人,亦未同他人签订遗赠扶养协议。(2)被继承人的法定继承人、遗嘱继承人全部放弃继承,受遗赠人全部放弃受遗赠。(3)被继承人的法定继承人、遗嘱继承人全部丧失继承权,受遗赠人全部丧失受遗赠权。(4)被继承人只用遗嘱处分了一部分遗产,在没有法定继承人的情况下,未予处分的那部分遗产也属于无人继承的遗产。(5)被继承人虽用遗嘱处分了遗产,但遗嘱被认定为无效,且又没有继承人的。(6)所有继承人均被剥夺继承权。但必须指出的是,当第一顺序的继承人全部放弃或丧失继承权时,若有第二顺序的继承人存在,不属于无人继承的情况;如果遗嘱继承人、受遗赠人全部放弃或者丧失继承权、受遗赠权时,若有后位继承人、受遗赠人存在,也不属于无人继承又无人受遗赠。

【司法适用】

针对无人继承又无人受遗赠的遗产,在处理时需要遵循下列顺序:

首先,依法应当缴纳税款和清偿债务。根据本编第 1159 条的规定,分割遗产,应当清偿被继承人依法应当缴纳的税款和债务。那么,无人继承又无人受遗

---

① 梁慧星编:《中国民法典草案建议稿附理由:继承编》,法律出版社 2013 年版,第 212 页。

赠的遗产的债务清偿又应该如何处理呢？实践中存在两种情况，一种情况是清偿债务在前，剩余遗产收归国家或集体所有制组织所有在后。根据我国继承法律的立法原则精神，同时结合审判实践来看，通常情况下，一般会首先清偿死者的全部债务；如果在清偿债务后，遗产还有剩余，才会将剩余遗产收归国家或集体所有。因此，在死者的剩余遗产收归国家或集体组织以后，通常不会发生清偿死者生前债务的问题。另一种情况是在遗产收归国家或集体所有制组织后，债权人才提出申请要求清偿债务。我国继承法律目前没有对债权人申报债权的期限作出明确规定。一般来说，凡是在债务清偿公告发出期限内债权人未申报债权，而在遗产收归国家或集体组织以后债权人才提出请求的，分两种情况处理：一是无正当理由逾期未申报债权的，视为已经放弃债权，法律对此不予保护；二是债权人确有正当理由未按期报明债权的，接受无人继承又无人受遗赠的遗产的单位，应当在接受遗产价值的范围内进行清偿。

其次，继承人以外的对被继承人扶养较多的人，可以分给他们适当的遗产。本编第 1131 条规定："对继承人以外的依靠被继承人扶养的人，或者继承人以外的对被继承人扶养较多的人，可以分给适当的遗产。"《继承法意见》第 57 条规定："遗产因无人继承收归国家或集体组织所有时，按继承法第十四条规定可以分给遗产的人提出取得遗产的要求，人民法院应视情况适当分给遗产。"在无人继承又无人受遗赠的遗产归国家或集体组织之前，上述人员均可以主张权利，要求分得适当的遗产。这里所谓"对被继承人的扶养"，主要包括经济上的扶助和生活上的照料，是否扶助较多需要从扶助的"质"和"量"上予以综合比较考察。这里的"适当"不能理解为仅给一点就行，而是要根据具体情况来分给遗产的一部分，必要时甚至可以分得多于继承人应继承份额的遗产。扶养较多的扶养人，他们对遗产所享有的这种权利，是一种独立的民事权利，可以直接向遗产占有人请求分给相应的遗产份额，而且无论法定继承人按何种顺序继承遗产，法定继承人以外的遗产取得人均可按照该程序行使自己的遗产取得权。如果其依法取得被继承人遗产的权利受到侵犯，其有权以独立的诉讼主体资格向人民法院提起诉讼。

最后，剩下的应当执行本条规定。需要说明的是，无人继承又无人受遗赠的遗产归属国家或集体组织所有后，任何人不得要求重新主张权利。但是如果被继承人经法院判决宣告死亡，其遗产收归国家或集体组织后，被继承人生还，法院撤销宣告死亡的判决后，其财产应当如数归还，原物存在的应当返还原物，原物不存在的应当作价补偿。

在司法实践中，无人继承的财产和无主财产常常被混为一谈，两者之间既有联系又有区别。二者都属于暂时还未得到解决的所有权的归属问题。但二者又有明显不同:(1)无人继承遗产的情况发生在特定的继承关系中,而无主财产则发生在一般的民事活动中。在处理无人继承财产时,存在"酌给份"的规定。例如,《继承法意见》第57条规定:"遗产因无人继承收归国家或集体组织所有时,按继承法第十四条规定可以分给遗产的人提出取得遗产的要求,人民法院应视情况适当分给遗产。"据此,如果有继承人以外的对被继承人扶养较多的人,可以分配给他们适当的遗产,剩下的则收归国家或者集体所有。但是对于无主财产的处理,则不会发生"酌给份"的问题。(2)关于无人继承的遗产,原所有人是明确的,只是由于原财产所有人的死亡,致使其对财产未作出处理或因其他原因造成其遗产无人继承而又无人受遗赠的情况;但是关于无主财产,则是没有所有人或者所有人情况不明。比如,所有人不明的埋藏物、隐藏物、漂流物,在规定期限内无失主认领的拾得物等,这些财产从根本上就不知道谁是原所有人。鉴于无人继承的遗产和无主财产分属于不同的法律关系,因此在司法审判实务中,应当首先识别争议的焦点是继承问题还是物权问题,如果属于继承问题,那么应进一步根据继承准据法来确定该问题是否属于无人继承的遗产,进而确定该财产的归属;如果经过识别属于物权问题,则应当根据《民法典》"物权编"确定该财产是否属于无主物以及相应的归属问题。(3)对于无人继承又无人受遗赠的遗产,根据本编第1145条的规定,由被继承人生前住所地的民政部门或者村民委员会担任遗产管理人,并依照继承法的规定负责处理,归国家或集体组织所有,无须经过人民法院的审判程序即可解决;但是对于无主财产,则必须经人民法院按照特别程序审理解决。《民事诉讼法》第191条规定:"申请认定财产无主,由公民、法人或者其他组织向财产所在地基层人民法院提出。申请书应当写明财产的种类、数量以及要求认定财产无主的根据。"第192条规定:"人民法院受理申请后,经审查核实,应当发出财产认领公告。公告满一年无人认领的,判决认定财产无主,收归国家或者集体所有。"

【司法案例】

再审申请人田某发诉彭某花等所有权纠纷案[①]

诉讼结论:田某润系溪口乡芭蕉村大坪组(原五组)"五保户",其死后的丧葬事宜本应由其所在村组妥善办理。由于田某润生前未订立遗嘱,无遗赠扶养协议,也无法定继承人,其遗产应当归其所在集体组织所有。

基本案情:被继承人田某润于2008年去世。彭某学系田某润妹夫,其妻于

① 重庆市高级人民法院(2018)渝民申344号民事裁定书。

1989年去世。彭某学在本案二审期间去世，由其法定继承人彭某花、彭某英、彭某生参加本案诉讼。2013年，田某发按照国家政策进行了土地复垦，复垦面积共计为639平方米，复垦款122,235.01元。其中163平方米系原田某润房屋宅基地及附属设施，该163平方米房屋宅基地土地复垦的补偿款为31,218.71元。2015年9月，田某发领取了全部土地复垦补偿款。田某润系溪口乡芭蕉村大坪组（原五组）"五保户"，其死后的丧葬事宜本应由其所在村组妥善办理。

法院认为：由于田某润生前未订立遗嘱，无遗赠扶养协议，也无法定继承人，其遗产应当归其所在集体组织所有。田某润去世后，就其丧葬事宜及遗产处理等事宜，2008年三月初六溪口乡芭蕉村村委会出具的《证明》，主要内容为，经村委和组内群众商量，决定由彭某学负责办理田某润后事，并由其"继承"田某润的房屋、田土、山林。结合一审庭审中该《证明》提笔人田某贵证词，该《证明》实质是芭蕉村村委会与彭某学达成的协议，系双方真实意思表示，合法有效。《证明》中的"继承"不应解释为继承法律涵盖下的"遗产继承"，而应当理解为芭蕉村村委会将其收回的田仁润房屋处分给彭某学享有权益。因此，田某润房屋宅基地土地复垦的补偿款31,218.71元权益应归彭某学享有。因彭某学在本案二审期间去世，故应由其法定继承人彭某花、彭某英、彭某生享有复垦费。二审判决彭某花、彭某英、彭某生享有31,218.71元复垦款权益并无不当。最终法院裁定驳回田某发的再审申请。

第一千一百六十一条　继承人以所得遗产实际价值为限清偿被继承人依法应当缴纳的税款和债务。超过遗产实际价值部分，继承人自愿偿还的不在此限。

继承人放弃继承的，对被继承人依法应当缴纳的税款和债务可以不负清偿责任。

【条文主旨】

本条是关于被继承人税款、债务清偿原则的规定。

【条文理解】

该条款由《继承法》第33条演变而来，主要说的是限制继承原则。关于被继承人债务清偿的原则，各国继承法的规定各不相同，但主要有两种。一种是概况继承原则，主要是指继承人在继承财产权利的同时，也应继承财产义务，即对被继承人的债务承担无限清偿责任，但该原则无疑加重了继承人的负担，所以该原则已经不被采用。另一种为限定继承原则,主要是指继承人对被继承人的遗产债务的清偿只以遗产的实际价值为限,除继承人自愿清偿外,继承人对于超过遗产实际价值的部分不负清偿责任。① 限定继承原则是对概况继承原则的改造和发展,既可以保护继承人的利益,也维护了被继承人的债权人的合法权益。

该条规定包括了三层含义:一是继承人清偿债务的限度。继承人、受遗赠人对被继承人生前债务的清偿以其分配的遗产的实际价值为限,对超出的部分,不承担清偿责任。二是继承人超过遗产实际价值自愿偿债的许可。如果继承人对于超过遗产实际价值的部分自愿偿还,则不受该限定继承原则的限制,法律也并不禁止该种行为,但是继承人在偿还后不得以自己不知道只应承担有限清偿义务为由而要求返还超过遗产实际价值的那部分。三是放弃继承可以免除清偿债务。由于继承人已经放弃继承权,依照权利和义务相一致的原则,不享有继承权利则无须承担缴纳税款和偿还遗产债务的义务。应当说,前两层含义是遗产债务清偿的基本规则,无论遗产是否已经分割,其均应适用之,故将其限定于"遗产已经分割的场合"有所不妥。在 2018 年 4 月和 9 月的两次民法典继承编草案征求意见稿中增加了"遗产已经分割"的规定,而在 2019 年 7 月和 12 月的草案征求意见稿中已经将"遗产已经分割"的规定删除,更符合客观实际,便于司法实务的操作。而后一层含义在遗产已经分割的情况下是不会发生的。因为继承人放弃继承的,就不会参与遗产分割。

【司法适用】

司法实践中,需要指出的是,清偿被继承人的债务以遗产的实际价值为限,是指继承人可以在遗产的实际价值范围内承担清偿责任。对于超出遗产实际价值的那部分债务,继承人可以不负清偿责任。在被继承人是通过遗嘱的方式将其遗产留给遗嘱继承人,但是对债务未作明确处理时,其他法定继承人可以拒绝清偿被继承人的债务,而遗嘱继承人应当在继承遗产的实际价值范围内偿还被继承人的债务。在被继承人通过遗嘱的方式将债务留给遗嘱继承人,而对遗产未作明确处理时,遗嘱继承人可以拒绝偿还被继承人的债务,而法定继承人应在继承遗产的实际价值范围内偿还被继承人的债务。当然,本法规定的清偿被继承人的债务,以所继承的遗产的实际价值为限,并不否定或限制继承人在自愿的前提下,对超出遗产实际价值部分的债务承担清偿责任。

关于夫妻一方死亡后,另一方履行清偿责任而取得的追偿权的范围及限制。最高人民法院《关于适用〈中华人民共和国婚姻法〉若干问题的解释(二)》第 26

① 魏振瀛:《民法》,北京大学出版社、高等教育出版社 2003 年版,第 639 页。

条规定:"夫或妻一方死亡的,生存一方应当对婚姻关系存续期间的共同债务承担连带清偿责任。"据此,夫或妻对婚姻关系存续期间的共同债务负连带清偿责任,此责任不因夫妻一方死亡而消灭。在连带债务中,债务人之间能否追偿的风险由债务人之间自己负担,而不能由债权人负担。因此,夫妻一方死亡后,另一方对婚姻关系存续期间的共同债务仍然要承担连带清偿责任。但是,如果生存一方履行了连带清偿责任的,即获得了向另一方追偿的权利。不过生存一方所行使的追偿权又需要受到夫妻财产制度和遗产继承制度的限制。具体来讲体现在以下几个方面:(1)如果夫妻双方实行的是约定财产制,则生存一方在履行了连带清偿责任之后,应当在约定财产的范围内行使追偿权。约定属于死亡一方的财产不足以偿还的,应当用死亡一方的其他遗产予以偿还。(2)如果夫妻双方实行的是法定财产制,则应当首先用夫妻共同财产清偿。假如共同财产不足以清偿,可以用死亡一方的其他遗产清偿,如死亡一方的婚前财产等个人财产。(3)无论是实行约定财产制还是法定财产制,生存一方求偿权的行使以死亡一方的全部遗产的实际价值为限,超过遗产实际价值的部分,除继承人自愿偿还的以外,生存一方的求偿权将不能实现。(4)要正确掌握生存一方的追偿权与婚姻法律中照顾子女和女方权益相统一的原则。(5)要正确掌握生存一方的追偿权与继承法律中继承人清偿债务原则的相互关系。

关于继承人放弃继承,需注意:(1)放弃继承的意思表示应在继承开始之后、遗产分割之前作出。(2)放弃继承不得附加条件或者期限,也不能影响法定义务的履行。如果继承人因放弃继承权致使其不能履行法定义务的,继承权的放弃行为无效。(3)放弃继承必须符合意思表示的形式要件,必须是明示方式,即以书面或口头方式作出。通过口头方式放弃的,需本人承认或者有其他证据充分证明,才能认定为放弃有效。如果是在诉讼中,法院对继承人以口头形式放弃继承的,需要制作笔录,由放弃继承的人签名。(4)放弃继承的意思表示原则上不得撤回。此外,需要明确的是,如果放弃继承的继承人自愿偿还被继承人的债务,可以参照前款规定,承认其清偿行为的效力,债权人接受的不构成不当得利。

【司法案例】

再审申请人周某等诉被申请人徐某等
被继承人债务清偿纠纷案①

诉讼结论:继承人以其继承遗产的实际价值为限对被继承人的债务各自承担

① 最高人民法院民事裁定书(2018)最高法民申 4528 号民事裁定书。

有限清偿责任。

基本案情:2010 年 8 月 16 日,徐某通过其银行账户向刘某 3 银行账户转款 800 万元。2010 年 8 月 20 日,第三人甲公司(甲方)与徐某(乙方)的委托代理人赵某签订《探矿权转让合同》一份,合同约定:(1)乙方自愿购买甲方所持有的《新疆吐鲁番市喀拉哈达吾台克铜多金属矿》,甲方保证该探矿权属无争议。(2)甲方收到乙方的全款(800 万元)后,即把探矿权证原件交与乙方,并保证该探矿权证真实、合法、有效。(3)甲方只出让现有的探矿权,不向乙方作任何的保证及承诺。自本合同甲乙双方签字生效之日起,所有风险都与甲方无关,全部由乙方自行承担。(4)自本合同签订后,今后对该探矿权证进行年检、核查等所需费用均由乙方全部承担。经查,甲公司在工商登记部门登记的股东为李某 1、窦某东,法定代表人为李某 1,涉案三个探矿权证现登记在甲公司名下。另查明,刘某 3 系周某的丈夫,刘某 1、刘某 2 系两人的子女。刘某 3 于 2013 年 6 月 4 日因病去世。刘某 3 的第一顺序法定继承人有周某等三人。上述 800 万元款项转入刘某 3 银行账户之后,对刘某 3 是否将该款项交付给甲公司的问题,周某等三人表示不知情,经一审法院释明,其亦未能提供相关证据证明刘某 3 已经将该 800 万元款项交付给甲公司。

2013 年 6 月 10 日,刘某 1 自刘某 3 农业银行账户取款 10,528,935.37 元。同日,刘某 1 自刘某 3 农业银行账户取款 282,308.48 元。上述款项合计 10,811,243.85 元。同日,刘某 1 将上述款项中的 1080 万元存入刘某 2 农业银行账户,另外 11,243.85 元存入周某银行账户。2013 年 6 月 19 日,刘某 1 存入刘某 2 农业银行账户 3,100,945 元,存入刘某 2 农业银行账户 77 万元。同日,刘某 1 将刘某 2 农业银行账户内 300 万元转入乙公司农业银行账户,个人申请业务申请书用途栏内备注“投资”。

关于刘某 3 的遗产范围,徐某表示其现掌握的遗产为涉案诉讼保全的房产,除此之外再没有其他证据。另查明,依照徐某的申请,山东省枣庄市中级人民法院作出(2014)枣民一初字第 2 号民事裁定书,裁定冻结周某等三人银行存款 850 万元或查封、扣押其相应价值的财产,并据此查封周某之夫刘某 3 名下位于枣庄市××街路南的房产,位于枣庄市市中区××小区××房产;查封刘某 2 名下位于济南市市中区舜××路××号天泰太阳树 5 号楼 1-1502、1-113。一审庭审中,周某等三人主张除上述调查中周某所称的两套房产系周某和刘某 3 的夫妻共同财产之外,刘某 3 别无其他遗产,刘某 3 去世后没有留下遗嘱。周某等三人均表示对刘某 3 的遗产还没有进行继承分割,并均要求依法继承刘某 3 的遗产(刘某 1 在一审庭审中曾主张不继承遗产,但在一审后来的庭审中又改变主张,称同意继承刘某3的遗产)。

法院认为：本案二审时，最高人民法院《关于审理矿业权纠纷案件适用法律若干问题的解释》已经施行。二审法院认定本案《探矿权转让合同》中的探矿权未经行政主管部门批准不得转让，相应转让合同未经行政主管部门审批不生效，与前述司法解释的规定相悖，属于适用法律错误。2010年8月16日，徐某向刘某3账户转款800万元。2010年8月20日，甲公司与徐某的委托代理人赵某签订《探矿权转让合同》，合同约定的主要内容为徐某购买甲公司所持三项探矿权，刘某3持甲公司公章，在李某办公室内在案涉合同上盖章。故徐某向刘某3转账800万元与甲公司、徐某签订案涉《探矿权转让合同》之间有密切关联。在刘某3与甲公司之间是否存在代理关系、徐某与甲公司之间《探矿权转让合同》是否解除、刘某3取得案涉800万元是否具有合同依据等未予认定的情况下，二审法院认定刘某3取得该800万元后未支付给甲公司，性质上属于不当得利，缺乏事实依据。关于二审法院认定周某等三人应对刘某3的案涉债务承担连带责任并判决周某等三人共同返还800万元是否适当的问题。《继承法》第33条第1款规定，继承遗产应当清偿被继承人依法应当缴纳的税款和债务，缴纳税款和清偿债务以他的遗产实际价值为限。超过遗产实际价值部分，继承人自愿偿还的不在此限。根据上述法律规定，继承人以其继承遗产的实际价值为限对被继承人的债务各自承担有限清偿责任。超过遗产实际价值部分，继承人自愿偿还的不在此限。在刘某3遗产尚未分割的情况下，二审法院认定周某等三人应对刘某3的案涉债务承担连带责任，并判决周某等三人共同承担返还责任，没有事实和法律依据。

第一千一百六十二条　执行遗赠不得妨碍清偿遗赠人依法应当缴纳的税款和债务。

【条文主旨】

本条是关于清偿被继承人税款、债务优先于执行遗赠的原则的规定。

【条文理解】

该条款保留了《继承法》第34条的规定。保留此条规定的目的在于防止公民利用遗赠形式转移财产，从而损害国家和债权人的利益。根据本编第1133条的规定，自然人可以立遗嘱将个人财产赠与国家、集体或者法定继承人以外的组织、个人。据此，遗赠是指遗嘱人利用遗嘱的方式将其财产在其死后赠给国家、集体或法定继承人以外的组织、个人的法律行为。而根据本条规定，执行遗赠应在清偿债务后进行，只有在清偿被继承人债务之后，如果有剩余财产，遗赠才能执行，如果遗产不足以清偿债务，则不能执行遗赠。这是因为：(1)债权人的债权一般都是有偿取得的，债权人付出了义务才能取得此项权利，而遗赠是无偿取得的；(2)债权一般都是在被继承人死亡之前形成的，在继承开始之前，就已经确定。而遗赠一般是在被继承人死亡之后才发生的。因此对于债权的保护，一般优先于对受遗赠的保护，只有在清偿完应缴纳的税款和债务后才能执行遗赠，否则就会损害国家和债权人的利益。实践中，执行遗赠妨碍缴纳税款和债务清偿一般存在两种情况：一种情况是遗赠人的债务已经超过了遗产的实际价值，如果执行了遗赠，债权人所受的损失就更大了；另一种情况是虽然债务没有超过遗产的实际价值，但是执行遗赠后就会出现债务超过遗产实际价值的情况。这两种情况的发生均不利于对债权人合法权益的保护。

【司法适用】

在司法实践中，需要注意，本条规定只适用于遗嘱中的遗赠，而不适用于遗赠扶养协议中的遗赠。

随着人们相互之间的经济交往越来越密切，遗产和遗产债务的种类随之增加，但关于被继承人债务清偿顺序的问题在《民法典》“继承编”中并没有得到完全解决。在实践中，通常情况下，如果债权人是一人，基本不会产生债务清偿顺序的问题；如果债权人是多人，若被继承人的遗产足以清偿全部债务，那么也无所谓债务的清偿顺序。而当债权人是多人，且被继承人的遗产不足以清偿全部债务时，就需要明确债务的清偿顺序。遗产债务清偿顺序的主要的争议在于继承费用和设有担保的债权谁可以优先受偿；必留份之债、酌给遗产之债和设有担保物权的优先权之债谁可以优先受偿；必留份之债、酌给遗产之债和普通债务何者优先受偿。以上较大的分歧也使得遗产债务清偿顺序成为我国司法的难点之一。以梁慧星为代表的学者认为，遗产债务清偿顺序应当依照以下顺序进行：(1)继承费用；(2)缺乏劳动能力又没有生活来源的继承人的六个月生活费；(3)享有担保物权的优先权之债；(4)普通债务；(5)未在申报时限内申报的一般债权。[①] 以王利明为代表的学者认为，遗产债务应按下列顺序进行清偿：(1)享有担保物权的优先权之债；(2)继承费用；(3)遗产税；(4)普通债务；(5)遗产酌给之债；(6)因特留

---

① 梁慧星主编：《中国民法典草案建议稿附理由·继承编》，法律出版社2013年版，第182～187页。

份扣减权、遗赠等产生的债务。[①] 以杨立新为代表的学者则认为遗产清偿顺序为：(1)继承费用；(2)缺乏劳动能力又没有生活来源的继承人必要的遗产份额；(3)被继承人生前欠缴的税款；(4)被继承人生前所负的债务；(5)遗赠扶养协议之债、继承扶养协议之债；(6)遗赠。[②]

目前还没有明确的法律规定，在以往司法实务中，多是根据以下清偿顺序进行：(1)工资、生活费。被继承人生前如果是个人经营个体营业或者从事承包经营，则对于雇佣职工所欠的工资和生活费等，应当在遗产中优先支付，这是维持职工日常生活所必需的。(2)税款。缴过税款的收入才是个人合法收入，只有个人合法收入才能自由支配，所以欠缴的税款也应当优先受偿。(3)优先债权。所谓优先债权，主要是指债权人在遗产上有抵押权、质权、留置权等担保债权，享有这些权利的人为优先权人。此种优先债权的效力不应当受到遗产继承的任何影响，理应优先于普通债权被清偿。但是这种优先权并不是对全部遗产均享有优先清偿权，如果在提供担保质物或权利不足以清偿其债务时，则其不足部分仍然应当与普通债权一样处于同一清偿顺序而受到清偿。(4)普通债权。在清偿完优先债权后才能清偿普通债权。但是对于普通债权的清偿应以继承人已经知道的为限。如果继承人无从知道的债权当然也就无法清偿。对于尚未到期的债务，也应在遗产债务清理时一并清偿，以避免延缓整个遗产债务清偿的进行。对于那些附条件但条件尚未成就的债权的清偿问题，不可一概而论，应由继承人和债权人互相协商，或请求人民法院依法确定。需要注意的是，如果被继承人的遗产在清偿完优先债权后不够清偿已知普通债权的，应当根据公平原则，对于各项普通债权按照其数额的比例分别予以计算并清偿。(5)交付遗赠。在清偿完优先债权和普通债权后，如果遗产尚有剩余的，才能开始遗赠的交付。这样既有利于保护国家的利益，又利于保护债权人的利益，从而维护正常的社会经济秩序。

鉴于本编规定了遗产管理人制度，在《民法典》施行之后，如果遗嘱或者合同没有特别约定，遗产管理费用可参照破产管理费用的清偿顺序优先支付。

---

① 王利明等：《中国民法典学者建议稿及立法理由（人格权编 · 婚姻家庭编 · 继承编）》，法律出版社 2005 年版，第 624 页。

② 杨立新、杨震等：《〈中华人民共和国继承法〉修正草案建议稿》，载《河南财经政法大学学报》2012 年第 5 期。

【司法案例】

上诉人孙某1、孙某2诉甲慈善总会等遗赠纠纷案①

诉讼结论：执行遗赠不得妨碍清偿遗赠人的债务。

基本案情：孙某1、孙某2、孙某3、孙某4、孙某5、孙某6、孙某7、孙某8系孙某生、吴某花子女，孙某1、孙某2、孙某3、孙某4、孙某5、孙某6、孙某7、孙某8之间系兄弟姐妹关系。孙某9系孙某生、吴某花孙子，孙某3的儿子。2011年10月17日，在桐庐县孝门村民委员会的见证下，孙某生、吴某花及四个儿子孙某1、孙某2、孙某3、孙某4均在协议上签字，同意将孙某生、吴某花所有的住房置换权与孙某9合并一起至桐庐县城置换房屋。2012年3月，孙某9作为户主，分别与乙建设有限公司丙分公司、桐庐县农业和农村工作办公室、富春江镇孝门村村民委员会签订了“桐庐县农村农民住房置换县城公寓房协议书”“桐庐县农村农民住房置换县城公寓房奖补协议书”“富春江镇孝门村置换县城（中心镇）公寓房农户农村住房拆除补助协议书”，约定被拆迁人房屋坐落在，常住在册人口数5人，本户共有建筑面积275.66平方米，附属物面积129.34平方米；拆除补偿款合计53,022元。该房屋拆迁时核准的安置人数6人，为孙某9、郑某华、孙某杰、孙某生、吴某花、虚拟人口1人；选择置换县城公寓房，每人安置面积45平方米，最多可选2套安置房。2012年6月6日，桐庐县国土资源局在“桐庐县农村农民住房置换县城公寓房旧房拆除验收单”上盖章，确认孙某9户的旧房已拆除。之后，孙某9领取了房屋补偿款53,022元，人口奖50,000元及过渡安置补贴6000元。2013年6月11日，孙某9与乙建设有限公司丙分公司签订了“桐庐县农村农民住房置换县城公寓房合同”一份，将原住房置换位于桐庐县，总面积274.50平方米。上述公寓房总价款674,172元，于2012年4月30日前支付首期房款80,000元，剩余购房款594,172元于2013年7月20日前付清。

孙某生于2012年8月20日去世，吴某花于2012年9月2日去世。2012年2月13日，孙某生、吴某花立下“自书遗嘱”，内容为：“1.我立此遗嘱，对我所有的财产，作如下处理：我自愿将下列归我所有的财产遗留给我女儿孙某8管理，其他任何子女不得干涉。此房屋位于桐庐县竹子坞，该房屋属于夫妻共有财产，如果该房产拆迁，遗嘱人主张索要拆迁费，不要安置房，所得拆迁费用归属于女儿孙某8管理，供我养老。2.我生病后的医疗费、生活费、护理费等各种开支由四个儿子共同承担。我的房屋拆迁个人财产，从我拿到拆迁款之日起，所产生的医疗费、护理

① 浙江省杭州市中级人民法院（2017）浙01民终7166号民事判决书。

费、生活各种开支费用均在遗产中扣除。如我去世后还有剩余财产的,将无偿捐献给甲慈善总会,任何子女不得干涉。3. ……”2014 年 1 月 26 日,甲慈善总会出具声明一份,内容为:根据孙某生和吴某花的遗嘱,甲慈善总会届时愿意接收他们的剩余遗产(现金)。

法院认为:遗产是公民死亡时遗留的个人合法财产,包括公民的收入、房屋、储蓄、生活用品等财产,公民可以依照《继承法》的有关规定立遗嘱处分个人财产,公民可以立遗嘱将个人财产赠给国家、集体或者法定继承人以外的人。孙某生、吴某花所立遗嘱非自己亲笔书写而成,故法律性质应为代书遗嘱;孙某 1、孙某 2、孙某 3、孙某 4、孙某 5、孙某 6、孙某 7、孙某 8 虽对遗嘱人的民事行为能力及见证人的见证资格提出质疑,但并未提交充分证据予以支持,故法院对该遗嘱法律效力予以确认。

该遗嘱第“2”部分系对遗产的处分,明确扣除医药费、护理费、生活各种开支费用后如有剩余后即行捐赠,而扣除上述费用的起始点是从遗嘱人拿到拆迁款之日,而遗嘱人拿到拆迁款至其死亡仅 2 个多月,根据孙某 1、孙某 2 提供的医疗费发票,遗嘱人这期间的医疗费支出为 14, 500 余元,而遗嘱人的人口奖及过渡安置补贴有 22, 400 元,法院认为该补偿款已基本满足遗嘱人在这 2 个多月期间的医药费、护理费、生活费。孙某 1、孙某 2、孙某 3、孙某 4、孙某 5、孙某 6、孙某 7、孙某 8 提供的证据不足以证明丧葬费用的支出金额,应承担举证不能之不利后果。因此,遗嘱人将其扣除各项开支后剩余的遗产即享有的安置房屋各 45 平方米的产权份额捐赠给甲慈善总会,在遗嘱人与甲慈善总会之间成立遗赠法律关系,且遗赠优先于法定继承。根据《继承法》第 25 条第 2 款的规定,受遗赠人应当在知道受遗赠后两个月内,作出接受或者放弃受遗赠的表示。到期没有表示的,视为放弃受遗赠。孙某 8 在一审庭审中自认其于 2014 年 1 月第一次告知甲慈善总会该遗赠事宜,甲慈善总会于 2014 年 1 月 26 日出具声明愿意接受孙某生、吴某花的剩余遗产。

综上,甲慈善总会的诉讼请求合法有据,法院予以支持。另外,根据第三人孙某 9 与乙建设有限公司丙分公司签订的《桐庐县农村农民住房置换县城公寓房合同》,孙某生、吴某花享有的各 45 平方米安置房的房款系孙某 9 支付,孙某 9 可另行向甲慈善总会主张。孙某 3、孙某 4、孙某 5、孙某 7、第三人孙某 9 未到庭,视为其放弃相应的诉讼权利,依法应缺席判决。据此法院判决确认孙某生及吴某花于 2012 年 2 月 13 日各自所立的自书遗嘱有效;确认坐落于桐庐县产中的 45 平方米、16 幢 1 - 801 号房产中的 45 平方米,合计 90 平方米份额归甲慈善总会所有。

第一千一百六十三条　既有法定继承又有遗嘱继承、遗赠的，由法定继承人清偿被继承人依法应当缴纳的税款和债务；超过法定继承遗产实际价值部分，由遗嘱继承人和受遗赠人按比例以所得遗产清偿。

【条文主旨】

本条是关于既有法定继承又有遗嘱继承、遗赠时税款和债务的清偿的规定。

【条文理解】

本条是新增内容。由《继承法意见》第62条演变而来，明确了清偿被继承人债务的顺序。至于何时清偿债务，并没有法定要求，可以在遗产分割之前，也可以在遗产分割之后。为保护债权人的利益，同时考虑各种继承方式的法律效力，根据本条规定，对于被继承人生前所负债务，按照下列顺序清偿：(1)在同一继承关系中，既有法定继承，又有遗嘱继承和遗赠的，遗产已经被分割但未清偿债务时，首先应当由法定继承人用其所得遗产进行清偿；(2)法定继承人以所得遗产不足清偿的债务，由遗嘱继承人和受遗赠人用所得遗产按比例清偿。之所以如此，是因为"限定继承"原则同样适用于遗嘱继承方式。在被继承人仅仅是在遗嘱中指定遗嘱继承人取得其遗产中的财产权利，但是对于其财产义务的负担未做任何安排的情况下，为了保护债权人的合法权益，就必须由表示接受继承的遗嘱继承人承担清偿被继承人债务的责任。至于受遗赠人，其也需要在遗产分割后以其取得的遗产承担清偿被继承人债务的责任，这是由清偿被继承人债务优先于遗赠的法律原则决定的。法律规定"先法定继承人、后遗嘱继承人和受遗赠人"的清偿责任顺序，既体现了"遗嘱继承和遗赠优先于法定继承"的原则，又可以表现出对被继承人的意愿以及遗嘱继承人和受遗赠人按照遗嘱取得遗产权利的尊重，符合民俗习惯和司法实际。

【司法适用】

针对被继承人债务的清偿，当有两个或两个以上的继承人共同继承遗产时，原则上应当依照每个继承人各自所得的遗产份额，按照比例分担清偿被继承人债务的责任。即多继承遗产的多分担债务，少继承遗产的少分担债务。当然，在限定继承原则的前提下，此种分担应当以遗产的实际价值为限。

在法定继承中，各继承人承担清偿被继承人债务的责任时，一般应以其继承的遗产份额按比例来分担。如果有的继承人存在丧失劳动能力且生活困难的情形，承担清偿债务的责任存在实际困难，那么，其他继承人应本着互助互让、协商一致的精神，在经济状况及承担能力允许的情况下，依据自愿的原则，多承担些清偿责任。如果有代位继承人参加继承,那么代位继承人只能在被代位人应继承的遗产份额的实际价值范围内承担清偿债务的责任,而不能让各代位继承人与其他继承人平均承担清偿债务的责任。

在遗嘱继承中,如果被继承人已经在遗嘱中对各个继承人设定了清偿债务的责任,则即使继承人所继承的遗产份额与遗嘱中所确定的清偿债务的份额不成比例,各个继承人也应当在继承遗产份额的实际价值范围内承担清偿债务的责任;如果被继承人在遗嘱中没有确定各个继承人应当清偿债务的具体份额,那么各继承人就应当在其所继承的遗产份额的实际价值范围内按比例分担清偿责任。对于缺乏劳动能力又无生活来源的继承人,被继承人可以在遗嘱中为其保留必要的遗产份额,但不能指定其在必留份遗产价值限度内承担清偿债务的责任。

需要注意的是,被继承人遗留的如果是实物或者不动产,各个继承人要求保留这些实物作为纪念或者要求使用这些不动产的,也可以由各个继承人先行继承实物或者不动产,然后再按照相应的价值比例分担清偿被继承人债务的责任,并对债权人承担连带清偿责任。

在司法实践中,当事人通常会因债权清偿争议而提起被继承人债务清偿纠纷。在该类案件中,如果债权人仅仅是起诉部分继承人的,人民法院应当释明债权人追加其他继承人作为被告参加诉讼;如果经释明债权人坚持不追加其他继承人的,人民法院应当在告知其可能丧失相应的债权请求权后,依职权通知其他继承人以第三人身份参加诉讼,以便一并查明继承遗产情况。在该类纠纷中,如果人民法院依法判决继承人承担履行债务责任,那么判决主文应表述为:“法定继承人×××在遗产继承范围内连带清偿……不足部分由遗嘱继承人(受遗赠人)×××承担×分之×、遗嘱继承人(受遗赠人)×××承担×分之×……”

【司法案例】

上诉人关某诉顾某被继承人债务清偿纠纷案①

诉讼结论:既有法定继承又有遗嘱继承的,由法定继承人清偿被继承人的债务。

基本案情:关某盛与马某英系再婚夫妻,共生育长子关某松、次子关某军和小女关某。关某英系关某盛与前妻所生之女,马某英之继女。顾某系关某军之妻,关某超系关某军之女。关某盛、马某英分别于2002年10月31日和2014年7月7日去世。2006年5月18日南通市红十字救护中心专用收据显示姓名关某军,金

① 江苏省南通市中级人民法院(2019)苏06民终106号民事判决书。

额1800元。2006年6月22日上海市崇明县医疗救护站救护车车费专用收据显示姓名关某军，金额1600元。2007年5月10日南通市第三人民医院住院预交款临时收据显示病员姓名关某军，金额2万元。2007年5月13日南通市第三人民医院住院预交款临时收据显示病员姓名关某军，金额1万元。2007年5月14日上午，江苏南通大生律师事务所律师吉某康、袁某接受顾某的委托，到南通市第三人民医院三病区为关某军代书遗嘱提供法律服务。吉某康、袁某与关某军2007年5月14日的《谈话笔录》载明："关（关某军）：我还有5万元存款，存单存放在学田南苑的房子里……是两张存单，一张3万，一张2万。其中3万元还给我妹妹关某，她帮我垫付了3万元医药费，还有2万元用作医疗费，如果还有剩余，归顾某所有……"2007年5月14日，由袁斌执笔形成遗嘱一份，内容为："位于亚太苑某室、阁楼、车库，易家桥新村某室，学田南苑48号楼某室，以上三处房产，属于我个人所有的部分，在我去世之后，全部归我配偶顾某所有。"关某军在立遗嘱人后签字，吉某康作为在场人签字。2007年6月8日，关某军去世。2017年5月19日，江苏省南通市中级人民法院（2017）苏06民终1150号谈话笔录中关某陈述："2007年5月10日关某军全天发高热，昏迷不醒，我找医生出钱把关某军转进重症监护病区……我哥哥生病她还欠我很多钱。是她欠我钱。那个钱是我主动帮我父亲添的。"

法院认为：关于关某为关某军垫付的医疗费是否为借款。借贷关系的成立应当以借贷双方均有借贷的意思表示并达成合意为基础。从关某在2017年5月19日江苏省南通市中级人民法院（2017）苏06民终1150号谈话笔录中的陈述可以看出，关某主动为关某军垫付救护车费用以及住院医疗费并没有借贷的意思表示，而是基于亲情的主动救助，只可能成立无因管理之债而不可能成立借贷之债。现关某主张垫付的30,000元住院费和救护车费3400元为借款不符合法律规定，亦有违诚实信用。关某在审理中主张，关某军除2007年5月14日遗嘱中涉及的房产外，还有存款、金首饰等其他遗产，并且自认没有要求关某军的法定继承人清偿本案的债务。虽顾某对此予以否认，但因关某军的法定继承人并非都系本案当事人，无法在本案中径行审查关某军其他遗产情况，现关某直接向遗嘱继承人顾某主张清偿债务不符合法律规定，对关某的主张不予支持。综上，法院认为关某为关某军垫付的医疗费不能认定为借款，关某在未证明关某军法定继承人继承的遗产不足以清偿债务的前提下不能直接向遗嘱继承人主张清偿债务，最终法院判决驳回关某的诉讼请求。

附录一

《继承法》等相关法律与《民法典》“继承编”对照表*

《继承法》等相关法律	《民法典》“继承编”
	第一章　一般规定
	第一千一百一十九条　**本编调整因继承产生的民事关系。**
《继承法》第一条　*根据《中华人民共和国宪法》规定，为保护公民的私有财产的继承权，制定本法。*	第一千一百二十条　*国家保护自然人的继承权。*
《继承法》第二条　继承从被继承人死亡时开始。	第一千一百二十一条　继承从被继承人死亡时开始。 **相互有继承关系的数人在同一事件中死亡，难以确定死亡时间的，推定没有其他继承人的人先死亡。都有其他继承人，辈份不同的，推定长辈先死亡；辈份相同的，推定同时死亡，相互不发生继承。**
《继承法》第三条　遗产是公民死亡时遗留的个人合法财产，*包括：* *（一）公民的收入；* *（二）公民的房屋、储蓄和生活用品；* *（三）公民的林木、牲畜和家禽；* *（四）公民的文物、图书资料；* *（五）法律允许公民所有的生产资料；* *（六）公民的著作权、专利权中的财产权利；* *（七）公民的其他合法财产。*	第一千一百二十二条　遗产是*自然人*死亡时遗留的个人合法财产。 *依照法律规定或者根据其性质不得继承的遗产，不得继承。*

* 本表参考杜月秋、孙政编：《民法典条文对照与重点解读》，法律出版社2020年版。本表中，对《民法典》新增的主要内容，用“**黑体**”格式体现；对变动的主要内容，用“*斜体*”格式体现；对删除的主要内容，用“删除线”表示。——编者注

续表

《继承法》等相关法律	《民法典》“继承编”
《继承法》第五条 继承开始后，按照法定继承办理；有遗嘱的，按照遗嘱继承或者遗赠办理；有遗赠扶养协议的，按照协议办理。	**第一千一百二十三条** 继承开始后，按照法定继承办理；有遗嘱的，按照遗嘱继承或者遗赠办理；有遗赠扶养协议的，按照协议办理。
《继承法》第二十五条 继承开始后，继承人放弃继承的，应当在遗产处理前，作出放弃继承的表示。没有表示的，视为接受继承。 受遗赠人应当在知道受遗赠后两个月内，作出接受或者放弃受遗赠的表示。到期没有表示的，视为放弃受遗赠。	**第一千一百二十四条** 继承开始后，继承人放弃继承的，应当在遗产处理前，**以书面形式**作出放弃继承的表示；没有表示的，视为接受继承。 受遗赠人应当在知道受遗赠后六十日内，作出接受或者放弃受遗赠的表示；到期没有表示的，视为放弃受遗赠。
《继承法》第七条 继承人有下列行为之一的，丧失继承权： （一）故意杀害被继承人的； （二）为争夺遗产而杀害其他继承人的； （三）遗弃被继承人的，或者虐待被继承人情节严重的； （四）伪造、篡改或者销毁遗嘱，情节严重的。	**第一千一百二十五条** 继承人有下列行为之一的，丧失继承权： （一）故意杀害被继承人； （二）为争夺遗产而杀害其他继承人； （三）遗弃被继承人，或者虐待被继承人情节严重； （四）伪造、篡改、**隐匿**或者销毁遗嘱，情节严重； **（五）以欺诈、胁迫手段迫使或者妨碍被继承人设立、变更或者撤回遗嘱，情节严重。** **继承人有前款第三项至第五项行为，确有悔改表现，被继承人表示宽恕或者事后在遗嘱中将其列为继承人的，该继承人不丧失继承权。** **受遗赠人有本条第一款规定行为的，丧失受遗赠权。**
	第二章　法定继承
《继承法》第九条 继承权男女平等。	**第一千一百二十六条** 继承权男女平等。
《继承法》第十条 遗产按照下列顺序继承： 第一顺序：配偶、子女、父母。 第二顺序：兄弟姐妹、祖父母、外祖父母。 继承开始后，由第一顺序继承人继承，第	**第一千一百二十七条** 遗产按照下列顺序继承： （一）第一顺序：配偶、子女、父母； （二）第二顺序：兄弟姐妹、祖父母、外祖父母。

续表

《继承法》等相关法律	《民法典》“继承编”
二顺序继承人不继承。没有第一顺序继承人继承的，由第二顺序继承人继承。 本法所说的子女，包括婚生子女、非婚生子女、养子女和有扶养关系的继子女。 本法所说的父母，包括生父母、养父母和有扶养关系的继父母。 本法所说的兄弟姐妹，包括同父母的兄弟姐妹、同父异母或者同母异父的兄弟姐妹、养兄弟姐妹、有扶养关系的继兄弟姐妹。	继承开始后，由第一顺序继承人继承，第二顺序继承人不继承；没有第一顺序继承人继承的，由第二顺序继承人继承。 本编所称子女，包括婚生子女、非婚生子女、养子女和有扶养关系的继子女。 本编所称父母，包括生父母、养父母和有扶养关系的继父母。 本编所称兄弟姐妹，包括同父母的兄弟姐妹、同父异母或者同母异父的兄弟姐妹、养兄弟姐妹、有扶养关系的继兄弟姐妹。
《继承法》第十一条 被继承人的子女先于被继承人死亡的，由被继承人的子女的晚辈直系血亲代位继承。代位继承人一般只能继承*他的父亲或者母亲*有权继承的遗产份额。	**第一千一百二十八条** 被继承人的子女先于被继承人死亡的，由被继承人的子女的直系晚辈血亲代位继承。 **被继承人的兄弟姐妹先于被继承人死亡的，由被继承人的兄弟姐妹的子女代位继承。** 代位继承人一般只能继承*被代位继承人*有权继承的遗产份额。
《继承法》第十二条 丧偶儿媳对公、婆，丧偶女婿对岳父、岳母，尽了主要赡养义务的，作为第一顺序继承人。 **《妇女权益保障法》第三十五条** 丧偶妇女对公、婆尽了主要赡养义务的，作为公、婆的第一顺序法定继承人，其继承权不受子女代位继承的影响。	**第一千一百二十九条** 丧偶儿媳对公婆，丧偶女婿对岳父母，尽了主要赡养义务的，作为第一顺序继承人。
《继承法》第十三条 同一顺序继承人继承遗产的份额，一般应当均等。 对生活有特殊困难*的*缺乏劳动能力的继承人，分配遗产时，应当予以照顾。 对被继承人尽了主要扶养义务或者与被继承人共同生活的继承人，分配遗产时，可以多分。 有扶养能力和有扶养条件的继承人，不尽扶养义务的，分配遗产时，应当不分或者少分。 继承人协商同意的，也可以不均等。	**第一千一百三十条** 同一顺序继承人继承遗产的份额，一般应当均等。 对生活有特殊困难*又*缺乏劳动能力的继承人，分配遗产时，应当予以照顾。 对被继承人尽了主要扶养义务或者与被继承人共同生活的继承人，分配遗产时，可以多分。 有扶养能力和有扶养条件的继承人，不尽扶养义务的，分配遗产时，应当不分或者少分。 继承人协商同意的，也可以不均等。

续表

《继承法》等相关法律	《民法典》"继承编"
《继承法》第十四条 对继承人以外的依靠被继承人扶养的~~缺乏劳动能力又没有生活来源~~的人，或者继承人以外的对被继承人扶养较多的人，可以分给他们适当的遗产。	**第一千一百三十一条** 对继承人以外的依靠被继承人扶养的人，或者继承人以外的对被继承人扶养较多的人，可以分给适当的遗产。
《继承法》第十五条 继承人应当本着互谅互让、和睦团结的精神，协商处理继承问题。遗产分割的时间、办法和份额，由继承人协商确定。协商不成的，可以由人民调解委员会调解或者向人民法院提起诉讼。	**第一千一百三十二条** 继承人应当本着互谅互让、和睦团结的精神，协商处理继承问题。遗产分割的时间、办法和份额，由继承人协商确定；协商不成的，可以由人民调解委员会调解或者向人民法院提起诉讼。
	第三章 遗嘱继承和遗赠
《继承法》第十六条 公民可以依照本法规定立遗嘱处分个人财产，并可以指定遗嘱执行人。 公民可以立遗嘱将个人财产指定由法定继承人的一人或者数人继承。 公民可以立遗嘱将个人财产赠给国家、集体或者法定继承人以外的人。	**第一千一百三十三条** *自然人*可以依照本法规定立遗嘱处分个人财产，并可以指定遗嘱执行人。 *自然人*可以立遗嘱将个人财产指定由法定继承人中的一人或者数人继承。*自然人*可以立遗嘱将个人财产赠与国家、集体或者法定继承人以外的*组织*、个人。 **自然人可以依法设立遗嘱信托。**
《继承法》第十七条第二款 自书遗嘱由遗嘱人亲笔书写，签名，注明年、月、日。	**第一千一百三十四条** 自书遗嘱由遗嘱人亲笔书写，签名，注明年、月、日。
《继承法》第十七条第三款 代书遗嘱应当有两个以上见证人在场见证，由其中一人代书，*注明年、月、日，并由代书人、其他见证人和遗嘱人签名*。	**第一千一百三十五条** 代书遗嘱应当有两个以上见证人在场见证，由其中一人代书，*并由遗嘱人、代书人和其他见证人签名，注明年、月、日*。
	第一千一百三十六条 打印遗嘱应当有两个以上见证人在场见证。遗嘱人和见证人应当在遗嘱每一页签名，注明年、月、日。
《继承法》第十七条第四款 以录音形式立的遗嘱，应当有两个以上见证人在场见证。	**第一千一百三十七条** 以录音**录像**形式立的遗嘱，应当有两个以上见证人在场见证。**遗嘱人和见证人应当在录音录像中记录其姓名或者肖像，以及年、月、日。**
《继承法》第十七条第五款 遗嘱人在危急情况下，可以立口头遗嘱。口头遗嘱应	**第一千一百三十八条** 遗嘱人在危急情况下，可以立口头遗嘱。口头遗嘱应当有两

续表

《继承法》等相关法律	《民法典》"继承编"
当有两个以上见证人在场见证。危急情况*解除*后，遗嘱人能够*用*书面或者录音形式立遗嘱的，所立的口头遗嘱无效。	个以上见证人在场见证。危急情况*消除*后，遗嘱人能够*以*书面或者录音**录像**形式立遗嘱的，所立的口头遗嘱无效。
《继承法》第十七条第一款　公证遗嘱由遗嘱人经公证*机关*办理。	**第一千一百三十九条**　公证遗嘱由遗嘱人经公证*机构*办理。
《继承法》第十八条　下列人员不能作为遗嘱见证人： （一）*无行为能力人*、*限制行为能力人*； （二）继承人、受遗赠人； （三）与继承人、受遗赠人有利害关系的人。	**第一千一百四十条**　下列人员不能作为遗嘱见证人： （一）*无民事行为能力人*、*限制民事行为能力人*以及**其他不具有见证能力的人；** （二）继承人、受遗赠人； （三）与继承人、受遗赠人有利害关系的人。
《继承法》第十九条　遗嘱应当*对*缺乏劳动能力又没有生活来源的继承人保留必要的遗产份额。	**第一千一百四十一条**　遗嘱应当*为*缺乏劳动能力又没有生活来源的继承人保留必要的遗产份额。
《继承法》第二十条　遗嘱人可以*撤销*、变更自己所立的遗嘱。 立有数份遗嘱，内容相抵触的，以最后的遗嘱为准。 ~~自书、代书、录音、口头遗嘱，不得撤销、变更公证遗嘱。~~	**第一千一百四十二条**　遗嘱人可以*撤回*、变更自己所立的遗嘱。 **立遗嘱后，遗嘱人实施与遗嘱内容相反的民事法律行为的，视为对遗嘱相关内容的撤回。** 立有数份遗嘱，内容相抵触的，以最后的遗嘱为准。
《继承法》第二十二条　*无行为能力人*或者*限制行为能力人*所立的遗嘱无效。 遗嘱必须表示遗嘱人的真实意思，*受胁迫、欺骗*所立的遗嘱无效。 伪造的遗嘱无效。 遗嘱被篡改的，篡改的内容无效。	**第一千一百四十三条**　*无民事行为能力人*或者*限制民事行为能力人*所立的遗嘱无效。 遗嘱必须表示遗嘱人的真实意思，*受欺诈、胁迫*所立的遗嘱无效。 伪造的遗嘱无效。 遗嘱被篡改的，篡改的内容无效。
《继承法》第二十一条　遗嘱继承或者遗赠附有义务的，继承人或者受遗赠人应当履行义务。没有正当理由不履行义务的，经*有关单位或者个人请求*，人民法院可以取消*他接受遗产*的权利。	**第一千一百四十四条**　遗嘱继承或者遗赠附有义务的，继承人或者受遗赠人应当履行义务。没有正当理由不履行义务的，经*利害关系人或者有关组织请求*，人民法院可以取消*其接受附义务部分遗产*的权利。

续表

《继承法》等相关法律	《民法典》“继承编”
	第四章　遗产的处理
	第一千一百四十五条　继承开始后，遗嘱执行人为遗产管理人；没有遗嘱执行人的，继承人应当及时推选遗产管理人；继承人未推选的，由继承人共同担任遗产管理人；没有继承人或者继承人均放弃继承的，由被继承人生前住所地的民政部门或者村民委员会担任遗产管理人。
	第一千一百四十六条　对遗产管理人的确定有争议的，利害关系人可以向人民法院申请指定遗产管理人。
	第一千一百四十七条　遗产管理人应当履行下列职责： （一）清理遗产并制作遗产清单； （二）向继承人报告遗产情况； （三）采取必要措施防止遗产毁损、灭失； （四）处理被继承人的债权债务； （五）按照遗嘱或者依照法律规定分割遗产； （六）实施与管理遗产有关的其他必要行为。
	第一千一百四十八条　遗产管理人应当依法履行职责，因故意或者重大过失造成继承人、受遗赠人、债权人损害的，应当承担民事责任。
	第一千一百四十九条　遗产管理人可以依照法律规定或者按照约定获得报酬。
《继承法》第二十三条　继承开始后，知道被继承人死亡的继承人应当及时通知其他继承人和遗嘱执行人。继承人中无人知道被继承人死亡或者知道被继承人死亡而不能通知的，由被继承人生前所在单位或者住所地的居民委员会、村民委员会负责通知。	第一千一百五十条　继承开始后，知道被继承人死亡的继承人应当及时通知其他继承人和遗嘱执行人。继承人中无人知道被继承人死亡或者知道被继承人死亡而不能通知的，由被继承人生前所在单位或者住所地的居民委员会、村民委员会负责通知。

续表

《继承法》等相关法律	《民法典》“继承编”
《继承法》第二十四条 存有遗产的人，应当妥善保管遗产，*任何人*不得侵吞或者争抢。	**第一千一百五十一条** 存有遗产的人，应当妥善保管遗产，*任何组织或者个人*不得侵吞或者争抢。
	第一千一百五十二条 继承开始后，继承人于遗产分割前死亡，并没有放弃继承的，该继承人应当继承的遗产转给其继承人，但是遗嘱另有安排的除外。
《继承法》第二十六条 夫妻在~~婚姻关系存续期间所得的~~共同所有的财产，除有约定的以外，如果分割遗产，应当先将共同所有的财产的一半分出为配偶所有，其余的为被继承人的遗产。 遗产在家庭共有财产之中的，遗产分割时，应当先分出他人的财产。	**第一千一百五十三条** 夫妻共同所有的财产，除有约定的外，遗产分割时，应当先将共同所有的财产的一半分出为配偶所有，其余的为被继承人的遗产。 遗产在家庭共有财产之中的，遗产分割时，应当先分出他人的财产。
《继承法》第二十七条 有下列情形之一的，遗产中的有关部分按照法定继承办理： （一）遗嘱继承人放弃继承或者受遗赠人放弃受遗赠的； （二）遗嘱继承人丧失继承权的； （三）遗嘱继承人、受遗赠人先于遗嘱人死亡的； （四）遗嘱无效部分所涉及的遗产； （五）遗嘱未处分的遗产。	**第一千一百五十四条** 有下列情形之一的，遗产中的有关部分按照法定继承办理： （一）遗嘱继承人放弃继承或者受遗赠人放弃受遗赠； （二）遗嘱继承人丧失继承权**或者受遗赠人丧失受遗赠权**； （三）遗嘱继承人、受遗赠人先于遗嘱人死亡**或者终止**； （四）遗嘱无效部分所涉及的遗产； （五）遗嘱未处分的遗产。
《继承法》第二十八条 遗产分割时，应当保留胎儿的继承份额。胎儿*出生*时是死体的，保留的份额按照法定继承办理。	**第一千一百五十五条** 遗产分割时，应当保留胎儿的继承份额。胎儿*娩出*时是死体的，保留的份额按照法定继承办理。
《继承法》第二十九条 遗产分割应当有利于生产和生活需要，不损害遗产的效用。 不宜分割的遗产，可以采取折价、适当补偿或者共有等方法处理。	**第一千一百五十六条** 遗产分割应当有利于生产和生活需要，不损害遗产的效用。 不宜分割的遗产，可以采取折价、适当补偿或者共有等方法处理。
《继承法》第三十条 夫妻一方死亡后另一方再婚的，有权处分所继承的财产，任何人不得干涉。	**第一千一百五十七条** 夫妻一方死亡后另一方再婚的，有权处分所继承的财产，任何*组织或者个人*不得干涉。

续表

《继承法》等相关法律	《民法典》"继承编"
《继承法》第三十一条 公民可以与*扶养人*签订遗赠扶养协议。按照协议，*扶养人*承担该公民生养死葬的义务，享有受遗赠的权利。 ~~公民可以与集体所有制组织签订遗赠扶养协议。按照协议，集体所有制组织承担该公民生养死葬的义务，享有受遗赠的权利。~~	**第一千一百五十八条** *自然人*可以与*继承人以外的组织或者个人*签订遗赠扶养协议。按照协议，*该组织或者个人*承担该*自然人*生养死葬的义务，享有受遗赠的权利。
	第一千一百五十九条 分割遗产，应当清偿被继承人依法应当缴纳的税款和债务；但是，应当为缺乏劳动能力又没有生活来源的继承人保留必要的遗产。
《继承法》第三十二条 无人继承又无人受遗赠的遗产，归国家所有；死者生前是集体所有制组织成员的，归所在集体所有制组织所有。	**第一千一百六十条** 无人继承又无人受遗赠的遗产，归国家所有，**用于公益事业**；死者生前是集体所有制组织成员的，归所在集体所有制组织所有。
《继承法》第三十三条 *继承遗产应当清偿被继承人依法应当缴纳的税款和债务，缴纳税款和清偿债务以他的遗产实际价值为限*。超过遗产实际价值部分，继承人自愿偿还的不在此限。 继承人放弃继承的，对被继承人依法应当缴纳的税款和债务可以不负*偿还*责任。	**第一千一百六十一条** *继承人以所得遗产实际价值为限清偿被继承人依法应当缴纳的税款和债务*。超过遗产实际价值部分，继承人自愿偿还的不在此限。 继承人放弃继承的，对被继承人依法应当缴纳的税款和债务可以不负*清偿*责任。
《继承法》第三十四条 执行遗赠不得妨碍清偿遗赠人依法应当缴纳的税款和债务。	**第一千一百六十二条** 执行遗赠不得妨碍清偿遗赠人依法应当缴纳的税款和债务。
	第一千一百六十三条 既有法定继承又有遗嘱继承、遗赠的，由法定继承人清偿被继承人依法应当缴纳的税款和债务；超过法定继承遗产实际价值部分，由遗嘱继承人和受遗赠人按比例以所得遗产清偿。

附录二

继承纠纷大数据报告

目　录

一、大数据报告数据采集时间和设定条件及来源

时间:2020 年 1 月 1 日之前

案例来源:Alpha 案例库

案由:继承纠纷

案件数量:507, 511 件

数据采集时间:2020 年 2 月 6 日

二、检索结果可视化

本次检索获取了继承纠纷 2020 年 1 月 1 日前共 507, 511 篇裁判文书。

(一)整体情况分析

从图 1 的年份分布可以看到当前条件下继承纠纷案例数量的变化趋势。

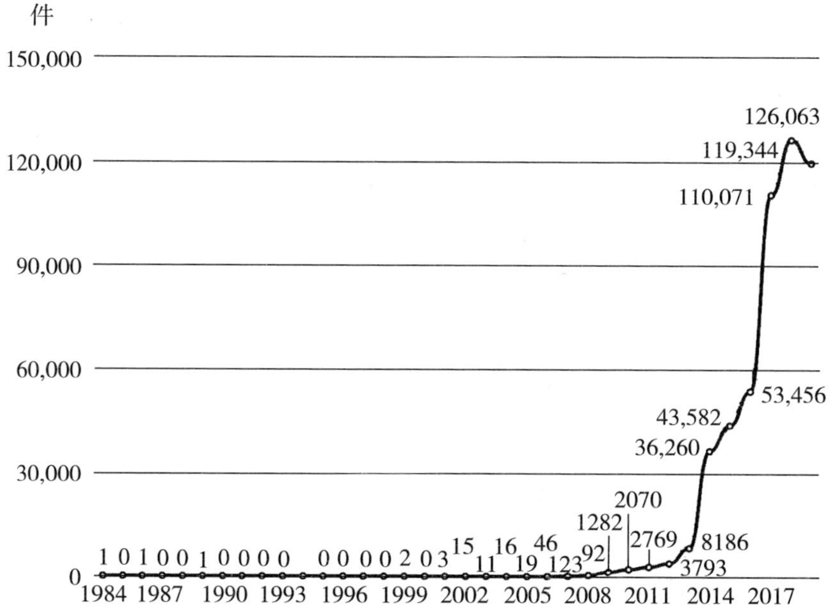

图 1　继承纠纷年份分布情况

从地域分布来看,当前继承纠纷案例主要集中在上海市、北京市、重庆市,分别占比 11. 02%、10. 42%、8. 76%。其中上海市的案件量最多,达到 55, 914 件。(见图 2)

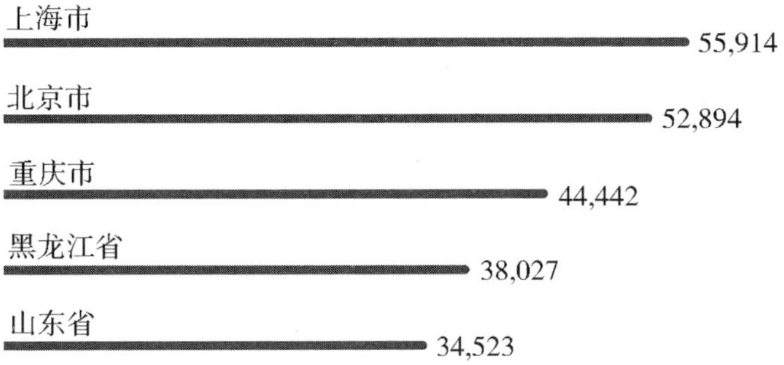

图 2　继承纠纷地域分布情况

（二）案由分布

从下面的案由分类情况可以看到，继承纠纷当前的案由分布由多至少分别是法定继承纠纷类、被继承人债务清偿纠纷类、遗嘱继承纠纷类、遗赠纠纷、遗赠扶养协议纠纷。（见图 3）

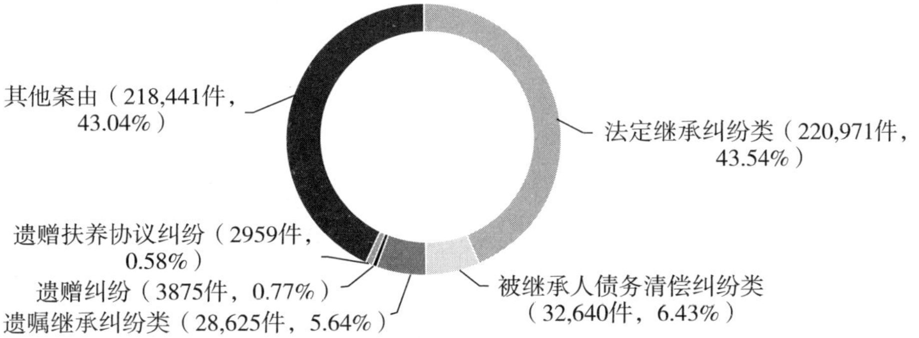

图 3　继承纠纷案由分布情况

（三）行业分布

从下面的行业分类情况可以看到，继承纠纷当前的行业分布主要集中在金融业、房地产业、批发和零售业、制造业、建筑业。（见图 4）

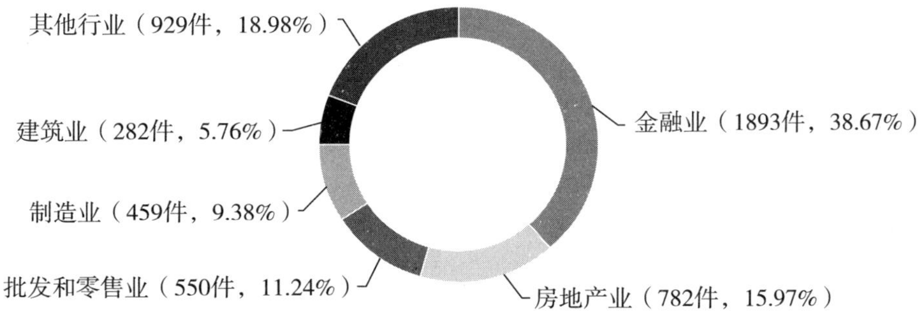

图 4　继承纠纷行业分布情况

(四)程序分类

从下面的程序分类统计可以得出继承纠纷下当前的审理程序分布状况,其中一审案件有 395, 118 件,二审案件有 41, 361 件,再审案件有 12, 849 件,执行案件有 54, 546 件。(见图 5)并能够推算出一审上诉率约为 10. 47%。

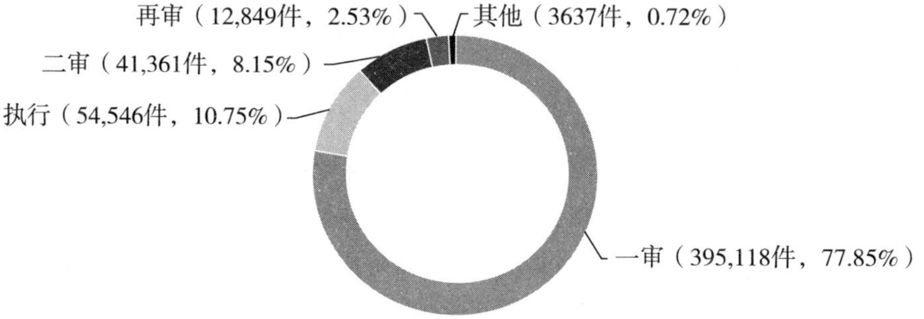

图 5　继承纠纷审理程序分布情况

(五)裁判结果

◆一审裁判结果

通过对一审裁判结果的可视化分析可以看到,当前条件下全部/部分支持的案件数量为 72, 809 件,占比为 18. 43%;撤回起诉的案件数量为 49, 438 件,占比为 12. 51%。(见图 6)

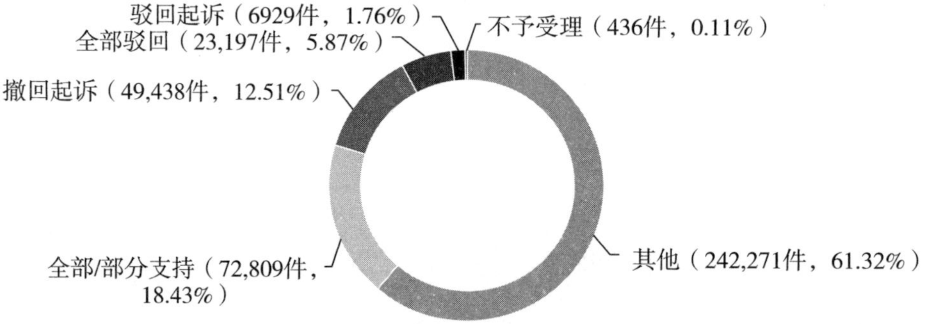

图 6　继承纠纷一审裁判结果

◆二审裁判结果

通过对二审裁判结果的可视化分析可以看到,当前条件下维持原判的案件数量为 22, 295 件,占比为 53. 92%;改判的案件数量为 5330 件,占比为 12. 89%。(见图 7)

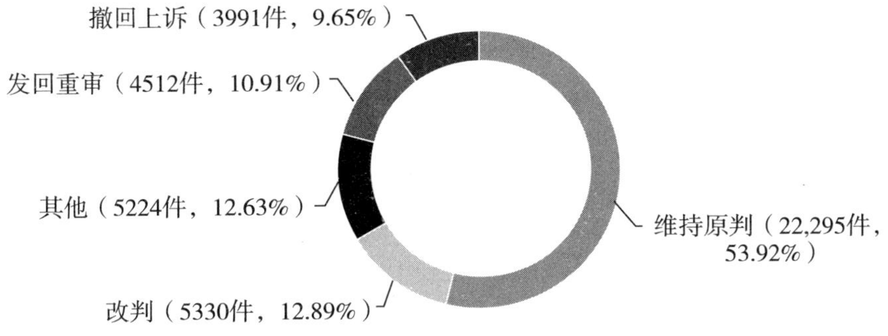

图 7　继承纠纷二审裁判结果

◆再审裁判结果

通过对再审裁判结果的可视化分析可以看到，当前条件下维持原判的案件数量为 8921 件，占比为 69. 44%；提审/指令审理的案件数量为 1364 件，占比为 10. 62%。（见图 8）

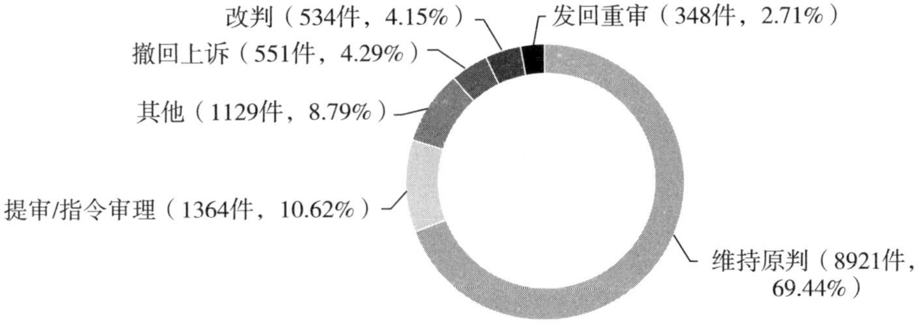

图 8　继承纠纷再审裁判结果

◆执行裁判结果

通过对执行裁判结果的可视化分析可以看到，当前条件下终结执行的案件数量为 12, 631 件，占比为 23. 16%；终结本次执行程序的案件数量为 9421 件，占比为 17. 27%。（见图 9）

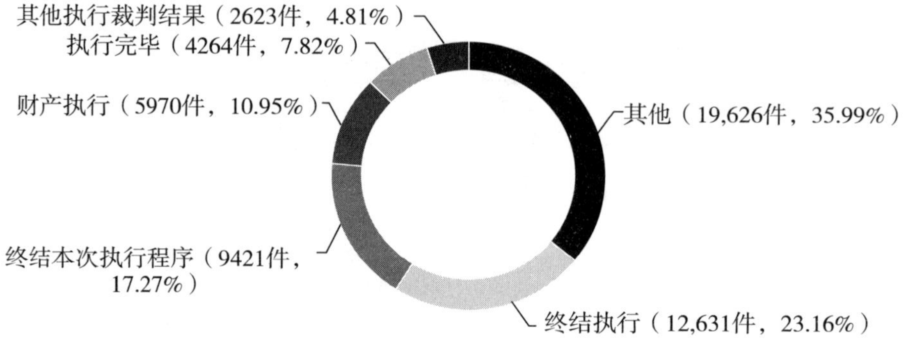

图 9　继承纠纷执行裁判结果

（六）标的额可视化

通过对标的额的可视化分析可以看到，标的额为 50 万元以下的案件数量最多，有 133，904 件；50 万元至 100 万元的案件数量为 16，850 件；100 万元至 500 万元的案件数量为 16，702 件；500 万元至 1000 万元的案件数量为 1380 件；1000 万元至 2000 万元的案件数量为 391 件。（见图 10）

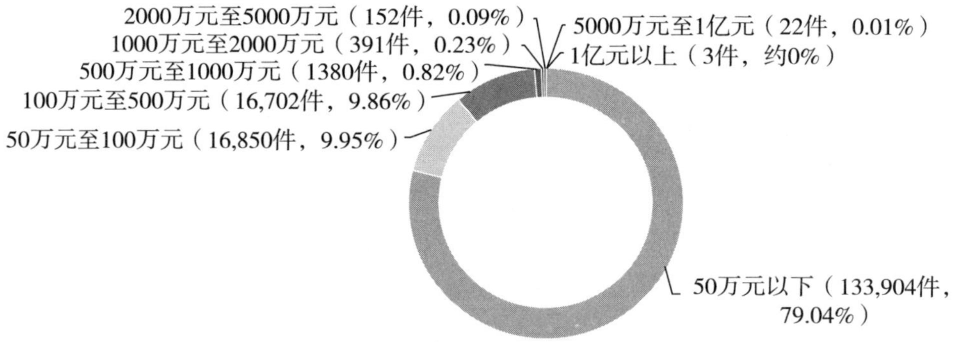

图 10　继承纠纷标的额分布情况

（七）审理期限可视化

通过对审理期限的可视化分析可以看到，当前条件下的审理时间更多处在 31～90 天的区间内，平均时间为 110 天。（见图 11）

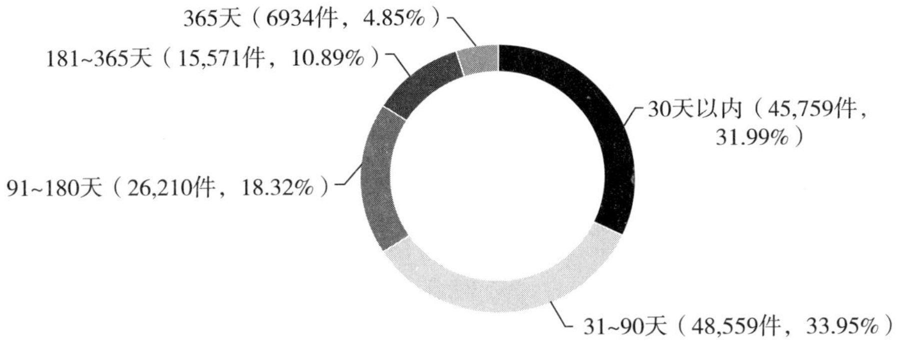

图 11　继承纠纷审理期限分布情况

（八）高频法条

此处统计了继承纠纷案件中被援引的高频法条。其中，高频实体法条见表 1，高频程序法条见表 2。（法条内容见报告附录。）

表 1　高频实体法条

序号	法规名称	条目数	条文主旨	引用频次
1	中华人民共和国继承法	第 10 条	继承人范围及继承顺序	55, 636
2	中华人民共和国继承法	第 3 条	遗产范围	47, 939
3	中华人民共和国继承法	第 5 条	继承方式	46, 958
4	中华人民共和国继承法	第 13 条	遗产分配	33, 834
5	中华人民共和国继承法	第 2 条	继承的开始	28, 681
6	中华人民共和国继承法	第 26 条	遗产的认定	18, 451
7	中华人民共和国继承法	第 16 条	遗嘱与遗赠的一般规定	15, 164
8	中华人民共和国继承法	第 13 条第 1 款	遗产分配的原则	13, 437
9	中华人民共和国继承法	第 33 条	继承遗产与清偿债务	12, 817
10	中华人民共和国继承法	第 17 条	遗嘱的形式	12, 562
11	中华人民共和国继承法	第 29 条	遗产分割的规则和方法	12, 385
12	中华人民共和国继承法	第 11 条	代位继承	10, 322
13	中华人民共和国继承法	第 9 条	男女平等	7404
14	中华人民共和国继承法	第 25 条	继承和遗赠的接受和放弃	7213
15	中华人民共和国继承法	第 10 条第 1 款	继承人的范围	5501
16	中华人民共和国继承法	第 26 条第 1 款	夫妻共同财产中遗产的分割	5379

续表

序号	法规名称	条目数	条文主旨	引用频次
17	中华人民共和国继承法	第 13 条第 3 款	多分或少分遗产	4869
18	中华人民共和国合同法	第 206 条	借款的返还期限	4865
19	中华人民共和国婚姻法(2001 修正)	第 17 条	夫妻共有财产	4813
20	中华人民共和国继承法	第 17 条第 3 款	代书遗嘱	4551

表 2　高频程序法条

序号	法规名称	条目数	条文主旨	引用频次
1	中华人民共和国民事诉讼法(2012 修正)	第 253 条	被执行人未履行义务的处理	22, 538
2	中华人民共和国民事诉讼法(2017 修正)	第 253 条	被执行人未履行义务的处理	20, 864
3	中华人民共和国民事诉讼法(2017 修正)	第 145 条第 1 款	原告申请撤诉	16, 698
4	中华人民共和国民事诉讼法(2012 修正)	第 145 条第 1 款	原告申请撤诉	15, 164
5	中华人民共和国民事诉讼法(2012 修正)	第 170 条第 1 款第 1 项	维持一审判决裁定的情形	12, 115
6	中华人民共和国民事诉讼法(2017 修正)	第 144 条	缺席判决	11, 810
7	中华人民共和国民事诉讼法(2012 修正)	第 144 条	缺席判决	11, 377
8	中华人民共和国民事诉讼法(2017 修正)	第 170 第 1 款第 1 项	维持一审判决裁定的情形	10, 538
9	最高人民法院关于民事诉讼证据的若干规定(2008 整理版)	第 2 条	举证责任	10, 234
10	中华人民共和国民事诉讼法(2017 修正)	第 64 条	举证责任	8658
11	最高人民法院关于适用《中华人民共和国民事诉讼法》的解释	第 90 条	举证责任	7796

续表

序号	法规名称	条目数	条文主旨	引用频次
12	中华人民共和国民事诉讼法(2012 修正)	第 257 条第 6 项	终结执行	6912
13	中华人民共和国民事诉讼法(2012 修正)	第 64 条	举证责任	6792
14	中华人民共和国民事诉讼法(2017 修正)	第 64 条第 1 款	举证责任	5919
15	中华人民共和国民事诉讼法(2012 修正)	第 145 条	原告申请撤诉	5761
16	中华人民共和国民事诉讼法(2012 修正)	第 64 条第 1 款	举证责任	5607
17	中华人民共和国民事诉讼法(2012 修正)	第 154 条第 1 款第 5 项	准许或者不准许撤诉	5425
18	最高人民法院关于适用《中华人民共和国民事诉讼法》的解释	第 519 条	终结本次执行程序	5149
19	中华人民共和国民事诉讼法(2017 修正)	第 154 条第 1 款第 11 项	适用裁定的情形	5059
20	最高人民法院关于适用《中华人民共和国民事诉讼法》的解释	第 395 条第 2 款	裁定驳回再审申请	4406

附　　录

《中华人民共和国继承法》(节录)

第二条　【继承的开始】继承从被继承人死亡时开始。

第三条　【遗产范围】遗产是公民死亡时遗留的个人合法财产,包括:

(一)公民的收入;

(二)公民的房屋、储蓄和生活用品;

(三)公民的林木、牲畜和家禽;

(四)公民的文物、图书资料;

(五)法律允许公民所有的生产资料;

(六)公民的著作权、专利权中的财产权利;

（七）公民的其他合法财产。

第五条 【继承方式】继承开始后，按照法定继承办理；有遗嘱的，按照遗嘱继承或者遗赠办理；有遗赠扶养协议的，按照协议办理。

第九条 【男女平等】继承权男女平等。

第十条 【继承人范围及继承顺序】遗产按照下列顺序继承：

第一顺序：配偶、子女、父母。

第二顺序：兄弟姐妹、祖父母、外祖父母。

继承开始后，由第一顺序继承人继承，第二顺序继承人不继承。没有第一顺序继承人继承的，由第二顺序继承人继承。

本法所说的子女，包括婚生子女、非婚生子女、养子女和有扶养关系的继子女。

本法所说的父母，包括生父母、养父母和有扶养关系的继父母。

本法所说的兄弟姐妹，包括同父母的兄弟姐妹、同父异母或者同母异父的兄弟姐妹、养兄弟姐妹、有扶养关系的继兄弟姐妹。

第十一条 【代位继承】被继承人的子女先于被继承人死亡的，由被继承人的子女的晚辈直系血亲代位继承。代位继承人一般只能继承他的父亲或者母亲有权继承的遗产份额。

第十三条 【遗产分配】同一顺序继承人继承遗产的份额，一般应当均等。

对生活有特殊困难的缺乏劳动能力的继承人，分配遗产时，应当予以照顾。

对被继承人尽了主要扶养义务或者与被继承人共同生活的继承人，分配遗产时，可以多分。

有扶养能力和有扶养条件的继承人，不尽扶养义务的，分配遗产时，应当不分或者少分。

继承人协商同意的，也可以不均等。

第十六条 【遗嘱与遗赠的一般规定】公民可以依照本法规定立遗嘱处分个人财产，并可以指定遗嘱执行人。

公民可以立遗嘱将个人财产指定由法定继承人的一人或者数人继承。

公民可以立遗嘱将个人财产赠给国家、集体或者法定继承人以外的人。

第十七条 【遗嘱的形式】公证遗嘱由遗嘱人经公证机关办理。

自书遗嘱由遗嘱人亲笔书写，签名，注明年、月、日。

代书遗嘱应当有两个以上见证人在场见证，由其中一人代书，注明年、月、日，并由代书人、其他见证人和遗嘱人签名。

以录音形式立的遗嘱，应当有两个以上见证人在场见证。

遗嘱人在危急情况下，可以立口头遗嘱。口头遗嘱应当有两个以上见证人在场见证。危急情况解除后，遗嘱人能够用书面或者录音形式立遗嘱的，所立的口头遗嘱无效。

第二十五条 【继承和遗赠的接受和放弃】继承开始后，继承人放弃继承的，应当在遗产处理前，作出放弃继承的表示。没有表示的，视为接受继承。

受遗赠人应当在知道受遗赠后两个月内，作出接受或者放弃受遗赠的表示。到期没有表示的，视为放弃受遗赠。

第二十六条 【遗产的认定】夫妻在婚姻关系存续期间所得的共同所有的财产，除有约定的以外，如果分割遗产，应当先将共同所有的财产的一半分出为配偶所有，其余的为被继承人的遗产。

遗产在家庭共有财产之中的，遗产分割时，应当先分出他人的财产。

第二十九条 【遗产分割的规则和方法】遗产分割应当有利于生产和生活需要，不损害遗产的效用。

不宜分割的遗产，可以采取折价、适当补偿或者共有等方法处理。

第三十三条 【继承遗产与清偿债务】继承遗产应当清偿被继承人依法应当缴纳的税款和债务，缴纳税款和清偿债务以他的遗产实际价值为限。超过遗产实际价值部分，继承人自愿偿还的不在此限。

继承人放弃继承的，对被继承人依法应当缴纳的税款和债务可以不负偿还责任。

《中华人民共和国民事诉讼法》(2012 修正)(节录)

第六十四条 当事人对自己提出的主张，有责任提供证据。

当事人及其诉讼代理人因客观原因不能自行收集的证据，或者人民法院认为审理案件需要的证据，人民法院应当调查收集。

人民法院应当按照法定程序，全面地、客观地审查核实证据。

第一百四十四条 被告经传票传唤，无正当理由拒不到庭的，或者未经法庭许可中途退庭的，可以缺席判决。

第一百四十五条 宣判前，原告申请撤诉的，是否准许，由人民法院裁定。

人民法院裁定不准许撤诉的，原告经传票传唤，无正当理由拒不到庭的，可以缺席判决。

第一百五十四条 裁定适用于下列范围：

(一)不予受理；

(二)对管辖权有异议的；

(三)驳回起诉；

（四）保全和先予执行；

（五）准许或者不准许撤诉；

（六）中止或者终结诉讼；

（七）补正判决书中的笔误；

（八）中止或者终结执行；

（九）撤销或者不予执行仲裁裁决；

（十）不予执行公证机关赋予强制执行效力的债权文书；

（十一）其他需要裁定解决的事项。

对前款第一项至第三项裁定，可以上诉。

裁定书应当写明裁定结果和作出该裁定的理由。裁定书由审判人员、书记员署名，加盖人民法院印章。口头裁定的，记入笔录。

第一百七十条 第二审人民法院对上诉案件，经过审理，按照下列情形，分别处理：

（一）原判决、裁定认定事实清楚，适用法律正确的，以判决、裁定方式驳回上诉，维持原判决、裁定；

（二）原判决、裁定认定事实错误或者适用法律错误的，以判决、裁定方式依法改判、撤销或者变更；

（三）原判决认定基本事实不清的，裁定撤销原判决，发回原审人民法院重审，或者查清事实后改判；

（四）原判决遗漏当事人或者违法缺席判决等严重违反法定程序的，裁定撤销原判决，发回原审人民法院重审。

原审人民法院对发回重审的案件作出判决后，当事人提起上诉的，第二审人民法院不得再次发回重审。

第二百五十三条 被执行人未按判决、裁定和其他法律文书指定的期间履行给付金钱义务的，应当加倍支付迟延履行期间的债务利息。被执行人未按判决、裁定和其他法律文书指定的期间履行其他义务的，应当支付迟延履行金。

第二百五十七条 有下列情形之一的，人民法院裁定终结执行：

（一）申请人撤销申请的；

（二）据以执行的法律文书被撤销的；

（三）作为被执行人的公民死亡，无遗产可供执行，又无义务承担人的；

（四）追索赡养费、扶养费、抚育费案件的权利人死亡的；

（五）作为被执行人的公民因生活困难无力偿还借款，无收入来源，又丧失劳动能力的；

（六）人民法院认为应当终结执行的其他情形。

《中华人民共和国民事诉讼法》(2017修正)(节录)

第六十四条 当事人对自己提出的主张，有责任提供证据。

当事人及其诉讼代理人因客观原因不能自行收集的证据，或者人民法院认为审理案件需要的证据，人民法院应当调查收集。

人民法院应当按照法定程序，全面地、客观地审查核实证据。

第一百四十四条 被告经传票传唤，无正当理由拒不到庭的，或者未经法庭许可中途退庭的，可以缺席判决。

第一百四十五条 宣判前，原告申请撤诉的，是否准许，由人民法院裁定。

人民法院裁定不准许撤诉的，原告经传票传唤，无正当理由拒不到庭的，可以缺席判决。

第一百五十四条 裁定适用于下列范围：

（一）不予受理；

（二）对管辖权有异议的；

（三）驳回起诉；

（四）保全和先予执行；

（五）准许或者不准许撤诉；

（六）中止或者终结诉讼；

（七）补正判决书中的笔误；

（八）中止或者终结执行；

（九）撤销或者不予执行仲裁裁决；

（十）不予执行公证机关赋予强制执行效力的债权文书；

（十一）其他需要裁定解决的事项。

对前款第一项至第三项裁定，可以上诉。

裁定书应当写明裁定结果和作出该裁定的理由。裁定书由审判人员、书记员署名，加盖人民法院印章。口头裁定的，记入笔录。

第一百七十条 第二审人民法院对上诉案件，经过审理，按照下列情形，分别处理：

（一）原判决、裁定认定事实清楚，适用法律正确的，以判决、裁定方式驳回上诉，维持原判决、裁定；

（二）原判决、裁定认定事实错误或者适用法律错误的，以判决、裁定方式依法改判、撤销或者变更；

（三）原判决认定基本事实不清的，裁定撤销原判决，发回原审人民法院重审，或者查清事实后改判；

（四）原判决遗漏当事人或者违法缺席判决等严重违反法定程序的，裁定撤销原判决，发回原审人民法院重审。

原审人民法院对发回重审的案件作出判决后，当事人提起上诉的，第二审人民法院不得再次发回重审。

第二百五十三条 被执行人未按判决、裁定和其他法律文书指定的期间履行给付金钱义务的，应当加倍支付迟延履行期间的债务利息。被执行人未按判决、裁定和其他法律文书指定的期间履行其他义务的，应当支付迟延履行金。

《中华人民共和国合同法》（节录）

第二百零六条 【借款的返还期限】借款人应当按照约定的期限返还借款。对借款期限没有约定或者约定不明确，依照本法第六十一条的规定仍不能确定的，借款人可以随时返还；贷款人可以催告借款人在合理期限内返还。

《中华人民共和国婚姻法》（2001 修正）（节录）

第十七条 【夫妻共有财产】夫妻在婚姻关系存续期间所得的下列财产，归夫妻共同所有：

（一）工资、奖金；

（二）生产、经营的收益；

（三）知识产权的收益；

（四）继承或赠与所得的财产，但本法第十八条第三项规定的除外；

（五）其他应当归共同所有的财产。

夫妻对共同所有的财产，有平等的处理权。

最高人民法院《关于适用〈中华人民共和国民事诉讼法〉的解释》（节录）

第九十条 当事人对自己提出的诉讼请求所依据的事实或者反驳对方诉讼请求所依据的事实，应当提供证据加以证明，但法律另有规定的除外。

在作出判决前，当事人未能提供证据或者证据不足以证明其事实主张的，由负有举证证明责任的当事人承担不利的后果。

第三百九十五条 当事人主张的再审事由成立，且符合民事诉讼法和本解释规定的申请再审条件的，人民法院应当裁定再审。

当事人主张的再审事由不成立，或者当事人申请再审超过法定申请再审期限、超出法定再审事由范围等不符合民事诉讼法和本解释规定的申请再审条件的，人民法院应当裁定驳回再审申请。

第五百一十九条 经过财产调查未发现可供执行的财产，在申请执行人签字确认或者执行法院组成合议庭审查核实并经院长批准后，可以裁定终结本次执行程序。

依照前款规定终结执行后，申请执行人发现被执行人有可供执行财产的，可以再次申请执行。再次申请不受申请执行时效期间的限制。

最高人民法院《关于民事诉讼证据的若干规定》（2008 整理版）（节录）

第二条 当事人对自己提出的诉讼请求所依据的事实或者反驳对方诉讼请求所依据的事实有责任提供证据加以证明。

没有证据或者证据不足以证明当事人的事实主张的，由负有举证责任的当事人承担不利后果。

出版后记

《民法典》是社会生活和经济生活的基本法，是社会主义核心价值观的重要载体，是国家治理体系和治理能力法治化和现代化的重要环节。《民法典》的通过是中国法治建设进程中具有里程碑意义的事件。《民法典》"继承编"是《民法典》的重要组成部分，继承权是与人身关系密切、具有财产内容的民事权利，继承制度涉及老百姓的切身利益。《民法典》"继承编"的制定坚持解放思想、与时俱进，坚持科学立法、问题导向，以《宪法》为根据，充分尊重个人合法财产权益，保护自然人的继承权，总结司法实践经验，建立起了与中国特色社会主义市场经济和社会发展相匹配的、更加细致完备的继承法律制度，必将为相关民事主体的继承权提供更全面有力的法律保护，为各级人民法院审理继承纠纷案件提供更明确充分的法律依据。

徒法不足以自行。法律的生命在于实施。纸上的法律要成为生活中的法律，法律的条文要成为人民心中的法律，需要把握其微言大义，需要正确理解与适用每一个条文，需要学习宣传，需要贯彻执行。如何准确把握立法意图，科学解读立法条文，把握司法适用的难点和重点，对于妥善处理继承纠纷具有至关重要的意义。为此，我们约请最高人民法院民法典编纂研究中心负责人，中国审判理论研究会常务理事、民事审判专业委员会副主任，曹守晔教授担任主编，中国审判理论研究会民事审判专业委员会学术委员、中国政法大学和中国应用法学所联合培养博士后、北京市昌平区法院前法官杨帆博士担任执行主编，北京法院系统四位长期从事家事审判的一线法官参编，精心部署，科学谋划，逐条释义，紧扣司法适用，精选司法案例，从理论到实践为全国司法一线人员提供借鉴和参考，为继承法律爱好者提供指导，为《民法典》"继承编"的顺利实施贡献力量。

本书各章的编写分工如下：

第一章　曹守晔（最高人民法院前资深高级法官，中国应用法学研究所前副所长，博士、博士后导师）

杨帆(中国政法大学博士、中国应用法学研究所博士后,北京市中闻律师事务所高级顾问)

第二章 刘福春(北京市第一中级人民法院家事审判庭法官)

第三章 王凡(北京市西城区人民法院家事审判庭法官)

第四章 张焱(北京市昌平区人民法院法官)

张祎慧(北京市昌平区人民法院法官)

曹守晔教授负责全书统稿审定,杨帆协助。同时感谢翟成芳为本书编辑校对所做的工作。

阳春布德泽,万物生光辉。《民法典》的顺利通过,让我们相信,这一里程碑的事件必将进一步推动法治中国的建设,为国家治理的现代化提供坚实的制度保障,我们一定能实现中华民族的伟大复兴,祖国的明天会更好!

法律出版社

2020 年 6 月

图书在版编目(CIP)数据

民法典继承编条文理解与司法适用／中国审判理论研究会民事审判理论专业委员会编著. -- 北京：法律出版社, 2020(2020.10 重印)
ISBN 978-7-5197-4502-8

Ⅰ. ①民… Ⅱ. ①中… Ⅲ. ①继承法-法律解释-中国②继承法-法律适用-中国 Ⅳ. ①D923.55

中国版本图书馆 CIP 数据核字(2020)第 076419 号

民法典继承编条文理解与司法适用
MINFADIAN JICHENGBIAN TIAOWEN LIJIE YU SIFA SHIYONG

中国审判理论研究会
民事审判理论专业委员会 编著

责任编辑 李　群　张婉凝
装帧设计 李　瞻

出版 法律出版社
总发行 中国法律图书有限公司
经销 新华书店
印刷 天津嘉恒印务有限公司
责任校对 王晓萍
责任印制 张建伟

编辑统筹 法规出版分社
开本 710 毫米×1000 毫米　1/16
印张 18.5
字数 295 千
版本 2020 年 7 月第 1 版
印次 2020 年 10 月第 3 次印刷

法律出版社／北京市丰台区莲花池西里 7 号(100073)
网址／www.lawpress.com.cn
投稿邮箱／info@lawpress.com.cn
举报维权邮箱／jbwq@lawpress.com.cn
销售热线／400-660-8393
咨询电话／010-63939796

中国法律图书有限公司／北京市丰台区莲花池西里 7 号(100073)
全国各地中法图分、子公司销售电话：
统一销售客服／400-660-8393/6393
第一法律书店／010-83938432/8433　西安分公司／029-85330678　重庆分公司／023-67453036
上海分公司／021-62071639/1636　深圳分公司／0755-83072995

书号:ISBN 978-7-5197-4502-8　**定价**:58.00 元
(如有缺页或倒装,中国法律图书有限公司负责退换)